FOREWORD

前言

随着机动车数量的增多，汽车服务前景越来越广阔。初学汽车维修人员迫切需要学习汽车电工等专业知识。为了使广大初学汽车维修电工人员全面系统地了解汽车维修电工的基础知识，增强汽车维修电工的实际能力，掌握汽车维修电工等知识，特编写此书。

本书以通俗易懂的语言，围绕汽车维修电工人员所关心的问题，从初学者的角度，讲述了汽车电气系统的基本结构、常见故障诊断及排除、使用和维护等方面的知识。本书主要内容包括：蓄电池、交流发电机及调节器、起动机、点火系统、照明与信号系统、组合仪表、空调系统、中央门锁、防盗报警、电动车窗、电动天窗、电动座椅、电动后视镜、电路识读和全车电路等。

全书内容丰富，可读性强，实用性强，可供广大青年或务工者入门及从事汽车维修行业的人员学习使用，也可作为汽车技术人员的培训教材和参考用书。

本书由杨智勇、宫恩利主编，金艳秋、惠怀策、王梅任副主编。参加编写的还有边伟、李兵、张瑞、方晓辉、程相宽、侯伟、韩伟、王海、田立加、季成久、刘柱、马军、段连信等。

在编写过程中，我们参考并引用国内外一些汽车厂家的技术资料和有关出版物，在此对参考文献的作者和为本书编写过程提供帮助的同志表示衷心的感谢。

由于水平所限，不足之处在所难免，敬请读者批评指正。

编者

CONTENTS

目录

汽车维修电工入门与技巧

QICHE WEIXIU DIANGONG
RUMEN YU JIQIAO

杨智勇 宫恩利 主编

化学工业出版社
·北京·

图书在版编目（CIP）数据

汽车维修电工入门与技巧 / 杨智勇，宫恩利主编．—北京：化学工业出版社，2017.8
ISBN 978-7-122-29958-1

Ⅰ．①汽…　Ⅱ．①杨…②宫…　Ⅲ．①汽车－电工－维修 Ⅳ．①U463.6

中国版本图书馆 CIP 数据核字（2017）第 135319 号

责任编辑：周　红　　文字编辑：陈　喆
责任校对：边　涛　　装帧设计：王晓宇

出版发行：化学工业出版社
（北京市东城区青年湖南街13号　邮政编码100011）
印　　装：三河市延风印装有限公司
850mm×1168mm　1/32　印张12　字数358千字
2017年9月北京第1版第1次印刷

购书咨询：010-64518888（传真：010-64519686）
售后服务：010-64518899
网　　址：http://www.cip.com.cn
凡购买本书，如有缺损质量问题，本社销售中心负责调换。

定　　价：49.00元

第十章 汽车电路图的分析

Page

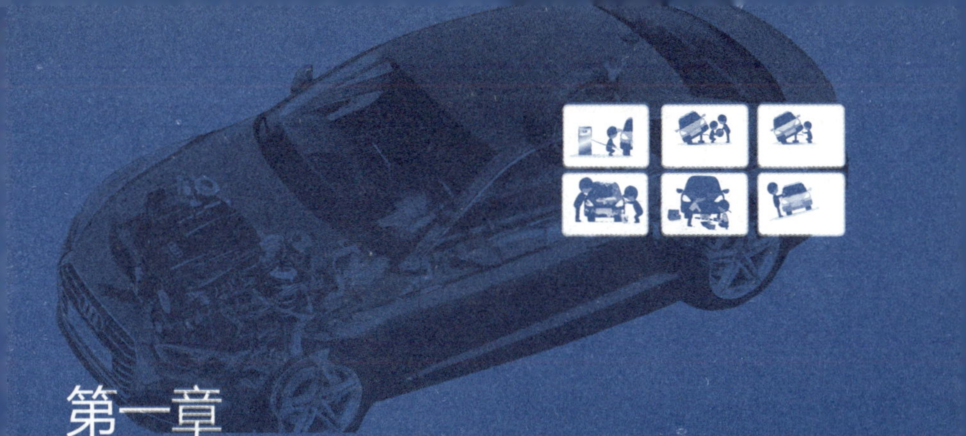

第一章 汽车电气系统基础知识入门

第一节 认识汽车电气系统

一、汽车电气设备的应用

1 汽车电气设备的基本情况

经过近百年的发展，汽车电气设备成为汽车的越来越重要的组成部分。

① 为使汽车发动机获得最高的经济性，需靠点火系统能在最适当的时间点火。

② 为使发动机可靠启动，需要装备电源系统和启动系统。

③ 为了保证汽车安全行驶，需要装备照明系统、信号系统、信息显示与警报系统、挡风玻璃刮水与洗涤系统。

④ 为了便于查找和排除汽车电气设备故障，需要装备熔丝、易熔线和故障自诊断系统。

⑤ 为了提高汽车的动力性，需要装备发动机燃油喷射系统、进气控制系统、增压控制系统、汽油发动机电控单元（电脑）控制点火系统和爆燃控制系统。

⑥ 为了提高汽车的经济性和排放性，需要装备空燃比反馈控制系

统、燃油蒸气回收系统和废气再循环控制系统。

⑦ 为了提高乘坐汽车的舒适性，需要装备汽车空调系统、悬架调节系统和座椅控制系统。

⑧ 为了提高汽车行驶的安全性，需要装备防抱死制动系统、安全气囊系统、座椅安全带控制系统、雷达车距控制系统和倒车防撞警报系统等。

汽车电气设备的安装位置基本上可参照图1-1所示。其中，电源系统、启动系统、点火系统、空调系统的大部分部件都安装在发动机

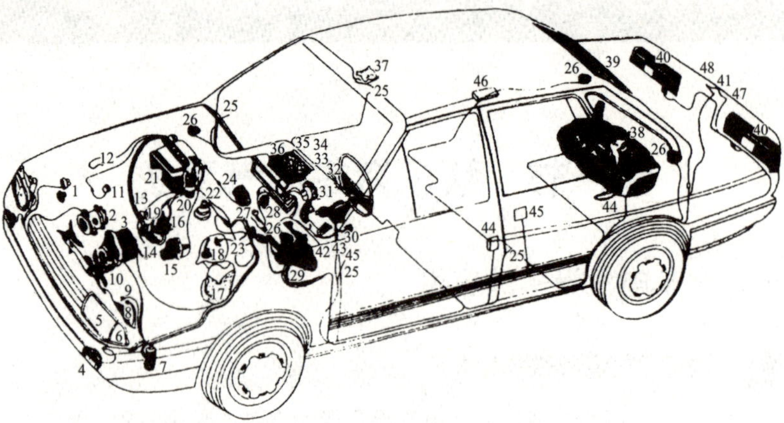

图1-1 汽车电气设备的安装位置

1—双音喇叭；2—空调压缩机；3—交流发电机；4—雾灯；5—前照灯；6—转向指示灯；7—空调储液干燥器；8—中间继电器；9—电动风扇双速热敏开关；10—风扇电动机；11—进气电预热器；12—化油器怠速截止电磁阀；13—热敏开关；14—机油油压开关；15—起动机；16—火花塞；17—风窗清洗液电动泵；18—冷却液液面传感器；19—分电器；20—点火线圈；21—蓄电池；22—制动液液面传感器；23—倒车灯开关；24—空调、暖风用鼓风机；25—车门接触开关；26—扬声器；27—点火控制器；28—风窗刮水器电动机；29—中央接线盒；30—前照灯变光开关；31—组合开关；32—空调及风量旋钮；33—雾灯开关；34—后窗电加热器开关；35—危急报警灯开关；36—收放机；37—顶灯；38—油箱油面传感器；39—后窗电加热器；40—组合后灯；41—牌照灯；42—电动天线；43—电动后视镜；44—中央控制门锁；45—电动摇窗机；46—电动天窗开关；47—后盖集控锁；48—后备厢灯

舱内，仪表系统安装在驾驶室内，照明系统、信号系统安装在车身的前后部位，电动玻璃升降器、中央控制门锁、电动后视镜、风窗刮水器、电动天窗等安装在车身上。

2 汽车电子技术的应用

人类进入21世纪，现代汽车工业已进入成熟期，汽车技术向机电一体化迈进，汽车电子化程度不断提高，汽车将由单纯的机械产品向高级的机电一体化产品方向发展，成为所谓的“电子汽车”。

汽车电子技术在汽车上的应用概况如图1-2所示。

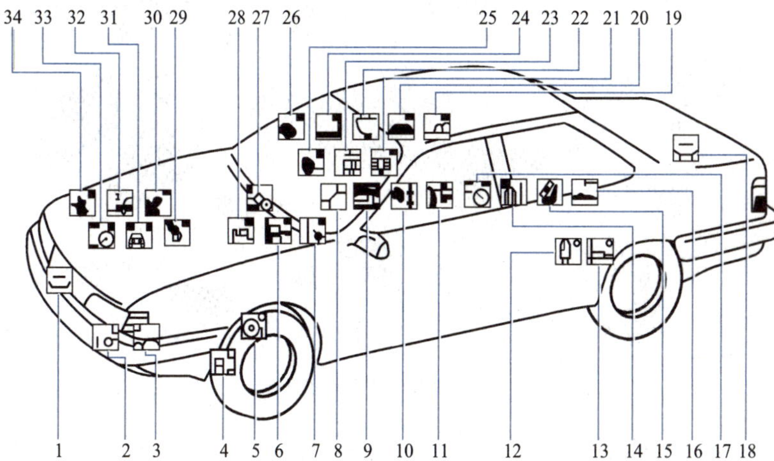

图1-2 汽车电子技术在汽车上的应用概况

1,18—雷达车距检测；2—前照灯控制与自动清洗；3—气体放电车灯；4—轮胎气压检测；5—制动防抱死与防滑转控制；6—底盘故障诊断；7—刮水器与洗涤器控制；8—维修周期提示；9—液面与磨损检测；10—安全气囊与安全控制；11—车辆防盗控制；12—前/后轮转向控制；13—电子控制悬架；14—自动空调；15—电动座椅调节；16—中控门锁；17—巡航控制；19—线束控制；20—信息显示；21—交通控制与通信；22—车载电话；23—车载电控单元；24—音响系统；25—声控系统；26—声音复制；27—控制器区域网络；28—加速踏板控制；29—电控单元点火控制；30—自动变速控制；31—发动机电控系统故障诊断；32—空燃比反馈控制；33—怠速控制；34—发动机电控燃油喷射系统控制

二、汽车电气系统的组成与特点

1 汽车电气系统的组成

汽车电气系统的功能是保证车辆在行驶过程中的可靠性、安全性和舒适性。汽车电气系统的组成如图1-3所示，各汽车电气系统包含的主要部件如表1-1所示。

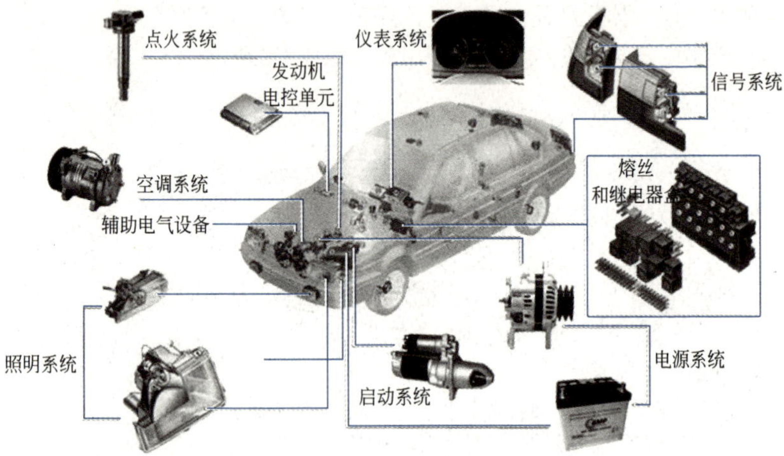

图1-3 汽车电气系统的组成

表1-1 汽车电气系统包含的主要部件

序号	汽车电气系统	主要部件
1	电源系统	蓄电池、交流发电机及其调节器
2	启动系统	起动机、点火开关、启动继电器等
3	点火系统	点火开关、点火线圈、分电器（有的车型已取消分电器）、电控单元（ECU）、信号发生器、点火控制器、火花塞、高压导线等
4	照明系统	前照灯、雾灯、牌照灯、顶灯、阅读灯、仪表板照明灯、后备厢灯、门灯、发动机舱照明灯等

续表

序号	汽车电气系统	主要部件
5	仪表系统	车速里程表、燃油表、水温表、发动机转速表等
6	信号系统	音响信号和灯光信号装置、制动信号灯、转向信号灯、倒车信号灯以及各种报警指示灯等
7	空调系统	暖风、制冷与除湿装置等
8	其他辅助用电设备	电动玻璃升降器、中央控制门锁、电动后视镜、风窗刮水器、洗涤器、电喇叭、点烟器及电动天窗、巡航控制系统、安全气囊、电动座椅等

2 汽车电气系统的特点

汽车电气系统的特点如表1-2所示。

表1-2 汽车电气系统的特点

序号	特点	说明
1	低压	汽车用电设备的额定电压有12V、24V两种。汽油车多采用12V电源电压，而大型柴油车多采用24V电源电压
2	直流	主要从蓄电池的充电来考虑的。因为蓄电池充电时必须用直流电，所以汽车电源必须是直流电
3	单线制	汽车上所有用电设备都是并联的，电源到用电设备只用一根导线连接，而另一根导线则用汽车车体或发动机机体的金属部分代替，作为公共回路，这种连接方式称为单线制。单线制可节省导线，使线路简化、清晰，便于安装与检修，并且用电设备无需与车体绝缘，因此现代汽车广泛采用单线制
4	负极搭铁	采用单线制时，蓄电池的一个电极须接到汽车车体或发动机机体的金属部分，俗称“搭铁”。若将蓄电池的负极接到汽车车体或发动机机体的金属部分，便称为“负极搭铁”。目前各国生产的汽车基本上都采用“负极搭铁”

第二节 汽车电气系统故障诊断基础知识入门

一、汽车电气系统常见故障类型

汽车电气系统的故障总体上可分为两种类型：一种是电气设备的故障；另一种是控制电路的故障。

1 电气设备的故障

电气设备故障是指电气设备自身丧失其原有机能，包括电气设备的机械损坏、烧毁，电子元件的击穿、老化、性能减退等。在实际使用和维修中，常常因电路故障而造成电气设备故障。电气设备故障一般是可修复的，但一些不可拆的电子设备出现故障后只能更换。

2 控制电路的故障

电路故障包括断路、短路、接线松脱、接触不良或绝缘不良等。这一类故障有时容易出现一些假象，给故障诊断带来困难。例如，某搭铁线与车身出现接触不良，就有可能造成电气设备开关失控，电气设备工作出现混乱。这是因为有的搭铁线多为几个电气设备共用，一旦该搭铁线出现接触不良，它就把多个电气设备的工作电路联系到一起，就有可能通过其他电路找到搭铁途径，造成一个或多个电气设备工作异常。

（1）短路故障

① 搭铁短路故障。搭铁短路是指电路未经过负载提前搭铁的一种故障现象。汽车电路中大部分搭铁短路故障是由于导线或电路元件的绝缘层破裂，并且搭铁造成的，如图1-4所示。图1-4（a）所示为开关和用电设备之间的导线绝缘层破损导致搭铁短路，电流没有通过用电设备而直接返回搭铁端，会导致用电设备不工作，电路中的电流升高，熔丝或其他电路保护装置断开。如果电路没有安装保护装置，还会引起线路或其他部件烧毁甚至燃烧。

另一种形式的搭铁短路故障见图1-4（b），电路在用电设备和开关之前搭铁，会导致用电设备不工作并且开关无法控制电路，熔丝也会马上烧断。如果没有电路保护装置，还有可能会烧毁电源。若出现这种情况，即使更换了熔丝，接通电路后，仍然会再次烧断熔丝。

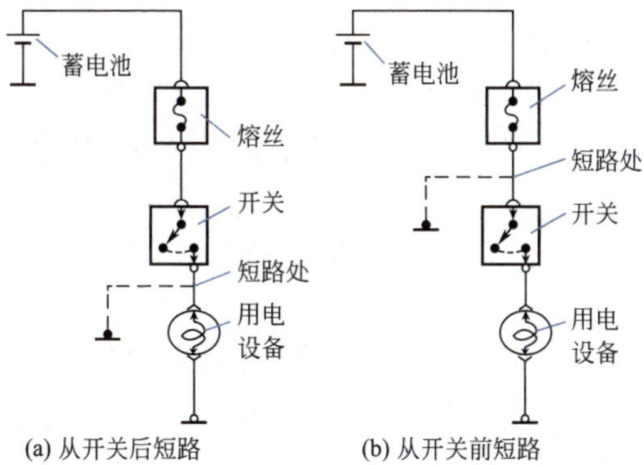

图1-4　搭铁短路故障简单示意图

② 与电源短路故障。在汽车电路故障中，还有一种短路形式是与电源短路，通常是一个电路的两个独立分支因导线绝缘层破损相互连接，一般会导致电路不能正常工作或者反应异常甚至烧毁。与电源短路故障简单示意图如图1-5所示。

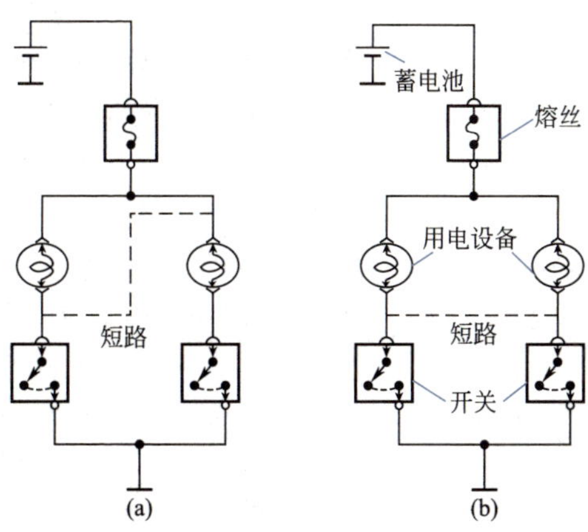

图1-5　与电源短路故障简单示意图

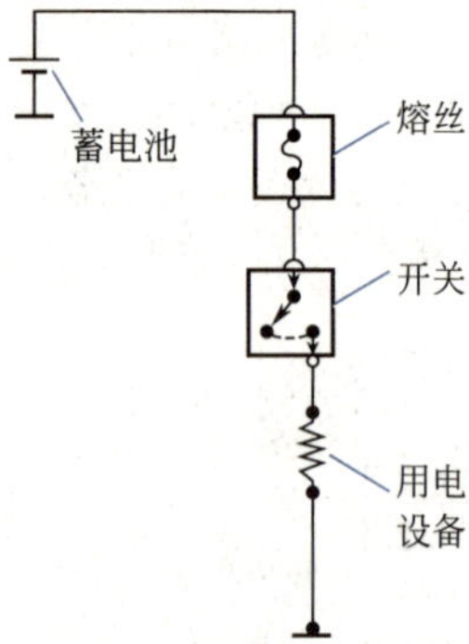

(a) 串联电路

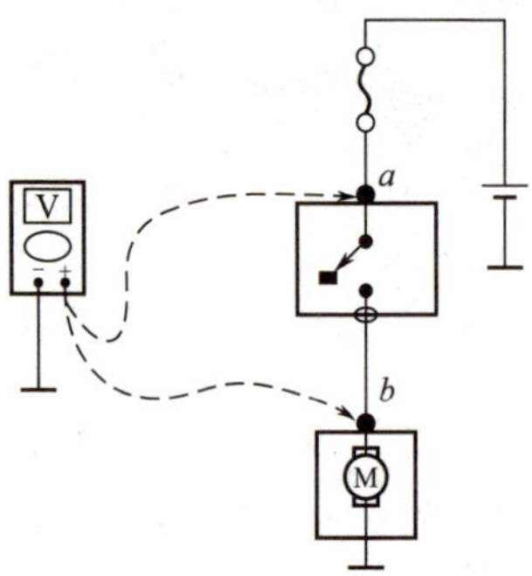

(b) 串联电路断路检测方法

图 1-6 串联电路断路简单示意图

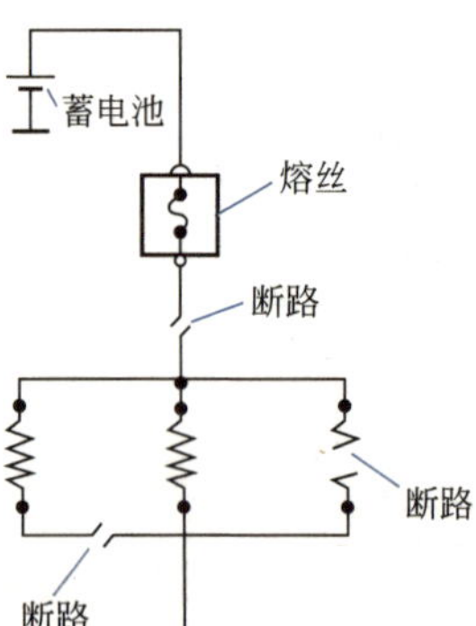

图 1-7 并联电路断路简单示意图

如图1-5（a）所示，一个电路用电设备前面的导线和一个电路用电设备与开关之间的导线短接，这样会造成左边的电路失效，而右边的电路正常。如图1-5（b）所示，两个独立的支路在开关前面短路，会使两个电路都不能单独控制，任何一个开关都可以同时控制这两个电路。所以遇到短路故障，要具体情况具体分析，不能一概而论，要根据故障的详细情况，参照电路图并利用检测工具正确判断才行。

（2）断路故障

断路故障是一种不连续的、有中断的电路故障。电气部件接触不良就是一种轻微的断路现象。电路中的任何一部分出现问题都有可能导致断路，比如导线断裂、电路部件烧毁、接头松动等。

① 串联电路中的断路故障。如果一个串联电路中有断路故障，则会导致整个电路都不导通。检测电路中断路的方法是分别测量电路中各个部件两端的电压。如果某一个部件的一端有电压，而另一端没有电压，则这个部件中间肯定有断路存在。举例如下：串联电路断路简单示意图如图1-6所示，用万用表测量熔丝后的电路*a*点处有电压，为12V；再用万用表测量开关后的电路*b*点处没有电压（电压为0V），说明开关有故障。

② 并联电路中的断路故障。在并联电路中出现断路故障比较复杂，如图1-7所示。如果在并联电路的主线路或

搭铁电路中出现断路，则结果和串联电路中出现断路是一样的，整个电路都会失效。如果在并联电路的某个支路中出现断路，则只有这个出现断路的支路受到影响，其他支路还可以正常导通。

(3) 高电阻（高阻抗）

高电阻现象在汽车电路中经常出现，高电阻会引起整个电路或某个器件断断续续的导通，或者电路中电流过低。例如灯泡闪烁或者亮度降低，就有可能是高电阻引起的。电路连接不好，松动或者接头不干净都有可能引起高电阻问题。

由于汽车的工作环境比较恶劣，比如高速、高温、寒冷、颠簸、腐蚀等都会引起电路故障，所以在日常行车过程中要经常检查和注意保养电气系统。如果发现电气部件有异常或导线破裂、扭结、松动等，一定要及时检修。

二、汽车电气系统故障诊断常用工具

1 跨接线

跨接线就是一段专用导线，不同形式的跨接线主要是其长短和两端接头不同，如图1-8所示。跨接线两端的接头一般是不同形式的插头或鳄鱼夹，以适应对不同位置的跨接。

跨接线主要用于电路故障诊断。当某个电气元件不工作时可用跨接线将被检元件的搭铁端子直接搭铁，若电气元件工作恢复正常，则说明该元件搭铁电路有故障。同理，若用跨接线将蓄电池正极跨接到被检元件电源端子上时，电气元件工作恢复正常，则说明该电源电路有故障。

使用跨接线应注意以下两点。

① 用跨接线将蓄电池正极跨接到被检电气元件的电源端子上时，必须弄清被检元件规定电源电压值。若将12V电源直接加在电气元件上，可能导致电气元件损坏。

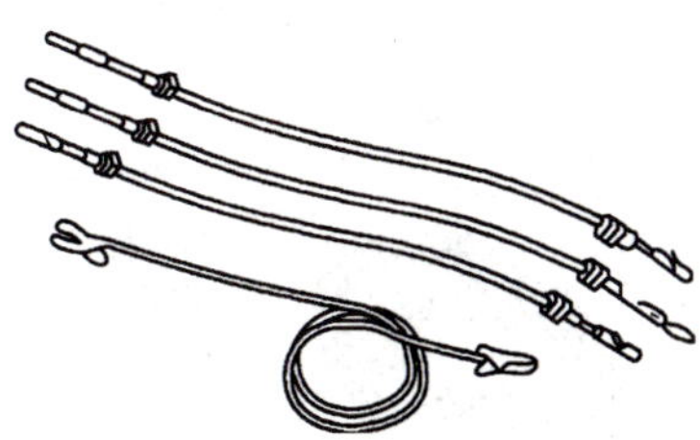

图1-8 跨接线

② 不要用跨接线将被检元件

电源端子直接搭铁，以免导致电源短路。

2 测试灯（测电笔）

测试灯实际就是带导线的电笔，主要是用来检查电气元件电路的通、断。测试灯带有显示电路通、断的指示灯，对电路进行检测时，根据指示灯的亮度还可判断被测电路的电压高低。测试灯分为不带电源测试灯（12V测试灯）和自带电源测试灯两种类型。

（1）不带电源测试灯（12V测试灯）

如图1-9所示，不带电源测试灯以汽车电源作为电源，由12V测试灯、导线和各种不同的端头组成，主要用来检查系统内电源电路是否给电气系统各部件供电，举例如下。

① 将12V测试灯一端搭铁，另一端接电气部件电源插头。如灯亮，说明该电气部件电路无故障。

② 如果灯不亮，再将12V测试灯接电源的一端去接电源方向的第二个接点。如果灯亮，说明故障在第一接点和第二接点之间，电路出现断路故障。

③ 如果灯仍不亮，则去接第三个接点、第四个接点……越来越接近电源，直到灯亮为止，且断路发生在最后被测接点与前一个被测接点之间。

（2）自带电源测试灯

如图1-10所示，自带电源测试灯以其手柄内装有的两节干电池作为电源，其余同于12V测试灯，也是用于检查线路断路与短路故障。

图1-9 不带电源测试灯（12V测试灯）

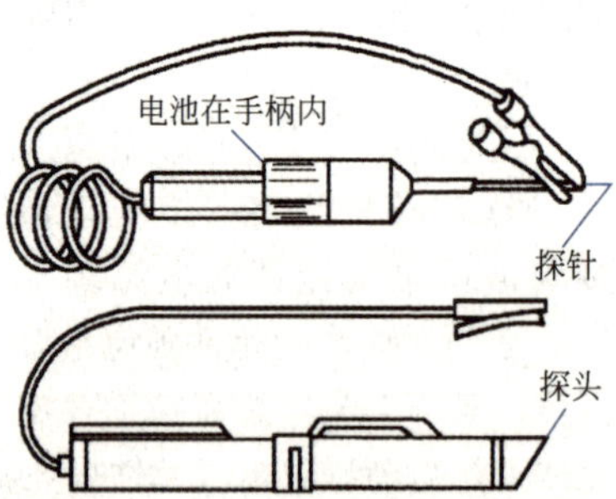

图1-10 自带电源测试灯

① 检查断路。断开电器的电源电路，将自带电源测试灯的一端连接在电路首端，将另一端一个一个地分别连接其他各接点。如果灯亮，说明测点与电路首端导通；如果灯不亮，则断路发生在测点与前一接点之间。

② 检查短路。断开电器的电源电路，将自带电源测试灯一端搭铁，将另一端连接电气部件电路。如果灯亮，表示有短路故障。可一步一步地采取将电路接点脱开、开关打开或拆除部件等办法，直至使电源测试灯熄灭，则短路出现在最后开路与前一开路部件之间。

需要指出的是，如无特殊说明，不可用12V测试灯和自带电源测试灯检测电子控制单元（ECU）系统。

3 万用表

万用表是检测电子电路时最常用的仪表之一，它以携带及使用方便、可测参数多等显著特点而深受汽车修理人员的青睐。万用表可用来测量交流与直流电压、电流和导体电阻等。汽车修理中常用万用表来测量电阻、电压、电压降等，以判断电路的通断和电气设备的技术情况。万用表可分为模拟式（指针式）万用表和数字式万用表两种类型，如图1-11所示。

(a) 指针式万用表　　(b) 数字式万用表

图1-11　万用表

万用表使用技巧

●电阻测量的方法：将开关转到电阻挡的适当位置，校零后即可测量电阻。汽车上很多电气设备的技术状态都可用检查电阻的方法来判断，如检查断路、短路、搭铁故障。

注意

测量电阻时绝不能带电操作，否则易烧坏万用表。

●直流电压测量的方法：将开关转到直流电压挡的适当位置（选择量程）。注意表针的“+”“-”极应各和电路两端的正负一致，用测电压的方法可以检查电路上某点是否存在电源电压，以及电路通过电气部件时电压降的大小。

万用表检测汽车电气的注意事项如下。

① 在检测之前，应先检查汽车电气系统中熔丝、线束连接器（插头）是否良好，可参照维修手册说明的安装位置检查各熔丝的工作状态。

② 蓄电池应保持充足的电量，电源线应接触良好，因为当电源电压小于11V时，会使检测结果增大甚至测试错误。

③ 万用表的输入阻抗应大于10MΩ。若使用低阻抗的万用表，轻者会使测试数据不准确，严重时还会使汽车电气系统中的集成电路元件、传感器等损坏，因此使用前应认真阅读汽车万用表的使用说明书，对输入阻抗的数值进行核对。

④ 测量电控单元（ECU）各个端子的电压时，各连接器（插头）与各个执行器、传感器之间应保持连接状态，只有这样才能检测出准确的数据。

⑤ 测量电控单元（ECU）各个端子的电阻时，不允许用普通万用表的电阻挡测量，特别是要注意不要将较高电压引入电控单元（ECU）内部，以免损坏电控单元（ECU）的内部元件。

4 汽车专用示波器

汽车专用示波器主要用来显示汽车电气控制系统中输入、输出信号的电压波形，以供维修人员根据波形分析判断汽车电气系统的故障。示波器比一般电子设备的显示速度快，是唯一能显示瞬时波形的检测仪器，是汽车电气系统尤其是点火系统故障诊断中的重要设备。汽车专用示波器如图1-12所示。

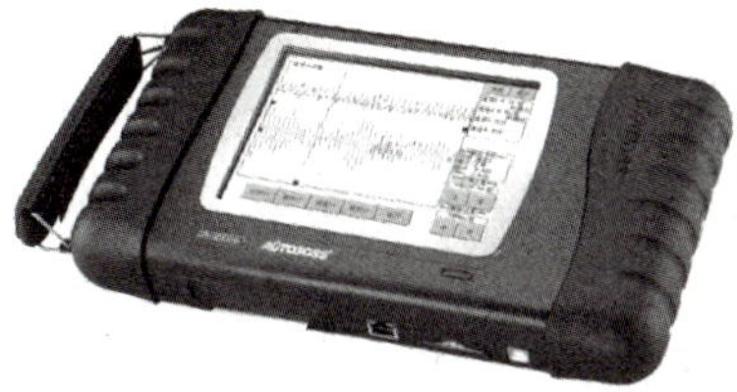

图1-12　汽车专用示波器

（1）汽车专用示波器类型

汽车专用示波器可分为模拟式示波器和数字式示波器，模拟式示波器显示速度快，但显示波形不稳定（抖动），且没有记忆功能，给故障波形的分析判断带来困难。数字式示波器由微处理器控制，由于将模拟信号转换成数字信号需要一定的时间，所以显示速度较模拟式示波器慢，但数字式示波器显示波形稳定，且具有记忆功能，可在测试结束后使故障波形重现，便于对故障波形进行进一步的分析判断。

模拟式示波器一般采用开关、按键和旋钮等来实现对波形垂直幅度、水平幅度、垂直位置、水平位置和亮度等的调整。数字式示波器多采用菜单式操作，只需在各级菜单上选择测试项目，无需任何设定和调整，可以直接观测波形，使用起来非常方便。

① 四通道示波器（模拟式示波器）。四通道示波器可测试各种传感器、执行元件、电路和点火系统等电压波形。四通道示波器连接方法如图1-13所示。

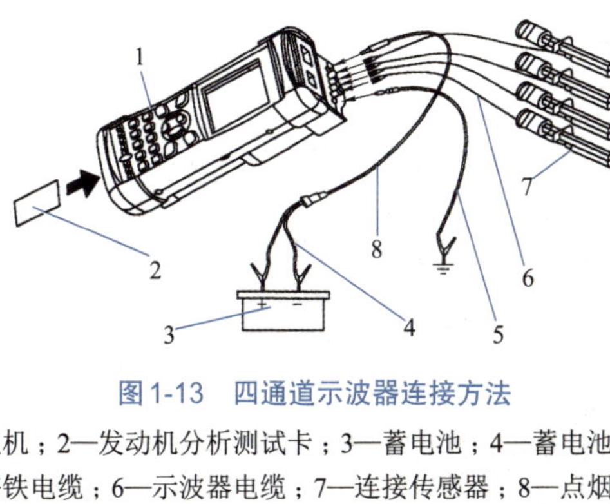

图1-13　四通道示波器连接方法

1—主机；2—发动机分析测试卡；3—蓄电池；4—蓄电池电缆；5—搭铁电缆；6—示波器电缆；7—连接传感器；8—点烟器电缆

② 数字式示波器。数字式示波器除了可测试各种传感器、执行元件、电路和点火系统等电压波形外，还具有汽车万用表功能，可对测试内容进行记录、回放，能提供在线帮助，包括提供系统工作原理、测试连接方法、接线颜色等。其连接方法如图1-14所示，可测试电压、电阻、闭合角、喷油脉冲、喷油时间、点火电压等。有的示波器内部还存有汽车数据库和标准波形，使判断故障更为方便。

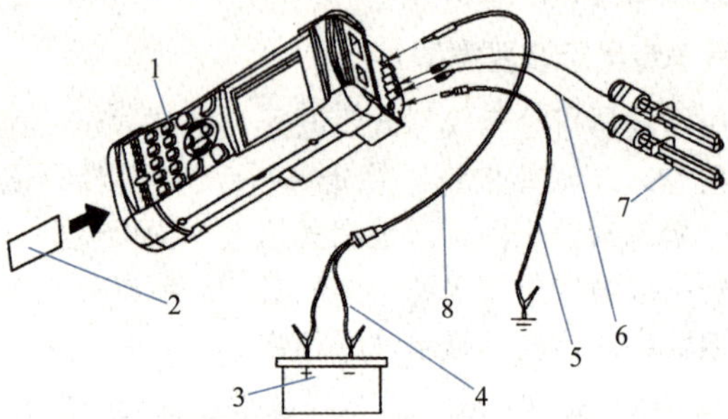

图1-14 数字式示波器的汽车万用表连接方法

1—主机；2—发动机分析测试卡；3—蓄电池；4—蓄电池电缆；5—搭铁电缆；6—示波器电缆；7—连接被测对象；8—点烟器电缆

(2) 使用汽车示波器的技巧

使用汽车示波器技巧

● 测试点火高压线时，必须使用专用的电容探头，不能将示波器探头直接接入点火次级电路。

● 使用汽车示波器时，注意远离热源，如排气歧管、催化器等，温度过高会损坏仪器。

● 汽车示波器在测试时要注意测试线尽量离开风扇叶片、传动带等转动部件。

● 路试中，不要将汽车示波器放在仪表台上方，最好是拿在手中测试。

三、汽车电气系统故障诊断流程与注意事项

1 汽车电气系统故障诊断流程

现代汽车是由许多零件组成的复杂的系统，当汽车电气系统出现故障时，不仅故障的种类是多种多样的，而且故障的原因和部位也是多种多样的，既可能是一般的机械故障，又可能是电气控制系统的故障。因此，在对汽车电气系统进行检修时，要按照一定的基本原则和维修工艺进行。否则，不但会浪费大量的时间，而且还有可能“旧病未除又添新病”。

从原则上讲，要诊断和排除一个汽车电气系统故障，首先要认真与用户了解故障现象，确认故障症状，然后通过系统或部件的工作原理分析引起故障的各种原因，最后进行具体的故障诊断，直至排除故障。

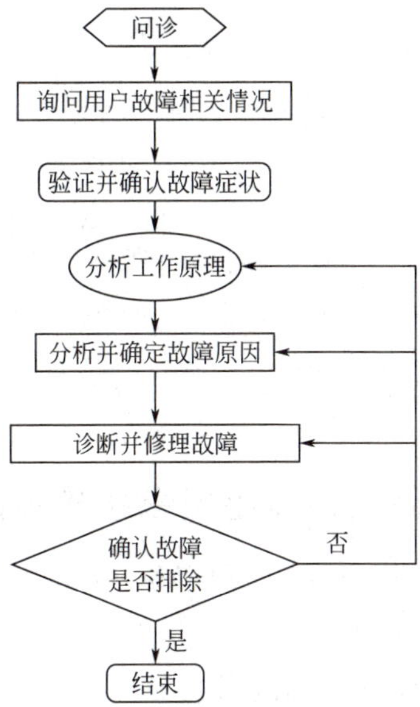

图1-15 汽车电气系统故障诊断一般流程

汽车电气系统故障诊断一般流程如图1-15所示。

另外，现代汽车上微型计算机控制系统越来越多，利用故障诊断仪读取故障码和数据流进行故障诊断非常快捷，能有效地缩小故障范围，甚至能直接完成故障定位。因此对于微型计算机控制系统故障或相关故障，注意故障诊断仪的优先采用。

2 汽车电气系统故障检修技巧

汽车电气系统故障检修技巧

- 拆卸和安装电气元件时，应切断电源。

● 更换熔丝时，一定要与原规格相同，切勿用导线替代。

● 正确拆卸导线插接器（插头与插座）。为了防止插接器在汽车行驶中脱开，所有的插接器均采用闭锁装置。要拆开插接器时，首先要解除闭锁，然后把插接器脱开，不允许在未解除闭锁的情况下用力拉导线，这样会损坏闭锁或连接导线。

● 在检修传统汽车电路故障时，往往采用“试火”的办法逐一判断故障部位。在装有电子设备的汽车上，不允许使用这种方法，否则会给某些电路和电子元件造成意想不到的损害。

● 在发动机工作时，不要拆下蓄电池接线。

● 不允许使用欧姆表及万用表的 $R\times100$ 以下低阻欧姆挡检测小功率晶体管，以免电流过载损坏晶体管。

四、汽车电气系统故障诊断方法

为了能迅速准确地诊断汽车电气系统的故障，下面介绍几种常用的诊断方法。

1 直观诊断法

汽车电气系统发生故障时，有时会出现冒烟、火花、异响、焦臭、发热等异常现象。这些现象可通过人的眼、耳、鼻、身感觉到，从而可以直接判断出故障所在部位。

例如，在汽车行驶过程中，突然发现转向信号灯与转向指示灯均不亮，用手一摸，发现闪光器发热烫手，说明闪光器已被烧坏。

2 断路法

汽车电路设备发生搭铁（短路）故障时，可用断路法判断。将怀疑有搭铁故障的电路段断路后，根据电气设备中搭铁故障是否还存在，判断电路搭铁的部位和原因。

例如，在汽车行驶时，听到电喇叭长鸣，则可以将继电器“按钮”接线柱上的导线拆开，此时如果喇叭停鸣，则说明喇叭按钮至继电器这段电路中有搭铁现象。

3 短路法

汽车电路中出现断路故障，还可以用短路法判断。将怀疑有断路故障的电路短接，观察仪表指针变化或电气设备工作状况，从而判断出该电路中是否存在断路故障。

例如，怀疑汽车电路中的各种开关有故障，可用导线将开关短接来判断开关是好是坏。

4 试灯法

试灯法就是用一只小功率汽车用灯泡作为试灯，检查电路中有无断路故障。

例如，用试灯的一端和交流发电机的“电枢”接线柱连接，另一端搭铁。如果灯不亮，说明蓄电池至交流发电机“电枢”接线柱间有断路现象；若灯亮，说明该段电路良好。

5 仪表法

观察汽车仪表板上的电流表、水温表、燃油表、机油压力表等的指示情况，判断电路中有无故障。

例如，发动机冷态，接通点火开关时，水温表指示满刻度位置不动，说明水温表传感器有故障或该电路有搭铁。

6 高压试火法

对高压电路进行搭铁试火，观察电火花状况，判断点火系统的工作情况。具体方法是：取下点火线圈或火花塞上的高压导线，将其对准火花塞或缸盖等，距离约5mm，然后接通启动开关，转动发动机，看其跳火情况。

如果火花强烈，呈天蓝色，且跳火声较大，则表明点火系统工作基本正常；反之，则说明点火系统工作不正常。

7 低压搭铁试火法

低压搭铁试火法是指拆下用电设备接线的某一线端对汽车的金属部分（搭铁）碰试，根据产生的火花来判断故障。这种方法比较简单，是汽车电工经常使用的方法。搭铁试火法可分为直接搭铁和间接搭铁两种。

所谓直接搭铁，是指未经过负载而直接搭铁产生强烈的火花。例如，我们要判断点火线圈至蓄电池一段电路是否有故障，可拆下点火线圈上连接点火开关的线头，在汽车车身或车架上刮碰，如果有强烈的火花，说明该电路正常；如果无火花产生，说明该段电路出现了断路。

间接搭铁是将汽车电气系统的某一负载搭铁，根据产生的微弱火花来判断电路或负载是否有故障。例如，将传统点火系统断电器连接线搭铁（回路经过点火线圈初级绕组），如果有火花，说明这段电路正常；如果无火花，则说明电路有断路。

特别值得注意的是，试火法不能在装有电子控制装置（ECU）的汽车上应用。

8 模拟法

模拟法就是通过模拟电路故障发生时的环境和条件，使暂时消失的故障显现出来，进而确定故障点的诊断方法。

在汽车电路维修实践中，经常会遇到一些不稳定的间歇性故障，故障出现没有规律，时有时无。对于这类故障，可以采用模拟法进行诊断。

常用的模拟诊断方法有振动模拟（见图1-16）、热敏感模拟（见图1-17）、冷冻模拟（见图1-18）、水淋模拟（见图1-19）、电负荷模拟等。在汽车电路故障诊断中灵活、熟练地运用这些方法，往往可以事半功倍。

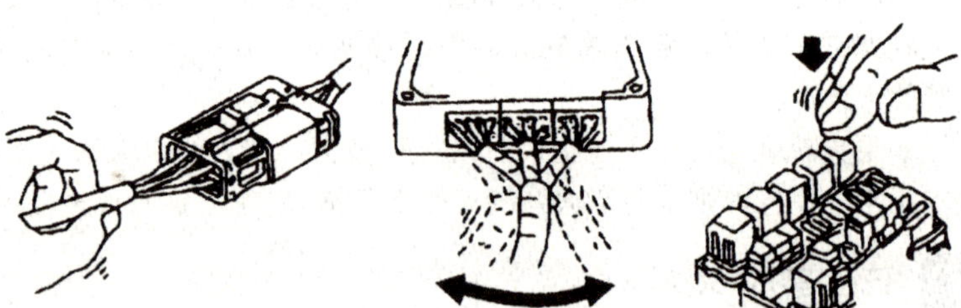

(a) 轻轻晃动线束　　(b) 轻轻弯曲线束　　(c) 轻轻敲击继电器

图1-16　振动模拟试验

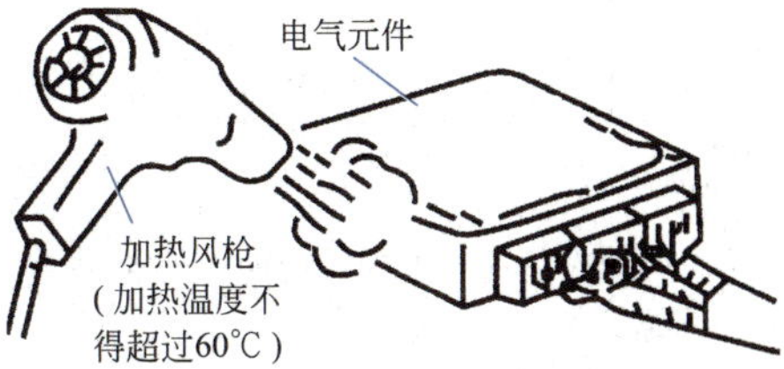

图1-17　热敏感模拟试验

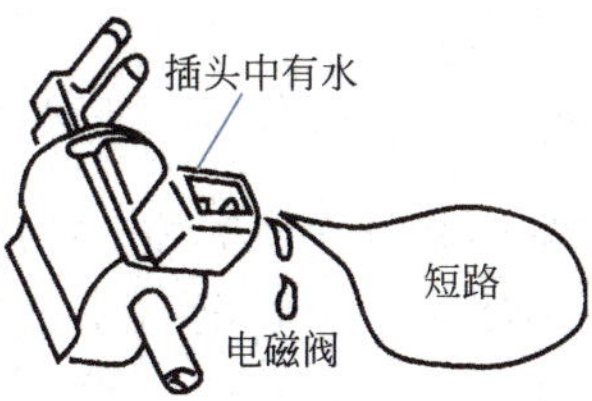

图1-18　冷冻模拟试验

图1-19　水淋模拟试验

9　专用检测仪器法

随着汽车电气设备的日趋复杂，在维修中，特别是维修装置电子设备较多的车辆，使用一些专用的检测仪器是十分必要的。

五、汽车电气系统线路的基本检查方法入门

（一）用测试灯检查电路

1　测试灯查找短路位置

如果熔丝已熔断，说明已发生过短路，这时可用测试灯进行检查。

如图1-20所示，首先将开关打开，拆下熔断的熔丝，并将测试灯跨接到熔丝端子上，观察测试灯是否点亮。如果测试灯亮，说明熔丝盒与开关之间出现短路，应修理熔丝盒与开关之间的线束。

检查技巧

●如果测试灯不亮，再将开关闭合，并断开前照灯插接器，观察测试灯是否亮。

●如果灯亮，说明开关与插接器之间出现短路，应修理开关与插接器之间的线束。

●如果灯不亮，说明插接器与照明灯之间出现短路，修理照明灯与插接器之间的线束。

2 用自备电源测试灯检查开关导通性

用自备电源测试灯检查开关导通性时，接线方法如图1-21所示。当开关打开时，测试灯应不亮；当开关闭合时，测试灯应亮，否则开关有故障。

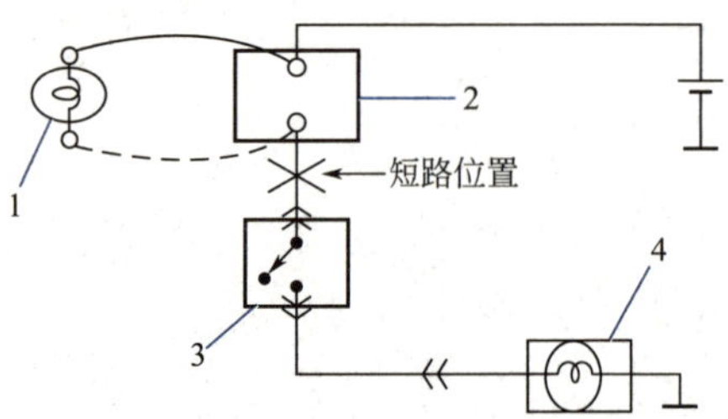

图1-20 短路位置的检查

1—测试灯；2—熔丝；3—开关；4—前照灯

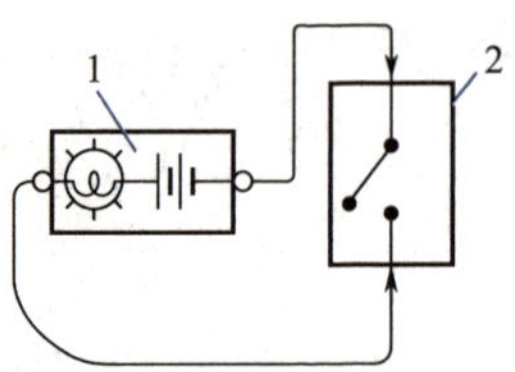

图1-21 检查开关导通性

1—自备电源测试灯；2—开关

3 用测试灯查找断路位置

将测试灯的一根引线搭铁，另一根引线连接到开关插接器电源侧端子上，即图1-22中a点位置，测试灯应点亮；然后将测试灯连接到电机插接器上，即图1-22中b点位置，若将开关打开，测试灯不应点亮；若将开关闭合，测试灯应点亮，否则开关及开关到电动机插接器之间的线路断路。

（二）用跨接线检查电路

当怀疑某条线路断路，如图1-23中的开关故障，用跨接线将开关的a、b两端短接，若电动机工作，即可断定开关断路。

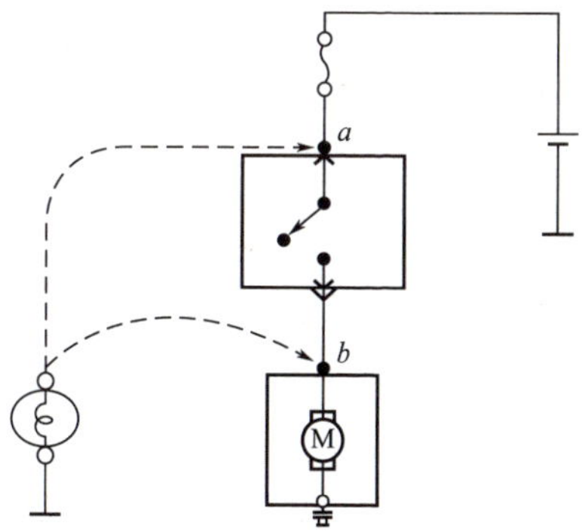

图1-22 测试灯检查断路位置

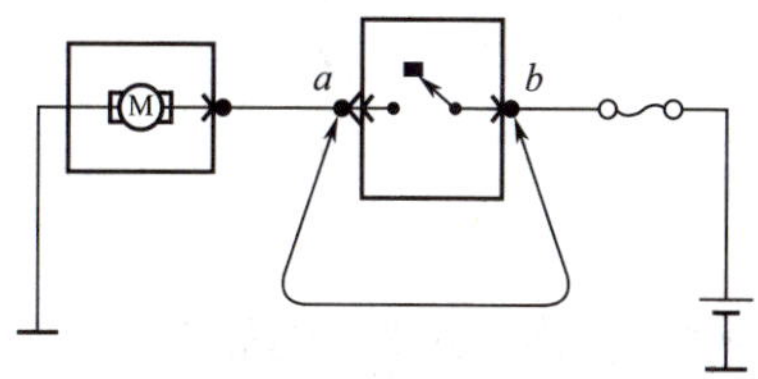

图1-23 跨接线法检查断路

（三）线束插接器的检测

1 防水插接器的检测

当对防水插接器的导通性及电压进行测试时，要求使用专用工具，如图1-24所示，以免引起插接器接触不良或防水性能降低。千万不要用背测探针检测防水插接器，否则会引起端子腐蚀，使电路性能下降。

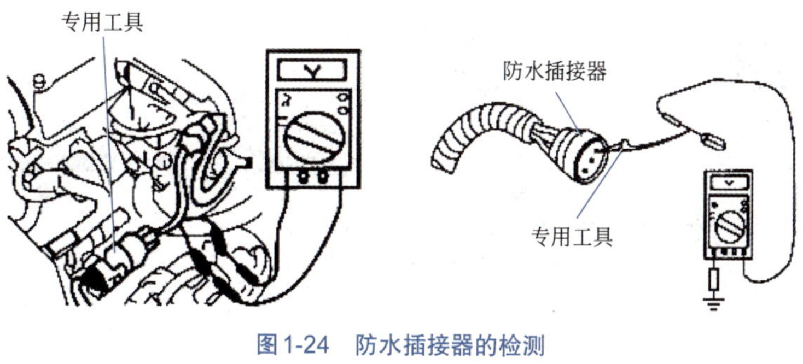

图1-24 防水插接器的检测

检测技巧

●如果断开插接器检测，面对的部分是插孔一侧，要选用合适的探针，且接触端子时力量不要太大，探针不要同时接触两个或多个端子，否则可能损坏电路，引起电气火灾。

●如果面对的部分是插针一侧，在检测某一个端子时，不要将探针碰到其他端子。

●若需要拉动线束时，应小心轻拉，不要让端子脱离插接器。

●当发现插接器端子结合不良时，可以拆下插接器座上的端子，拔出导片，再维修插接器端子。

2 普通形式插接器的检测

对普通形式插接器的导通性及电压进行测试时，可以用背测探针的方法直接检测，但检测时，要小心不要将导线刺透、刺断，也不要碰到其他端子的导线，如图1-25所示。

3 插接器端的拆解

① 压下闭锁装置，将插接器拉开。在没将闭锁装置压下以前，千万不要猛拉导线，以免损坏插接器及导线。

② 将1.4mm宽的螺钉旋具插入插接器，用螺钉旋具稍微抬起座内导电片，并拉出端子，如图1-26所示。

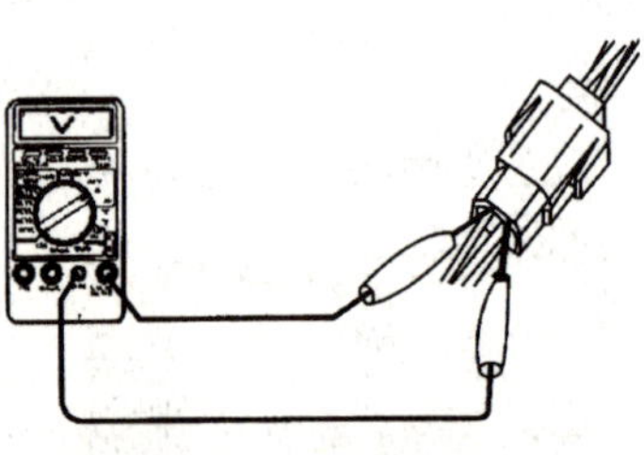

图1-25　普通形式插接器的检测

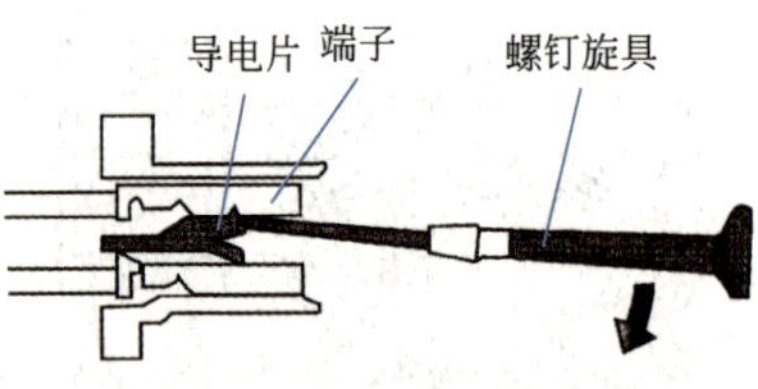

图1-26　插接器端的拆解方法

第二章 蓄电池的检修

第一节 蓄电池的结构与检测

一、蓄电池的功用与分类

1 蓄电池的功用

蓄电池（俗称“电瓶”），是汽车上的两个电源之一，在汽车上与发电机并联，共同向用电设备供电。蓄电池在车上的安装位置如图2-1所示。

蓄电池是一种既能将化学能转换为电能的装置，也是能将电能转化为化学能的可逆低压直流电源。当蓄电池放电时，将其储存的化学能转换为电能；当蓄电池充电时，将电能转换为化学能储存起来，直到化学能储存满时充电结束。汽车上蓄电池的功用如下。

① 在发动机启动时，向起动机和点火系统供电。

② 在发电机不发电或电压较低的情况下向用电设备供电。

图2-1　蓄电池在车上的安装位置

③ 当发电机超载时，协助发电机供电。

④ 蓄电池存电不足，而发电机负载又较少时，它可将发电机的电能转变为化学能储存起来（即充电）。

⑤ 过载保护。蓄电池相当于一个大容量电容器，在发电机转速和负载发生比较大的变化时，能够保持汽车电气系统电压的相对稳定。同时，还可吸收发电机产生的瞬间过电压，保护汽车电子元件不被损坏，所以，发电机不允许脱开蓄电池运转。

2 蓄电池的分类

汽车上所使用的蓄电池主要是为了满足启动发动机的需要，所以，通常称为启动型蓄电池。启动型蓄电池在短时间内可提供强大的启动电流（一般为200 ～ 600A，最大可达1000A）。

根据电解液的不同，启动型蓄电池的分类与特点如表2-1所示。

表2-1 启动型蓄电池的分类与特点

<table>
<tr><th colspan="2">分类</th><th colspan="2">特点</th></tr>
<tr><td rowspan="4">铅酸蓄电池</td><td>普通铅酸电池</td><td>新蓄电池内没有电解液，极板不带电，使用前需加注规定量的电解液并进行初充电。在使用过程中需要定期维护</td><td rowspan="4">铅酸蓄电池结构简单，内阻小，启动性能好，价格低廉，所以在汽车上广泛采用</td></tr>
<tr><td>干荷电蓄电池</td><td>又称干式荷电蓄电池，新蓄电池内没有电解液，极板处于干燥且已充电的状态下。如需使用，只要在规定的保存期内（一般为2年）加入规定量的电解液，静置30min后即可使用（无需初充电）。在使用过程中需要定期维护</td></tr>
<tr><td>湿荷电蓄电池</td><td>又称湿式荷电蓄电池，新蓄电池内有少量电解液，极板处于已充电的状态下。如需使用，只要在规定的保存期内（一般为2年）加入规定量的电解液，静置30min后即可使用（无需初充电）。在使用过程中需要定期维护</td></tr>
<tr><td>免维护蓄电池</td><td>在有效使用期（一般为4年）内，无须检查电解液液面高度、不需要添加蒸馏水、无须清理极桩等维护工作</td></tr>
<tr><td rowspan="2">镍碱蓄电池</td><td>铁镍蓄电池</td><td colspan="2" rowspan="2">镍碱蓄电池具有容量大、使用寿命长、维护简单等优点，但其价格昂贵，目前只在少数汽车上使用</td></tr>
<tr><td>镉镍蓄电池</td></tr>
</table>

目前，世界各国正在不断探索和研制电动汽车，其主要的动力源为新型高能蓄电池。电动汽车新型高能蓄电池具有无污染、比容量大、充放电性能好、使用寿命长等优点，但结构复杂、成本高。

二、蓄电池的结构与型号

1 蓄电池的结构

蓄电池由多个单格电池组成，每个单格电池由正负极板、隔板、电解液和壳体等组成，解剖的蓄电池实物如图2-2所示，其构造如图2-3所示。蓄电池壳体一般分为3格、6格或12格等，每格均添充电解液，正负极板浸入电解液中成为单格电池。每个单格电池的标准电压为2.06V，因此，3个单格电池串联在一起成为6V蓄电池，6个单格电池串联在一起成为12V蓄电池。

图2-2 解剖的蓄电池实物

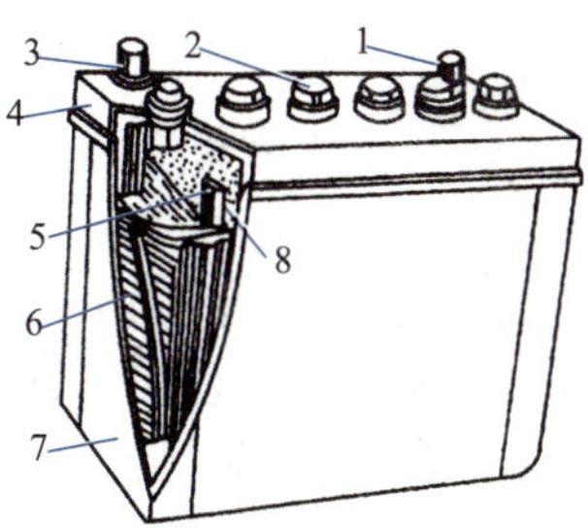

图2-3 蓄电池构造

1—负极柱；2—带通气孔的加液口盖；3—正极柱；4—密封盖；5—内穿壁式连接条；6—隔板；7—外壳；8—单格隔壁

① 正、负极板。正、负极板均由板栅涂敷工作物质而成，因工作物质成分不同而分成正极板和负极板。对于充足电的蓄电池来说，正极板上的工作物质为二氧化铅（PbO_2），呈深棕色；负极板上的工作物质为海绵状纯铅（Pb），呈青灰色。蓄电池正、负极板实物如图2-4所示。

为增大蓄电池的容量，将多片正、负极板分别并联焊接，组成正、负极板组。极板组结构如图2-5所示。

图2-4 蓄电池极板

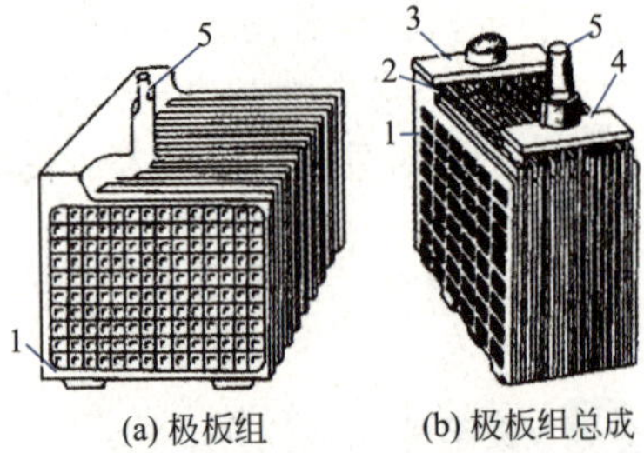

图2-5 正负极板组

1—极板；2—隔板；3,4—横板；5—极柱

② 隔板。蓄电池内部正负极板之间用隔板隔开。常用的隔板材料有木质隔板、微孔橡胶、微孔塑料和纸板等。

③ 壳体。蓄电池的壳体是用来盛放电解液和极板组的，壳体为整体式结构。壳体上有两个极桩，如图2-6所示。

④ 电解液。电解液在电能和化学能的转换过程（即充电和放电的电化学反应中）起离子间的导电作用并参与化学反应。它由相对密度为1.84的纯硫酸和蒸馏水按一定比例配制而成，相对密度一般为1.24～1.30。

⑤ 加液孔盖。由于每个单格内电解液是不相通的，因此每单格均有各自的加液口，这6个加液口位于整体式上盖上。加液口由加液孔盖封闭，其上部有通气孔，如图2-7所示。

图2-6 蓄电池极桩（正）

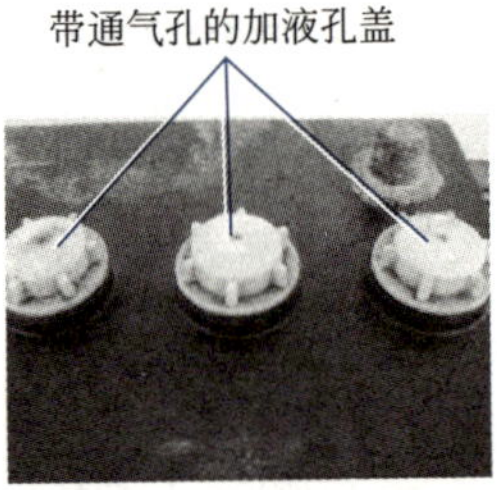

图2-7 加液孔盖

2 蓄电池的型号

蓄电池型号的编制由五部分组成，蓄电池的型号一般都标注在外

壳上。蓄电池产品型号和含义如下：

1	–	2	3	–	4	5

1—表示蓄电池总成由几个单个格电池组成，用阿拉伯数字表示。

2—表示蓄电池用途，用大写字母表示，如汽车用蓄电池用“Q”表示，摩托车用蓄电池用“M”表示，船用铅蓄电池用“JC”表示，飞机用铅蓄电池用“HK”表示。

3—表示蓄电池特征，用大写字母表示，如免维护蓄电池用W表示、干荷电蓄电池用A表示。

4—表示20h放电率的额定容量，用阿拉伯数字表示，单位是A·h（安培小时）。

5—表示特殊性能，用大写字母表示（无字为一般性能蓄电池），如薄型极板的高启动率电池用“G”表示。

蓄电池外壳上标注的型号如图2-8所示，型号6-QAW-90的含义为：由6个单格电池组成，额定电压12V，额定容量为90A·h的启动用干荷电免维护蓄电池。

图2-8 蓄电池外壳上标注的型号

三、蓄电池的检修与维护

（一）蓄电池从车上的拆装

1 蓄电池的拆卸

① 在拆卸蓄电池之前，应检查音响的防盗密码并做好记录，以备安装蓄电池后使用。

② 从点火开关处取下车钥匙，先将蓄电池搭铁线（极桩处一般标注“－”记号）拆下，再将蓄电池正极桩（极桩处一般标注“＋”）端子上的导线拆下，如图2-9所示。

③ 取下蓄电池固定座上的固定压杆，并取出蓄电池，如图2-10所示。

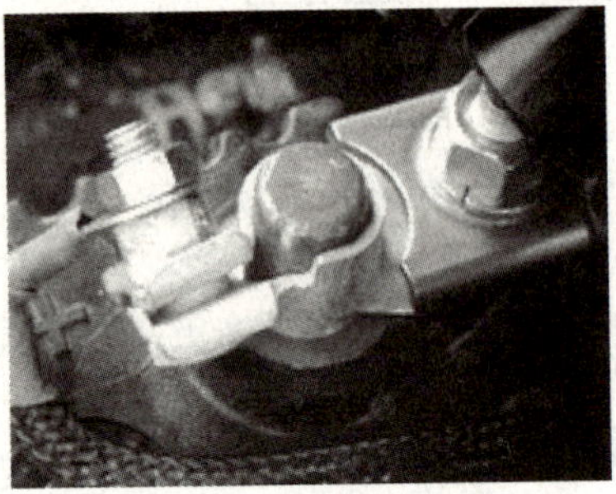

图2-9　拆下蓄电池导线

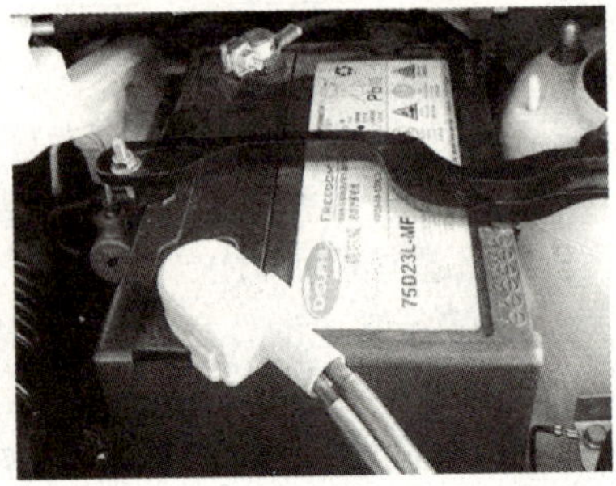

图2-10　取下蓄电池固定座上的固定压杆

2　蓄电池的安装

蓄电池的安装可按与拆卸的相反顺序进行。

蓄电池的安装技巧

- 蓄电池一定要安装牢固。如蓄电池未装牢固，蓄电池振动会影响其使用寿命；如固定不当，会损坏蓄电池栅板和蓄电池壳体，造成蓄电池电解液流出，使蓄电池报废。
- 一定要先安装并固定好蓄电池正极导线，然后再安装蓄电池负极导线。
- 蓄电池正、负极一定不能接反，否则，将会造成汽车电子部件损坏。

（二）蓄电池的检查

1　蓄电池外壳的检查

蓄电池外壳出现裂纹，除了用肉眼观察之外，还可用蓄电池外壳的检查技巧所示方法检查。

蓄电池外壳的检查技巧

●将蓄电池壳注满电解液，然后搁置24h，察看其有无渗漏痕迹。

●也可将蓄电池加注稀硫酸溶液（相对密度为1.1）至离蓄电池外壳上边缘2mm，然后将蓄电池放入充满相同相对密度的稀硫酸溶液的容器中，并使蓄电池壳内与容器中的液面高度一样。将一个电极与电源相连，另一个电极与电压表相连，此时若电压表指针发生偏转，即表明外壳有渗漏，反之说明其外壳完好。还可用相同方法检查蓄电池相邻单格之间的隔板是否完好。

2 蓄电池电压降的检测

在检查蓄电池工作性能的时候，可以通过检测蓄电池电压降的方法进行判断。

蓄电池电压降的检测技巧

●检测蓄电池电压降时，可用万用表分别测量蓄电池正、负电极极桩与对应导线间的电压降，测得的电压应不大于0.5V（理想状态为0V）。

●如果电压大于0.5V，说明蓄电池极桩与对应的导线之间的电阻过大，原因是极桩与导线接触不良（不紧固或有氧化物析出），应清理蓄电池极桩（蓄电池极桩上的氧化物如图2-11所示，氧化物可用开水清洗），并重新紧固蓄电池导线。

3 免维护蓄电池工作状况的检查

免维护蓄电池的上面都设有观察窗（观察窗的位置如图2-12所示），可以直接通过观察窗观察孔中的颜色，来确认蓄电池工作状况，如图2-13所示。

图2-11　蓄电池极桩上的氧化物

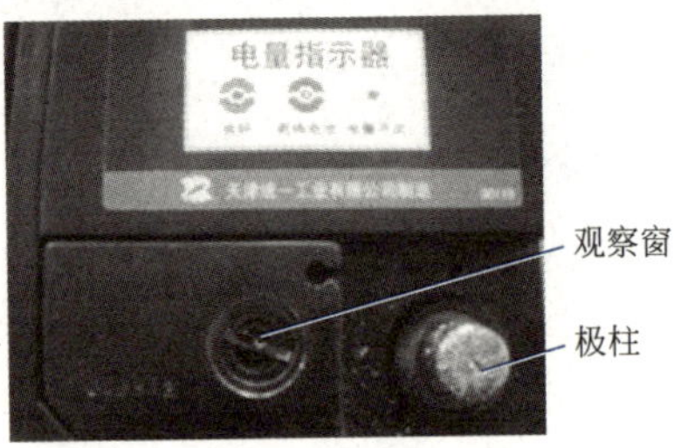

图2-12　蓄电池上观察窗的位置

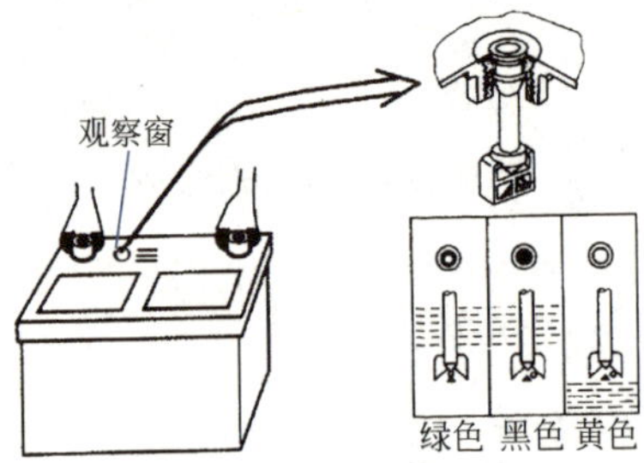

图2-13　从观察窗检查蓄电池工作状况

观察窗颜色说明：

① 绿色，表示蓄电池的技术状况良好；

② 黑色，表示电解液密度偏低，应对蓄电池进行补充充电；

③ 黄色，表示电解液液面过低，蓄电池已不能继续使用。

小提示：不同品牌蓄电池规定的颜色代表含义也不同。

4 电解液液面高度的检查

① 对于透明壳体的蓄电池，可以观察到蓄电池内电解液液面与上、下刻度线的关系，如图2-14所示。标准值应在上、下刻度线之间。若液面过低，一般情况下可以直接加入蒸馏水。

② 对于有加液口的蓄电池，液面高度可用玻璃管测量，如图2-15所示。电解液液面应高出极板10～15mm，电解液不足时应加注蒸馏水。

注意

除非确知液面降低是由于电解液溅出所致，否则一般不允许加入硫酸溶液，只能加入蒸馏水。

图2-14　电解液液面高度刻线

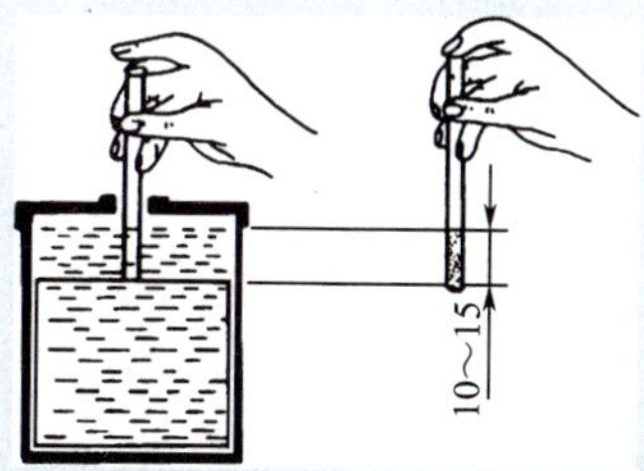

图2-15　用玻璃管测量电解液液面高度

5　电解液相对密度和温度的测量

电解液的相对密度用吸式密度计测定，如图2-16所示，先用密度计吸入电解液，使密度计浮子浮起，电解液液面所在的刻度即为相对密度值。

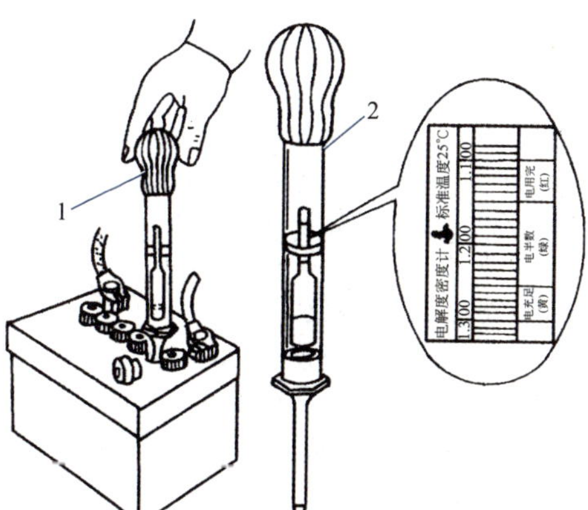

图2-16　测量电解液的相对密度和温度

1—密度计；2—温度计

电解液相对密度和温度的测量技巧

●在测量密度时，应同时测量电解液温度，并将测得的电解液相对密度值转换到25℃进行修正。

●根据实际经验，相对密度每减小0.01；相当于蓄电池放电6%，所以从测得的电解液相对密度就可以粗略估算出蓄电池的放电程度。

●在强电流放电和加注蒸馏水后，由于电解液混合不匀，不应立即测量电解液相对密度。

6 用高率放电计测量放电电压

高率放电计由一个3V电压表和一个定值负载电阻组成。高率放电计是模拟接入起动机负荷，测量蓄电池在大电流（接近起动机启动电流）放电时的端电压，用以判断蓄电池的放电程度和启动能力。

如图2-17所示，测量时应将两叉尖紧压在单体电池的正、负极柱上，历时5s左右，观察大负荷放电情况下蓄电池所能保持的端电压。一般技术状况良好的蓄电池，用高率放电计测量时，单体蓄电池电压应在1.5V以上，并在5s内保持稳定；如果5s内电压迅速下降，或某一单体电池的电压比其他单体电池低0.1V以上时，表示该单体电池有故障，应进行修理。

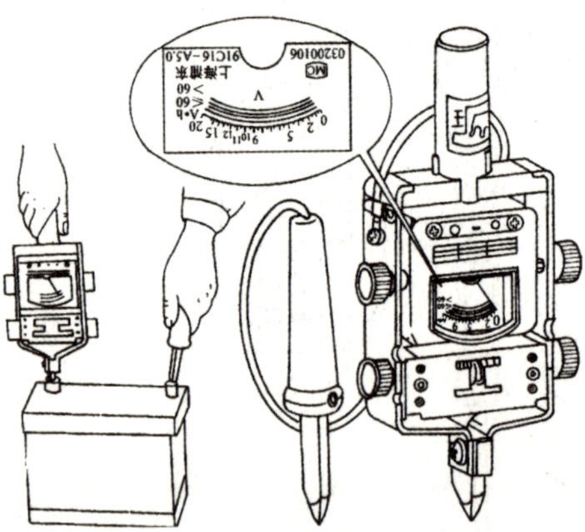

图2-17 用高率放电计测量蓄电池的启动性能

不同厂牌的放电计，负荷电阻值不同，放电电流和电压表读数也就不同。使用时应参照原厂说明书规定。

第二节 蓄电池的充电与维护

一、蓄电池的充电

蓄电池的使用寿命一般为3～4年。蓄电池的充电作业是保证蓄电池在整个使用过程中技术性能良好、延长其使用寿命的一个重要环节。

蓄电池在车辆上使用时，如出现下列现象之一时，说明蓄电池容量不足，应进行补充充电。

① 电解液密度下降到1.15g/cm^{3}以下。

② 冬季放电超过25%，夏季放电超过50%。

③ 起动机运转无力。发动机不工作时，开前照灯，灯光暗淡；按喇叭，喇叭声音小。

④ 蓄电池放置时间超过一个月。

1 蓄电池充电作业注意事项

① 严格遵守各种充电方法的操作规范。

② 充电过程中，要及时检查记录各单格电池电解液密度和端电压。在充电初期和中期，每2h检查记录一次即可，接近充电终了时，每1h检查记录一次。

③ 若发现个别单格电池的端电压和电解液密度上升比其他单格电池缓慢，甚至变化不明显时，应停止充电，及时查明原因。

④ 在充电过程中，必须随时测量各单格电池的温度，以免温度过高影响蓄电池的性能。当电解液温度上升到40℃时，应立即将充电电流减半，减小充电电流后，如果电解液温度仍继续升高，应该停止充电，待温度降低到35℃以下时，再继续充电。

⑤ 初充电作业应连续进行，不可长时间间断。

⑥ 充电时，应旋开出气孔盖，使产生的气体能顺利逸出，充电室要安装通风和防火设备，在充电过程中，严禁烟火，以免发生事故。

⑦ 就车充电时，一定要将蓄电池负极断开，否则充电机的高电压

会将电控系统的电气元件损坏。

⑧ 如果蓄电池长时间未在行车中使用，如库存车蓄电池等，必须以小电流进行充电。

⑨ 对过度放电的蓄电池（空载电压为11.6V或更低）进行充电，不可采用快速充电方法充电，这种蓄电池充电至少应为24h。

2 蓄电池充电作业方法

目前较常用的充电机如图2-18所示。

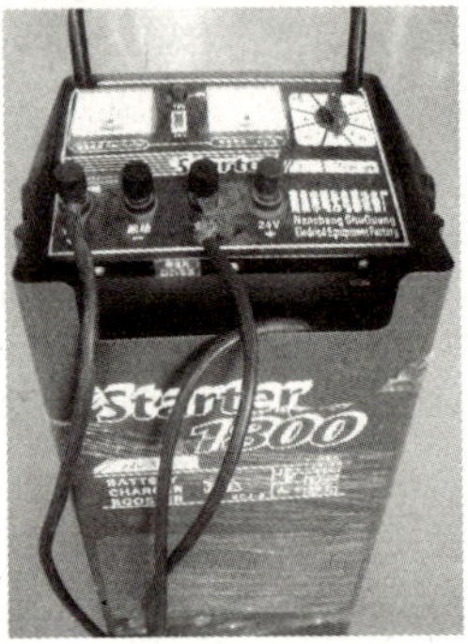

图2-18 充电机

① 在将蓄电池与充电机连接之前，应将蓄电池极柱和表面清理干净，将液面高度进行调整至正常水平。

② 按图2-19所示正确连接充电机和蓄电池。

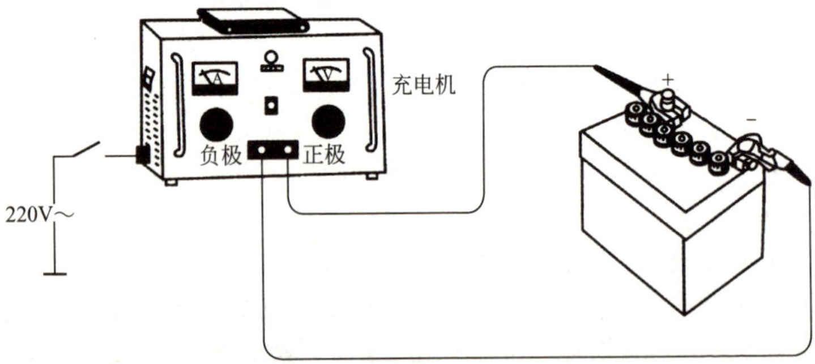

图2-19 正确连接蓄电池与充电机

③ 将充电机上的电压调节旋钮调至最小位置。

④ 打开交流电源开关。

⑤ 打开充电机上的电源开关，调节电压旋钮，观察电流表读数，直到电流表读数指示出所确定的电流值为止（按照充电规范，确定充电电流大小）。

⑥ 通过加液孔观察蓄电池的内部情况，用万用表测量蓄电池两端的电压，当有连续气泡冒出或连续3h电压不变时，应立即停止充电。

二、蓄电池的维护

1 蓄电池的日常维护

为了使蓄电池经常处于完好状态，延长其使用寿命，对使用中的蓄电池需进行下列维护工作。

① 观察蓄电池外壳表面有无电解液漏出。

② 检查蓄电池在车上安装是否牢靠，导线接头与电桩的连接是否紧固。

③ 经常清除蓄电池盖上的灰尘泥土，擦去电池顶上的电液，透通加液孔盖上的气孔，清除包桩和导线接头上的氧化物。

④ 定期检查和调整电解液的相对密度及液面高度。

⑤ 经常检查蓄电池放电程度，超过规定时立即充电。

2 蓄电池正负极性的识别

连接或充电时需要正确判断蓄电池的极性，其方法如下。

① 蓄电池的极柱上一般都标有“+”“–”记号，或正极柱上涂红色。

② 观察极柱的颜色，使用过的蓄电池正极柱呈深棕色，负极柱呈淡灰色。

③ 用直流电压表接蓄电池的两极，按照指针偏摆方向判断其正负极。

④ 利用电解液进行识别，将蓄电池的两极接上导线，分别插入电解液中（不要使两导线相碰），导线周围产生气泡多的为负极。

3 蓄电池使用时的技巧

蓄电池使用时的技巧

●汽车使用时，发动机每次启动时间不能超过5s，两次启动间隔时间必须在15s以上。

●经常检查蓄电池的安装是否牢靠，启动电缆线与极柱的连接是否紧固，检查电缆线的线夹与极柱上是否有氧化物，若有应及时清除。

●经常检查蓄电池盖表面是否清洁，及时清除盖上的灰尘、电解液等脏物，保持加液孔盖上的气孔畅通。

●定期检查电解液的液面高度，当液面降低到一定程度时，应及时补加电解液。

●定期对蓄电池进行补充充电，以保证蓄电池始终保持充足电的状态。

●经常检查蓄电池的放电程度，超过规定时应立即进行补充充电。

●冬季要加强蓄电池的充电检查，以防电解液结冰。

第三节 维修实例

实例一 发动机不能启动，但推车能启动

（1）故障现象

一汽大众速腾轿车，行驶里程为3万千米。发动机不能启动，但用推车的方法却能启动。

（2）故障原因

蓄电池负极与搭铁线松动。

（3）故障诊断与排除

拆下起动机检查，电动机运转正常，说明起动机无故障。测量蓄电池电压为13.7V左右，说明蓄电池电量正常。

测量交流发电机B+端与外壳间电压为14V左右，说明交流发电机工作也正常。

因启动系统中上述部件都无问题，所以逐一检查启动系统线路，发现蓄电池负极与车身搭铁线松动。将搭铁线固定好后再试车，发动机顺利启动，故障排除。

产生上述故障的原因就是忽视了蓄电池搭铁线的连接，从而使电源线路构不成回路，用电系统（起动机等）因无电而不能工作。

实例二　发动机难以启动，打开点火开关后仪表板上充电指示不亮

（1）故障现象

上海通用凯越轿车，行驶里程为127200km。驾驶员说，发动机难以启动，打开点火开关后仪表板上充电指示灯不亮。

（2）故障原因

蓄电池负极接线柱氧化物过多，从而导致接触不良。

（3）故障诊断与排除

卸下充电指示灯泡，观察灯丝，未熔断，表明充电指示灯未损坏。

检查熔丝，未熔断。表明蓄电池至点火开关线路无短路故障。

打开大灯开关，灯光较弱。按动喇叭，声音低哑，分析可能是蓄电池电压过低。用万用表检查蓄电池端电压，为12.5V（规定值为12V），蓄电池正常，未亏电。显然蓄电池的电输送不出去，而经前述检查，线路又没有搭铁、短路之处，因此可能性最大的是线端连接不牢。检查蓄电池极桩、蓄电池接线柱，接线柱的线夹紧固，但负极极桩氧化物甚多，估计是接触不良。

拆除蓄电池负极拉线柱线夹，彻底清除线夹氧化物和蓄电池搭铁线另一线端，重新紧固线夹和搭铁线线端，试车，启动顺利，发动机运转不久，充电指示灯熄灭。

为了能通过大电流，蓄电池连接线做得粗而短，烧蚀断路的可能性极小，多数故障为线夹（端）接触不良。产生接触不良的原因有：

① 线夹紧固不佳；

② 负极接线柱上因电解液溢出或加注电解液时不注意造成氧化，造成接触不良。线夹（端）接触不良使接头电阻增大，并使得线路压降过大，从而使起动机的工作电流大大减小，启动电机无力运转，发动机难以启动。

第三章
交流发电机的检修

第一节　交流发电机的结构与基本工作原理

一、交流发电机的功用与分类

1　交流发电机的功用

（1）交流发电机的安装位置

交流发电机安装在发动机的前端，由发电机V带传递动力，安装位置如图3-1所示。

图3-1　交流发电机的安装位置

（2）交流发电机的线路连接

交流发电机的线路连接简图如图3-2所示。

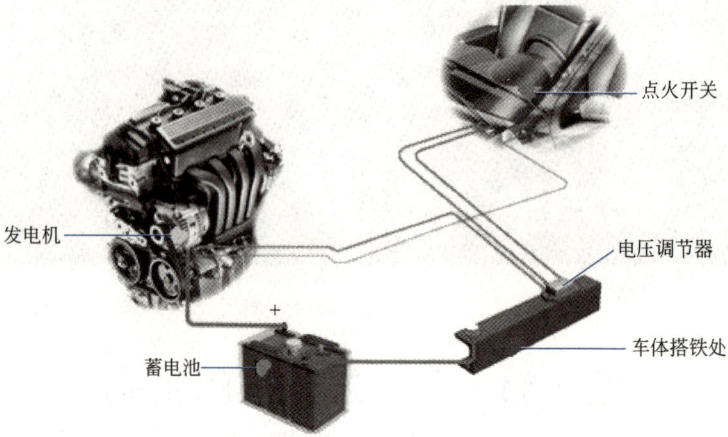

图3-2 交流发电机的线路连接简图

（3）交流发电机的功用

① 交流发电机由汽车发动机驱动，是汽车电器的主要电源，它在正常工作时，对除起动机以外的所有用电设备供电，并向蓄电池充电以补充蓄电池在使用中所消耗的电能。

② 调节器是一种电压调节装置，其功用是在发电机转速变化时自动调节发电机的输出电压并使其保持稳定。

2 交流发电机的分类

（1）按总体结构分类

① 普通交流发电机。既无特殊装置，也无特殊功能和特点的汽车交流发电机，称为普通交流发电机，如图3-3所示。

② 整体式交流发电机。即机体内装电子调节器的交流发电机，实物如图3-4所示。

③ 带泵交流发电机。即带动真空制动助力泵工作的交流发电机，实物如图3-5所示。

④ 无刷交流发电机。即没有电刷和滑环的交流发电机，实物如图3-6所示。

图3-3 普通交流发电机

图3-4 整体式交流发电机

图3-5 带泵交流发电机

图3-6 无刷交流发电机

(2) 按磁场绕组搭铁方式分类

① 内搭铁式交流发电机。磁场绕组的一端经滑环和电刷在发电机端盖上搭铁的发电机称为内搭铁型交流发电机，如图3-7（a）所示。

② 外搭铁式交流发电机。磁场绕组的两端均与端盖绝缘，其中一端经调节器后搭铁的发电机称为外搭铁型交流发电机，如图3-7（b）所示。外搭铁式交流发电机现被广泛采用。

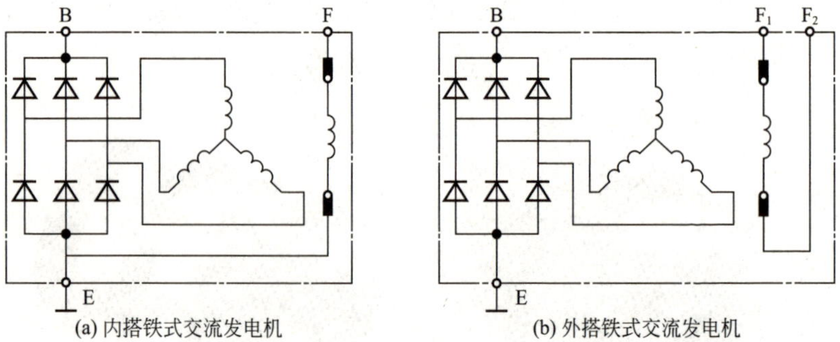

图3-7 交流发电机的搭铁形式

(3) 按装用的二极管数量分类

① 六管交流发电机。其整流器由六只硅二极管组成，六管交流发电机电路简图如图3-8所示。

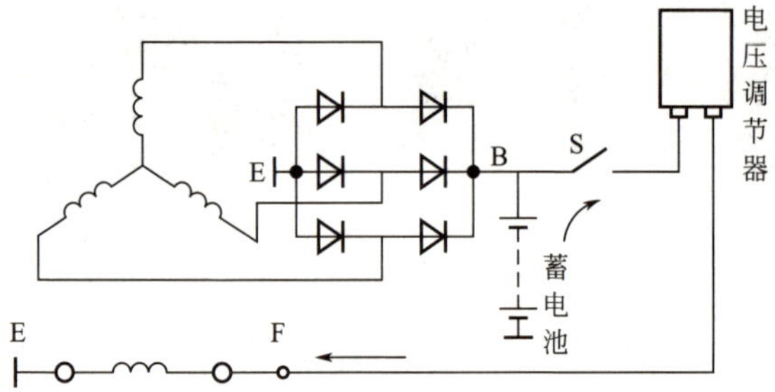

图3-8 六管交流发电机电路简图

② 八管交流发电机。其整流器总成共有八只二极管，其中有两个中性点二极管的交流发电机，八管交流发电机电路简图如图3-9所示。

③ 九管交流发电机。其整流器总成共有九只二极管，共有三个磁场二极管的交流发电机，九管交流发电机电路简图如图3-10所示。

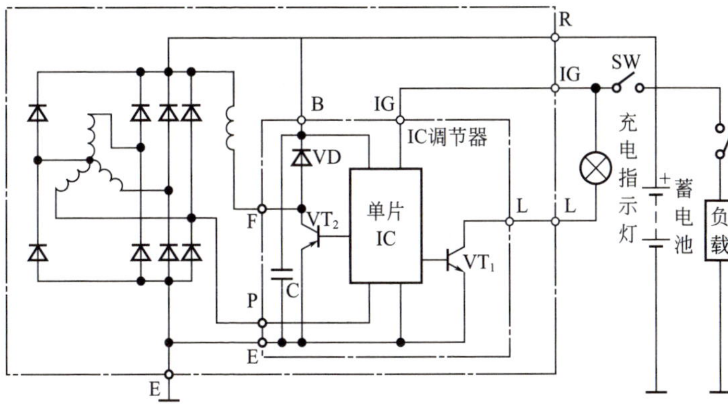

图3-9 八管交流发电机电路简图

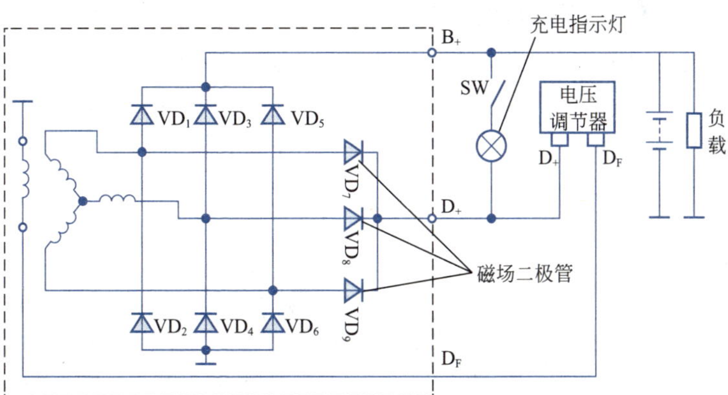

图3-10 九管交流发电机电路简图

④ 十一管交流发电机。其整流器总成共有十一只二极管，具有中性点二极管和磁场二极管的交流发电机，十一管交流发电机电路简图如图3-11所示。

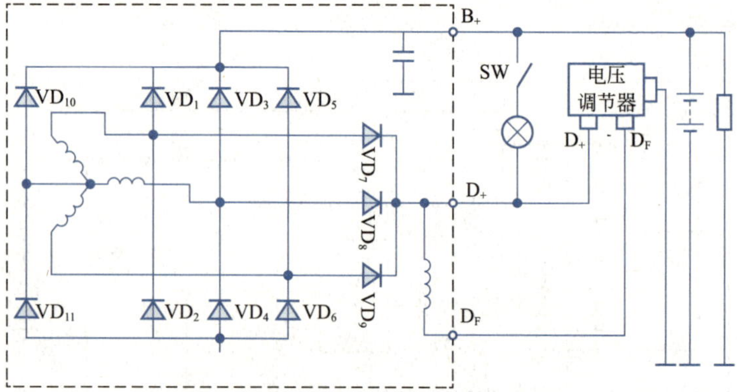

图3-11 十一管交流发电机电路简图

3 电压调节器的分类和结构

(1) 电压调节器的分类

交流发电机电压调节器可分为：触点式电压调节器、晶体管调节器和集成电路调节器，如图3-12所示。三种调节器的基本原理都是以转速为基础，通过改变励磁电流，来维持发电机的输出电压保持恒定。

(a) 触点式　(b) 晶体管式　(c) 集成电路式

图3-12 常见电压调节器外形

触点式电压调节器应用较早，这种调节器触点振动频率慢，存在机械惯性和电磁惯性，电压调节精度低，触点易产生火花，对无线电干扰大，可靠性差，使用寿命短，现已被淘汰。随着半导体技术的发展，采用了晶体管调节器。其优点是：晶体管的开关频率高，且不产生火花，调节精度高，还具有重量轻、体积小、使用寿命长、可靠性高、无线电干扰小等优点。

集成电路调节器除具有晶体管调节器的优点外，还具有超小型的特点，安装于发电机的内部（又称内装式调节器），减少了外接线，并且冷却效果得到了改善。

（2）电压调节器的结构及外形举例

① 夏利轿车用电压调节器。图3-13所示为天津夏利轿车发电机使用的集成电路调节器外形，该发电机为整体式交流发电机，调节器为内装式外搭铁型。

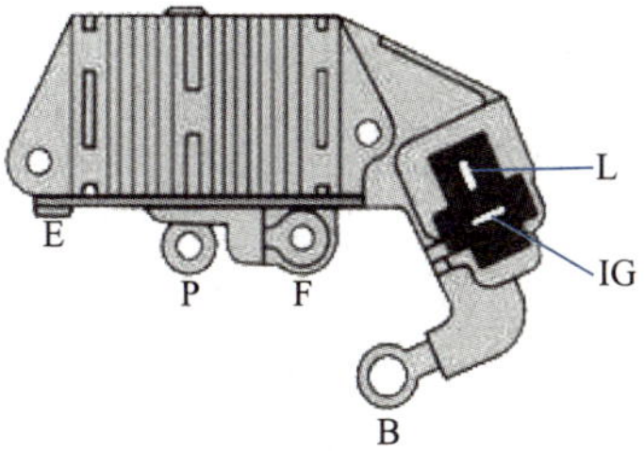

图3-13　夏利轿车单片电压调节器

B，E，F，IG，L，P—端子

该调节器有6个接线端子，F、P、E三个端子用螺钉直接和发电机连接，B端用螺母固定在发电机的输出端子B上，IG、L两个端子用导线连接到调节器的外部接线插座上。

② 桑塔纳轿车用电压调节器。该车电压调节器为集成电路调节器，调节器与电刷组件制成一个整体结构，并采用外装式结构。当电刷磨损或调节器损坏需要更换时，拆下总成部件的两个固定螺钉，即可取下总成，检修十分方便。

电压调节器与电刷组件总成如图3-14所示。两只电刷的引线分别用导电片与电压调节器电路的正极（D_+）和磁场（D_F）连接，主视图中右边一个安装孔用导电片与调节器电路的负极（D_-）连接。当调节器发生故障时，只能更换。

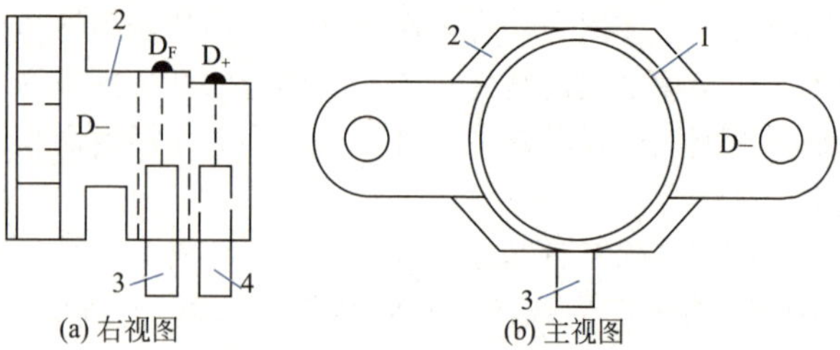

图3-14 IC调节器与电刷组件

1—IC调节器；2—电刷架；3—负电刷；4—正电刷

二、交流发电机的结构

1 普通交流发电机的结构

普通交流发电机由前后端盖（壳体）、电刷架、电刷、硅二极管、元件板、转子、定子、风扇和带轮等组成，分解图如图3-15所示。

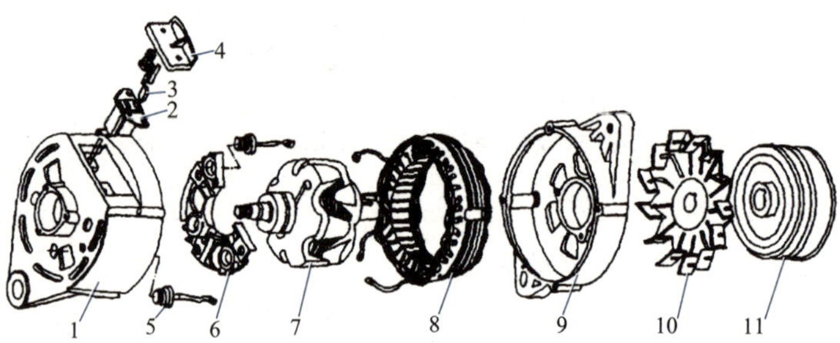

图3-15 交流发电机分解图

1—后端盖（后壳体）；2—电刷架；3—电刷；4—电刷弹簧压盖；5—硅二极管；6—元件板；7—转子；8—定子；9—前端盖（前壳体）10—风扇；11—V带轮

2 整体式交流发电机的结构

整体式交流发电机的基本结构也是由定子、转子、整流器和端盖等组成。整体式交流发电机与普通交流发电机的不同点是：在基本结构的基础上增加了电压调节器，且都采用集成电路调节器。

整体式交流发电机的整体结构如图3-16所示，分解图如图3-17所示。

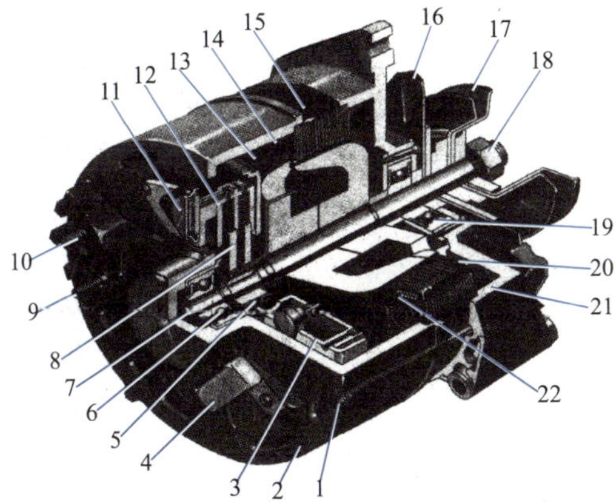

图3-16 交流发电机的整体结构

1—连接螺栓；2—后端盖；3—整流板；4—防干扰电容器；5—滑环（集电环）6,19—全封闭高速轴承；7—转子轴；8—电刷；9—D_+端子；10—B_+端子；11—集成电路（IC）调节器；12—电刷架；13—磁极；14—定子绕组；15—定子铁芯；16—风扇叶轮；17—V带轮；18—紧固螺母；20—磁场绕组；21—前端盖；22—定子槽楔子

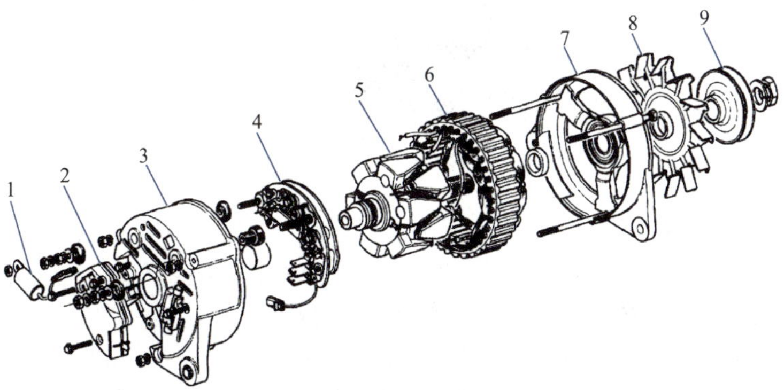

图3-17 整体式交流发电机分解图

1—抗干扰电容器；2—集成电路调节器与电刷组件总成；3—电刷端盖；4—整流器总成；5—转子总成；6—定子总成；7—驱动端盖；8—风扇；9—V带轮

3 交流发电机各部件的结构

（1）定子

定子的功用是产生交流电，其结构如图3-18所示，由定子铁芯和定子绕组组成。定子铁芯由内圆带槽的环状硅钢片叠成，定子绕组为三相对称绕组，安放在定子铁芯的槽内。三相绕组的连接方法采用星形连接，绕组引线端子共有4个，三相绕组各引一个，中性点引出一个。

图3-18　发电机定子的结构

（2）转子

转子的功用是产生磁场，转子主要由转子铁芯、磁场绕组、爪极和滑环（也称集电环）组成，转子的分解图如图3-19所示。

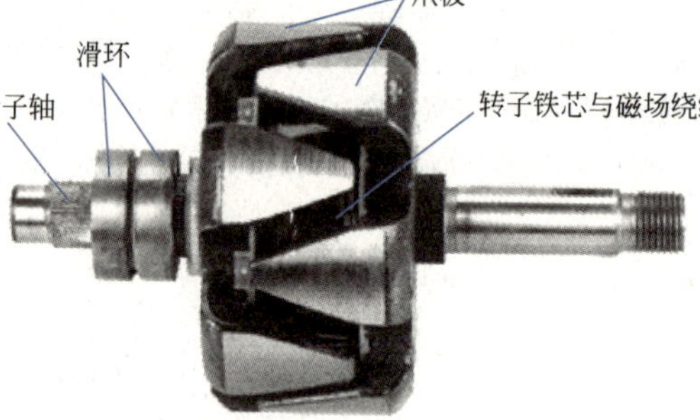

图3-19　转子的分解图

① 爪极。爪极有两块，每块上都有六个鸟嘴形磁极，两块爪极压装在转子轴上，爪极间的空腔内装有转子铁芯和磁场绕组。磁场绕组绕在铁芯上，铁芯压装在两块爪极之间的转子轴上。

② 滑环。滑环由彼此绝缘的两个铜环组成，压装在转子轴一端并与转子轴绝缘。磁场绕组的两端分别从内侧爪极上的两个小孔中引出，其中一端焊接在滑环的内侧铜环上，另一端则穿过内侧铜环上的小孔并焊接在外侧铜环上，两上铜环分别与发电机的两个电刷接触。

当两个电刷与直流电源接通时，磁场绕组中便有电流流过，并产生轴向磁通，使一块爪极磁化为N极，另一块爪极磁化为S极，从而形成六对相互交错的磁极。

(3) 整流器

整流器的功用是将三相绕组产生的交流电变为直流电。其整流二极管的特点是工作电流大、反向电压高。交流发电机整流二极管有正极管和负极管之分，引出电极为二极管正极的称为正极管，引出线为二极管负极的称为负极管。整流器如图3-20所示。

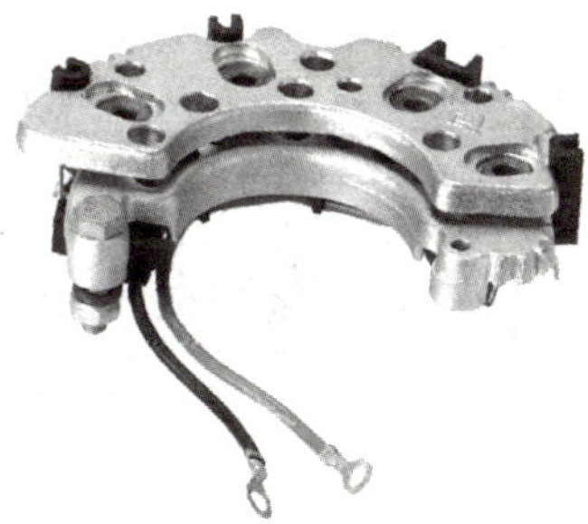

图3-20 整流器外形

① 六管交流发电机的整流器上各元件的安装位置如图3-21所示。三个正二极管压装在正整流板上，三个负二极管压装在负整流板上，其中，一个正极管和一个负极管连接在一起。

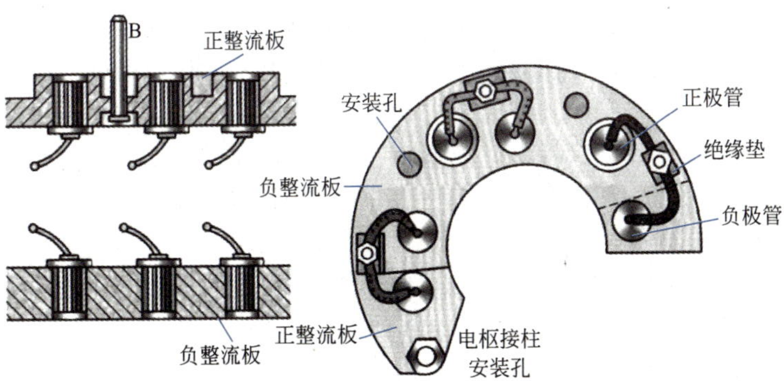

图3-21 六管交流发电机的整流器

② 十一管交流发电机的整流器上各元器件的安装位置如图3-22所示（桑塔纳系列车型发电机）。发电机输出接柱端子标记为“B_+”为发电机正极。发电机整流器设有11只二极管，其中包括三只正极管、三只负极管、三只磁场二极管和两只中性点二极管。

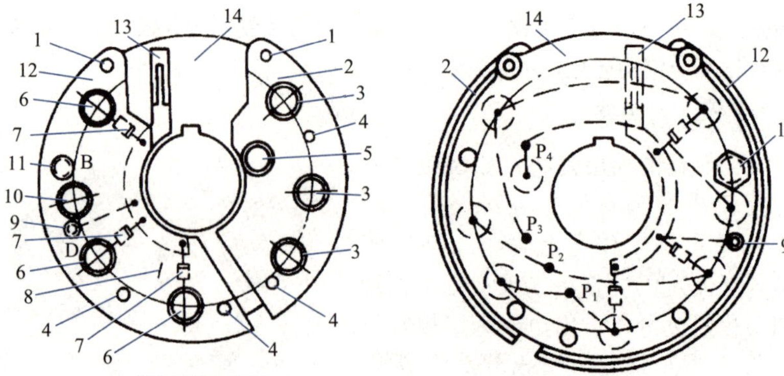

(a) 从后端盖一侧视　　(b) 从前端盖一侧视

图3-22　十一管交流发电机的整流器

1—IC调节器安装孔（2个）；2—负整流板；3—负极管；4—整流器总成安装孔（4个）；5—中性点二极管（负极管）；6—正极管；7—磁场二极管；8—防干扰电容器连接插片；9—"D_+"端子；10—中性点二极管（正极管）；11—"B_+"端子；12—正整流板；13—电刷架压紧弹片；14—硬树脂绝缘胶板

三只正极管和中性点二极管压装在正整流板上；磁场二极管焊接在正整流板与电刷架压紧弹片之间，压紧弹片与发电机磁场电流输出端子（"D_+"）相通，同时又是IC调节器的电源输入端。负极管和中性点二极管压装在负极板上。发电机三相绕组的始端分别与正极管引线和磁场二极管的正极引线焊接在三个点，中性点引线与中性点二极管引线焊接在一点。

分解和维修发电机时，需用电烙铁（220V/35W左右）将这些焊点焊开之后，才能进行分解或维修。

(4) 端盖

前后端盖如图3-23所示。交流发电机的前、后端盖均用铝合金铸造而成，具有质量轻、散热性好、不导磁等优点。

在发电机前端盖前安装有风扇和V带轮，由发动机通过V带来驱动发电机带轮和转子转动。发电机的通风散热依靠风扇来实现。在后端盖上安装有电刷组件与调节器总成。

图3-23 前后端盖

（5）电刷及电刷架

如图3-24所示，电刷组件由电刷、电刷架和电刷弹簧组成。电刷安装在电刷架的孔内，借弹簧张力使电刷与滑环保持良好接触。每只电刷都有一根引线，该引线直接引到电压调节器内部，从而将磁场绕组与调节器工作电路连接起来。

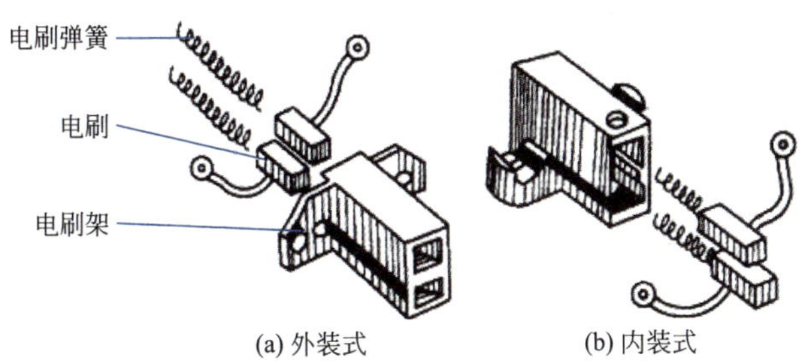

图3-24 电刷及电刷架

三、交流发电机的基本工作原理

1 交流发电机发电原理

交流发电机产生交流电的基本原理是电磁感应原理，即交流发电机是利用产生磁场的转子旋转，使穿过定子绕组的磁通量发生变化，在定子绕组内产生交流感应电动势。图3-25所示为交流发电机的工作原理图。

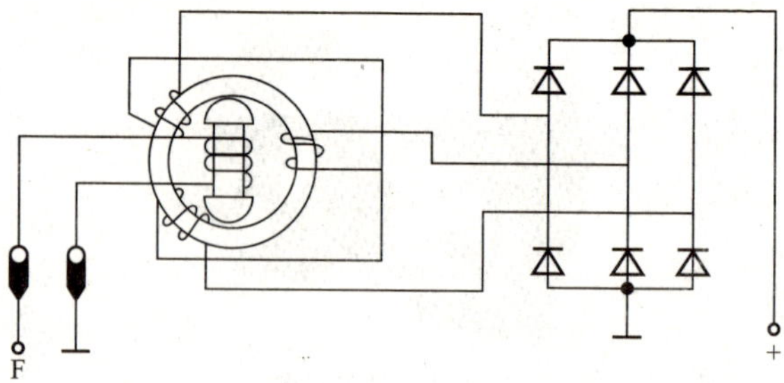

图3-25 交流发电机的工作原理

当励磁绕组有电流通过时，励磁绕组便产生磁场，转子轴上的两个爪极分别被磁化为N极和S极。当转子旋转时，磁极交替地在定子铁芯中穿过，形成一个旋转的磁场，磁力线和定子绕组之间产生相对运动，在三相绕组中产生交流感应电动势。

2 交流发电机整流原理

硅整流二极管具有单向导电性：当给硅整流二极管加上正向电压（正极电位高于负极电位）时导通，硅整流二极管呈现低电阻状态；当给硅整流二极管加一反向电压（正极电位低于负极电位）时截止，硅整流二极管呈现高电阻状态。利用硅整流二极管的这种单向导电性，制成了交流发电机的硅整流器，使交流电变为直流电。硅整流器实际上是一个由六只硅整流二极管组成的三相桥式整流电路，见图3-26。

三相桥式整流电路的整流原理如下（见图3-26）。

① 由于三个正极管子（VD_1、VD_3、VD_5）的正极分别接在发电机三相绕组的首端（U_1、V_1、W_1），而它们的负极同接在元件板上，因此这三个正极管子导通的条件是：在某一瞬间，哪一相的电压最高（相对其他两相来说正值最大），则该相的正极管子就导通。

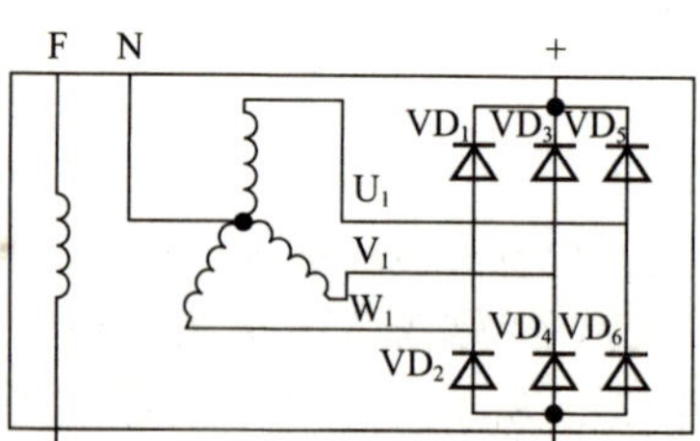

图3-26 带有中心抽头的交流发电机

② 由于三个负极管子（VD_2、

VD_4、VD_6）的负极也分别接在发电机三相绕组的首端，而它们的正极同接在后端盖上，所以这三个负极管子的导通条件是：在某一瞬间，哪一相的电压最低（相对其他两相来说负值最大），则该相的负极管子就导通。

③ 在每一瞬间，同时导通的管子只有两个，即正、负管子各一个，这样就会得到一个比较平稳的脉冲直流电压。

有的发电机具有中性点接线柱，如图3-26所示。中性点电压一般用来控制各种用途的继电器，如磁场继电器、充电指示灯继电器等。实际上，对有些交流发电机（如帕萨特、奥迪等轿车）来说，在三相绕组的中性点处接上两只中性点二极管（功率二极管），并通过两只中性点二极管与桥式整流器的正、负输出端相连。此种做法，当发动机高速运转时，可有效地利用中性点电压来增加发电机的输出功率。实践证明，在交流发电机上采用中性点二极管后，输出功率可增加10%～15%。

3 交流发电机励磁特点

交流发电机在无外接直流电源时，由于转子保留的剩磁很弱，因此在低速时，仅靠磁产生的电动势（小于0.6V）并不能使二极管导通，发电机也就不能发电。为了克服这一缺点，在发电机开始发电时采用了他励方式，即由蓄电池为励磁绕组提供励磁电流，以增强磁场，使发电机在低速转动时电压能够迅速上升，从而实现发动机怠速时向蓄电池充电。发电机向蓄电池充电时，励磁方法由他激方式变为自励方式，即励磁电流由发电机自己提供。简单地说，交流发电机的励磁方法是：先他励、后自励。

图3-27所示为交流发电机的励磁电路。当点火开关S接通时，蓄电池便通过调节器向发电机的励磁绕组提供励磁电流（他励）。

励磁电路为：蓄电池正极→点火开关S→调节器“+”接线柱→调节器→调节器的“F”接线柱→发电机的“F”接线柱→发电机励磁绕组→搭铁。

当发动机启动后，发电机的输出电压略高于蓄电池电压时，发电机自己给励磁绕组提供励磁电流（自励）。

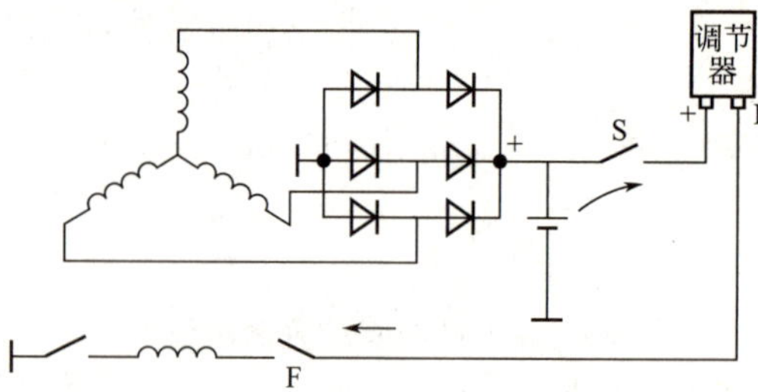

图3-27 交流发电机的励磁电路

励磁电路为：发电机正极→点火开关S→调节器“+”接线柱→调节器→调节器的“F”接线柱→发电机的“F”接线柱→发电机励磁绕组→搭铁，发电机自励发电。

以上分析的励磁电路只是一个基本电路，这样的励磁电路还存在着一个缺点，即驾驶员如果在发动机熄火后忘记将点火开关S关闭，蓄电池就会通过调节器向发电机励磁绕组长时间放电。针对这一问题，有很多车型使用了九管交流发电机。如图3-28所示，增加了三个功率较小的硅二极管，专供励磁电流，称为励磁二极管，励磁二极管同时也控制充电指示灯。三只励磁二极管与三只负极管子同样组成桥式整流电路，“D_+”点与火线接线柱“B”电位相等。

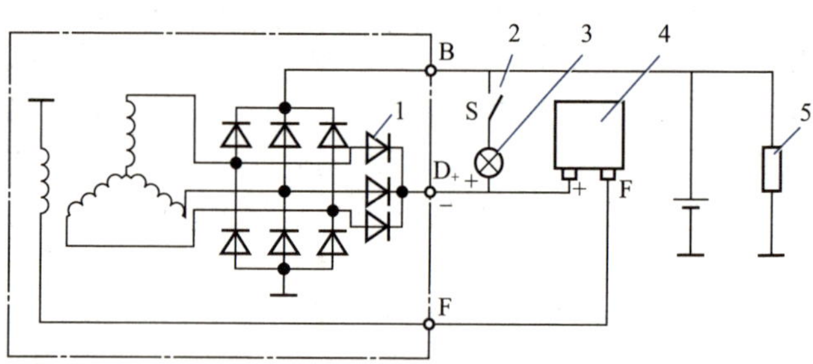

图3-28 九管交流发电机的原理

1—励磁二极管；2—点火开关S；3—充电指示灯；4—调节器；5—负载

其工作原理如下。

① 当点火开关S接通时，励磁电路为（他励）：蓄电池正极→点火开关S→充电指示灯→调节器→发电机励磁绕组→搭铁。这时充电

指示灯亮，表示蓄电池放电。

② 当发动机启动后，发电机电压高于蓄电池电压时，由于“D_+”与“B”两点电位相等，因此充电指示灯因两端电位相等而熄灭，表示发电机正常发电。一方面，由发电机的火线接线柱“B”向全车供电及向蓄电池充电；另一方面通过“D_+”为发电机的励磁绕组提供励磁电流（自励）。励磁电路为：D_+→调节器→发电机励磁绕组→搭铁。

③ 当发动机熄火时，充电指示灯亮，说明蓄电池在放电，提醒驾驶员关闭点火开关S；当车辆运行时，充电指示灯亮，说明充电系统有故障，提醒驾驶员应及时维修。

四、电压调节器的工作原理

由于交流发电机的转子是由发动机通过V带驱动旋转的，且发动机和交流发电机的速比为1.7～3，因此，交流发电机转子的转速变化范围非常大，这样将引起发电机的输出电压发生较大变化，无法满足汽车用电设备的工作要求。为了满足用电设备恒定电压的要求，交流发电机必须配用电压调节器，使其输出电压在发动机所有工况下保持恒定。

1 电压调节器的基本工作原理

交流发电机调节器的工作原理是：当交流发电机的转速升高时，调节器通过减小发电机的励磁电流来减小磁极磁通量，使发电机的输出电压保持不变。

2 集成电路调节器的基本工作原理

集成电路调节器也称IC调节器，是根据使用要求，将电路中的若干元件集成在同一基片上，制成一个独立的电子芯片。集成电路调节器装于发电机内部，构成整体式交流发电机。发电机外部有两个或三个接线柱。

集成电路调节器的工作原理与晶体管调节器的工作原理完全一样，都是根据发电机的输出电压信号，利用晶体管的开关特性控制发电机的励磁电流，使发电机的输出电压保持恒定。

第二节　交流发电机的检查与维护

一、交流发电机的拆装

1 发电机从车上的拆装

（1）发电机的拆卸

① 关闭点火开关，断开蓄电池负极端子的导线（电缆），如图3-29所示。

② 如图3-30所示，拧松张紧机构，然后拆下发电机V带。

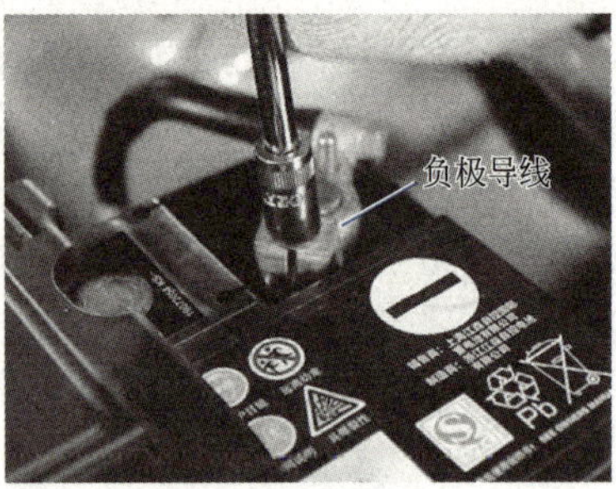

图3-29　断开蓄电池负极端子的导线

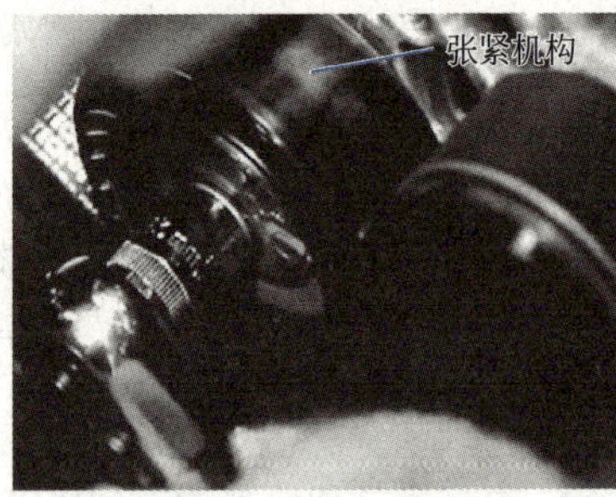

图3-30　拧松张紧机构

③ 断开发电机上的连接导线和插接器，如图3-31所示。

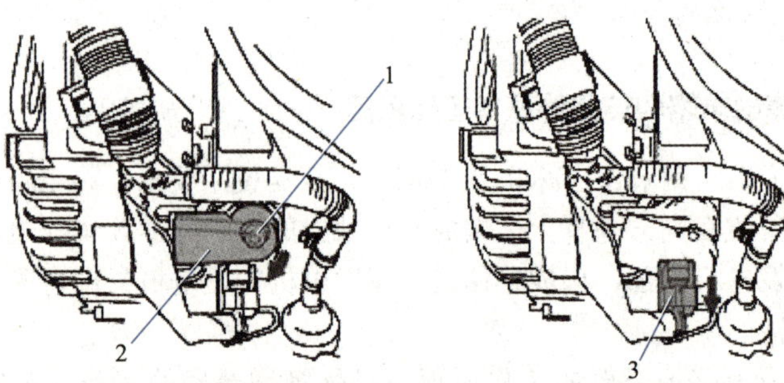

(a) 断开连接导线　　(b) 断开插接器

图3-31　脱开发电机电缆和连接器

1—紧固螺母；2—连接导线；3—插接器

④ 拆下发电机的固定螺栓，从发动机上取下发电机。

（2）发电机的安装

安装发电机时可按与拆卸相反的顺序进行。

① 将发电机安装到发动机上，拧紧发电机的固定螺栓。

② 安装并调整发电机V带。

③ 安装相关线束和附件。

④ 安装蓄电池负极端子的导线。

2 发电机的分解

① 如图3-32所示，用适当工具卡住风扇叶片，旋下发电机V带轮的固定螺母。

② 如图3-33所示，用专用工具拉器将发电机V带轮拉下。

图3-32　旋下发电机V带轮的固定螺母

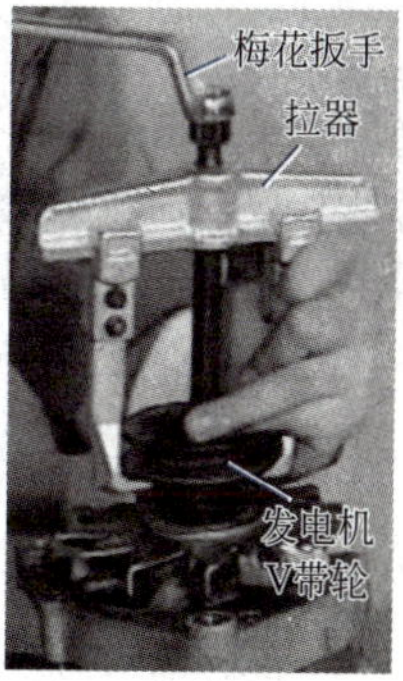

图3-33　拆卸发电机V带轮

③ 取出垫圈、风扇叶片和定位垫片。

④ 拆卸整流器罩盖固定螺栓，取下整流器罩盖。

⑤ 如图3-34所示，拆下前后端盖之间的固定螺栓。

⑥ 如图3-35所示，分开前后端盖，取出带转子总成的前端盖（前壳体）。

⑦ 如需要，可用专用工具拉器顶出转子，如图3-36所示。

⑧ 用烙铁分别焊下定子线圈与整流器的连接接头，如图3-37所示，分开定子和带整流器的后端盖。

图3-34　拆下前后端盖之间的固定螺栓

图3-35　分开前后端盖

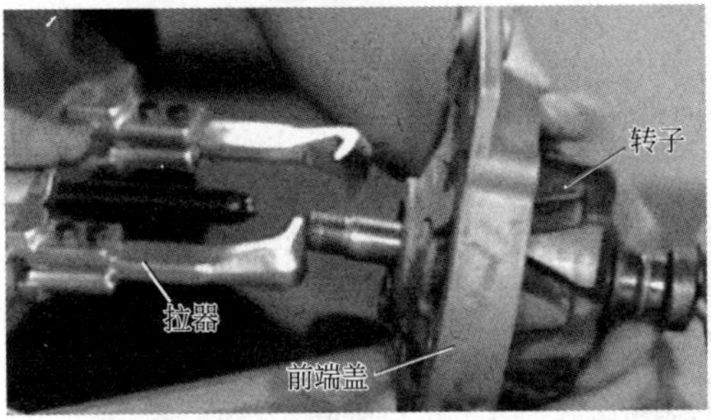

图3-36　用拉器顶出转子

图3-37　分开定子和后端盖

⑨ 如图3-38所示，拆下电压调节器及电刷架总成，拆下电容器。

⑩ 如图3-39所示，拆下元件板上的紧固螺钉（注意有一颗螺钉带有绝缘垫圈），然后从后端盖上取下元件板。

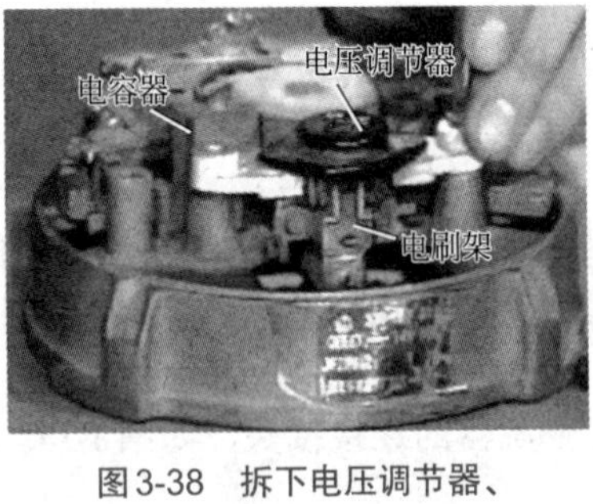

图3-38　拆下电压调节器、电刷架总成和电容器

图3-39　拆下元件板

3 发电机的装配

发电机的安装基本上可按与拆卸的相反顺序进行。

① 安装整流器。拧上固定螺钉，整流器即被固定在后端盖上。

注意

各绝缘垫片或套管不能漏装。

小技巧

● 装复后用万用表电阻挡测量“B”接线柱与端盖间电阻应为∞。测量两散热板之间及绝缘散热板与端盖之间电阻，均应为∞。若上述电阻较小或者为零，表明漏装了绝缘垫片或套管，应拆开重装。

② 安装定子总成。装定子绕组上的四个接线端子从后端盖孔中穿出，将接线端分别连接在整流器的接线螺钉上。

③ 安装前端盖。先将前端盖上的轴承、轴承盖安装并紧固好，再将该部分套到转子轴上，若过盈量较大，可用木锤轻轻敲入。

④ 将后端盖、定子装到转子轴上。

注意

应使前后端盖上发电机安装挂脚位置恰当（符合拆解标记）。

上述两大部分结合后，穿上前、后端盖紧固螺栓并分几次拧紧。

小技巧

● 各螺栓的拧紧切不可一次完成，而应轮流进行，并且不断转动转子，若转子运转受阻或者内部有摩擦，应调整拧紧力矩。

⑤ 安装风扇、V带轮。在转子轴上套上定位套、安装半圆键、风扇叶片、V带轮、弹簧垫圈，拧紧带轮紧固螺母。

⑥ 安装电刷架和电压调节器。

⑦ 检验装配质量。使用万用表检测各接线柱和与外壳间的电阻值，应该符合规定技术数据要求。否则应该拆解并重新装配。

二、交流发电机的检查

1 转子的检查

① 转子表面不得有刮痕，否则表明轴承松旷，应更换前后轴承。滑环表面应光洁平整，两滑环之间的槽内不得有油污和异物，转子绕组不允许有搭铁、短路和断路故障。

② 转子的断路检查。如图3-40所示，用万用表测试转子两滑环之间是否断路或电阻值过大，如有，应更换转子总成或检修。滑环与滑环之间电阻正常值为2.9Ω。

③ 转子的搭铁检查。如图3-41所示，用万用表测试滑环和转子轴之间是否搭铁短路；如有，则表明线圈搭铁，应更换转子或线圈。

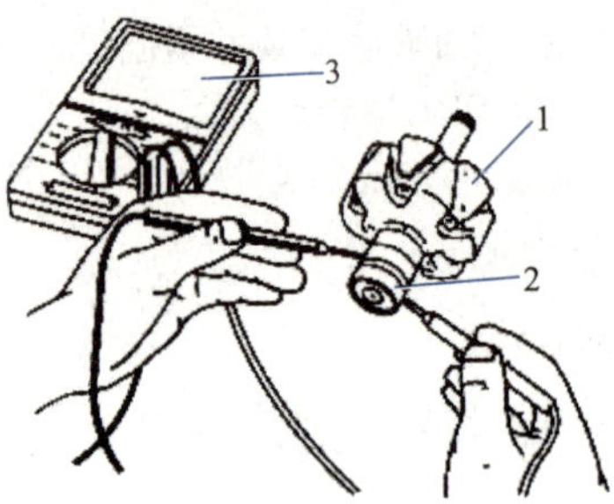

图3-40 转子的断路检查

1—转子总成；2—滑环；3—万用表

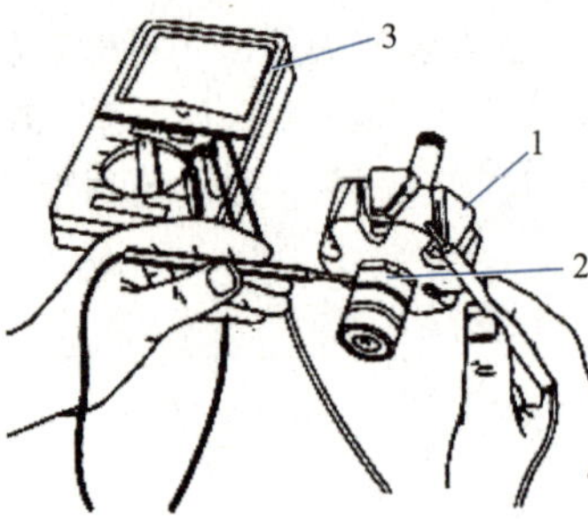

图3-41 转子的搭铁检查

1—转子总成；2—滑环；3—万用表

2 定子的检查

① 定子表面不得有刮痕，导线表面不得有碰伤、绝缘漆剥落现象，绕组不得有搭铁、短路和断路现象。

② 定子的断路检查。如图3-42所示，使用万用表测量定子绕组的三根导线与中心抽头是否导通，如不导通，应更换定子。

③ 定子的搭铁检查。如图3-43所示，使用万用表测量定子绕组三根导线与定子铁芯是否导通，如能导通，应更换定子。

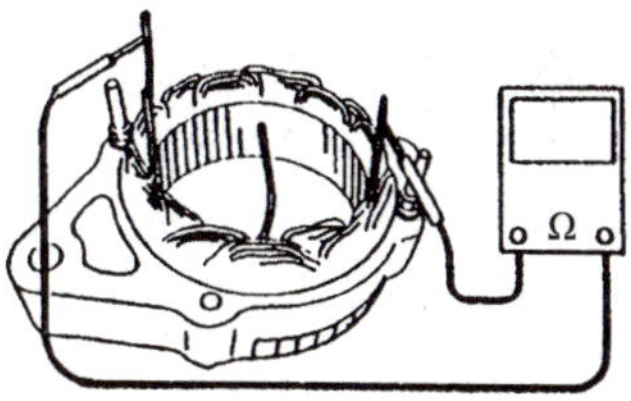

图3-42 定子的断路检查

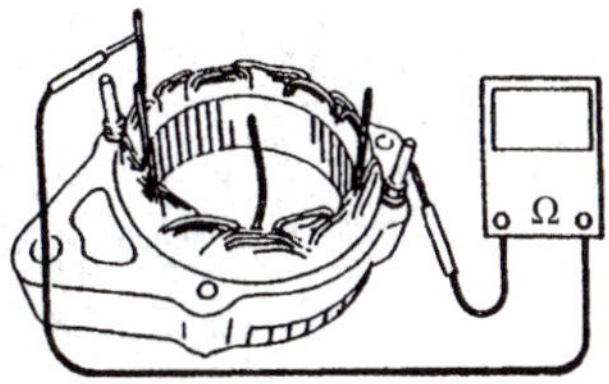

图3-43 定子的搭铁检查

3 电刷长度的检查

如图3-44所示，用游标卡尺测量电刷的长度，应符合规定值。标准值一般为10.5mm，极限值一般为4.5mm。如低于使用极限值时，应更换新的电刷；如表面烧损，应予修磨。

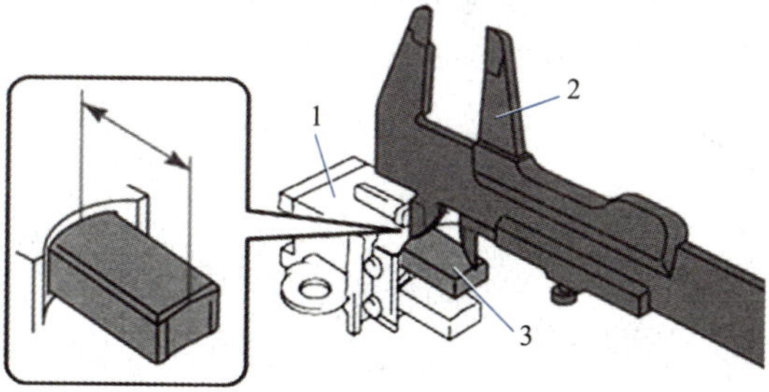

图3-44 电刷长度的检查

1—电刷架；2—游标卡尺；3—电刷

4 整流器的检查

如图3-45所示，用万用表分别检测B与P_1、P_2、P_3、P_4，E与P_1、P_2、P_3、P_4之间的正向和反向导通情况，正常时应为正向导通，反向截止。若正、反向电阻值均为0，则说明二极管短路；若正、反向电阻值均为无穷大，则说明二极管断路，应更换整流器。

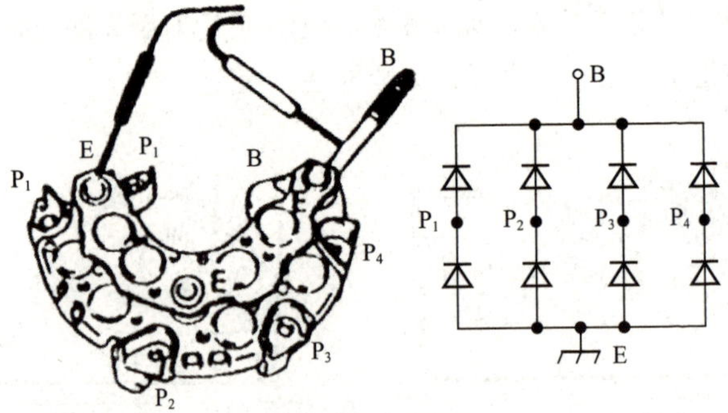

图 3-45 整流器的检查

B—正极接线柱；E—负极接线柱；P_1 ～ P_4—整流器接线柱

5 电压调节器（IC）的检查

集成电路式电压调节器（IC）是全封闭模块，对它的性能检测通常按以下方法进行。

① 使用万用表测量各接线柱之间的电阻值，初步判断其性能。对于测量结果只能与表中数据对照参考。常见集成电路式电压调节器各接线柱之间正常电阻参考数值如表 3-1 所示。

小技巧

●当使用此方法时，要选择合适的电阻挡位，以及使用合适的万用表的种类与型号。

表 3-1 常用发电机各接线柱间电阻值

发电机型号	“F”与“E”间电阻/Ω	“B”与“E”间电阻		“N”与“E”或“B”间电阻	
		正向/Ω	反向/kΩ	正向/Ω	反向/kΩ
JF11，13，15，21，132N	4 ～ 7	40 ～ 50	≥ 10	10 ～ 15	≥ 10
JWF14（无刷）	3.5 ～ 3.8	40 ～ 50	≥ 10	10 ～ 15	≥ 10
夏利 JFZ1542	2.8 ～ 3.0	40 ～ 50	≥ 10	10 ～ 15	≥ 10
桑塔纳 JFZ1913	2.8 ～ 3.0	65 ～ 80	≥ 10	10 ～ 15	≥ 10

② 使用可调直流稳压电源和试灯试验其性能。使用可调直流稳压电源（输出电压0～30V，电流5A）和一只20W的汽车灯泡代替发电机磁场绕组，按图3-46接线进行试验。

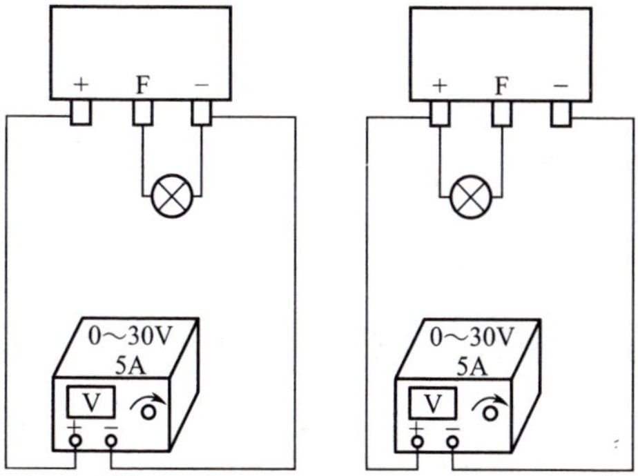

图3-46 用直流稳压电源检查集成电路式电压调节器接线图

小技巧

● 检查内搭铁式晶体管调节器时，试灯应接在调节器“F”与“-”接线柱之间；检查外搭铁式晶体管调节器时，试灯则应接在调节器“F”与“+”接线柱之间。

试验步骤如下。

a. 调节直流稳压电源，使其输出电压从零逐渐升高，14V调节器当电压升高到6V（28V调节器电压升高到12V）时，试灯开始点亮。

b. 随着电压的不断升高，试灯逐渐变亮，14V调节器当电压升高到（14±0.5）V[28V调节器当电压升高到（28±1）V]时，试灯应立即熄灭。

c. 继续调节直流稳压电源，使电压逐渐降低，试灯又重新变亮，且亮度随电压的降低逐渐减弱，则说明调节器良好。

d. 当施加到电子式电压调节器上的电压超过调节电压规定值时，试灯仍不熄灭，或者起控电压数值与规定值相差较大时，说明调节器有故障，不能起调节作用。

e. 如试灯一直不亮，也说明调节器有故障，这样的调节器不能使用在汽车发电机上。

小技巧

● 在试验时，应该使用万用表检测电压，而不应以稳压电源指示数值为准。

6 交流发电机性能简单测试

如图3-47所示，检修装复的交流发电机，在车辆使用大灯、应急闪光灯（4个）、雨刮器的情况下，发动机以3000 ～ 4000r/min的转速运转，用万用表测试其输出电压和电流。若检测数据与标准值不符时，应找出原因并予以修理。

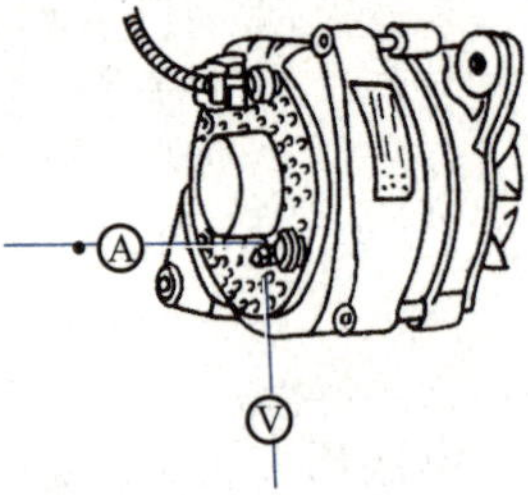

图3-47 发电机的检测

三、交流发电机V带的更换

1 交流发电机V带的拆卸

图3-48 拧松发电机螺栓

① 选择合适的工具拧松发电机下方的固定螺栓。注意：固定螺栓拧松即可，不要完全拆卸下来。

② 拧松发电机上方的固定螺栓，然后使用合适的工具逆时针拧松调整螺栓，如图3-48所示。

③ 当发电机V带逐渐松下来之后，即可取出V带。

2 交流发电机V带的安装

① 将发电机V带挂到相应的带轮上。

② 用合适的工具将发电机调整螺栓顺时针拧紧。

③ 检查发电机V带的工作状况。V带过松会打滑，将影响发电机的发电量；V带过紧将可能导致发电机轴承过早损坏。发电机V带的检查与调整方法一般采用经验法。

小技巧

● 用手指用力按压发电机V带时，V带能够产生一定挠度变形，变形量符合厂家规定标准即可。

例如，桑塔纳轿车发电机V带松紧度的检查方法是：如图3-49（a）所示，用拇指在水泵带轮与张紧轮或张紧轮与发电机带轮的中央部位，施加100N左右的压力。其V带的合适挠度：新带应为2mm，旧带应为5mm。如不符合规定应进行调整，调整方法如图3-49（b）所示。

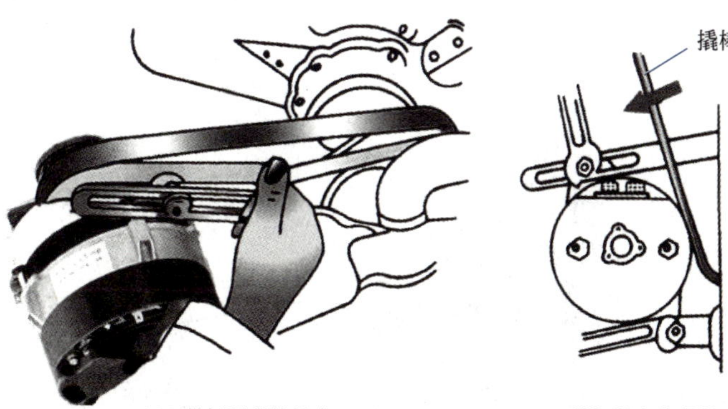

(a) V带松紧度的检查　　(b) V带松紧度的调整

图3-49　发电机V带松紧度的检查与调整

④ 紧固发电机上方和下方的固定螺栓。

⑤ 启动发动机，检查发电机V带是否工作正常。

四、交流发电机的整机测试

1 测量交流发电机各接线柱之间的电阻

① 利用万用表的（R×1）挡测量“F”与“–”之间的电阻值，测量“+”与“–”之间和“+”与“F”之间的正、反向电阻值，也可以判断交流发电机内部的技术状况，其标准见表3-1。

② 如果“F”与“–”之间的阻值过大，表明电刷与集电环接触不良，或励磁绕组断开；若阻值过小，则表明励磁绕组有匝间短路的情况。

③ 若“+”与“–”、“+”与“F”之间的正向电阻小于表3-1中的标准值，则表示有硅二极管发生短路；如接近表3-1中的数值，但负载电流测试时电流很小，则表示有的硅二极管发生断路。

2 用数字万用表检测发电机的二极管

用数字万用表的二极管测试功能，一个表笔接触发电机壳，另一个表笔接触发电机输出端，如图3-50所示。

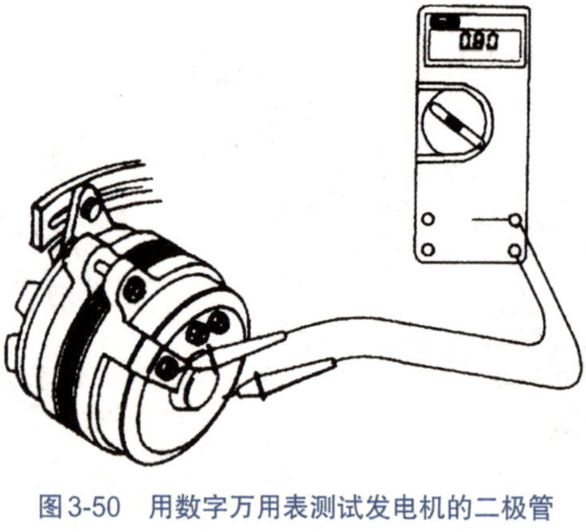

图3-50 用数字万用表测试发电机的二极管

万用表读数在0.8V附近时，表示正常；万用表读数为0.4V时，表示单个二极管短路。对调两个表笔，再次测量，当两个二极管短路时万用表会发出连续的蜂鸣声。

小技巧

●为了确定是哪个二极管失效，应把发电机拆解后，再单独检查每个二极管。

3 用示波器检测发电机输出电压波形

当交流发电机有故障时，其输出电压的波形将出现异常。因此，根据输出电压波形可以判断交流发电机内部二极管及定子绕组是否有故障，也是快速判断二极管是否损坏的方法。用示波器检测发电机输出波形试验步骤如下。

① 将示波器连接到发电机B+端子与接地之间，线路连接如图3-51所示。

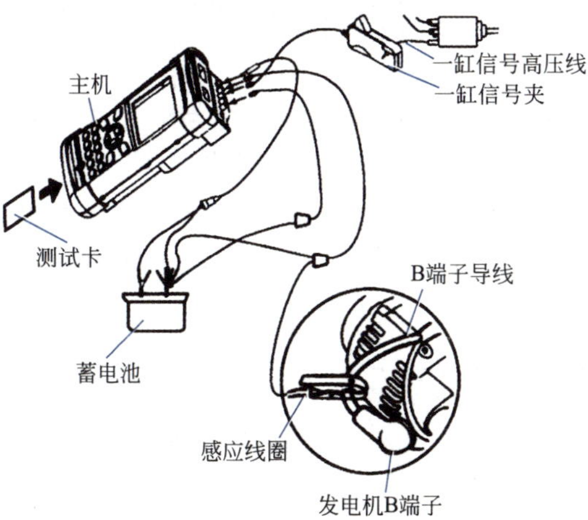

图3-51 示波器与发电机端子之间的线路连接

② 将示波器调整到发电机波形测试功能。

③ 启动发电机，记录发电机输出波形。

④ 参照图3-52所示的发电机正常波形及常见故障波形，对比分析发电机工作性能，从而判断交流发电机的工作情况。

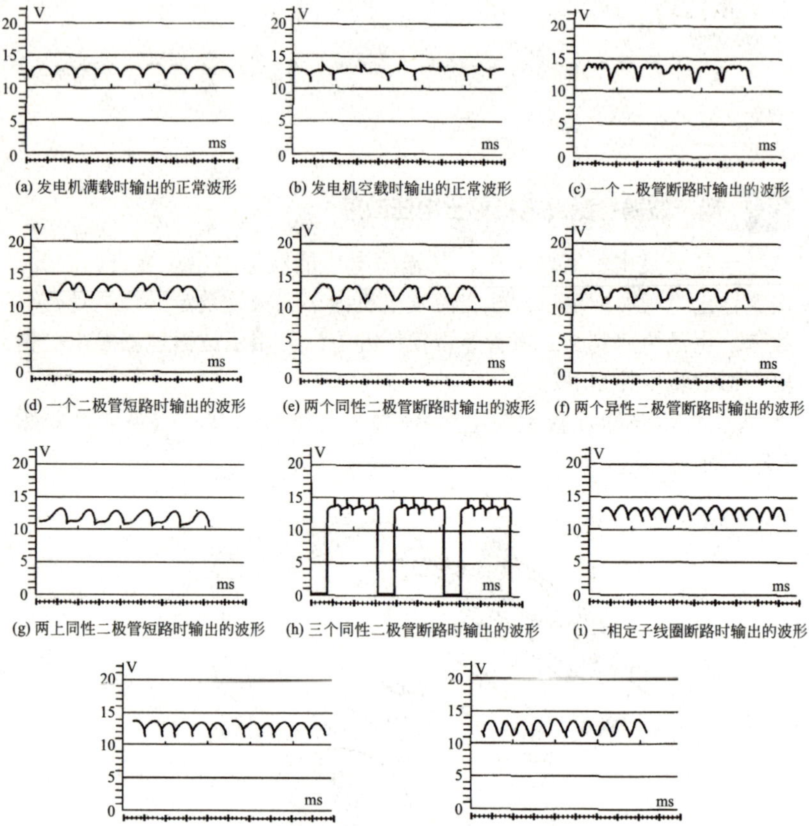

(a) 发电机满载时输出的正常波形　(b) 发电机空载时输出的正常波形　(c) 一个二极管断路时输出的波形

(d) 一个二极管短路时输出的波形　(e) 两个同性二极管断路时输出的波形　(f) 两个异性二极管断路时输出的波形

(g) 两上同性二极管短路时输出的波形　(h) 三个同性二极管断路时输出的波形　(i) 一相定子线圈断路时输出的波形

(j) 一相定子线圈短路时输出的波形　(k) 两相定子线圈短路时输出的波形

图3-52　发电机正常波形及常见故障波形

4　使用万能试验台检测

交流发电机解体前，应先在万能试验台上进行空载电压和负载电流的测试，进一步检查交流发电机的故障程度。

（1）空载转速的测试

空载电压的测试在万能试验台上进行，接线方法如图3-53所示。

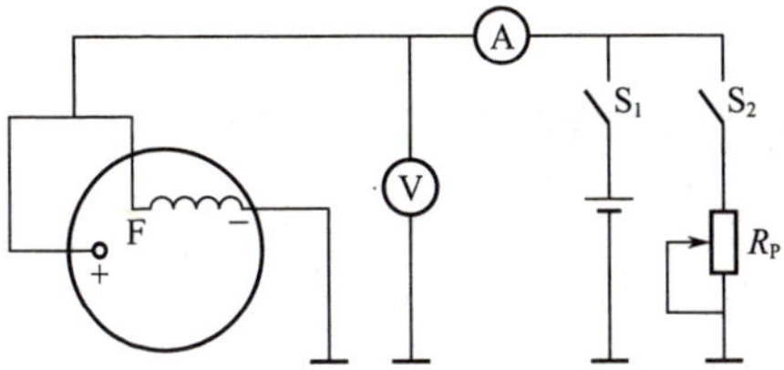

图3-53 交流发电机的空载和满载测试

测试方法如下。

① 将开关S_1闭合，由蓄电池给发电机提供他励电流。

② 启动电动机，逐步提高电动机的转速。

③ 当电动机转速上升到500～800r/min时，发电机开始自励；继续提高转速，同时观察电压表的读数。

④ 转速上升到规定值时（如桑塔纳轿车发电机，当电动机空载转速上升到1050r/min时额定电压为12V，额定电流为90A），如果电压低于额定值，则表明发电机有故障。

（2）满载转速的测试

小技巧

● 有些故障，在没有电流输出的情况下是表现不出来的，所以在对发电机进行空载转速测试后，应再做满载转速测试。满载转速测试可以接着空载转速进行。

① 当交流发电机的空载转速达到额定值时，接通开关S_2，提高发电机转速，改变电阻R_P，不断增大负载电流。

② 如果发电机在输出额定电流的情况下，其电压能够达到或超出额定值（如桑塔纳轿车发电机，当电动机满载转速上升到6000r/min时，额定电压为12V，额定电流为90A），则说明发电机完好；如果发电机在输出额定电流的情况下，其电压低于额定值，表明发电机有故障。

五、交流发电机的使用与维护

1 交流发电机与调节器的使用注意事项

① 蓄电池的极性必须负极搭铁，不得接反。否则，会烧坏发电机与调节器中的电子元件。

② 发电机工作时，不允许用试火的方法检查发电机的火线接线柱是否发电，否则将损坏发电机的整流器。

③ 当发现发电机不发电或发电量小时，应及时检修，否则易导致蓄电池充电不足。

④ 发电机正常工作时，切不可任意拆动用电设备的连接线，以防止引起电路中的瞬时过电压，损坏电子元件。

⑤ 发动机自行熄火时，应及时关闭点火开关，以防止蓄电池通过励磁电路放电。

⑥ 选用专用调节器，特殊情况临时使用代用调节器时，注意代用调节器的标称电压与搭铁极性。

2 交流发电机与调节器的维护注意事项

（1）充电系统的初步检验

在进行充电系统检测前，初步检验是很必要的。许多故障都是从这简单的步骤中查出的。其检查项目如下。

① 检查发电机、调节器的线束连接。

② 检查蓄电池的电缆线和极桩，发动机与底盘的搭铁线。

③ 检查蓄电池有无充电不足的迹象。

④ 检查蓄电池有无过充电的迹象。

（2）解体后的检验

解体后清洁各个部件，在进行零部件检测前进行简单检验。

① 通过使前后轴承在转子轴上旋转的办法检查轴承有无噪声、晃动或发涩，如果有任何一种情况，都必须更换轴承。

② 目测检查集电环。如果集电环烧蚀、划伤、变色、变脏可用细砂布抛光。

③ 目测定子绕组和励磁绕组转子有无绝缘物烧蚀的迹象，如果有，更换定子或转子总成。

④ 目测前后端盖、风扇及带轮有无裂纹。如果有，更换该部件。

⑤ 电刷高度小于7mm时，必须更换。

(3) 发电机的拆卸注意事项

① 必须首先拆下蓄电池的搭铁线，然后才可以断开发电机与调节器的线束。

② 当拆卸发电机轴承时，必须使用拉力器。

③ 一般情况下，发电机的带轮、风扇和前端盖不必从转子轴上拆卸。

④ 拆卸整流器及后端盖上的接线柱时，所有绝缘衬套和绝缘垫圈，不得丢失。

(4) 就车维修检测时注意事项

① 最好使用专用工具对充电系统进行检测。

② 在判断不发电故障部位是在发电机还是调节器，将调节器短路时，必须注意这时发电机的电压将失控，电压可能达到16～30V，所以实验要控制在很短时间内进行。

③ 当线路故障没有排除时，不要更换新的调节器，这样做可能会损坏新的调节器。

第三节 充电系统常见故障诊断

充电系统的故障诊断与排除方法基本相同，下面以桑塔纳2000轿车为例，介绍充电系统常见故障诊断与排除方法。

一、充电系统电路分析

桑塔纳2000系列轿车充电系统线路如图3-54所示。交流发电机的电流整流电路输出端B+用红色导线与起动机30端子连接（部分轿车输出端B+用红色导线经80A易熔线与蓄电池正极柱连接，易熔线支架固定在蓄电池附近的发动机防火墙上）。三只磁场二极管与三只负极管也组成一个三相桥式全波整流电路，称为磁场电流整流电路。其输出端D+用蓝色导线经蓄电池旁边的单端子连接器T_1后与中央线路板D插座的D_4端子连接，再经中央线路板内部线路与A插座的A_{16}端子相连。点火开关30端子用红色导线经中央线路板上的单端子插座P与蓄电池正极连接，点火开关15端子用黑色导线与仪表盘左下方14端子黑色插座的14端子连接（图中未画出，可参见原厂线路图），经仪表盘印制电路上的电阻R_1、R_2和充电指示灯（R_2和充电指示灯串联后再与R_1并联）及二极管接回到14端子黑色插座12端子，再用蓝色导线与中央线路板A插座的A_{16}端子连接。

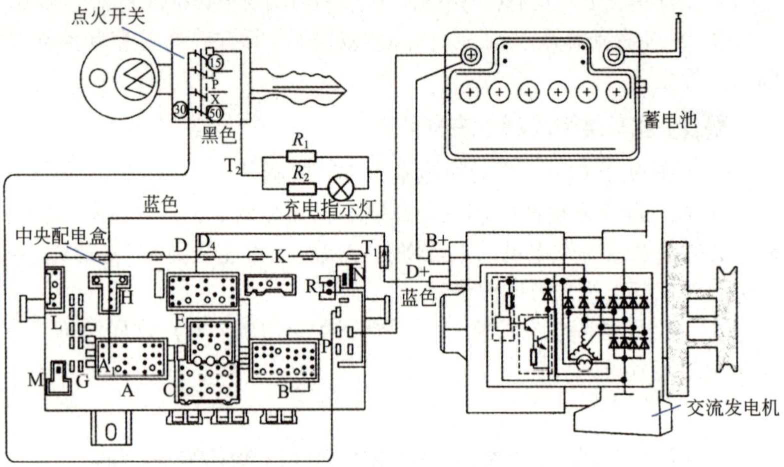

图3-54 桑塔纳2000系列轿车充电系统线路

充电指示灯及发电机励磁绕组电流路径为：蓄电池正极→中央线路板单端子插座P端子→中央线路板内部线路→中央线路板单端子插座P端子→点火开关30端子→点火开关→点火开关15端子→电阻R_2和充电指示灯（发光二极管）→二极管→中央线路板A_{16}端子→中央线路板内部线路→中央线路板D_4端子→单端子连接器T_1（蓄电池旁边）→交流发电机D+端子→发电机的励磁绕组→电子调节器功率管→搭铁→蓄电池负极。

当发电机电压高于蓄电池电压时，则由三只励磁二极管的共阴极端（D+）直接向励磁绕组提供电流。

二、充电系统故障诊断与排除

1 发电机不充电故障的诊断与排除

(1) 故障现象

发动机在怠速以上转速运转时，充电指示灯不熄灭；在怠速以下转速运转时，充电指示灯不亮，但蓄电池出现亏电现象。

(2) 故障原因

① 发电机V带过松或有油污引起打滑。
② 磁场绕组断路、搭铁或匝间短路。
③ 定子绕组断路、搭铁或匝间短路。
④ 电刷与集电环接触不良。
⑤ 整流二极管、励磁二极管断路或击穿。
⑥ 充电指示灯损坏。
⑦ 充电指示灯与仪表板14孔黑色插件$T_{14/12}$插孔间的二极管断路。
⑧ 电压调节器损坏。

(3) 故障诊断与排除

接通点火开关，检查充电指示灯是否闪亮，如果不亮，则可按图3-55所示的步骤进行判断与排除。

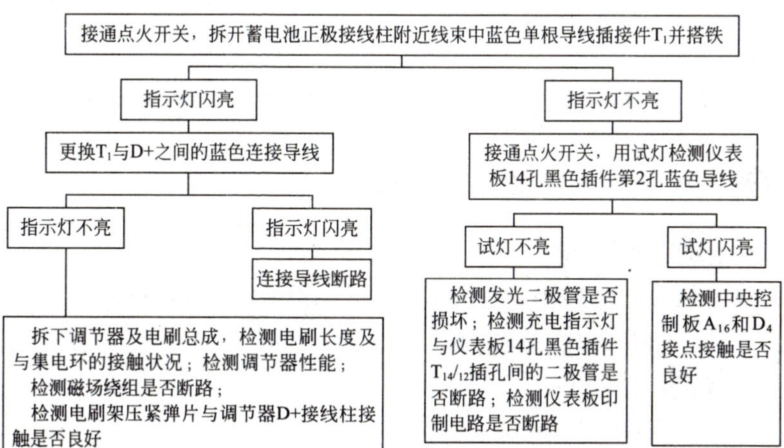

图3-55 充电指示灯不亮故障判断与排除流程

发动机在怠速以上转速运转时充电指示灯仍亮，则按图3-56所示的顺序进行判断与排除。

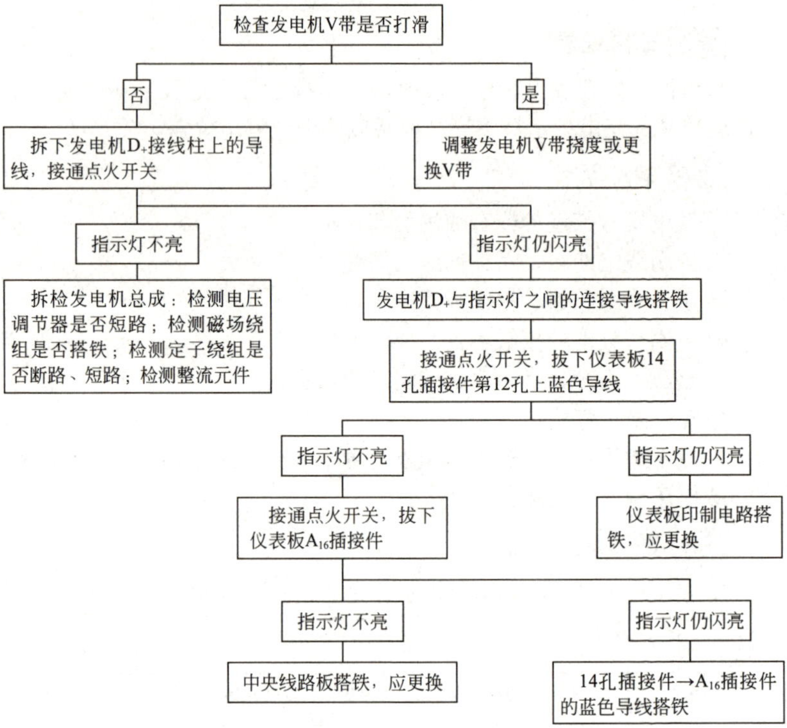

图3-56 发动机在怠速以上转速运转时充电指示灯仍亮故障判断与排除流程

2 充电电流过小故障的诊断与排除

(1) 故障现象

发动机在中速以上转速运转时，充电指示灯方能熄灭，打开前照灯时灯光暗淡。

(2) 故障原因

① 发电机V带打滑。

② 充电线路接触不良。

③ 电刷与集电环接触不良。
④ 电枢绕组局部短路。
⑤ 个别整流二极管或励磁二极管断路、击穿。
⑥ 定子绕组断路或局部短路。
⑦ 电压调节器工作不良。

（3）故障诊断与排除

充电电流过小故障的诊断与排除如图3-57所示。

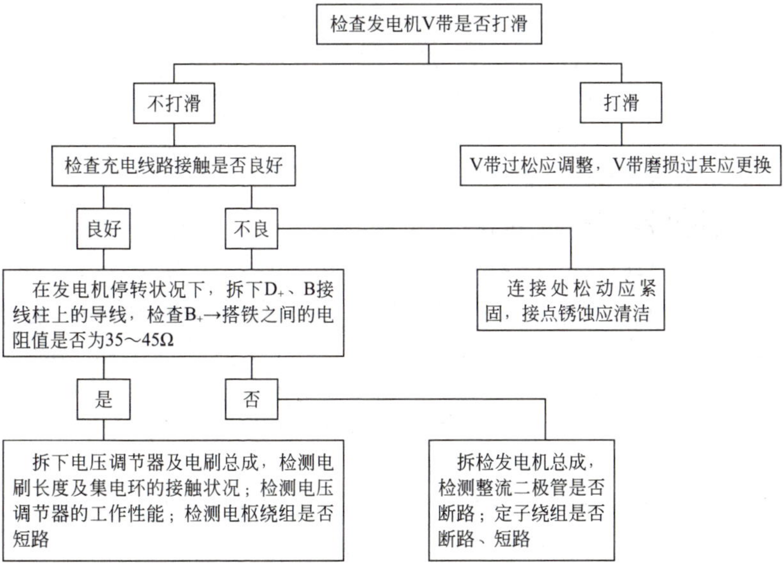

图3-57 充电电流过小故障的诊断与排除流程

3 充电电流过大故障的诊断与排除

（1）故障现象

蓄电池电解液消耗过快，发电机及点火线圈容易过热，灯泡易烧坏。

（2）故障原因

电压调节器D_F→D_-之间短路。

（3）故障诊断与排除

更换电压调节器。

4 充电不稳故障的诊断与排除

（1）故障现象

发动机在怠速以上转速运转时，充电指示灯时亮时灭。

（2）故障原因

① 发电机V带打滑。

② 充电线路或磁场接柱松动。

③ 电刷与集电环接触不良。

④ 发电机内部导线连接松动。

⑤ 电压调节器内部元件损坏。

（3）故障诊断与排除

① 检查并调整V带的挠度，若V带磨损严重应更换。

② 检查充电线路、励磁线路是否松动或锈蚀，并视情况予以紧固和清洁。

③ 拆下电刷总成，检查电刷的高度是否符合标准，与集电环接触面是否有油污，在电刷架内运动有无卡滞现象，弹簧弹力是否过小等，并视情况予以更换或修理。

④ 拆解发电机，检查电枢绕组、定子绕组连接导线是否松动或脱焊，视情况予以重新焊接。

⑤ 以上检查均正常，则应更换电压调节器。

5 发电机过热故障的诊断与排除

（1）故障现象

发电机运转过程中温度过高，严重时烧坏磁场绕组或定子绕组。

（2）故障原因

① 发电机前、后端轴承润滑不良。

② 发电机电枢爪极与定子铁芯相互摩擦。

③ 交流发电机与发动机不匹配，最高转速过低。

（3）故障诊断与排除

① 若非原装发电机，应比较现装与原装的最高允许转速及V带轮直径。若现装发电机的最高允许转速低于原装发电机的最高允许转速，且差值较大，或V带轮直径小于原装V带轮直径，应按标准进行更换。

② 若为原装发电机，则应拆解发电机，检查前、后端轴承是否破裂，润滑是否良好；转子爪极与定子铁芯之间有无摩擦刮痕。

6 发电机异响故障的诊断与排除

（1）故障现象

发电机工作过程中发出连续或断续的异常响声。

（2）故障原因

① 发电机V带打滑。

② 发电机轴承损坏。

③ 转子与定子间发生碰擦。

④ 风扇叶片与前端盖碰擦。

（3）故障诊断与排除

① 若异响断续出现，且发电机转速变化时响声严重，应检查发电机V带的挠度，并予以调整。

② 若异响连续，应观察风扇叶片与前端盖是否碰擦。用听诊器或旋具听诊发电机前、中、后端部，如图3-58所示。如果响声在发电机的前、后部严重，则为发电机轴承损坏或润滑不良；若响声在发电机中部且有振动感，则为转子与定子发生碰擦。应拆解发电机，润滑或更换相应部件。

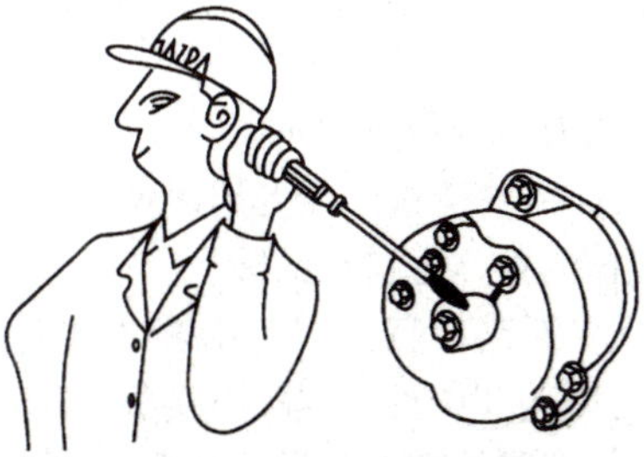

图3-58 用听诊器或旋具听诊发电机异响

第四节 维修实例

实例一 打开点火开关时，充电指示灯不亮

(1) 故障现象

桑塔纳2000轿车，行驶里程为3.6万千米。驾驶员说，打开点火开关时，发电机充电指示灯一直不亮。蓄电池亏电严重，使用较短时间就要更换。

(2) 故障原因

发电机整流器二极管损坏。

(3) 故障诊断与排除

从以上故障现象初步判断，为发电机不发电。为验证此判断，可拆下发电机磁场“F”接线柱引线，在发电机的电枢“B+”接线柱与磁场“F”接线柱间并联一试灯，发动机中速运转，试灯不亮，表明发电机不发电。

发电机不发电的原因很多，需要逐一检查。检查发电机V带张紧度，正常（挠度10mm）；拆下并分解发电机检查，电刷磨损在允许范围内（新电刷长度为13mm，磨损超过了1/3应更换），弹簧及架均完好，滑环无严重失圆；用万用表检查转子是否断路或短路（短路：电阻值2.2Ω，断路：电阻值为∞），所测电阻值在正常范围内（2.2～2.3Ω）；接着用万用表测量线圈与滑环间的电阻值为∞，表明无搭铁故障。

用万用表检查定子：

① 搭铁检查。用万用表两试笔接定子铁芯和三相绕组端头之一，电阻值为∞，无搭铁故障。

② 断路检查。用万用表两试笔分别接绕组两端，电阻值近似为0，无断路和中性点焊接不良故障。

检查整流器二极管的电阻，结果正、反向测量电阻值相等，证实二极管已损坏。

故障原因是桥式整流二极管损坏，造成发电机不发电。桥式整流器由六个二极管组成一体，任何一个二极管损坏，应更换桥式整流器组件（如果无组件更换，应更换发电机总成）。

更换后，充电指示灯恢复正常。

实例二　发动机冷车时启动困难，充电指示灯不熄灭

（1）故障现象

桑塔纳轿车，行驶里程为5.1万千米。发动机冷车启动困难，充电指示灯在发动机运转后仍然闪亮。

（2）故障原因

电压调节器损坏。

（3）故障诊断与排除

充电指示灯（警告灯）在发动机启动后闪亮，表明发电机不向蓄电池充电（桑塔纳轿车在发动机启动和怠速时，发电机也能对蓄电池充电）；冷车启动困难，表明蓄电池亏电。分析故障产生的原因一般有两个。

① 发电机工作不良，致使发电机发出电量过小，电压不足。

② 电压调节器损坏，发电机发出的电不能向蓄电池充电。

在发电机的电枢“B_+”接线柱与磁场“F”接线柱间并联一个试灯（拆下发电机磁场“F”接线柱引线），发动机中速运转。接12V蓄电池，试灯不亮，表明电压调节器已经损坏。更换电压调节器集成块（如果没有该零件，则要更换发电机总成），故障排除。

电压调节器一般不易损坏，但长期在大电流冲击下也会损坏。这将造成蓄电池亏电并逐渐损坏。

第四章
启动系统的检修

第一节　启动系统的结构与分类

一、启动系统的功用

起动机在点火开关和启动继电器的控制下，将蓄电池的电能转化为机械能，带动发动机飞轮齿圈使曲轴转动，完成发动机的启动。

二、启动系统的组成与安装位置

启动系统是由蓄电池、起动机、启动继电器、点火开关等组成，如图4-1所示。

起动机一般安装在发动机的后部，靠近飞轮附近，如图4-2所示。

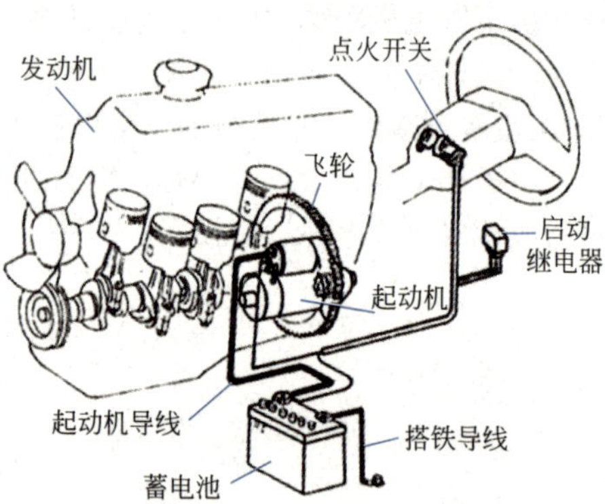

图4-1　启动系统的组成

图4-2 起动机安装位置

三、启动系统的分类

汽车用起动机种类繁多，形式各异，分类方法各不相同。电磁控制式起动机可按起动机的总体结构、传动机构的啮入方式进行分类。

1 按起动机总体结构分类

① 电磁式起动机。电动机的磁场为电磁场的起动机。电磁场是指由线圈通电而在铁芯中产生的磁场。电磁式起动机现被广泛采用，本章主要介绍电磁式起动机的结构与检修。

② 减速式起动机。传动机构设有减速装置的起动机。其电动机一般采用高速小型电动机，质量和体积比电磁式起动机减小30% ～ 35%。缺点是结构和工艺比较复杂。

③ 永磁式起动机。电动机的磁场由永久磁铁产生的起动机。由于磁极采用永磁材料制成，不需要励磁绕组，因此电动机结构简化、体积小、质量小。

2 按传动机构啮入方式分类

① 强制啮合式起动机。利用电磁力拉动杠杆机构，使驱动齿轮强制啮入飞轮齿圈的起动机。主要优点是工作可靠性高，因此现代汽车广泛采用。

② 电枢移动式起动机。利用磁极产生的电磁力使电枢产生轴向

移动，从而将驱动齿轮啮入飞轮齿圈的起动机。其特点是结构比较复杂，主要用于大功率发动机汽车。

③ 同轴移动式起动机。利用电磁开关推动电枢轴孔内的啮合推杆移动，使驱动齿轮啮入飞轮齿圈的起动机。主要用于大功率发动机汽车。

四、启动系统的结构

起动机（俗称“马达”）是启动系统的主要组成部分，它由串励式直流电动机、传动机构和电磁开关（也称控制装置）三部分组成，如图4-3所示。起动机的结构如图4-4所示。

图4-3 起动机的组成

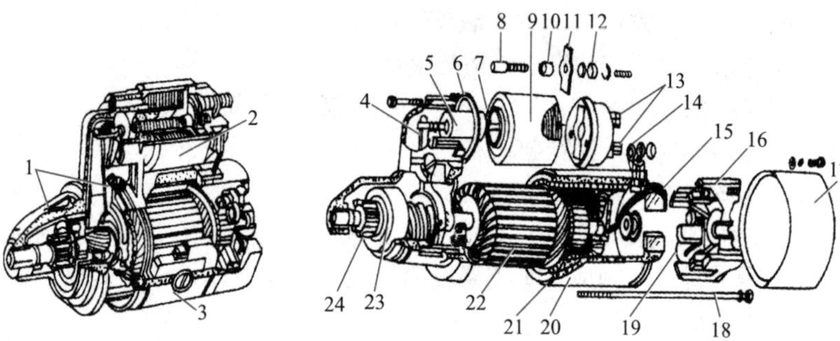

(a) 整体结构图　　(b) 分解图

图4-4 起动机的结构

1—传动机构；2—电磁开关；3—串励式直流电动机；4—拨叉；5—活动铁芯；6—垫圈；7—弹簧；8—顶杆；9—线圈体；10、12—绝缘垫；11—接触盘；13—接线柱；14—连接铜片；15—电刷；16—端盖；17—防护罩；18—穿钉；19—搭铁电刷；20—外壳；21—励磁绕组；22—电枢；23—单向离合器；24—驱动齿轮

1 串励式直流电动机

① 直流电动机的作用是产生电磁转矩，一般均采用直流串励式电动机。串励是指电枢绕组与励磁绕组串联。

② 直流电动机的结构。直流电动机由励磁绕组（也称磁场线圈）、磁极铁芯、电枢、电刷、电刷架、外壳和端盖等组成，如图4-5所示。

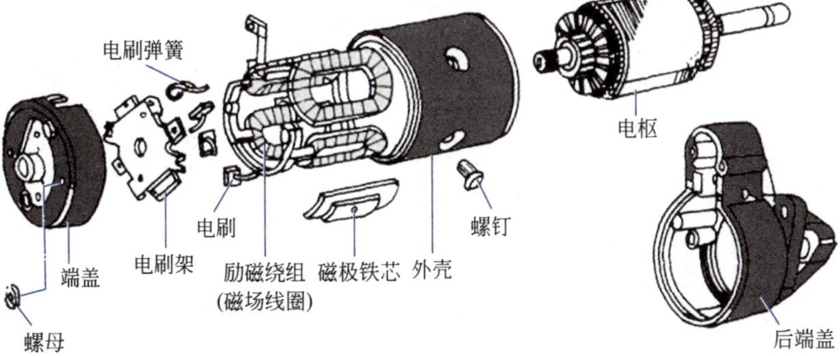

图4-5 直流电动机的结构

a. 磁极。磁极的作用是产生电枢转动时所需要的磁场，它由固定在外壳上的磁极铁芯和励磁绕组（也称磁场绕组）组成，如图4-6所示。

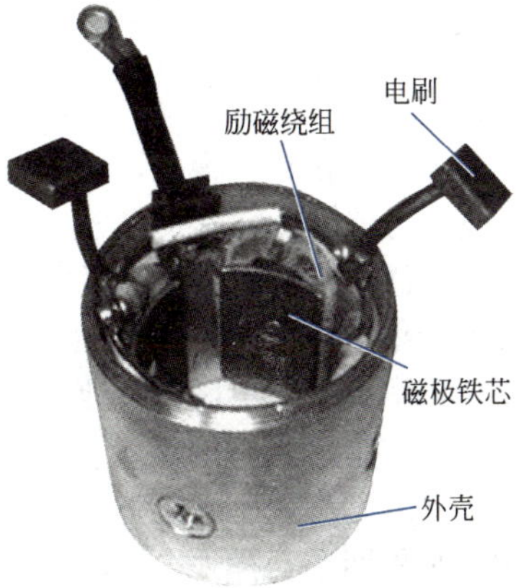

图4-6 磁极

图4-7为励磁绕组的内部电路连接方法，励磁绕组一端接在外壳的绝缘接线柱上，另一端与两个非搭铁电刷相连。

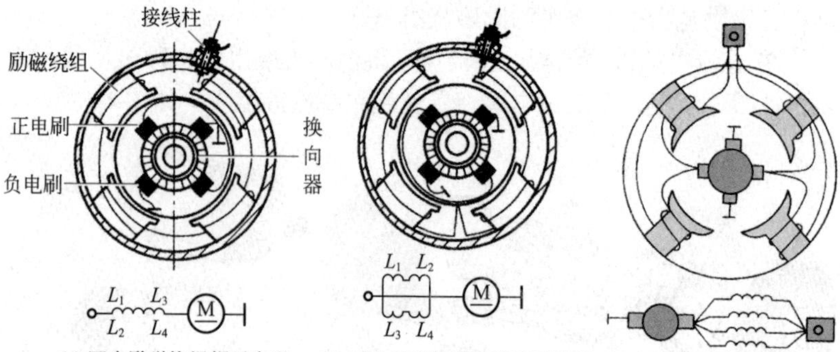

(a) 四个励磁绕组相互串联 (b) 两个励磁绕组串联后再并联 (c) 四个励磁绕组相互并联

图4-7 励磁绕组与电枢绕组的连接方法

b. 电枢。图4-8为电枢总成，由外圆带槽的硅钢片叠成的铁芯和电枢绕组组成，励磁绕组和电枢绕组一般采用矩形断面的裸铜线绕制。

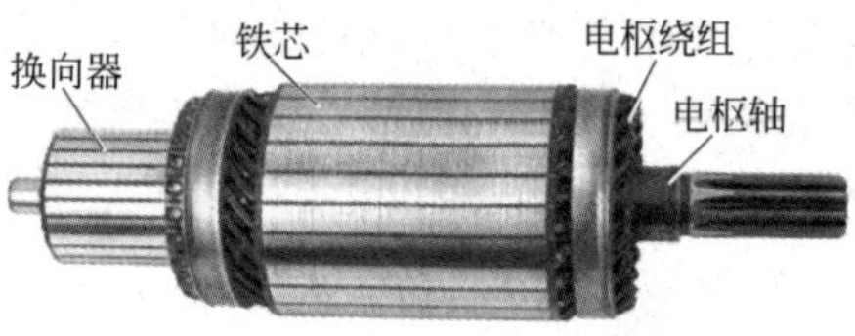

图4-8 电枢总成

换向器装在电枢轴上，它由许多换向片组成。换向片嵌装在轴套上，各换向片之间均用云母绝缘。

c. 电刷。电刷和换向器配合使用。它主要用来连接励磁绕组和电枢绕组的电路，并使电枢轴上的电磁力矩保持固定方向。

电刷装在端盖上的电刷架中，电刷弹簧使电刷与换向片之间具有适当的压力，以保持配合，如图4-9所示。

以四磁极电动机为例，其中两个电刷与外壳绝缘，电流通过这两个电刷进入电枢绕组，另外两个为搭铁电刷，通过电枢绕组的电流使这两个电刷搭铁。

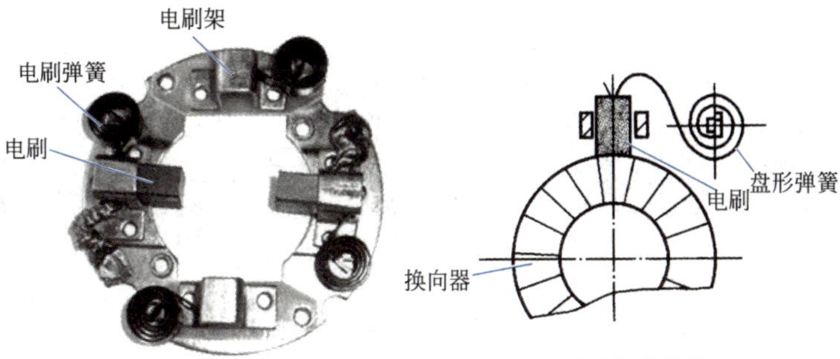

(a) 电刷与电刷架　　(b) 电刷与换向器

图4-9　电刷及电刷架的组合

d.外壳。它是电动机的磁极和电枢的安装机体，其中一端有4个检查窗口，便于进行电刷和换向器的维护，同时起动机的电磁开关也安装在外壳上，其上有一绝缘接线端，是电动机电流的引入线。

2 传动机构

（1）传动机构的作用

传动机构是在启动发动机时使起动机驱动齿轮与飞轮齿圈啮合，将起动机的转矩传递给发动机曲轴；在发动机启动后又能使起动机驱动齿轮自动空转或与飞轮齿圈脱离啮合。

（2）对传动机构的要求

① 起动机的驱动齿轮与发动机的飞轮齿圈啮合时要平稳，不能发生冲击现象。

② 由于起动机的驱动齿轮与发动机的飞轮齿圈速比很大（一般大于15），因此发动机启动后，驱动齿轮应能自动打滑或脱离啮合，以免发动机带动起动机电枢高速旋转，造成电枢绕组“飞散”的事故。

③ 因为起动机是由点火开关控制的，所以当发动机工作时，要防止点火开关误操作，使起动机的驱动齿轮再次与发动机的飞轮齿圈啮合，导致起动机与发动机的飞轮齿圈损坏。

（3）传动机构的工作过程

图4-10所示为传动机构的工作示意图。

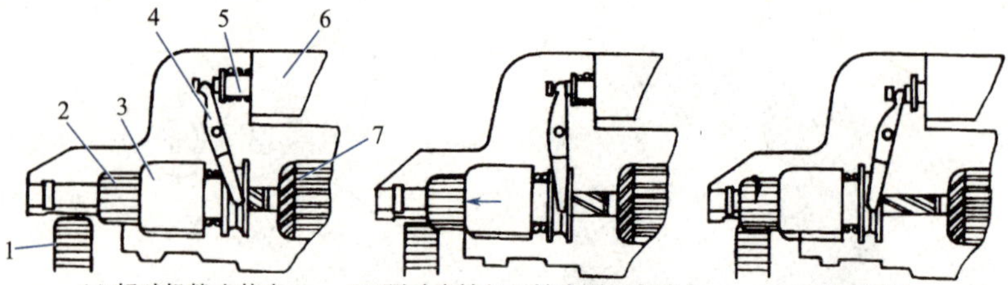

(a) 起动机静止状态　(b) 驱动齿轮与飞轮齿圈正在啮合　(c) 完全啮合

图4-10　传动机构的工作示意图

1—飞轮；2—驱动齿轮；3—单向离合器；4—拨叉；5—活动铁芯；6—电磁开关；7—电枢

① 图4-10（a）所示为起动机不工作时所处的位置。

② 图4-11（b）所示为在电磁开关的作用下，驱动齿轮与飞轮齿圈正在啮合，此时起动机的主电路还没有接通。

③ 图4-10（c）所示为驱动齿轮与发动机飞轮齿圈完全啮合，主电路接通，电枢轴开始带动发动机曲轴旋转。

发动机启动后，驱动齿轮与飞轮齿圈仍处于啮合状态，单向离合器打滑，驱动齿轮在飞轮的带动下空转。启动结束后，驱动齿轮在电磁开关的作用下，与发动机飞轮齿圈脱离啮合。

（4）单向离合器

起动机传动机构中的关键部件是单向离合器。其作用是在启动时将电枢产生的电磁转矩传递给发动机飞轮；而当发动机启动后，单向离合器立刻打滑，防止发动机飞轮带动电枢高速旋转。单向离合器主要有滚柱式、摩擦片式和弹簧式三种类型。

图4-11　单向离合器

滚柱式单向离合器应用最为广泛，其实物如图4-11所示。

摩擦片式单向离合器可以传递较大的转矩，应用于大功率起动机上。但是在使用过程中，摩擦片磨损后，传递的转矩将会下降，因此需要经常调整，而且其结构复杂。

弹簧式单向离合器结构简单，成本低，使用寿命长，但由于扭力弹簧的轴向尺寸较长，一般只应用在大功率起动机上。

下面仅介绍滚柱式单向离合器的结构与工作过程。

滚柱式单向离合器的原理是通过改变滚柱在楔形槽中的位置来实现分离和结合，其结构如图4-12所示。

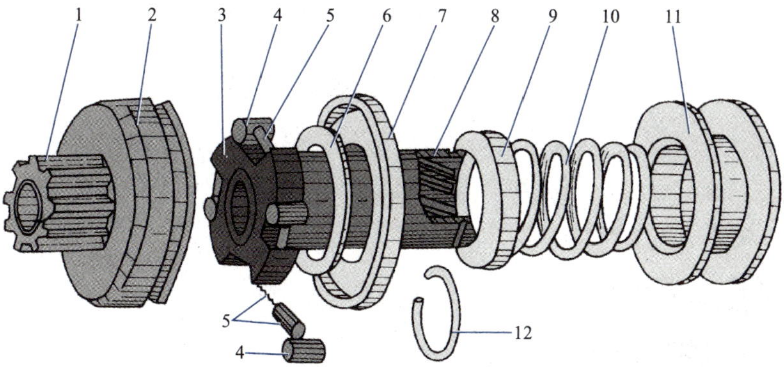

图4-12 滚柱式单向离合器结构

1—驱动齿轮；2—外壳；3—十字块；4—滚柱；5—弹簧与压帽；6—垫圈；7—护盖；8—传动套筒；9—弹簧座；10—弹簧；11—移动衬套；12—卡簧

单向离合器的外壳2与驱动齿轮1为一体，外壳2与十字块3之间形成四个楔形槽，每个槽中有一个滚柱4，十字块3与传动套筒8为一体，传动套筒8内侧带键槽，套在电枢轴的花键部位上。

其工作过程为：当起动机开始工作时，拨叉拨动移动衬套11，使驱动齿轮1与发动机飞轮齿圈啮合，电磁转矩由电枢轴传到传动套筒8与十字块3，使十字块3同电枢轴一同旋转。此时，再加上飞轮齿圈给驱动齿轮1的反作用力，滚柱在摩擦力矩的作用下，滚入楔形槽的窄端而卡死［见图4-13（a)］，于是驱动齿轮1和传动套筒8为一个整体，带动飞轮，启动发动机。当发动机启动后，发动机飞轮带动驱动齿轮1旋转，外壳2的转速高于十字块3的转速，此时，滚柱滚向楔形槽的宽端而打滑［见图4-13（b)］。这样发动机的转矩就不能通过驱动齿轮1传递给电枢，防止电枢因高速飞转而造成电枢绕组“飞散”的事故。

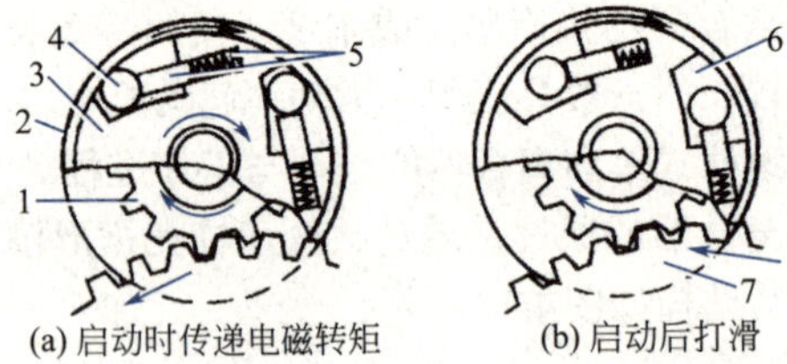

图4-13 滚柱式单向离合器工作原理

1—驱动齿轮；2—外壳；3—十字块；4—滚柱；
5—弹簧与压帽；6—楔形槽；7—飞轮

滚柱式单向离合器结构简单，在中、小功率的起动机上被广泛应用。但在传递较大转矩时，滚柱易变形卡死，因此滚柱式单向离合器不适用于功率较大的起动机上。

3 电磁开关

（1）电磁开关的作用

电磁开关是用来接通和切断串励式直流电动机与蓄电池之间的电路，控制起动机驱动齿轮与发动机飞轮齿圈的啮合与分离。对于汽油发动机，有些起动机的电磁开关还具有在启动发动机时短路点火线圈附加电阻的作用。电磁开关的实物如图4-14所示。

（2）电磁开关的结构

图4-15所示为电磁开关的结构。电磁开关主要由吸引线圈、保持线圈、回位弹簧、活动铁芯，接触片等组成。其中，端子C接起动机励磁绕组；端子30直接接电源（蓄电池）。

图4-14 电磁开关的实物

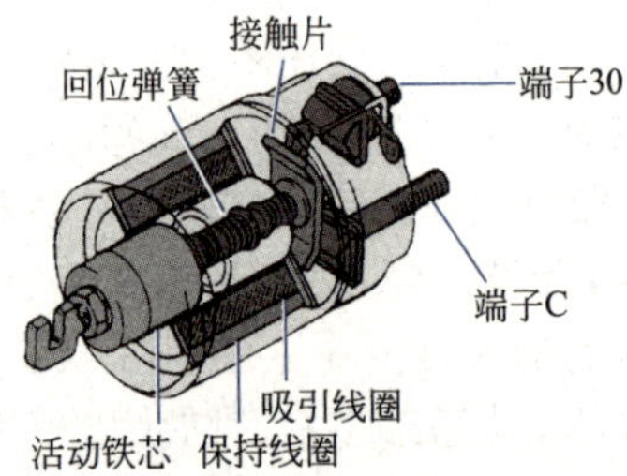

图4-15 电磁开关结构

五、起动机的工作原理

1 直流电动机的工作原理

直流电动机的基本工作原理是通电的导体在磁场中会受电磁力作用，电磁力的方向遵循左手定则。

如图4-16所示，两片换向片分别与环状线圈的两端连接，电刷一端与两换向器片相接触，另一端分别接蓄电池的正极和负极。在环状线圈中电流的方向交替变化，用左手定则判断可知，环状线圈在电磁力矩作用下按顺时针方向连续转动。这样在电源连续对电动机供电时，其线圈就不停地按同一方向转动。

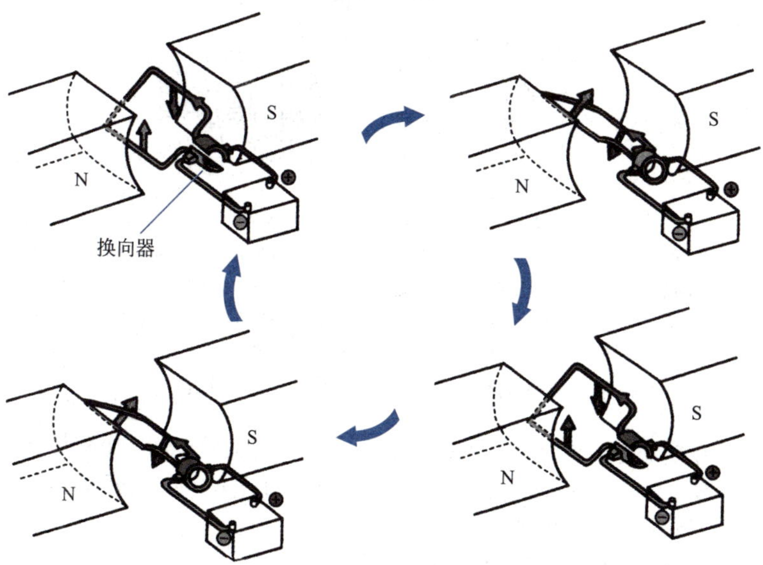

图4-16 直流电动机的原理

为了增大输出力矩并使运转均匀，实际的电动机中电枢采用多匝线圈，随线圈匝数的增多，换向片的数量也要增多。

2 启动系统的工作过程

启动系统的工作电路如图4-17所示。电磁开关主要由吸引线圈9、保持线圈10、活动铁芯、接触盘8等组成。其中吸引线圈9与电动机串联，保持线圈10与电动机并联，直接搭铁。活动铁芯一端通过接触盘8控制主电路的导通；另一端通过拨叉13控制驱动齿轮15的啮合。在起动机电磁开关上一般有三个接线柱（个别的也有四个接线柱）：磁场接线柱5（又称主接线柱，C）、蓄电池接线柱6（又称主接线柱，30）和点火开关接线柱7（又称启动接线柱，50）。

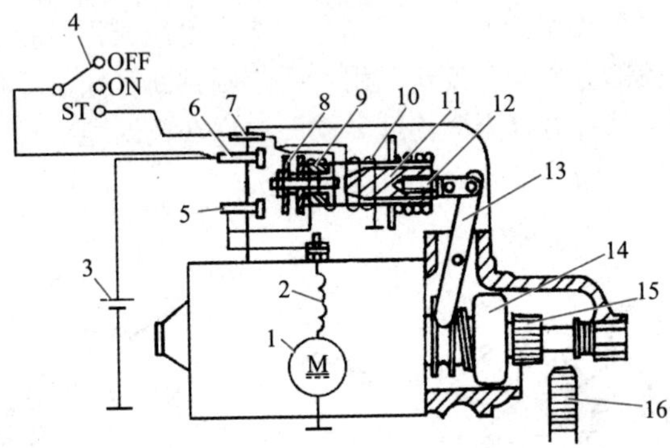

图4-17　电磁开关的电路连接关系

1—直流电动机；2—励磁绕组（磁场线圈）；3—蓄电池；4—点火开关；5—磁场接线柱（又称主接线柱，C）；6—蓄电池接线柱（又称主接线柱，30）；7—点火开关接线柱（又称启动接线柱，50）；8—接触盘；9—吸引线圈；10—保持线圈；11—活动铁芯；12—调节螺钉；13—拨叉；14—单向离合器；15—驱动齿轮；16—飞轮

① 启动时，将点火开关打到ST挡，电磁开关通电，其电路如下：

蓄电池正极→蓄电池接线柱6→点火开关4→点火开关接线柱7

- ↗保持线圈10→搭铁。
- ↘吸引线圈9→磁场接线柱5→串励式直流电动机→搭铁。

此时，吸引线圈9与保持线圈10的电流绕向相同，磁场方向相同，活动铁芯11在两个线圈磁场力的共同作用下克服回位弹簧的作用向左移动，通过拨叉13使驱动齿轮15与发动机飞轮16啮合。

当驱动齿轮15与飞轮16啮合后，接触盘8将蓄电池接线柱6、磁场接线柱5内侧触头接通，于是起动机的主电路接通（电流为200～600A），电路如下：

蓄电池正极→蓄电池接线柱6→接触盘8→磁场接线柱5→励磁绕组→电刷→电枢绕组→电刷→搭铁。

这时直流电动机产生电磁转矩，通过单向离合器带动曲轴旋转，启动发动机。

② 发动机启动后，单向离合器打滑。

③ 松开点火开关4，点火开关4从ST挡回到ON挡，这时从点火开关4到点火开关接线柱7之间已没有电流，吸引线圈9与保持线圈10的电路变为：

蓄电池正极→蓄电池接线柱6→接触盘8→磁场接线柱5→吸引线圈9→保持线圈10→搭铁。

此时，由于吸引线圈9与保持线圈10的电流绕向相反，磁场方向相反，磁吸力相互抵消，因此，活动铁芯11在回位弹簧的作用下，迅速右移，使主电路断开，驱动齿轮15与飞轮16脱离啮合，起动机停止工作。

在接触盘8接通主电路之前，由于电流经吸引线圈9到励磁绕组与电枢绕组，所以电枢产生了一个较小的电磁转矩，使驱动齿轮15在缓慢旋转状态下与飞轮16平稳啮合。主电路接通后，吸引线圈9被短路，活动铁芯11的位置由保持线圈产生的磁吸力来保持。

六、减速起动机

1 概述

与常规起动机不同的是，减速起动机主要是在传动机构和电枢轴之间安装了一套齿轮减速装置，通过减速装置后再把力矩传递给单向离合器。其优点是可以降低电动机的速度，增大输出转矩，起动机的体积和重量都得到了减小。

根据齿轮减速装置的不同，减速起动机主要有平行轴外啮合式减速起动机和行星齿轮减速起动机两种形式。

目前，采用减速起动机的汽车越来越多，如丰田车系、北京现代车系、北京切诺基吉普车、本田车系和奥迪轿车等都采用了减速起动机。

2 平行轴式减速起动机的结构组成和工作原理

平行轴式减速起动机主要由直流串励式电动机、平行轴减速装置、传动机构和控制装置等组成，其结构如图4-18所示。

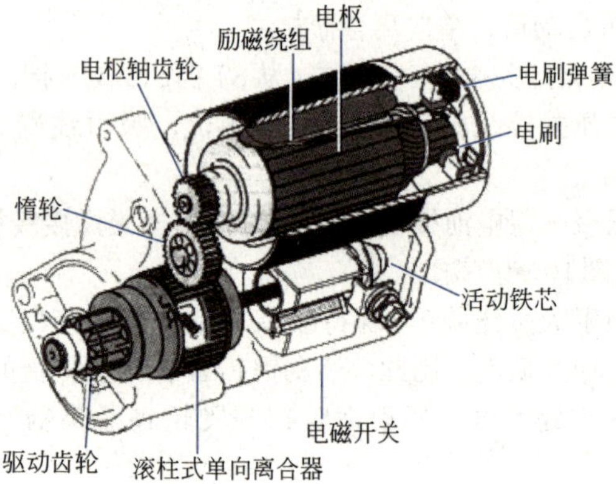

图4-18 平行轴式减速起动机的结构

(1) 直流串励式电动机

该电动机四个励磁绕组相互并联后再与电枢绕组串联，仍为直流串励式电动机。基本部件与常规起动机相似，工作原理不再赘述。

(2) 传动机构及减速装置

传动机构和减速装置的位置关系见图4-18。图4-19所示为减速装置中齿轮的啮合关系和传动机构中单向离合器示意图。

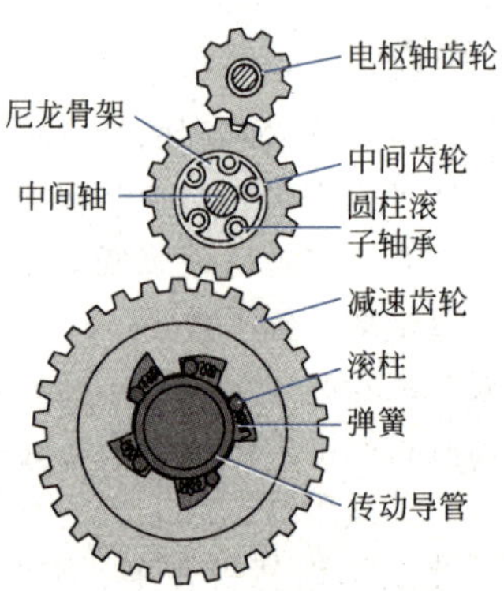

图4-19 减速齿轮啮合关系和单向离合器

滚柱式单向离合器设置在减速齿轮内毂，其内毂制成楔形空腔，传动导管装入时，将空腔分割成5个楔形腔室，腔室内放置滚柱和弹簧。平时在弹簧张力作用下，滚柱滚向楔形腔室窄端，传递动力时，由滚柱将传动导管和减速齿轮卡紧成一体。离合器的工作原理和常规起动机中的滚柱式单向离合器工作原理相同，此处不再赘述。

减速齿轮装置采用平行轴外啮合减速齿轮装置，该装置中设有三个齿轮，即电枢轴齿轮、惰轮（中间齿轮）及减速齿轮。从图中可以看出，与常规起动机相比，该减速装置传动比较大，输出力矩也较大。

(3) 控制装置及工作过程

下面以丰田花冠轿车中平行轴式减速起动机为例，结合电路图分析控制装置的工作原理。如图4-20所示，控制装置的结构与常规式电磁控制装置大致相同，不同之处在于活动铁芯的左端固装的挺杆，经钢球推动驱动齿轮轴，引铁右端绝缘地固装着接触片。起动机不工作时，触盘与触点分开，驱动齿轮与飞轮齿圈分离。

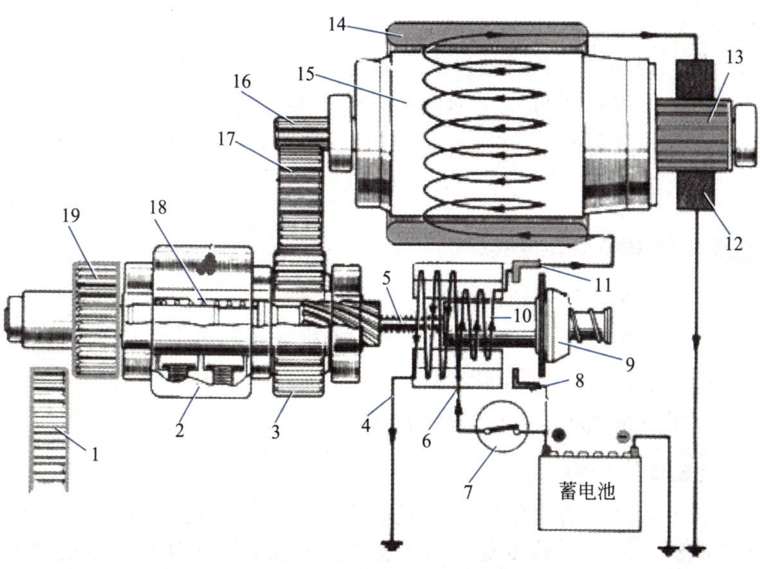

图4-20 平行轴式减速起动机结构及电路图

1—飞轮齿圈；2—单向离合器；3—离合器（减速）齿轮；4—保持线圈；5—活动铁芯回位弹簧；6—端子50；7—点火开关；8—端子30；9—活动铁芯；10—吸引线圈；11—端子C；12—电刷；13—换向器；14—励磁线圈；15—电枢；16—电枢轴齿轮；17—惰轮；18—驱动齿轮回位弹簧；19—驱动齿轮

其工作过程如下。

① 接通点火开关，吸引线圈和保持线圈通电，此时的电流流向为：蓄电池“+”→点火开关→端子50→保持线圈→搭铁，蓄电池“+”→点火开关→端子50→吸引线圈→端子C励磁线圈→电枢绕组→搭铁。此时电动机低速运转。

② 吸引线圈和保持线圈的电磁力吸引活动铁芯左移，推动驱动齿轮轴，迫使驱动齿轮与飞轮啮合，这种动作过程称为直动齿轮式。驱动齿轮与飞轮齿圈进入啮合后，接触片和触点接触，此时电流的方向为：蓄电池“+”→点火开关→端子50→保持线圈→搭铁。这样保持线圈产生的磁场使活动铁芯保持在原位。同时电流还流经励磁线圈，电路为：蓄电池“+”→端子30→接触片→端子C→励磁线圈→电枢绕组→搭铁。这样电枢电路接通并开始旋转。电枢轴产生的力矩经电枢轴齿轮→惰轮→离合器（减速）齿轮→单向离合器→驱动齿轮轴→驱动齿轮→飞轮齿圈，带动曲轴旋转，使发动机启动。

③ 发动机启动后，放松启动开关，点火开关回到“点火”挡。吸引线圈和保持线圈断电，引铁在回位弹簧张力作用下回位，接触片与触点分离，电枢停止转动。同时，驱动齿轮轴在回位弹簧作用下回位，拖动驱动齿轮与飞轮分离，恢复到初始状态。

3 行星齿轮式减速起动机

行星齿轮式减速起动机的传动中心距离为零，输出轴与电枢轴同心，可使整机尺寸减小。同时该型起动机传动比最大，可达4.5∶1，大大减少了起动机的启动电流。

行星齿轮减速起动机的结构如图4-21所示。

（1）电动机

该电动机的结构有两类：一类与常规起动机类似，采用励磁线圈产生磁场，此处不再重复。另一类采用永久磁铁磁场代替励磁绕组，减小了起动机的体积，提高了启动性能。

（2）传动机构及减速齿轮装置

该起动机的传动机构采用滚柱式单向离合器，用拨叉拨动驱动齿轮使之移动。其结构与工作过程和传统式起动机类似。

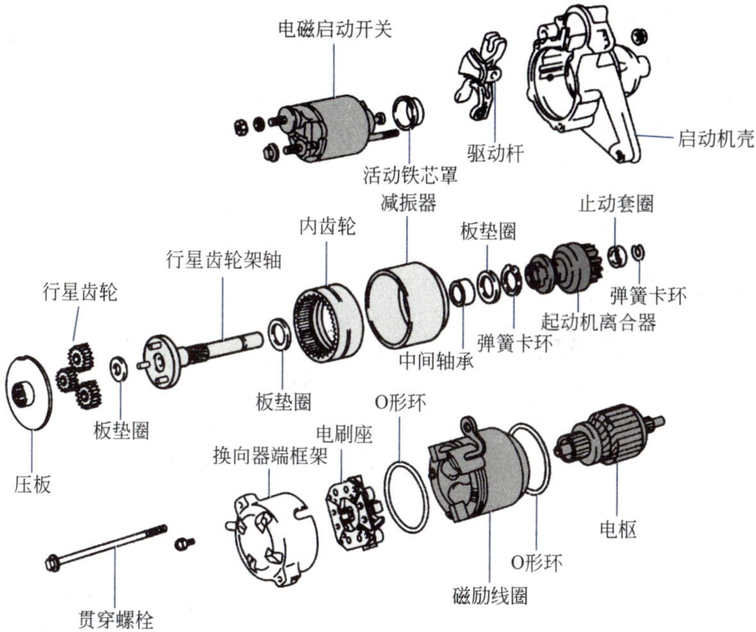

图4-21 行星齿轮式减速起动机的结构

行星齿轮减速装置中设有三个行星齿轮、一个太阳轮（电枢轴齿轮）及一个内齿轮（圈），其结构如图4-22所示。太阳轮装在电枢轴上，三个行星齿轮装在行星齿轮架上，内齿轮（圈）固定不动。

内齿圈固定不动，行星齿轮支架是一个具有一定厚度的圆盘，圆盘和驱动齿轮轴制成一体。三个行星齿轮连同齿轮轴一起压装在圆盘上，行星齿轮在轴上可以边自转边公转。驱动齿轮轴一端制有螺旋键齿，与离合器传动导管内的螺旋键槽配合。

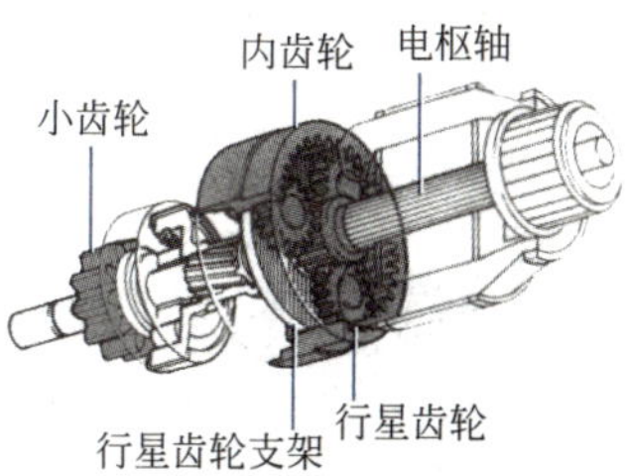

图4-22 行星齿轮减速装置结构

七、永磁式减速起动机

永磁式起动机以永磁材料为磁极，具有质量轻、结构简单等优点。由于永磁式电动机的机械特性较差，所以永磁式电动机必须配有减速机构，即永磁式起动机一般都是永磁式减速起动机。该种起动机一般有2～3对磁极，没在励磁绕组，起动机电流流经换向器和电刷直接到电枢，在其他方面与在励磁绕组的起动机一样。

图4-23所示为部分奥迪车用永磁式减速起动机分解图。该起动机采用了行星齿轮式减速机构、滚柱式单向离合器。

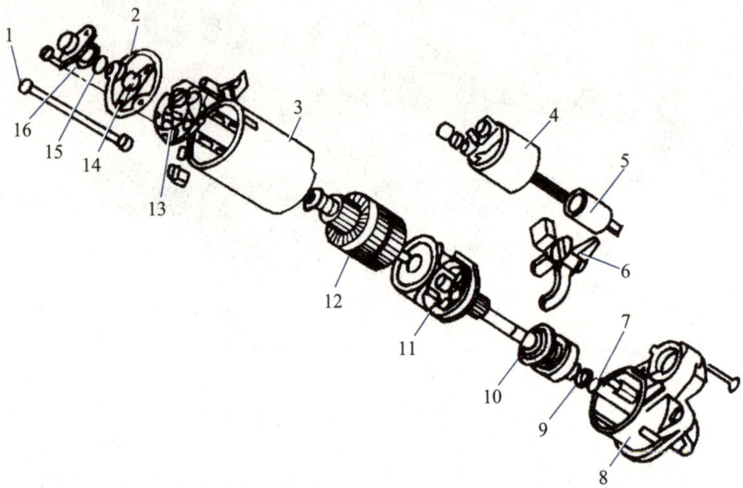

图4-23　部分奥迪车用永磁式减速起动机分解图

1—穿钉；2—调整垫片；3—外壳；4—电磁开关；5—活动铁芯；6—拨叉；7—卡环；8—驱动端盖；9—止推垫圈；10—滚柱式单向离合器；11—行星齿轮式减速机构；12—转子；13—电刷架；14—端盖；15—锁片；16—密封圈

第二节　启动系统的检查与维护

一、起动机的拆装

先将起动机从车上拆下。拆下蓄电池搭铁线，然后再拆下起动机的各连接线。如图4-24所示，从变速器壳上旋下螺母5，取下起动机固定螺栓3，即可取下起动机总成1。

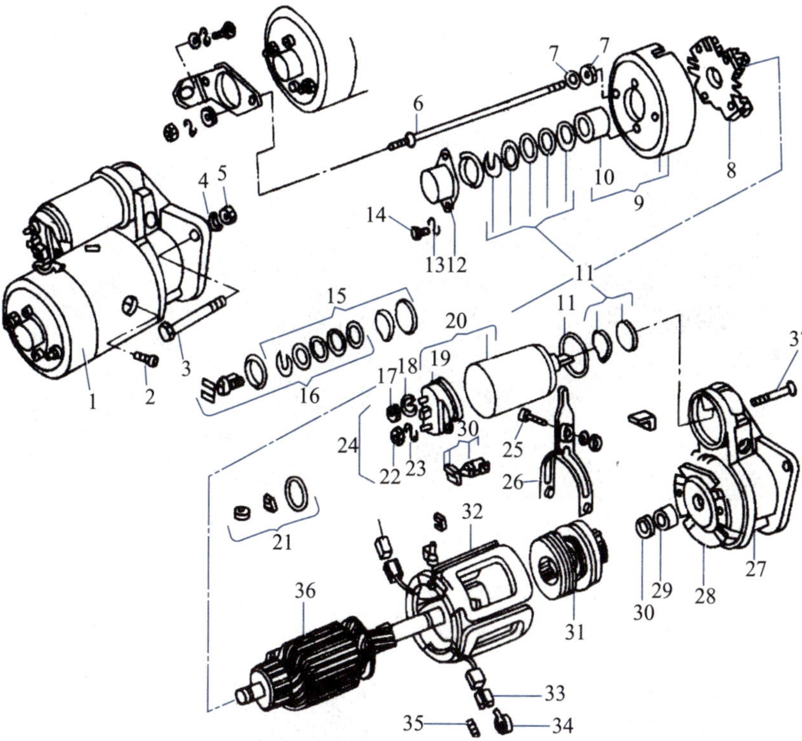

图4-24 分解起动机

1—起动机总成；2—磁场线圈固定螺栓；3—起动机固定螺栓；4,13,18,23—弹性垫圈；5,17,22—螺母；6—端盖连接螺栓；7—垫圈；8—电刷架；9—电刷端端盖；10—衬套；11,15—垫片组件（配件成组供应）；12—衬套座；14—螺钉；16—活动接柱和垫片组件（这一组件包括“24”）；19—电磁开关端盖；20—电磁开关总成；21—垫块及密封圈（作配件供应）；24—电磁开关活动接柱组件（配件是仅供组件，不单独供应的）；25—拨叉销；26—拨叉；27—驱动端端盖；28—中间支承盘；29—电枢轴驱动齿轮衬套；30—止推垫圈；31—驱动齿轮与单向离合器；32—磁场线圈；33—电刷；34—电刷弹簧；35—弹簧；36—电枢；37—螺栓

起动机的分解步骤如下。

① 用扳手旋下电磁开关接线柱上的螺母，将导线从接线柱上移开，如图4-25所示。

② 用扳手旋下电磁开关与起动机壳体上的固定螺母，如图4-26所示。

图4-25　将导线从接线柱上移开

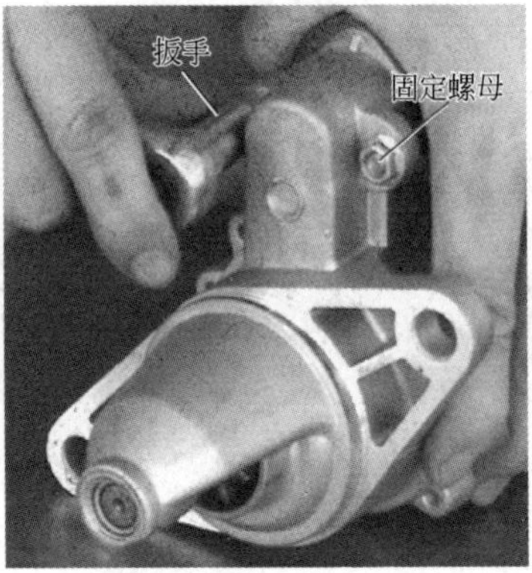

图4-26　旋下电磁开关上的固定螺母

③ 取下电磁开关，如图4-27所示。

④ 旋下起动机贯穿螺栓，如图4-28所示。

图4-27　取下电磁开关

图4-28　旋下起动机贯穿螺栓

⑤ 取下驱动端的端盖和拨叉，如图4-29所示。

⑥ 取下后端盖和绝缘垫片，如图4-30所示。

⑦ 取出电刷弹簧。注意：电刷弹簧有一定的弹力，取下时容易弹出。

⑧ 取出电枢总成，如图4-31所示。

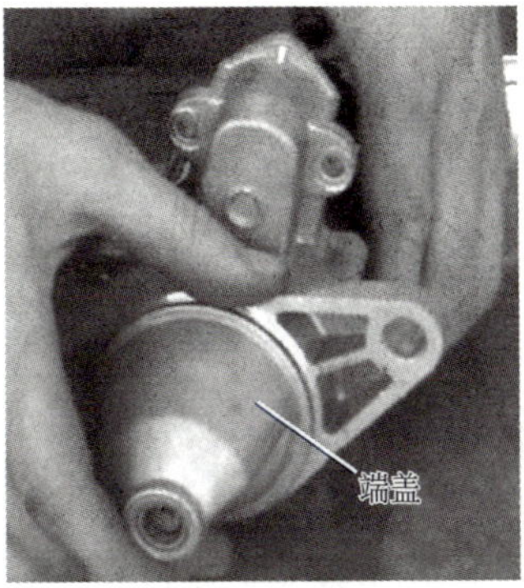

图4-29 取下端盖和拨叉

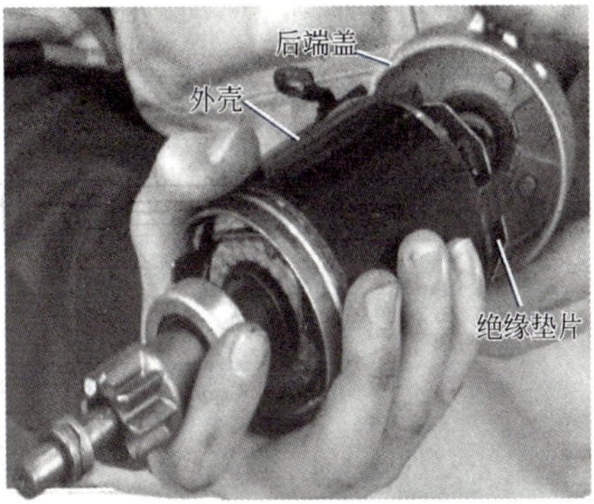

图4-30 取下后端盖和绝缘垫片

图4-31 取出电枢总成

二、起动机的检修

1 起动机电枢轴的检修

用千分表检查起动机电枢轴是否弯曲，如图4-32所示。若摆差超过0.1mm，应进行校正。电枢轴上的花键齿槽严重磨损或损坏，应进行修复或更换。

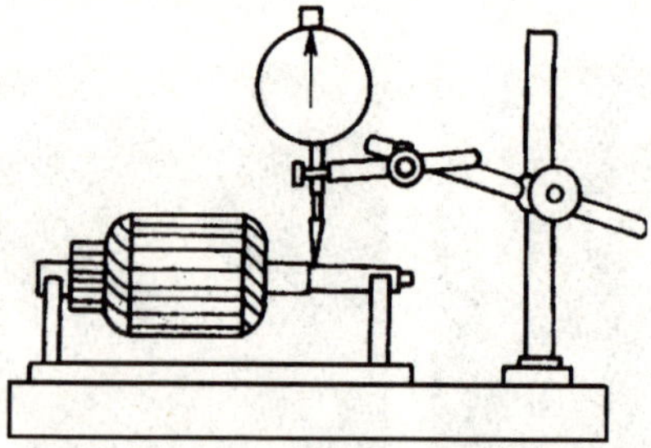

图4-32 电枢轴弯曲度的检查

电枢轴轴颈与衬套的配合间隙，不得超过0.15mm，间隙过大，应更换新套，并进行铰配。

2 起动机换向器的检查

① 检查换向器有无脏污和表面烧蚀，若出现此情况，用400号砂纸或在车床上修整。

② 检查换向器的径向圆跳动，如图4-33所示。将换向器放在V形铁上，用百分表测量圆周上径向跳动，最大允许径向圆跳动为0.05mm。若径向圆跳动大于规定值，应在车床上校正或更换新件。

③ 用游标卡尺测量换向器的直径，如图4-34所示。其标准值为30.0mm，最小直径为29.0mm。若直径小于最小值，应更换电枢。

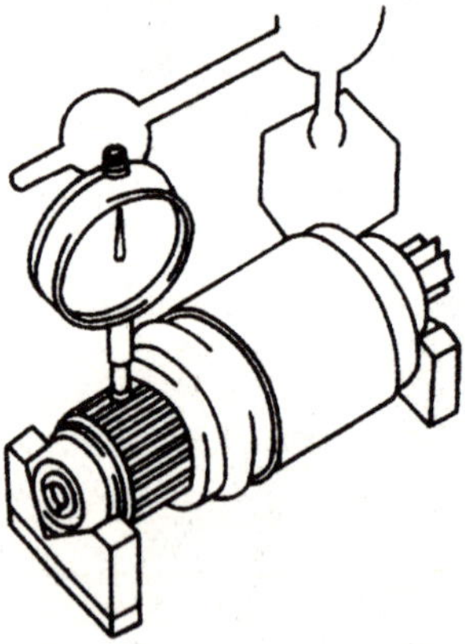

图4-33 检查换向器径向圆跳动

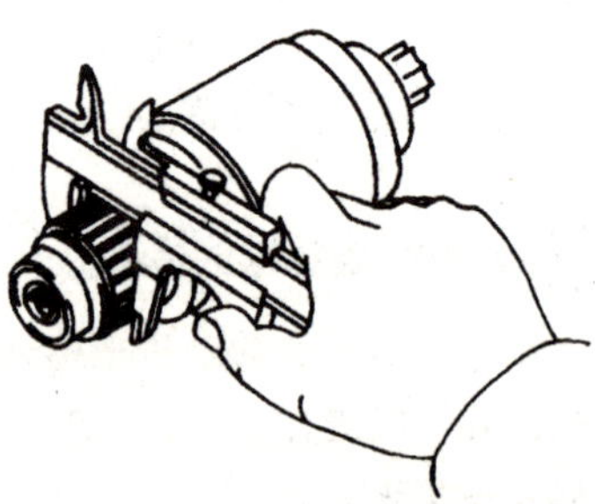

图4-34 检查换向器直径

④ 检查换向器底部凹槽深度，应清洁无异物，边缘光滑。测量如图4-35所示，标准凹槽深度为0.6mm，最小凹槽深度为0.2mm。若凹槽深度小于最小值，用手锯条修正。

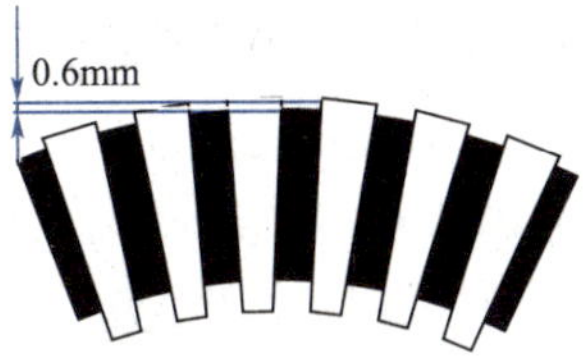

图4-35 检查换向器底部凹槽深度

3 起动机电枢线圈的检修

① 检查换向器是否开路。如图4-36所示，用欧姆表检查换向片之间，应导通（电阻近似为0）。若换向片之间不导通，应更换电枢。

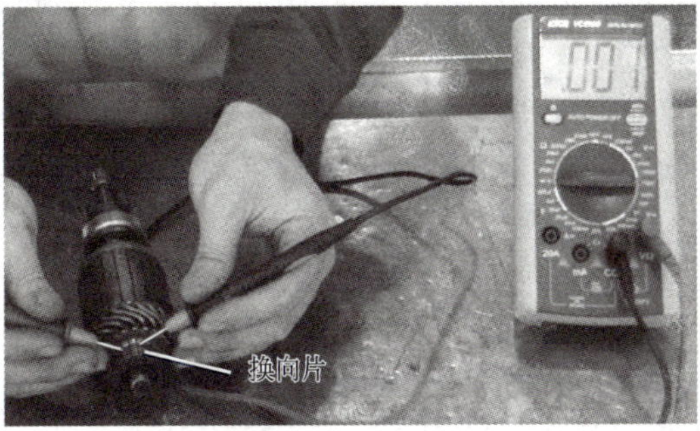

图4-36 检查换向器是否开路

② 检查换向器是否搭铁。如图4-37所示，用欧姆表检查换向器与电枢线圈铁芯之间，应不导通。若导通，应更换电枢。

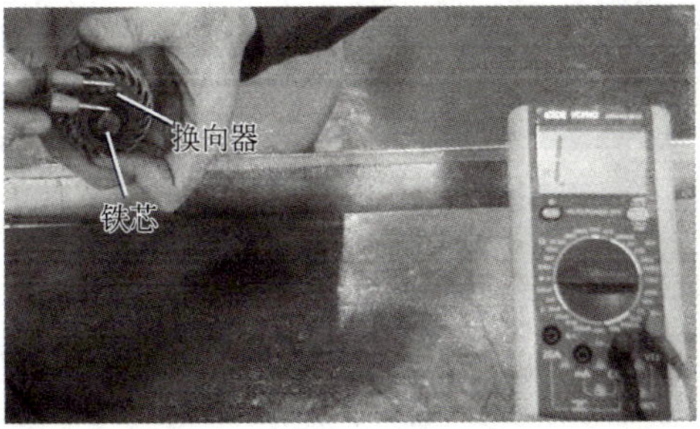

图4-37 检查换向器是否搭铁

4 起动机磁场线圈的检查

① 检查磁场线圈是否开路。用欧姆表测量两个接磁场线圈电刷之间的阻值（见图4-38），应近似为0（导通）；用欧姆表测量两个搭铁电刷之间的阻值，应近似为0（导通）；否则，更换磁场线圈。

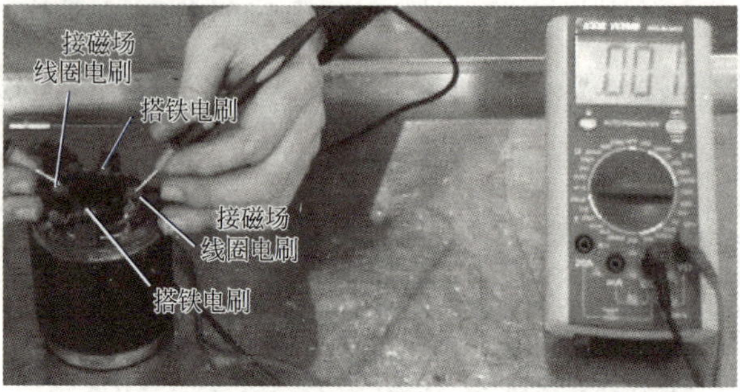

图4-38 测量两个接磁场线圈电刷之间的阻值

用欧姆表测量接磁场线圈电刷与搭铁电刷之间的阻值，应为无穷大（不导通），如图4-39所示。

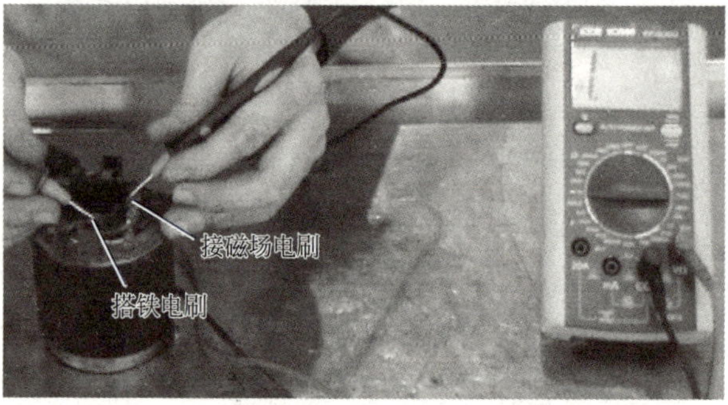

图4-39 测量接磁场线圈电刷与搭铁电刷之间的阻值

② 检查磁场线圈是否搭铁。用欧姆表测量接磁场线圈电刷与外壳之间的阻值，应为无穷大（不导通），如图4-40所示；用欧姆表测量搭铁电刷与外壳之间的阻值，应为0。若测量结果不符合规定，应修理或更换电刷、磁场线圈。

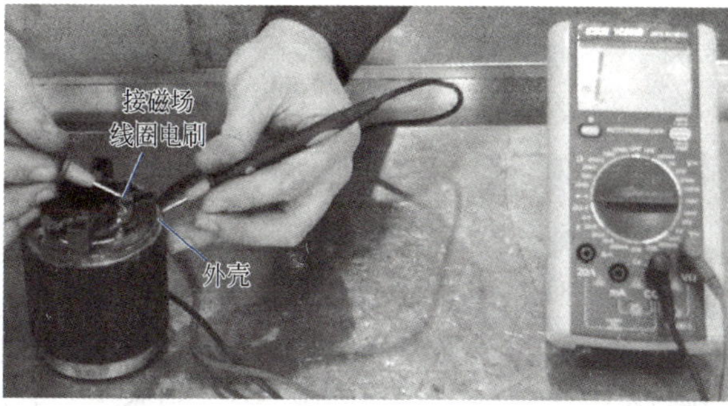

图4-40 检查磁场线圈是否搭铁

5 起动机电刷及电刷弹簧的检查

① 电刷弹簧的检查，可按如图4-41所示，读取电刷弹簧从电刷分离瞬间的拉力计读数。标准弹簧安装载荷为17～23N，最小安装载荷为12N。若安装载荷小于规定值，应更换电刷弹簧。

② 测量电刷的长度。如图4-42所示，用游标卡尺测量每个电刷的长度，应符合规定值。

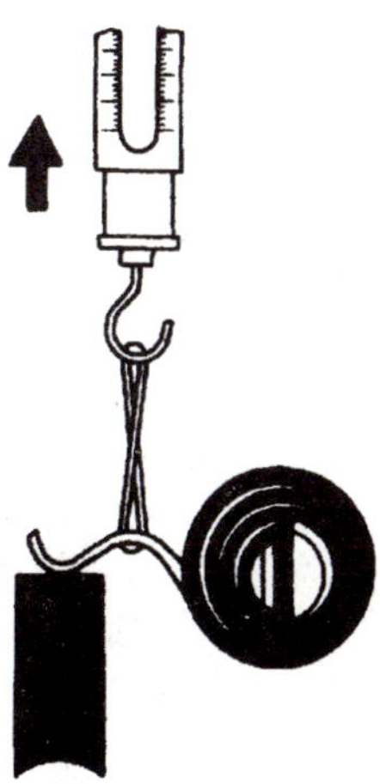

图4-41 检查电刷弹簧载荷

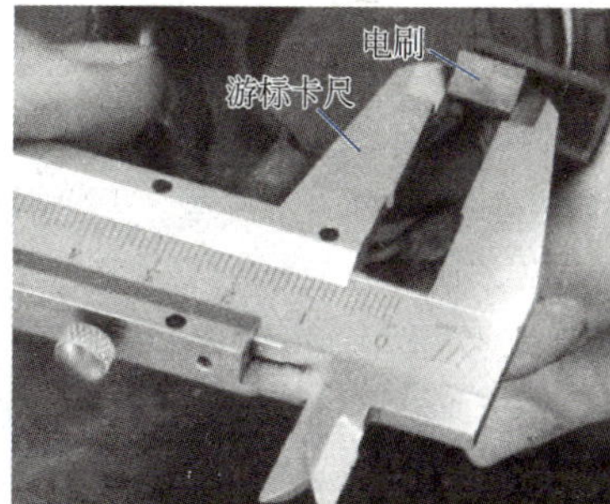

图4-42 测量电刷的长度

6 起动机电刷架的检查

用万用表欧姆挡检查电刷架正极（+）与负极（–）之间，应不导通，如图4-43所示。若导通，修理或更换电刷架。

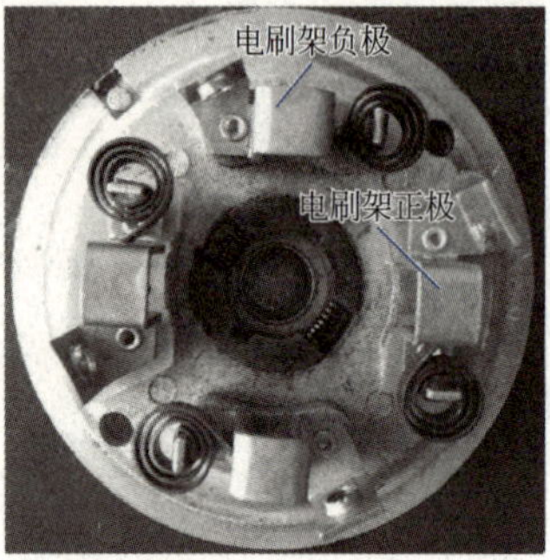

(a) 电刷架正、负极

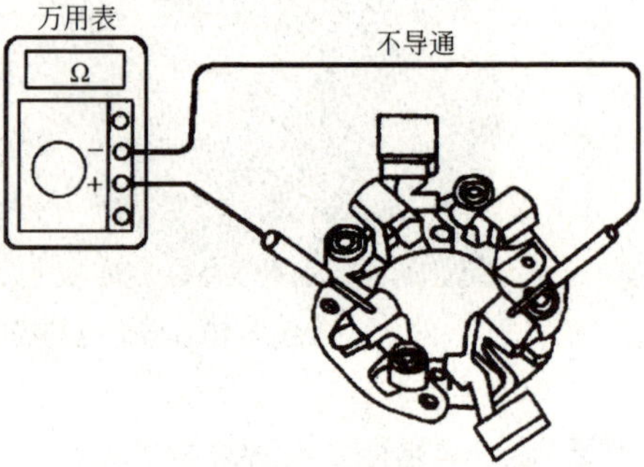

(b) 用万用表检查电刷架

图4-43 检查电刷架绝缘情况

7 起动机单向离合器和驱动齿轮的检查

① 检查单向离合器驱动齿轮是否严重损伤或磨损。如有损坏，应进行更换。

② 一只手握住单向离合器，另一只手握住电枢总成，检查单向离合器是否只能单向转动。如能双向转动，应更换单向离合器总成，如图4-44所示。

③ 检查起动机单向离合器是否打滑或卡滞，如图4-45所示。

图4-44 检查单向离合器单向转动

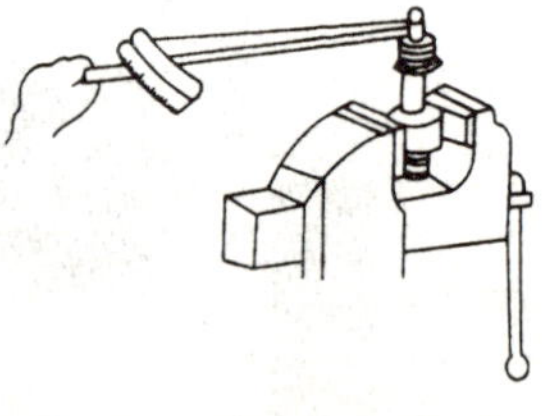

图4-45 检查单向离合器工作是否正常

小技巧

●将离合器驱动齿轮夹在台虎钳上，在花键套筒中套入花键轴，将扭力扳手套在花键轴上，测得扭紧力矩应大于规定值（24 ~ 26N·m），否则说明单向离合器打滑。反向转动单向离合器应不卡滞，否则修理或更换单向离合器总成。

8 起动机电磁开关的检查

① 检查电磁开关内部线圈断路、短路或搭铁故障。如图4-46所示，可用万用表测线圈电阻后与标准值比较进行判断。

② 按照图4-47所示连接好线路，接通开关K后应能听到活动铁芯动作的声音，同时试灯L应被点亮；开关K断开后，试灯L应立即熄灭。否则应更换电磁开关或更换起动机总成。

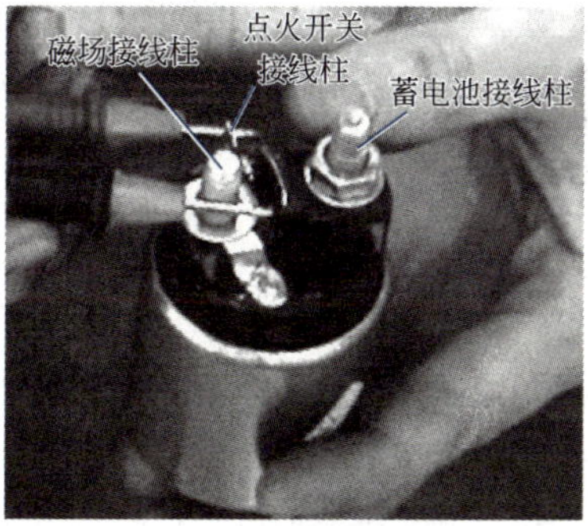

图4-46 检测电磁开关

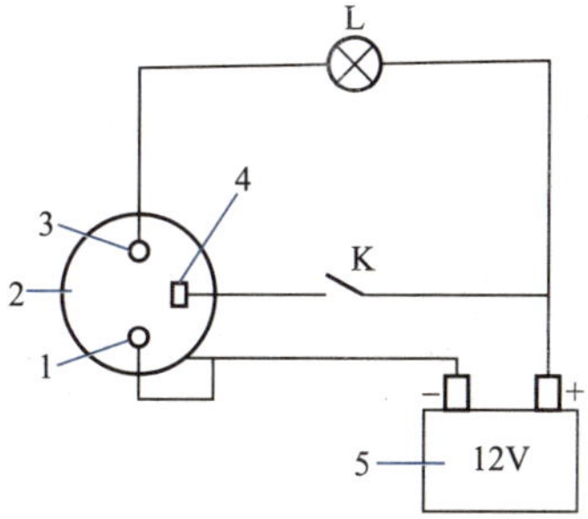

图4-47 电磁开关的检查

1—磁场（线圈）接线柱；2—起动机开关；3—蓄电池接线柱；4—点火开关接线柱；5—蓄电池

三、起动机的组装与调整

起动机的组装可按与拆卸相反的顺序进行，但应注意以下事项。

（1）在衬套10和29中涂上润滑脂，如图4-24所示。

（2）用止推垫圈（图4-24件30）调整驱动齿轮的轴向间隙a（推到极限位置时），标准值一般为0.3 ～ 1.5mm，如图4-48所示。

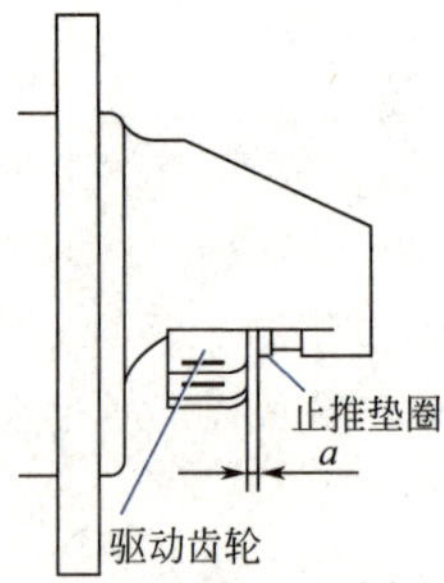

图4-48 起动机驱动齿轮轴向间隙的调整

a—驱动齿轮轴向间隙

四、起动机的使用与维护

1 起动机的使用注意事项

① 启动前应将变速器挂上空挡，自动变速器的汽车应将变速杆置于P位或N位，启动同时踩下离合器踏板。

② 每次接通起动机的时间不得超过5s，两次之间应间歇15s以上。

③ 当发动机启动后应立刻松开点火开关，切断ST挡，使起动机停止工作。

④ 经过三次启动，发动机仍没有启动着火，则停止启动，进行简单的检查，如蓄电池的容量、极柱的连接、油电路等，否则蓄电池的容量将严重下降，启动发动机变得更加困难。

2 起动机的维修注意事项

① 在车上进行启动检测之前，一定要将变速器挂上空挡，并实施驻车制动。

② 在拆卸起动机之前，应先拆下蓄电池的搭铁导线。

③ 有些起动机在起动机与法兰盘之间使用了多块薄垫片，在装配时应按原样装回。

第三节 启动系统常见故障诊断

一、起动机的控制电路

启动系统的控制电路指除起动机本身电路以外的启动系统电路，启动系统的控制电路随车型的不同而有所不同，大体上可以分为无启动继电器的控制电路、带有起动机电器的控制电路和带有保护继电器的控制电路。

1 无启动继电器的启动控制电路

图4-49所示为丰田轿车无启动继电器的控制电路及其工作过程。

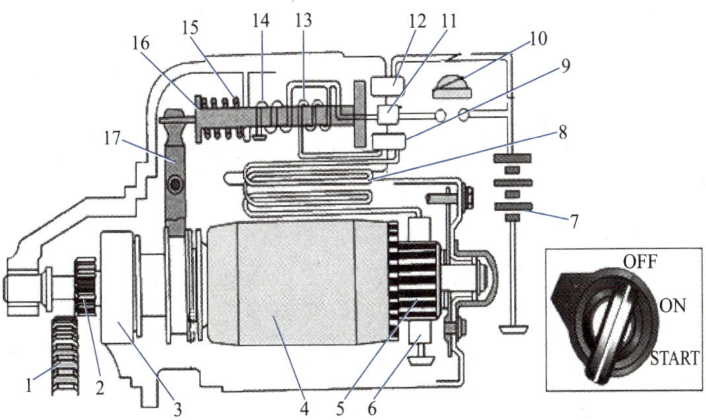

图4-49 丰田轿车无启动继电器的控制电路及其工作过程

1—飞轮齿圈；2—驱动齿轮；3—单向离合器；4—电枢；5—换向器；6—电刷；7—蓄电池；8—励磁线圈；9—端子C；10—点火开关；11—端子50；12—端子30；13—吸引线圈；14—保持线圈；15—回位弹簧；16—活动铁芯；17—拨叉

（1）启动电路接通阶段

当点火开关位于启动挡时，电流的流向为：蓄电池“＋”→点火开关启动挡开关→端子50→保持线圈→搭铁，同时吸引线圈中也通过电流，方向为：蓄电池“＋”→点火开关启动开关→端子50→吸引线圈→端子C→励磁线圈→电枢→搭铁。此时由于吸引线圈和励磁线圈中的电流非常小，电动机低速运转。同时吸引线圈和保持线圈中产生的磁场吸引活动铁芯向右运动，克服回位弹簧的作用力，拉动拨叉向左运动，拨叉使离合器的小齿轮向左和飞轮的齿圈啮合。这个过程电动机的转速低，可以保证齿轮之间平顺啮合，见图4-49。

（2）驱动齿轮和飞轮齿圈啮合阶段

当小齿轮和飞轮齿圈完全啮合以后，与活动铁芯连在一起的接触片向右运动，和端子30及端子C接触，从而接通了主开关，通过起动机的电流增大，电动机的转速升高。而电枢轴上的螺纹使驱动齿轮和飞轮齿圈更加牢固的啮合。此时吸引线圈两端的电压相等，所以无电流通过。保持线圈产生的磁场力使活动铁芯保持在原位不动。此时的电流方向分别为：蓄电池“+”→点火开关启动开关→端子50→保持线圈→搭铁；蓄电池“+”→端子30接触片→端子C→励磁线圈→电枢绕组→搭铁。

（3）启动完成阶段

发动机启动以后，点火开关会从“START”挡回到“ON”挡，这就切断了端子50上的电压。这时，接触片和端子30及端子C仍保持接触。电路中的电流为：蓄电池“+”→端子30→接触片→端子C→吸引线圈→保持线圈→搭铁。同时电流还经过端子C→励磁线圈→电枢→搭铁。由于此时吸引线圈和保持线圈的电流方向相反，产生的磁场力相互抵消，在复位弹簧的作用下，活动铁芯向左运动，使得小齿轮与飞轮齿圈脱离，同时，接触片和两个端子断开，切断电动机中的电流，整个启动过程结束。

2 带启动继电器的控制电路

装启动继电器的目的是减小通过点火开关的电流，防止点火开关烧损。启动继电器与起动机的接线原理如图4-50所示。

发动机启动时，将点火开关启动挡接通，继电器的电磁线圈通电，使触点闭合，电源的电流便经继电器的触点通往起动机电磁开关的起动机接线柱，电磁开关通电后，便控制起动机进入工作状态。从电路中可以看出，启动期间流经点火开关启动挡和继电器线圈的电流

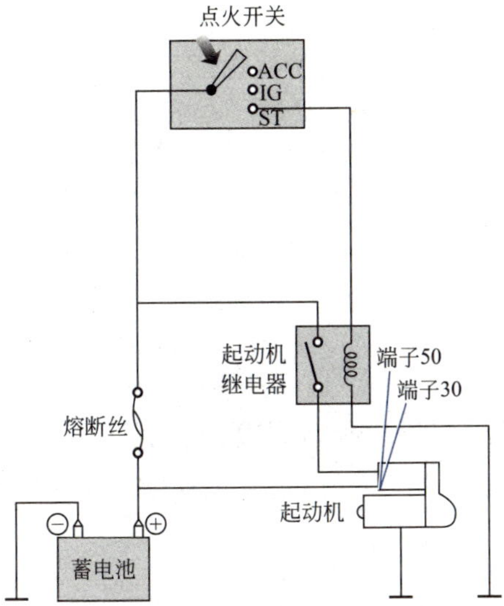

图4-50 启动继电器与起动机的接线原理

较小，大电流经过继电器开关流入起动机，保护了点火开关。启动过程的工作原理如前所述，此处不再重复。

3 带保护继电器的控制电路

为了防止发动机启动以后启动电路再次接通，一些启动电路中还安装了带有保护功能的组合继电器。

（1）组合继电器结构

组合继电器（JD171型）结构如图4-51所示。

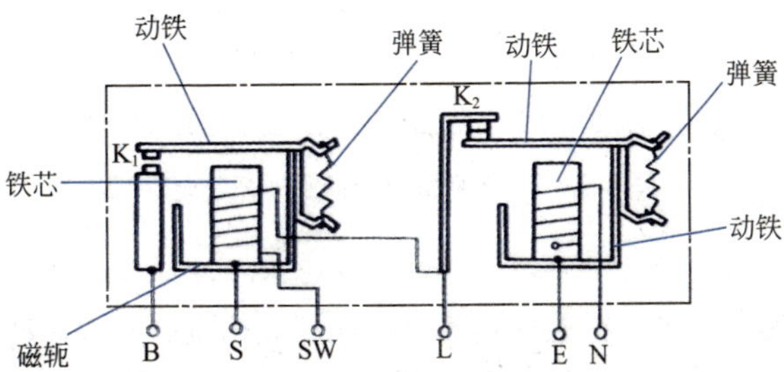

图4-51 组合继电器（JD171型）结构

它由两部分构成：一部分是启动继电器，其作用与前述启动继电器的作用相同；另一部分是保护继电器，它的作用是与启动继电器配合，使启动电路具有自动保护功能，另外还控制充电指示灯。

组合继电器中的启动继电器、保护继电器都由铁芯、线圈、磁轭、动铁、弹簧触点组成，其中启动继电器触点K_1为常开式，保护继电器触点K_2为常闭式。由于启动继电器线圈与保护继电器触点K_2串联，因此，当K_2打开时，K_1不可能闭合。组合继电器共有六个接线柱，分别为B、S、SW、L、E、N，分别接电源、起动机电磁开关、点火开关启动挡、充电指示灯、搭铁和发电机中性点。

(2) 带组合继电器的启动系统工作过程

带组合继电器的启动系统电路如图4-52所示，其工作过程如下。

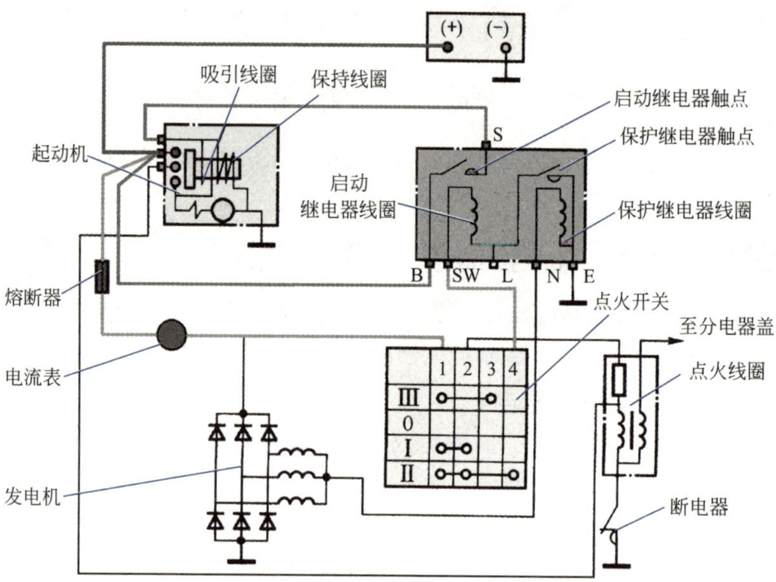

图4-52 带组合继电器的启动系统电路

① 当点火开关3置于启动挡（Ⅱ挡）时，启动继电器线圈通电，电流回路为：蓄电池正极→熔断器→电流表→点火开关启动触点Ⅱ→启动继电器线圈→保护继电器常闭触点→搭铁→蓄电池负极。

启动继电器线圈通电使启动继电器的常开触点闭合，接通了起动机电磁开关电路，使起动机进入启动状态。

② 发动机启动后，松开点火开关，钥匙自动返回点火挡（Ⅰ挡），启动继电器触点打开，切断了起动机电磁开关电路，电磁开关复位，停止起动机工作。

③ 发动机启动后，如果点火开关没能及时返回Ⅰ挡，这时组合继电器中保护继电器线圈由于承受交流发电机中性点的电压，使常闭触点断开，自动切断了启动继电器线圈的电路，触点断开，使起动机电磁开关断电，起动机便自动停止工作。发动机启动后，由于触点的断开，也切断了充电指示灯的搭铁电路，充电指示灯熄灭。

④ 在发动机运行时，如果误将点火开关置于启动挡，由于在此控制电路中，保护继电器的线圈总加有交流发电机中性点电压，常闭触点处于断开状态，启动继电器线圈不能通电，起动机电磁开关不能动作，避免了发动机在运行中使起动机的驱动齿轮进入与飞轮齿圈的啮合而产生的冲击，起到了保护作用。

小技巧

● 有的汽车启动继电器线圈通过防盗系统搭铁，发动机启动时，只有防盗系统发出启动信号后，继电器线圈才能搭铁，如果防盗系统没有收到启动信号，则继电器线圈中无电流，起动机就不能工作，实现了防盗功能。

二、起动机的测试

1 起动机空载性能试验

试验时，先将蓄电池充足电，每项试验应在3～5s内完成，以防线圈被烧坏。

① 如图4-53所示，线路将起动机与蓄电池和电流表（量程为0～100 A的直流电流表）连接。蓄电池正极与电流表正极连接，电流表负极与起动机“30”端子连接，蓄电池的负极与起动机外壳连接。

② 如图4-54所示，用带夹导线将“30”端子与“50”端子连接起来，此时驱动齿轮应向外伸出，起动机应平稳运转。当蓄电池电压大于或等于11.5V时，消耗电流应不超过50A，用转速表测量电枢轴的转速应不低于5000r/min。

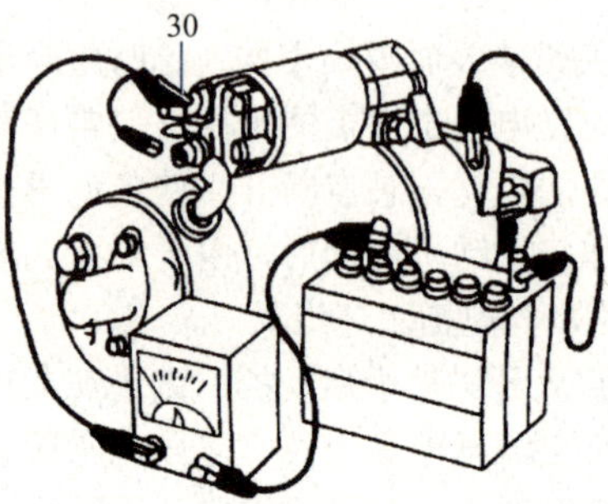

图4-53 起动机的空载试验

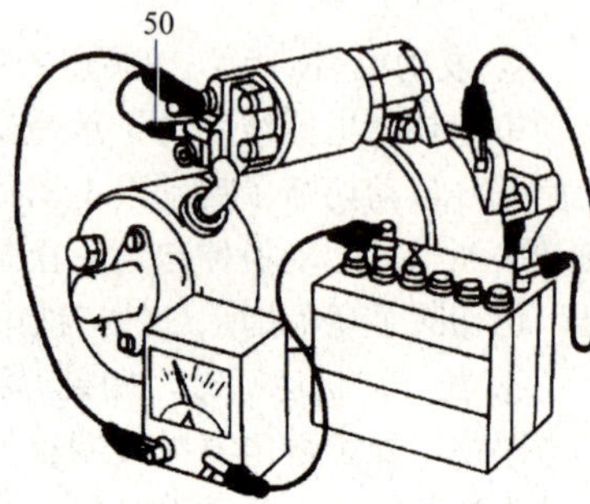

图4-54 接通“50”端子进行试验

③ 如电流大于50A或转速低于5000r/min，说明起动机装配过紧或电枢绕组和磁场绕组有短路或搭铁故障。如电流和转速都低于标准值，说明电动机电路接触不良（如电刷与换向器接触不良或电刷弹簧弹力不足等）。

2 电磁开关试验

① 吸拉动作试验。将起动机固定到台虎钳上，拆下起动机端子“C”上的磁场绕组导线引线端子，用带夹导线将起动机“C”端子和电磁开关壳体与蓄电池负极连接，如图4-55所示。用带夹导线将起动机“50”端子与蓄电池正极连接，此时驱动齿轮应向外移动。如驱动齿轮不动，说明电磁开关有故障，应予修理或更换。

② 保持动作试验。在吸拉动作基础上，当驱动齿轮保持在伸出位置时，拆下电磁开关“C”端子上的导线夹，如图4-56所示，此时驱动齿轮应保持在伸出位置不动。如驱动齿轮回位，说明保持线圈断路，应予修理。

③ 回位动作试验。在保持动作的基础上，再拆下起动机壳体上的导线夹，如图4-57所示。此时驱动齿轮应迅速回位。如驱动齿轮不能回位，说明回位弹簧失效，应更换弹簧或电磁开关总成。

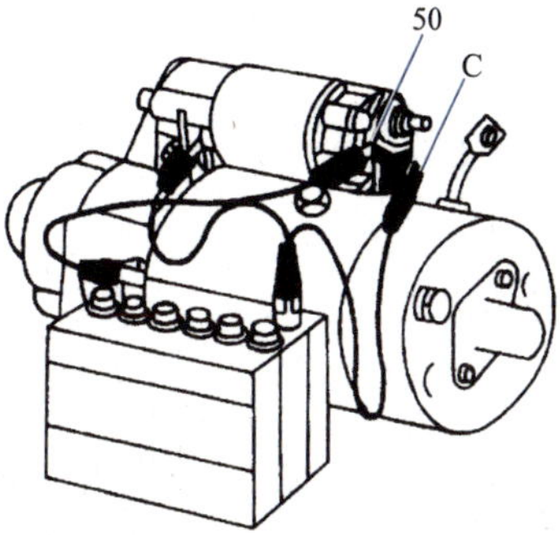

图4-55 吸拉动作试验线路

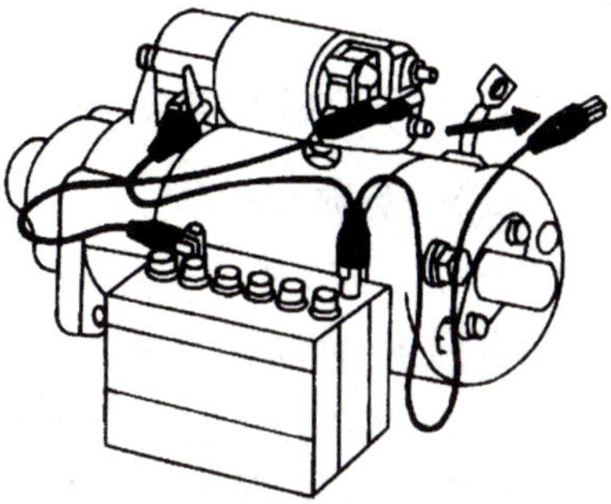

图4-56 保持动作试验方法

3 全制动试验

如图4-58所示，将起动机放在测矩台上，用弹簧秤5测出其发出的力矩，当制动电流小于480A时，输出最大力矩不小于13N·m。

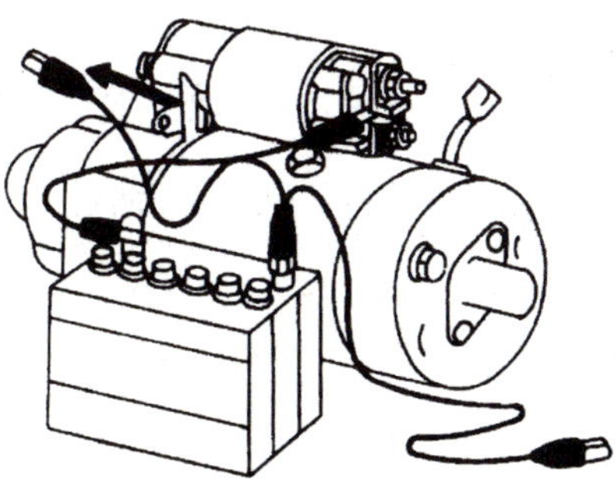

图4-57 回位动作试验方法

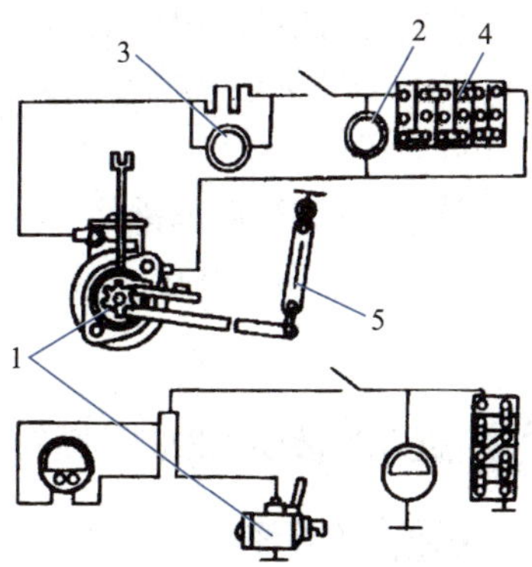

图4-58 起动机的全制动试验

1—起动机；2—电压表；3—电流表；4—蓄电池；5—弹簧秤

三、启动系统常见故障诊断与排除

启动系统常见故障主要包括起动机不转动、起动机转动无力、起动机空转、电磁开关吸合不牢、起动机单向离合器不回位和热车时起动机不转等。

1 起动机不转动的诊断与排除

（1）故障现象

接通点火开关至启动挡，起动机不转动。

（2）故障原因

① 蓄电池内部有故障或严重亏电。

② 蓄电池接线柱严重锈蚀或导线连接松动。

③ 点火开关启动挡接触不良。

④ 电磁开关吸拉线圈或保持线圈出现断路、短路故障；接触盘与接触头严重烧蚀。

⑤ 换向器严重油污或烧蚀。

⑥ 电刷磨损严重；电刷弹簧过软、折断或电刷在电刷架内卡住，以致电剧与换向器不能接触。

⑦ 起动机电枢线圈或磁场线圈断路、短路。

⑧ 起动机与蓄电池间连接导线断路。

⑨ 中央线路板内部线路或连接导线断路。

（3）故障诊断与排除

起动机不转动故障的诊断与排除如图4-59所示（以桑塔纳轿车为例）。

2 起动机转动无力的诊断与排除

（1）故障现象

接通点火开关至启动挡位，起动机转动缓慢无力，发动机曲轴转速太低，甚至启动时发出“咔咯”一声响后便不再转动。

（2）故障原因

① 蓄电池内部有故障或亏电。

② 蓄电池接线柱与导线接触不良。

③ 电磁开关接触盘与接触头接触不良。

④ 换向器与电刷接触不良。

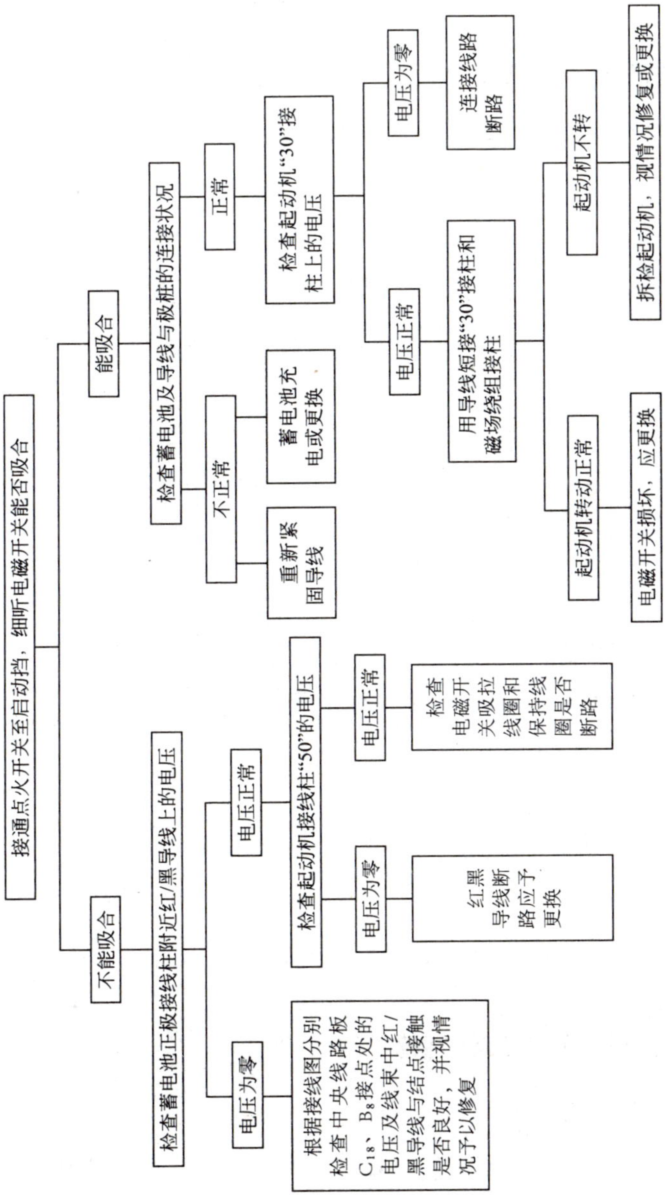

图 4-59 起动机不转动故障的诊断与排除流程

⑤ 电枢绕组或磁场绕组匝间短路。

⑥ 前、后支承衬套磨损严重或转子轴弯曲致使电枢与磁极相碰。

(3) 故障诊断与排除

起动机转动无力故障的诊断与排除如图4-60所示。

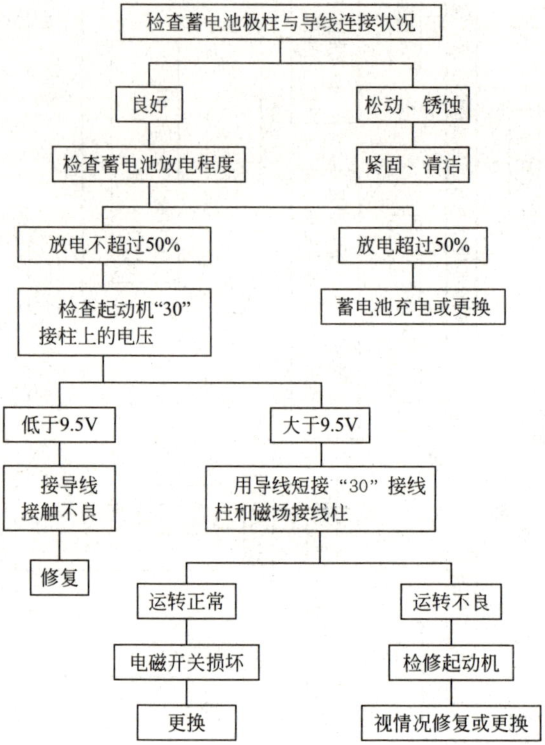

图4-60　起动机转动无力故障的诊断与排除

3 起动机空转的诊断与排除

(1) 故障现象

接通点火开关至启动挡，起动机高速空转，但发动机曲轴不转动。

（2）故障原因

① 单向离合器打滑。

② 拨叉与电磁开关或单向离合器与拨叉环脱开。

③ 飞轮齿圈或驱动齿轮损坏。

④ 起动机电枢轴支承衬套磨损严重。

（3）故障诊断与排除

① 将曲轴转动一定角度后重新启动发动机，若启动正常，说明飞轮齿圈少数轮齿损坏，应更换齿圈。

② 若起动机仍然空转，应拆下起动机检查变速器壳上电枢轴支承衬套是否磨损严重。

③ 若衬套良好，应检查单向离合器是否打滑，驱动齿轮是否损坏，拨叉与电磁开关是否脱开，拨叉各铰接部件是否磨损松旷等，并视情况予以修复或更换。

4 电磁开关吸合不牢的诊断与排除

（1）故障现象

接通点火开关至启动挡，电磁开关吸合不牢，发出“哒、哒”声。

（2）故障原因

① 蓄电池亏电或内部有故障。

② 蓄电池接线柱与连接导线接触不良。

③ 电磁开关的保持线圈存在断路故障。

（3）故障诊断与排除

① 检查蓄电池连接导线处有无松动、锈蚀。若松动，应当紧固；若锈蚀，应拆下连接导线，用“00”号砂纸清洁接线柱和夹子后重新紧固。

② 检查蓄电池的放电程度，若亏电严重，应进行充电或更换。

③ 若蓄电池正常，应检查电磁开关保持线圈是否断路。若有断路故障，应予以更换。

5 起动机单向离合器不回位的诊断与排除

(1) 故障现象

启动发动机时，发动机不能启动且起动机不停转动或启动后驱动齿轮仍然与飞轮齿圈啮合高速运转。

(2) 故障原因

① 点火开关启动挡不回位。

② 起动机驱动齿轮齿形与飞轮齿圈齿形不相符。

③ 蓄电池亏电或内部有故障。

④ 电磁开关触点烧蚀严重。

⑤ 电磁开关回位弹簧折断、活动铁芯卡住。

⑥ 单向离合器在转子轴上卡住。

(3) 故障诊断与排除

① 遇此故障时，应迅速切断电源，防止长时间通电烧坏起动机。

② 切断电源后，若单向离合器能自动回位，应检查点火开关启动挡回位是否良好，不符合要求时，应予以更换。

③ 若单向离合器不能回位，再转动曲轴检查单向离合器是否回位，回位时应检查蓄电池的放电程度及电磁开关触点是否严重烧蚀，并视情况予以充电或更换。不回位则应拆检起动机，检查电磁开关回位弹簧是否折断，活动铁芯是否卡滞，单向离合器在电枢轴上移动是否灵活，并视情况予以修复或更换。

6 热车时起动机不转的诊断与排除

(1) 故障现象

热车熄火后，随即启动发动机时，电磁开关无反应，但冷车时启动正常。

(2) 故障原因

电磁开关吸拉线圈、保持线圈温度升高后，因绝缘性能下降而产生短路或搭铁。

（3）故障诊断与排除

发动机热状态时起动机不转，待发动机降温后，重新启动，若起动机运转正常，说明电磁开关有故障，应更换开关。

第四节 维修实例

实例一 起动机不能使飞轮转动

（1）故障现象

桑塔纳轿车，行驶里程为2.7万千米。驾驶员说，点火开关转至启动挡，起动机运转无力，在飞轮齿圈上发出“嚓、嚓”的声响，却带不转飞轮，车辆不能着火。

（2）故障原因

起动机单向离合器损坏。

（3）故障诊断与排除

按动喇叭，声音响亮；打开大灯，亮度很好；用万用表（或试灯）量取蓄电池端电压，电压值为14.5V，初步断定蓄电池电量充足。

点火开关置于启动挡，听到电磁开关吸合声，证明电磁开关工作正常，但仍不能启动发动机。将点火开关置于“OFF”挡，检查起动机接线柱，发现其松动和线端铜片已有氧化黑屑。打磨和清洁后，紧固接线柱螺母，此项操作应在取下蓄电池搭铁线的情况下进行，以免扳手使用不慎造成两接线柱短路。

启动发动机，虽能带动飞轮转动，但仍觉十分费力，启动多次才能使发动机着火。

拆下起动机，对各部件进行检查。用万用表对定子、转子、电刷架、换向器进行检测，均未发现故障。

检查单向离合器，用手按顺时针方向转动能够灵活自如；然后将单向器夹在台虎钳上，用扭力扳手逆时针方向转动，单向离合器竟能转动，证明单向离合器内壳磨损，带动飞轮转动时打滑。

更换单向离合器，装合起动机后，点火开关置于启动挡，发动机顺利点火启动，故障排除。

实例二 起动机运转无力，飞轮处有异响

（1）故障现象

夏利轿车，行驶里程为186300km。驾驶员说，接通点火开关启动挡，起动机运转无力，转速慢，听见飞轮处有“咋咋”声，发动机不能着火运转。

（2）故障原因

起动机启动接线柱松动，线端头铜片已氧化。

（3）故障诊断与排除

按动喇叭，声音响亮。打开大灯亮度很好，说明蓄电池电量充足。用万用表（或试灯）测量蓄电池端电压，电压值为12V，进一步说明蓄电池电量充足，性能良好，排除了因蓄电池亏电造成起动机运转无力的可能。

检查起动机。

首先将点火开关置于启动挡，听到电磁开关吸合声，证明电磁开关工作正常，但仍不能启动发动机。

将点火开关置于“OFF”挡（或拔出点火钥匙），检查起动机接线柱上的线接头及起动机上接头与变速线间搭铁线接头连接情况（检查时应拆开蓄电池搭铁线），发现起动机启动接线柱松动，线端头铜片已有氧化黑屑。

清除线端头氧化层，紧固线柱，试车，故障排除。

起动机引入火线接触不良，是由端头氧化和固紧不牢造成的。由于接头电阻大，线路压降过大，工作电流大大减小，起动机工作无力，转动不快，难以启动发动机。

该故障为起动机常见故障。起动机接线柱上两根粗而短的导线要传输800W的功率，电阻必须很小，虽不易烧损而造成断路，但却可能因连接不牢和线端氧化而造成电阻过大。

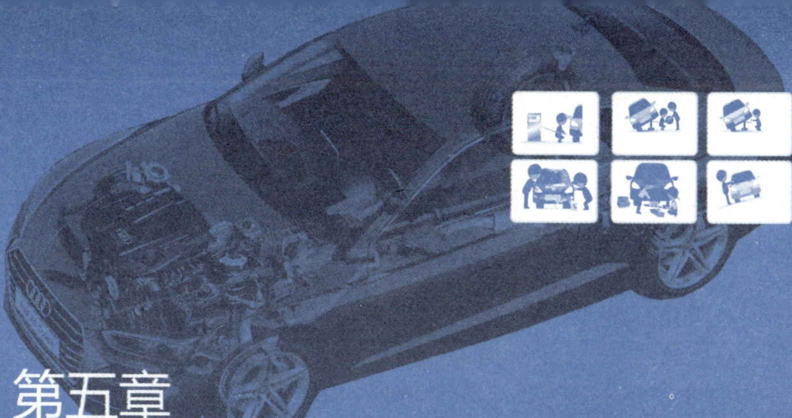

第五章 点火系统的检修

第一节　点火系统的结构

一、点火系统概述

1　点火系统的功用

在汽油发动机中，气缸内的可燃混合气是靠高压电火花点燃的。而产生电火花的功能是由点火系来完成的。

点火系统的作用是将汽车电源供给的低压电转变为高压电，并按照发动机的做功顺序与点火时刻的要求，适时准确地将高压电送至各缸的火花塞，使火花塞跳火，点燃气缸内的混合气。

2　发动机对点火系统的要求

在发动机不同工况和使用条件下，点火系应保证可靠而准确地点燃混合气。为此，点火装置应满足下列三个基本要求。

① 能产生足以击穿火花塞间隙的电压。发动机正常工作时，击穿火花塞间隙的电压一般在10kV左右，而在低温启动时，由于火花塞电极温度低，气缸内的温度与压力均低，混合气雾化不良，因此，击穿火花塞间隙的电压需要在19kV以上。为了保证发动机点火的可靠

性，点火系必须有一定的次级电压储备。但过高的次级电压，将造成线路绝缘困难，使成本提高。一般点火系统的次级电压设计能力为30kV，或者稍高一些。

② 电火花应具有足够的能量。要使混合气可靠点燃，火花塞产生的电火花必须具有一定的能量。发动机正常工作时，由于混合气压缩终止的温度已接近其自燃温度，因此，所需的电火花能量很小（1 ～ 5mJ）。但发动机在低温启动时，因为混合气雾化不良，所以需较高的电火花能量。为了保证发动机可靠点火，一般应保证火花塞跳火时有100mJ以上的电火花能量。

③ 点火时刻应适应发动机的工况。首先，点火系应按发动机的工作顺序进行点火。一般六缸发动机的点火顺序为1→5→3→6→2→4，四缸发动机的点火顺序为1→3→4→2，但也有不同，一般应以制造厂家提供的技术数据为准；其次，必须在最有利的时刻进行点火。

3 点火系统的分类

目前应用在汽车上的点火装置较多，其分类方法如表5-1所示。

表5-1 点火系统的分类方法

分类原则	名称	说明
按点火能量的储存方式分类	电感储能式电子点火系统	也称电感放电式电子点火系统。所谓电感储能式，就是点火系统电火花的能量以磁场的形式储存在点火线圈中。应用比较广泛，目前使用的绝大部分点火系统为电感储能式
	电容储能式电子点火系统	也称电容放电式电子点火系统。所谓电容储能式，就是点火系统电火花的能量以电场的形式储存在专门的储能电容器中。应用较少，主要应用于赛车上
按点火信号发生器的原理分类	电磁感应式电子点火系统	也称磁脉冲式电子点火系统，一般是由分电器轴驱动的导磁转子转动，改变磁路磁阻，使感应线圈的磁通量发生变化而产生点火电压信号。应用比较广泛，如丰田车系
	霍尔效应式电子点火系统	一般是由分电器轴驱动的导磁转子转动，通过霍尔元件所通过的磁通量的变化而产生点火信号。应用比较广泛，如大众车系

续表

分类原则	名称	说明
按点火信号发生器的原理分类	光电式电子点火系统	一般是由分电器轴驱动的遮光转子转动，通过遮挡和穿过发光二极管光线的变化使光敏三极管产生点火信号。应用较少，常见于日产车系
按照初级电路的控制方式分类	传统点火系统	也称蓄电池点火系统，是由断电器的触点（俗称“白金”）来控制点火初级电路的接通与切断。传统点火系统结构简单，成本低，但工作可靠性较差，故障率较高，目前已淘汰
	电子点火系统	也称晶体管点火系统，是由晶体管来控制初级电路的接通与切断。与传统点火系统相比，电子点火系统具有工作可靠性高、体积小、点火时间精确等优点。应用于早期生产的捷达、奥迪、桑塔纳等车型
	计算机控制点火系统	也称微机（电脑）控制点火系统，是由计算机根据各种传感器的输入信号，经过运算和处理，去控制点火初级电路的接通与切断。计算机控制点火系统可根据发动机工况的变化对喷油时刻、点火提前角等进行调整，使发动机获得良好的动力性、经济性和排放性能。计算机控制点火系统是目前最先前的点火系统，已广泛应用
按照高压电的配电方式分类	机械配电点火系统	也可称有分电器点火系统，在传统点火系统和电子点火系统中曾广泛应用
	计算机配电点火系统	即无分电器点火系统，也称直接点火系统，缩写为DIS（Direct Ignition System）。在DIS中，各缸的火花塞直接与点火线圈次级绕组相连，在计算机控制下，各次级绕组产生的高压电直接加到各缸的火花塞上，依照发动机点火顺序控制各缸火花塞点火。目前生产的车型均广泛应用

二、点火系统的结构与工作原理

（一）传统点火系统

1 传统点火系统的组成

传统点火系统的组成如图5-1所示，主要包括以下部件。

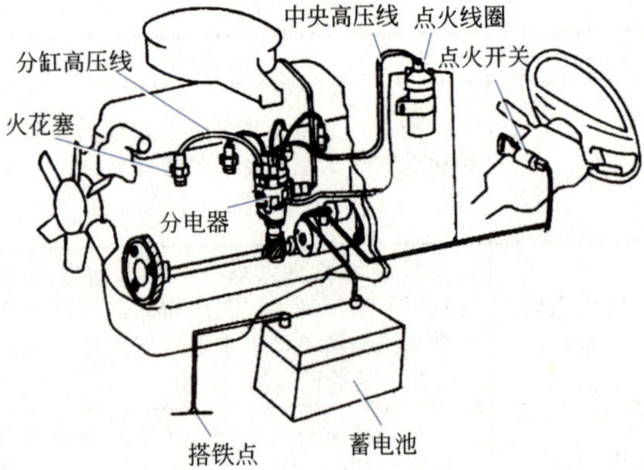

图5-1　传统点火系统的组成

（1）电源

点火系统的电源为蓄电池或发电机，其作用是给点火系提供低压直流电源，电压一般为12V。

（2）分电器

分电器一般包括断电器、配电器、电容器和点火提前角调节机构等部分，各部分的作用如下。

① 断电器。接通与切断点火线圈初级电路。

② 配电器。将点火线圈产生的高压电按气缸的工作顺序送至各缸火花塞。

③ 电容器。减小断电器触点可能产生的火花，延长触点使用寿命并提高次级电压。

④ 点火提前角机构。随发动机转速、负荷和汽油辛烷值的变化而改变点火提前角。

（3）点火线圈

点火线圈的作用是将12V低压电转变成15～20kV的高压电，其结构与自耦变压器相似，所以也称变压器。

（4）火花塞

火花塞的作用是将高压电引入气缸燃烧室，产生电火花点燃混合气。

(5) 高压线

高压线是输送高压电的导线。

2 传统点火系统的工作原理

传统点火系统的工作原理如图5-2所示。在传统点火系统中，蓄电池或发电机供给的12V低压电，经点火线圈和断电器转变为高压电，再经配电器分送到各缸火花塞，使其电极间产生电火花，点燃发动机气缸内的混合气。

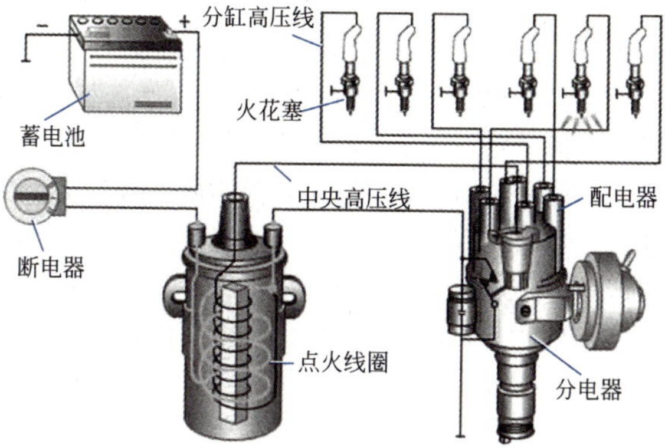

图5-2 传统点火系统的工作原理

① 接通点火开关，发动机开始运转。发动机运转过程中，断电器凸轮不断旋转，使断电器触点不断地开、闭。当断电器触点闭合时，蓄电池的电流从蓄电池正极出发，经点火开关、点火线圈的初级绕组、断电器活动触点臂、触点、分电器壳体搭铁，流回蓄电池的负极。当断电器的触点被凸轮顶开时，初级电路被切断，点火线圈初级绕组中的电流迅速降到零，线圈周围和铁芯中的磁场也迅速衰减以至于消失，因此在点火线圈的次级绕组中产生感应电压，称为次级电压，其中通过的电流称为次级电流，次级电流流过的电路称为次级电路。

② 触点断开后，初级电流下降的速率越高，铁芯中的磁通变化率越大，次级绕组中产生的感应电压越高，越容易击穿火花塞间隙。当点火线圈铁芯中的磁通发生变化时，不仅在次级绕组中产生高压

电（互感电压），同时也在初级绕组中产生自感电压和电流。在触点分开、初级电流下降的瞬间，自感电流的方向与原初级电流的方向相同，其电压可达300V。它将击穿触点间隙，在触点间产生强烈的电火花，这不仅使触点迅速氧化、烧蚀，影响断电器正常工作，同时使初级电流的变化率下降，次级绕组中感应的电压降低，火花塞间隙中的火花变弱，以致难以点燃混合气。为了消除自感电压和电流的不利影响，在断电器触点之间并联有电容器。在触点分开瞬间，自感电流向电容器充电，可以减小触点之间的火花，加速初级电流和磁通的衰减，并提高了次级电压。

（二）电子点火系统

电子点火系统也称无触点电子点火系统，取消了断电器的触点，用点火信号发生器产生点火信号，用点火控制器代替触点，控制点火系统工作。它可以避免由触点引起的各种故障，减少了保养和维护工作；还可以增大初级电流，提高次级电压和点火能量；同时可改善混合气的燃烧状况，提高发动机的动力性和经济性，并减少排气污染。

电子点火系统一般由点火信号发生器、点火控制器、点火线圈、火花塞等组成，其中，点火信号发生器常用的有3种类型，分别是电磁感应式（又称磁脉冲式）、霍尔效应式及光电式。当分电器轴转动时，带动转子旋转，使点火信号发生器产生电压信号（分为模拟信号和数字信号两种类型），该电压信号传送给点火控制器，经点火控制器大功率晶体管放大、整形等处理后，控制点火线圈初级绕组的通、断，使点火线圈次级绕组产生高压电。

1 电子点火系统的工作原理

图5-3所示为电子点火系统的工作原理。在点火系中，一般将点火线圈初级绕组N_1，所在的闭合电路称为初级电路（低压电路）；将点火线圈的次级绕组N_2所在的闭合电路称为次级电路（高压电路），一般将点火线圈到火花塞的电路称为高压电路。流经初级绕组N_1的电流为初级电流，一般初级电流为7～8A，初级电路的电压为电源电压12V，次级电路的电压为1.5～2kV的高压电。

发动机工作时，分电器中点火信号发生器的转子也随之旋转。转

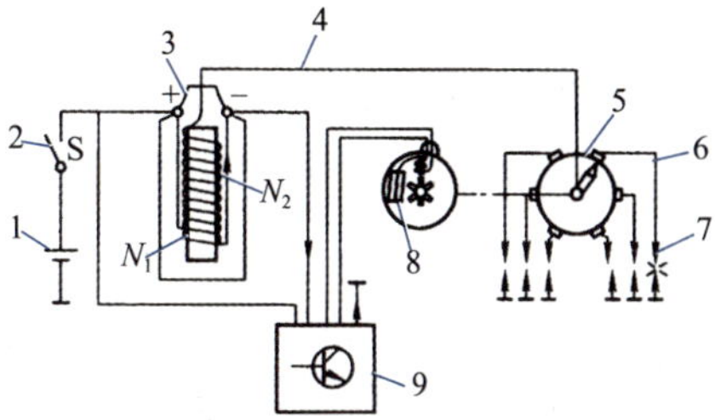

图5-3　点火系统的工作原理

1—蓄电池；2—点火开关；3—点火线圈；4—中央高压线；5—配电器；6—分缸高压线；7—火花塞；8—点火信号发生器；9—点火控制器

子旋转时，在点火信号发生器的感应线圈中便产生正弦脉冲信号。当点火信号发生器传送给点火控制器的信号为正脉冲信号时，点火控制器中起开关作用的晶体管导通，初级电路导通，电路为：蓄电池正极→点火开关→点火线圈的“+”接线柱→初级绕组N_1→点火线圈的“−”接线柱→点火控制器→搭铁，初级电路的电流方向如图中所示。点火系统的初级电路导通时，初级绕组便产生磁场。

当点火信号发生器传送给点火控制器的信号为负脉冲信号时，点火控制器中起开关作用的晶体管截止，初级电路被切断，初级电流及磁场迅速消失。这时，在点火线圈两个绕组中都产生感应电动势。由于次级绕组N_2的匝数多，因此，在点火线圈的次级绕组中产生高压电。

此时，随分电器轴一同旋转的分火头正好对准分电器盖上某缸的旁电极，高压电由分缸高压线送给火花塞，使火花塞跳火，点燃混合气。

根据以上分析，点火系统的工作过程可分成三个阶段：初级电路导通，点火能量储存；初级电路截止，次级电路产生高压电；火花塞电极产生电火花，点燃混合气。

小提示

● 点火信号发生器向点火控制器每传送一个点火信号时，点火线圈便产生一次高压电，点火信号发生器转子转动一周，即分电器每转动一圈，由配电器按照点火顺序将高压电轮流引至各气缸，使各个气缸火花塞点火一次。

2 电磁感应式电子点火系统的结构与工作原理

电磁感应式电子点火系统一般由点火信号发生器、点火控制器、点火线圈、分电器和火花塞等组成，如图5-4所示。

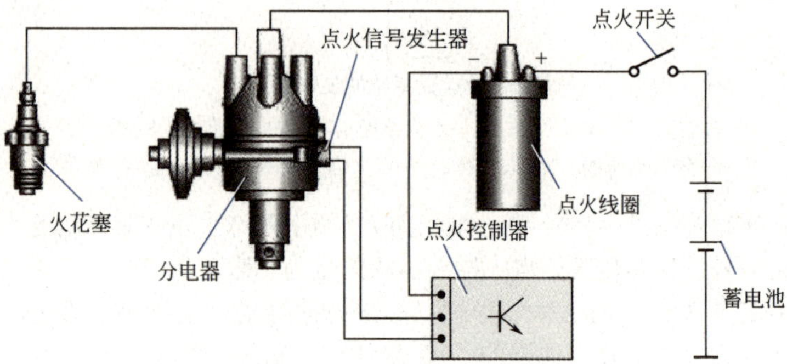

图5-4 电磁感应式电子点火系统

(1) 电磁感应式点火信号发生器的功用与组成

① 功用。电磁感应式点火信号发生器的功用是产生信号电压，输出给点火控制器，通过点火控制器来控制点火系统的工作。

② 组成。电磁感应式点火信号发生器一般安装在分电器内，主要由转子、感应线圈和永久磁铁等组成，其结构如图5-5所示。

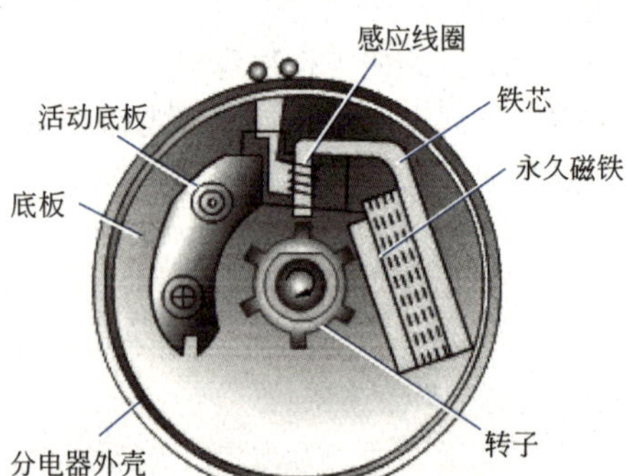

图5-5 电磁感应式点火信号发生器的结构

(2) 电磁感应式电子点火系统的工作原理

点火信号发生器的转子是由分电器轴带动的，转子上的凸齿数与发动机的气缸数相等，其工作原理如图5-6所示。

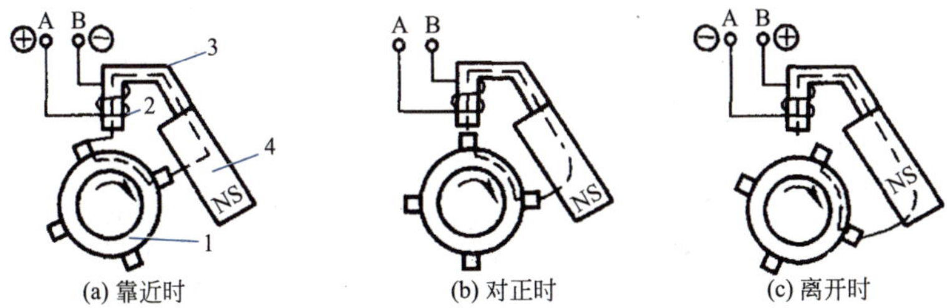

图5-6 丰田汽车电磁感应式电子点火系统点火信号发生器

1—转子；2—感应线圈；3—铁芯；4—永久磁铁

① 永久磁铁的磁路为：永久磁铁N极→空气气隙→转子→空气气隙→铁芯→永久磁铁S极。当发动机工作时，分电器轴带动点火信号发生器的转子旋转，使转子与铁芯之间的空气气隙发生有规律的变化，因此穿过感应线圈的磁通量也发生变化，从而在感应线圈中产生感应电动势。

② 见图5-6（a），当转子中的凸齿逐渐接近铁芯时，磁通量逐渐增加，此时感应线圈的磁通量和感应电动势的变化情况如图5-6a中的0°～45°之间的波形。

③ 见图5-6（b），当转子凸齿与铁芯对正时，穿过感应线圈的磁通量最大，此时感应线圈的感应电动势为0，如图5-7（a）中转子45°转角所对应的情况。

④ 见图5-6（c），当转子的凸齿离开铁芯时，磁通量逐渐减小，此时感应线圈的磁通量和感应电动势的变化情况如图5-7（a）中的45°～90°之间的波形。

可见，转子每转过一个凸齿，感应线圈中的感应电动势正好变化一个周期，即转子每转90°产生一个交变信号，转子每转一周，便产生四个交变信号，该信号输出给点火控制器，通过点火控制器来控制点火系统的工作。此点火信号发生器的缺点是发动机转速的高低将影响点火信号发生器输出信号的大小，如图5-7（b）所示。

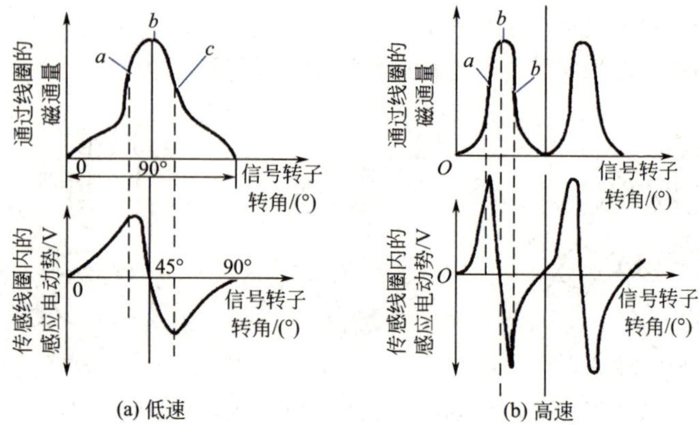

图 5-7 不同转速时感应线圈内磁通量及感应电动势的变化情况

3 霍尔效应式电子点火系统的结构与工作原理

(1) 霍尔效应式电子点火系统部件的组成

霍尔效应式电子点火系统其点火信号发生器是利用霍尔效应制成的。目前大众车系如桑塔纳、帕萨特、宝来、奥迪等轿车的点火系统均采用这种点火装置。霍尔效应式点火系统的组成如图5-8所示，主要由点火控制器、霍尔点火信号发生器、点火线圈等组成。

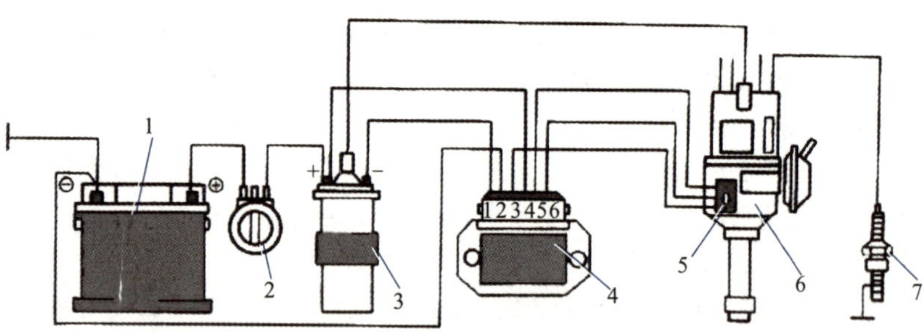

图 5-8 霍尔效应式电子点火系统的组成

1—蓄电池；2—点火开关；3—点火线圈；4—点火控制器；5—霍尔点火信号发生器；6—分电器；7—火花塞

（2）霍尔点火信号发生器的结构与工作原理

图5-9所示为带有霍尔点火信号发生器的分电器。霍尔点火信号发生器位于分电器内，霍尔点火信号发生器的结构如图5-10所示，主要由触发叶轮、永久磁铁、霍尔元件等组成。触发叶轮与分火头制成一体，由分电器轴带动，且触发叶轮的叶片数与发动机的气缸数相等。

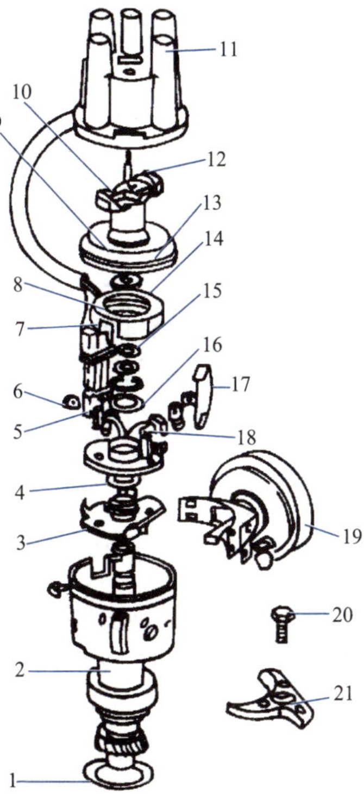

图5-9 带有霍尔点火信号发生器的分电器

1,4,15,16—垫圈；2—分电器壳；3—底板；5—插座；6,14—定位销；7—插头；8—叶轮；9—防尘罩；10—分火头；11—分电器盖；12—电刷；13—挡圈；17—固定夹；18—霍尔点火信号发生器；19—真空式调节器；20—固定螺栓；21—压板

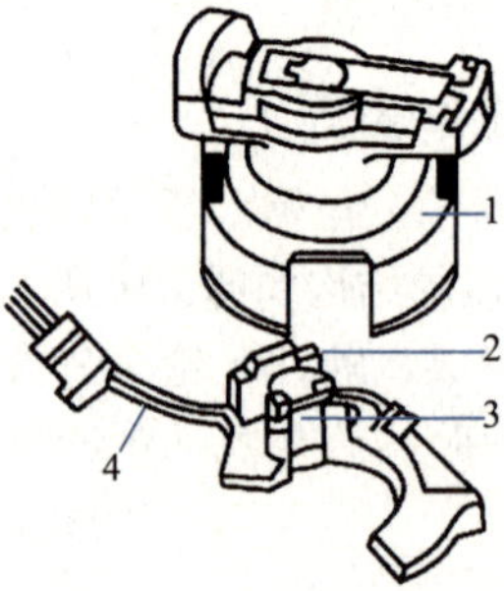

图5-10 霍尔点火信号发生器的结构

1—分火头及触发叶轮；2—霍尔集成电路；3—永久磁铁；4—专用插座

在霍尔点火信号发生器中应用的霍尔元件实际上是一个霍尔集成电路，其内部集成电路原理如图5-11所示。因为在霍尔元件上得到的霍尔电压一般为20mV左右，因此必须把20mV的霍尔电压进行放大、整形后再输送给点火控制器。

霍尔点火信号发生器的工作原理如图5-12所示。当发动机工作时，分电器轴带动触发叶轮转动，每当触发叶轮的叶片进入永久磁铁

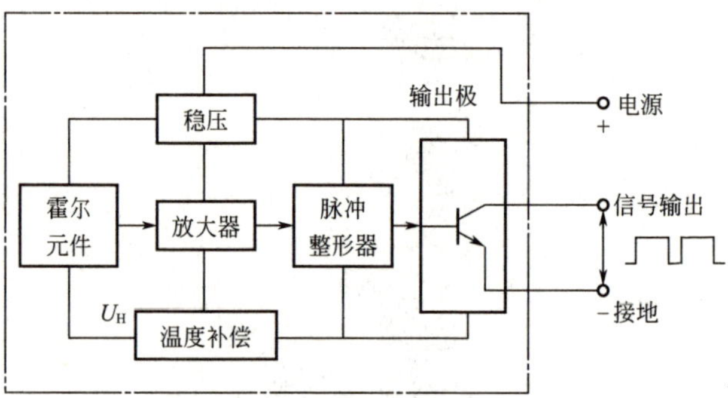

图5-11 霍尔点火信号发生器的内部集成电路原理

和霍尔元件之间的空气气隙时，原来垂直进入霍尔元件的磁力线被叶片遮住，霍尔元件的磁路被触发叶轮的叶片旁路，因此霍尔元件不产生霍尔电压，霍尔集成电路输出级的晶体管处于截止状态，其集电极电位为高电位11～12V，即此时点火信号发生器的输出信号为11～12V（见图5-11）；当触发叶轮的叶片离开此气隙时，永久磁铁的磁力线则可垂直进入霍尔元件，于是在霍尔元件中便会产生霍尔电压，霍尔集成电路输出极的晶体管处于导通状态，其集电极电位为低电位0.3～0.4V，这时霍尔点火信号发生器输出信号为0.3～0.4V。故触发叶轮每转一周，霍尔点火信号发生器便可产生四个脉冲信号，将此信号输送给点火控制器便可实现对点火系统的控制。

(a) 叶轮片在霍尔元件与永久磁铁之间　(b) 叶轮片离开霍尔元件与永久磁铁之间的气隙

图 5-12　霍尔点火信号发生器的工作原理

小提示

●霍尔电压受汽车发动机的转速影响小，可靠性高，所以霍尔感应式电子点火系在欧洲应用较为广泛。

(3) 霍尔效应式电子点火系统的工作原理

霍尔效应式电子点火系统的工作原理如图 5-13 所示。

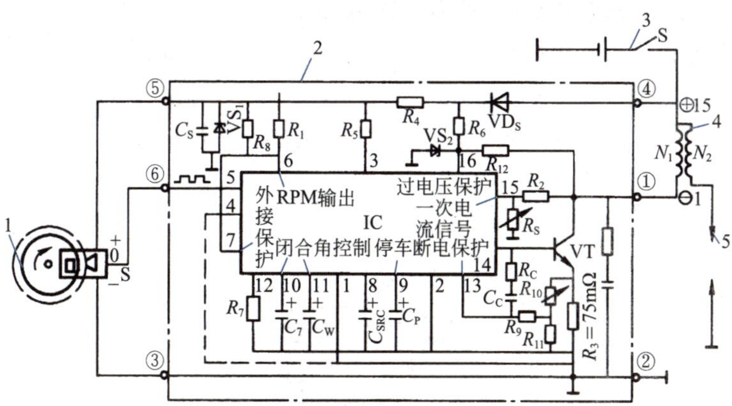

图 5-13　霍尔效应式电子点火系统的工作原理

1—霍尔点火信号发生器；2—点火控制器；3—点火开关；4—点火线圈；5—火花塞

① 发动机工作时，分电器轴带动霍尔点火信号发生器的触发叶轮旋转。当触发叶轮的叶片进入空气气隙时，霍尔点火信号发生器输出高电压信号为 11 ～ 12V，高电压信号使点火控制器集成电路中的末级大功率晶体管 VT 导通，点火系统的初级电路导通：

电源“+”→点火线圈N_1→点火控制器（VT）→搭铁。

② 当触发叶轮的叶片离开霍尔元件的气隙时，霍尔点火信号发生器输出0.3～0.4V的低电压信号，低电压信号使点火控制器末级大功率晶体管VT截止，初级电路截止，初级电流消失，次级电路产生高压电。

③ 高压电由分电器分配到各缸火花塞，点燃混合气。

4 光电式电子点火系统的结构与工作原理

（1）光电式电子点火系统结构特点

光电式电子点火系统与前两种点火系统相比，唯一不同的是分电器中的点火信号发生器为光电式点火信号发生器。点火系统也是由蓄电池、点火开关、点火线圈、点火控制器、光电式点火信号发生器和分电器等组成。日本日产公司生产的大部分汽车都使用这种点火装置。

（2）光电式点火信号发生器的结构

光电式点火信号发生器主要由发光二极管、光敏晶体管和遮光盘三部分组成，如图5-14所示。发光二极管作为光源，可发出红外线光束，且发光二极管耐振、使用寿命长；光敏晶体管作为光接收器，当红外线光束照射到晶体管时，晶体管导通；遮光盘安装在分电器上，遮光盘外缘上的缺口与发动机的气缸数相等。

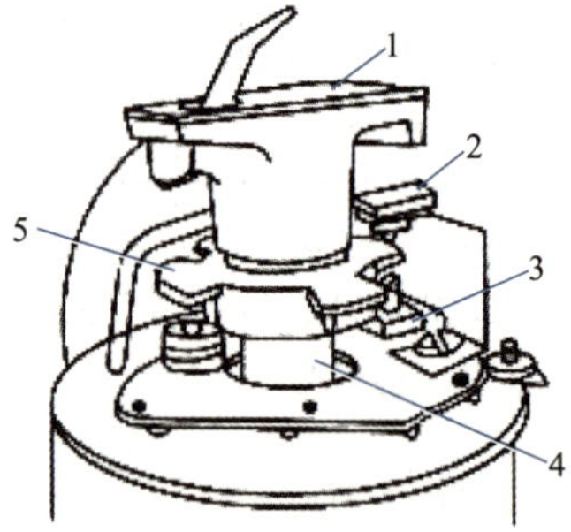

图5-14 光电式点火信号发生器的结构

1—分火头；2—发光二极管；3—光敏晶体管；4—分电器轴；5—遮光盘

(3) 光电式点火信号发生器的工作原理

如图5-15所示，遮光盘随分电器轴旋转时，当遮光盘的叶片转至发光二极管与光敏晶体管之间时，便把发光二极管发出的光束阻断，使其不能射入光敏晶体管，此时光敏晶体管截止；当遮光盘上的缺口通过发光二极管与光敏晶体管之间时，发光二极管所发出的光束直接照到光敏晶体管上，使其导通。遮光盘每转一周，点火信号发生器便产生四个交变信号，输送给点火控制器，控制着点火系统的正常工作。

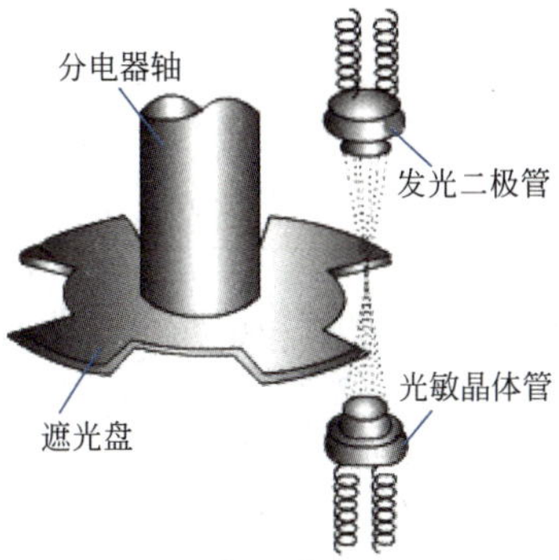

图5-15　光电式点火信号发生器的工作原理

光电式点火信号发生器输出的信号不受发动机转速的影响，且没有时间上的滞后。

(4) 光电式电子点火系统的工作原理

光电式电子点火系统的工作原理如图5-16所示。VL为发光二极管，VT为光敏晶体管。

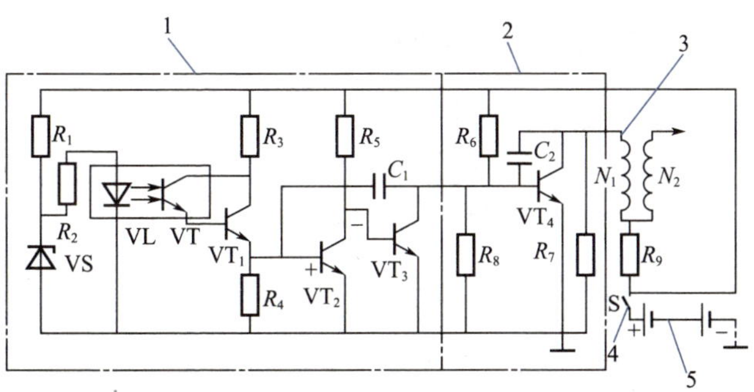

图5-16　光电式电子点火系统的工作原理

1—光电式点火信号发生器；2—点火控制器；3—点火线圈；4—点火开关；5—蓄电池

① 当发动机工作时，遮光盘随分电器转动，当遮光盘的缺口通过VL与VT时，则红外线通过缺口照射到VT，使其导通，则VT_1导通、VT_2导通、VT_3截止，由于R_6、R_8的分压为VT_4提供偏置电压，VT_4导通。于是点火系统的初级电路导通。

② 当遮光盘的叶片部分遮住发光二极管发出的红外线光束时，VT截止，则VT_1、VT_2截止，VT_3经R_5获得偏流而导通，VT_4截止，使点火系统的初级电路截止，点火线圈的次级绕组产生高压电。

③ 高压电通过分电器分配给各缸火花塞，点燃混合气。

电路中其他元件的作用：

a. 稳压管VS使VL的工作电压维持在3V左右。

b. 电阻R_7的作用是当VT_4截止时，短路初级电路中的自感电动势，保护VT_4。

c. 电容器C_1对VT_2正反馈，使VT_2、VT_3加速翻转。

（三）计算机控制点火系统

1 计算机控制点火系统的类型

计算机控制点火系统目前主要有两种形式：一种是带分电器的计算机控制点火系统；另一种是不带分电器的直接点火系统（DIS点火系统）。

2 计算机控制点火系统的组成

（1）计算机控制点火系统

计算机控制点火系统主要由传感器、电控单元（ECU）、点火控制器、点火线圈及火花塞等组成，如图5-17所示。

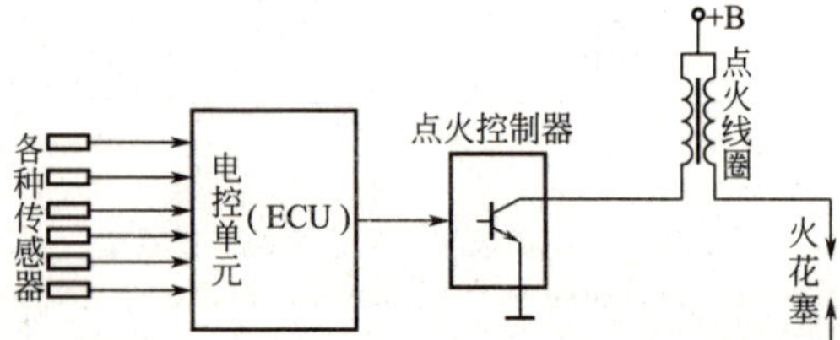

图5-17 计算机控制点火系统组成

（2）计算机控制点火系统主要部件的功用

计算机控制点火系统主要部件的功用如表5-2所示。

表5-2 计算机控制点火系统主要部件的功用

组成		功能
传感器	空气流量计（L型）	检测进气量（负荷）信号输入ECU、点火系统的主控制信号
	进气歧管绝对压力传感器（D型）	
	曲轴位置传感器（N_e信号）	检测曲轴转角（转速）信号输入ECU、点火系统的主控制信号
	凸轮轴位置传感器（G_1、G_2信号）	检测凸轮轴转角信号输入ECU、点火系统的主控制信号
	节气门位置传感器	检测节气门开度信号输入ECU、点火提前角的修正信号
	冷却液温度传感器	检测发动机冷却液温度信号输入ECU、点火提前角的修正信号
	启动开关	向ECU输入发动机正在启动中的信号、点火提前角的修正信号
	空调开关A/C	向ECU输入空调的工作信号、点火提前角的修正信号
	进气温度传感器	检测进气温度信号输入ECU、点火提前角的修正信号
	N位开关	检测P位或N位信号输入ECU、点火提前角的修正信号
	爆燃传感器	检测发动机的爆燃信号输入ECU、点火提前角的修正信号
	发电机负荷信号	检测发电机负荷信号输入ECU、点火提前角的修正信号
执行器	点火控制器	根据ECU输出的点火控制信号控制点火线圈初级电路的通断，产生次级高压。同时，向ECU反馈点火确认信号
ECU		根据各传感器输入的信号，计算出最佳点火提前角，并将点火控制信号输送给点火控制器

3 计算机控制点火系统的控制内容

（1）点火提前角（点火时刻）的控制

点火提前角的大小对发动机功率、油耗、排放、爆燃、行驶特性等都会产生较大的影响，而影响点火提前角的因素有很多，因而为满足各种工况下的最佳点火提前角，使点火提前角适应发动机所有工况，需经大量试验获得最佳数据，并将此数据存在ECU的存储器中，以便发动机工作时供ECU采用，ECU综合各种传感器输入的信息，从存储器中选出最佳的点火提前角，再根据曲轴位置传感器判别曲轴位置，然后控制大功率管的导通和截止，即控制点火线圈低压电流的断续。

① 原始点火提前角。为了确定点火正时，ECU须根据上止点位置确定点火的时刻，一般发动机点火系统的正时记号位于压缩行程上止点前8°～12°，ECU计算点火正时时，就把这一点作为参考点。这个角度就称为原始点火提前角。

② 点火提前角的计算。发动机工作时，ECU根据空气流量（或进气歧管压力）和发动机转速，从存储器存储的数据中找到相应的基本点火提前角，再根据其他参数如发动机水温、进气温度、节气门开度、爆燃等加以修正，计算出最佳点火提前角。

最佳点火提前角＝原始点火提前角＋基本点火提前角＋修正点火提前角。

③ 点火提前角控制。点火提前角控制有两种工作情况：一是启动期间的点火时间控制；二是启动后发动机正常运转期间的点火时间控制。

a. 启动期间点火时间控制。在启动期间，发动机转速较低，由于空气流量或进气歧管压力信号不稳定，点火时间固定在原始点火提前角8°～12°，与发动机工况无关，此时控制信号主要是发动机转速和启动开关信号。

b. 启动后点火时间控制。启动后点火时间控制分为怠速点火提前角控制和正常行驶点火提前控制。

发动机在怠速工况运行时，节气门传感器怠速触点闭合，此时ECU根据发动机转速和空调开关是否接通确定点火提前角。在此工况的控制信号有：节气门位置信号、发动机转速信号、空调开关信号等。

发动机在正常运行工况下行驶时，节气门位置传感器的怠速触点（IDL）断开，ECU根据转速信号和空气流量计（或进气歧管压力）信号，在存储器中找到此工况相应的点火提前角，然后再根据有关的传感器信号确定修正点火提前角。在此工况下的控制信号有：空气流量计或进气歧管压力信号、发动机转速信号、节气门位置信号以及爆燃信号、进气温度信号、冷却液温度信号等。

④ 点火时刻优化控制。点火时刻优化控制的基本准则是使发动机在任何工况下的功率、燃油消耗和废气排放特性达到最佳。但也有适当的侧重，例如在怠速工况下，点火提前角首先应使有害气体排放量最低，然后考虑怠速稳定与怠速油耗，在部分负荷工况下，点火提前角应突出行驶性和节油性；而在全负载运行时，点火提前角的重点是提高最大转矩和避免产生爆燃。

（2）通电时间（或闭合角）的控制

通电时间是指大功率管的导通时间，即点火线圈初级绕组的通电时间。它直接影响点火线圈产生的二次电压和火花能量。当通电时间短时，初级绕组电流未达到饱和即断开，次级线圈产生的电压和火花能量就达不到额定值；当通电时间过长时，初级绕组电流达到饱和后仍长时间通电，会使点火线圈发热并使电能消耗过大。因此要控制一个最佳的通电时间，兼顾上述两方面的要求。此外，蓄电池的电压也会影响初级绕组的电流值。为此，需要一个根据发动机转速和蓄电池电压进行通电时间（或闭合角）的控制装置，以保证点火能量不变。当蓄电池电压不变时，大功率管的导通时间也是不变的，在ECU内的存储器内储存有大功率管的导通时间；当蓄电池电压变化时，应对通电时间作适当的修正，其修正曲线如图5-18所示。ECU可以从存储器中查出导通时间，对通电时间加以修正。

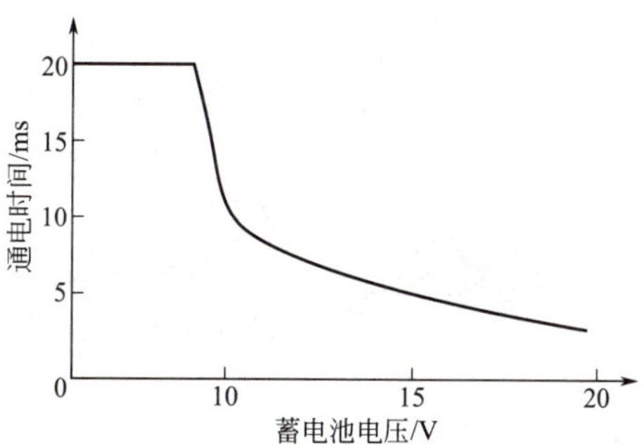

图5-18　蓄电池电压与通电时间修正曲线

小提示

●在实际的控制中，ECU是将导通时间转换成曲轴转角进行控制的，因此通电时间控制又常称闭合角控制。

(3) 爆燃控制

为了获得最大的动力性和最佳的经济性，需要增大点火提前角。但点火提前角过大，又会引起爆燃。对于上述问题，计算机控制点火系统增加了爆燃控制，爆燃控制方法如图5-19所示。爆燃传感器安装在气缸体上（见图5-20），其原理是利用压电晶体的压电效应，把爆燃时传到气缸体上的机械振动转换成电压信号，输入ECU，ECU把爆燃传感器输出的信号进行滤波处理，并判断有无爆燃及爆燃的强度。爆燃强，推迟点火的角度大；爆燃弱，推迟点火的角度小。

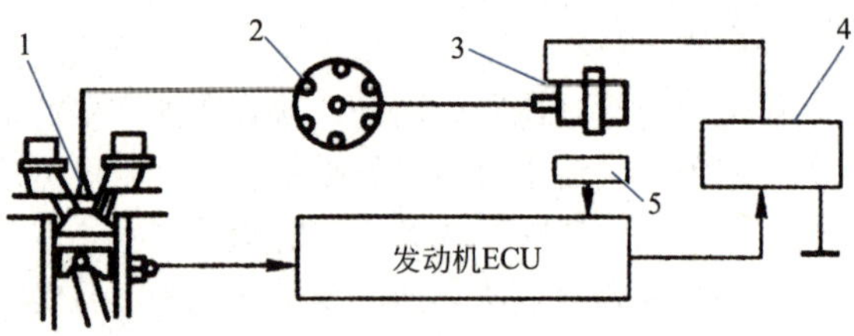

图5-19 爆燃控制方法

1—火花塞；2—分电器；3—点火线圈；4—点火控制器；5—爆燃传感器

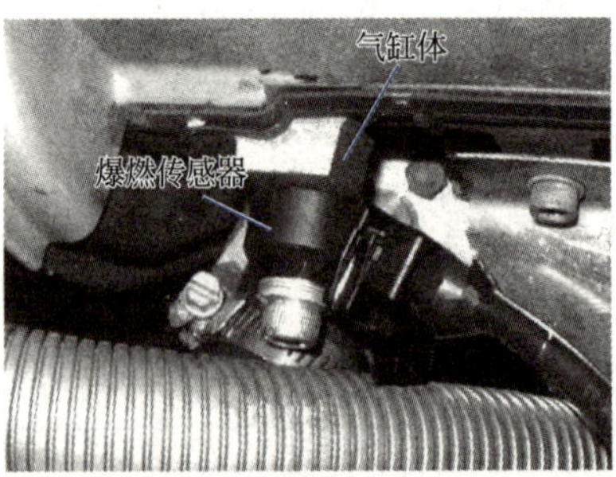

(a) 安装位置

(b) 实物

图5-20 爆燃传感器

小提示

●每次调整都以一固定的角度递减，直到爆燃消失为止。而后又以一固定的角度提前，当发动机再次出现爆燃时，ECU又使点火提前角再次推迟，调整过程如此反复。

4 计算机控制点火系统的工作原理

图5-21所示为计算机控制点火系统电路图。由图可见，在计算机控制的点火系统中，发动机ECU通过点火信号IGT控制点火控制器的搭铁，进而控制初级电路的导通与截止，并控制次级电路高压电的产生，从而控制点火系统的工作。

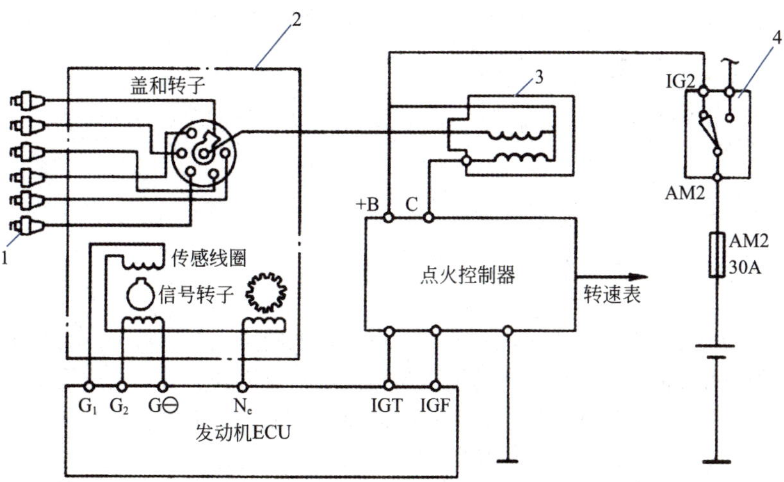

图5-21 计算机控制点火系统电路图

1—火花塞；2—分电器；3—点火线圈；4—点火开关

在该点火系中，曲轴位置传感器安装在分电器中，其结构如图5-22所示，该传感器为电磁式的。分电器轴转动时，G转子（采集曲轴位置信号）与N_e转子（采集发动机转速信号）同步转动，具有一个齿的G转子与G_1、G_2线圈间的磁隙不断变化，分电器每转一圈，G_1

和G_2线圈各产生一个电压脉冲。这样发动机ECU可根据G_1、G_2信号判别一、六缸压缩行程上止点位置（六缸发动机）。

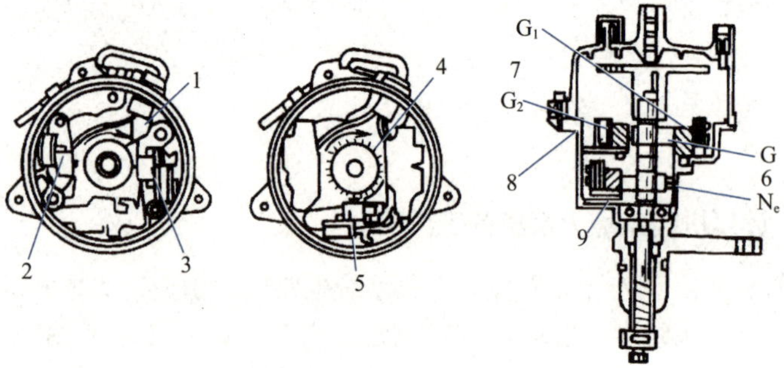

图5-22 曲轴位置传感器的结构

1—G转子；2—G_1线圈；3—G_2线圈；4—N_e转子；5,9—N_e线圈；6—G、N_e转子；7—G_1、G_2线圈；8—分电器

小提示

● 具有24个齿的N_e转子对应N_e线圈，分电器轴每转一圈，N_e线圈将产生24个电压脉冲。这样发动机ECU可根据N_e信号更精确地检测曲轴转角位置和发动机转速。

点火系统的工作原理：电流经点火开关向点火控制器和点火线圈初级绕组供电。初级电路为：蓄电池正极→点火开关→点火线圈初级绕组→点火控制器→搭铁。当发动机ECU向点火控制器提供IGT点火信号时，点火控制器立刻切断初级电路，次级绕组产生高压电，火花塞跳火，点燃混合气。

发动机ECU根据发动机转速信号（N_e）、曲轴位置信号（G_1、G_2）、进气歧管真空度信号、启动开关信号、进气温度信号、冷却液温度信号等计算点火提前角，通过IGT端子向点火控制器输出点火正时信号，即点火正时。同时，点火控制器向ECU反馈点火确认信号IGF，当EGU接收不到点火控制器反馈的IGF点火确认信号时，ECU立即切断喷油器的电路，停止燃油喷射，发动机熄火。

5 无分电器点火系统的工作原理

无分电器点火系是在计算机控制的基础上将点火系中原分电器总成用电子控制装置取代，又称直接点火系统。这种全电子点火系没有分电器，无机械磨损，无需调整，点火电压高，是较理想的点火系统。

无分电器点火系统的控制原理如图5-23所示，与前面介绍的点火系不同的是：无分电器点火系统的点火控制器同时还具备电子配电功能，即可控制点火线圈组中点火线圈导通与截止的时序，以此控制火花塞依次跳火，完成点火控制过程。

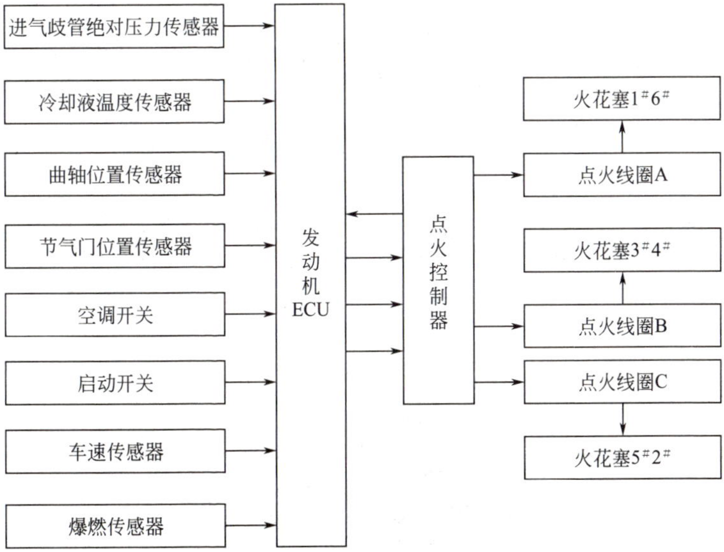

图5-23 无分电器点火系统的控制原理

无分电器点火系统的组成如图5-24所示。由于点火系无分电器，点火系主要传感器的位置如图5-25所示。

无分电器点火系统工作原理：图5-26为点火系统的工作原理，蓄电池经点火开关向三个双点火线圈N、N128、N158提供初级电流，三个点火线圈的初级电路分别经点火控制器N122搭铁。

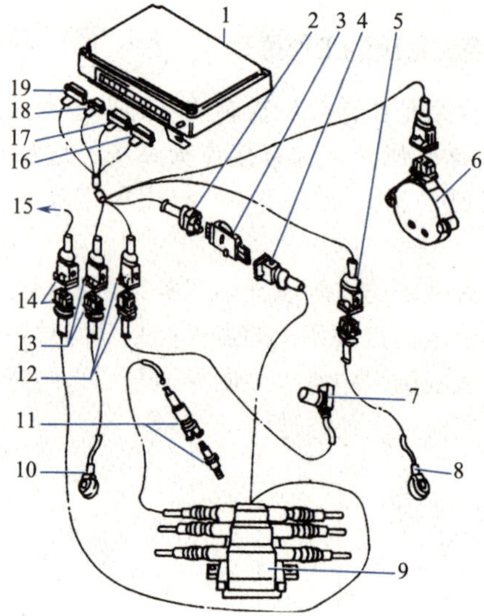

图5-24 无分电器点火系统组成

1—发动机ECU；2—发动机ECU点火信号线插接器（四孔）；3—点火控制器N122；4—点火线圈端插接器（三孔）；5,12～14,16～19—插接器；6—凸轮轴位置传感器G40；7—曲轴位置传感器G4；8—爆燃传感器Ⅱ；9—双点火线圈N、N128和N158；10—爆燃传感器Ⅰ；11—火花塞及插接器；15—点火开关控制的火线

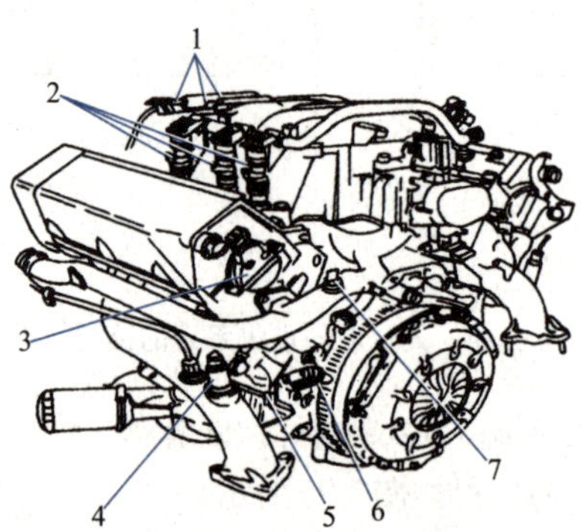

图5-25 无分电器点火系统主要传感器的位置

1—双点火线圈N、N128、N158；2—喷油器；3—凸轮轴位置传感器（霍尔式）；4—氧传感器Ⅱ；5—曲轴位置传感器；6—发动机转速传感器；7—冷却液温度传感器

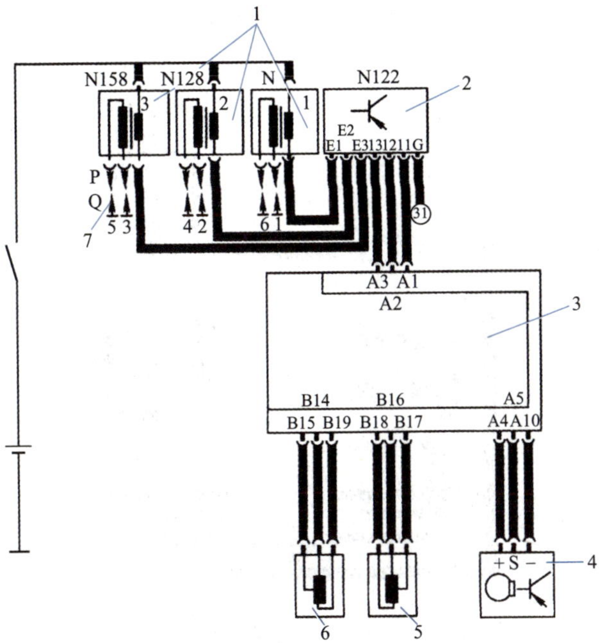

图5-26 无分电器点火系统的工作原理

1—双点火线圈N、N128、N158；2—点火控制器N122；3—发动机ECU；4—凸轮轴位置传感器G40；5—发动机转速传感器G28；6—曲轴位置传感器G4；7—火花塞

发动机ECU根据发动机的转速信号、曲轴位置信号、凸轮轴位置信号、进气歧管压力传感器（安装在发动机ECU中）信号、冷却液温度信号等计算最佳点火提前角，并判断缸位，向点火控制器发出点火信号和气缸缸序判别信号（IGD）：点火控制器由此可判断发动机气缸的点火次序，依次使各点火线圈初级电路由导通变为截止，各点火线圈的次级绕组依次产生高压电，使对应的两个火花塞同时跳火，点燃其中处于压缩行程气缸内的混合气。

发动机的1缸和6缸、2缸和4缸、3缸和5缸同时处于上止点，并且总是一个气缸为压缩行程的上止点，另一个气缸为排气行程的上止点，每两个气缸共用一个双点火线圈，如图5-27所示。点火时，由点火控制器交替地控制三个点火线圈，每个点火线圈产生高压电时，两个气缸的火花塞同时跳火：其中一个火花塞点燃处于压缩行程气缸内的可燃混合气，另一个火花塞虽然也跳火，但是由于该气缸处于排气行程，因而不起作用。

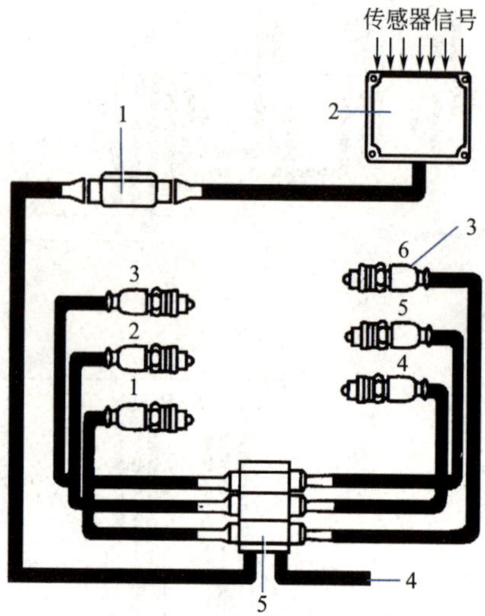

图5-27 双点火线圈两缸同时跳火

1—点火控制器；2—发动机ECU；3—火花塞；4—电源；5—双点火线圈

三、点火系统主要部件

1 分电器

传统点火系统中的分电器由配电器、断电器和点火提前角调节机构等组成，主要零件组成及安装位置如图5-28所示。

(1) 配电器

如图5-29所示，配电器由分电器盖和分火头组成，其作用是按发动机点火顺序，将高压电分配到各缸火花塞上。分火头插装在分电器轴的顶端，和分电器轴一起旋转，其上有金属导电片。分电器盖的中间有高压线插孔，其内装有带弹簧的炭柱，炭柱压在分火头的导电片上。分电器盖的外围有与发动机气缸数相等的旁电极插孔，以安装分缸高压线。

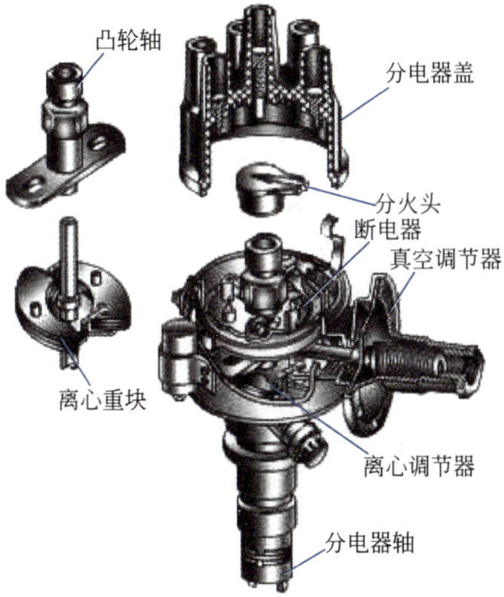

图5-28 分电器主要零件组成及安装位置

(a) 分电器盖　　(b) 分火头

图5-29 分电器盖与分火头

分火头上的导电片距离旁电极有0.2～0.8mm间隙。当初级电路截止、次级电路产生高压电时，分火头正好对准某一旁电极，于是高压电由分火头上的导电片跳至与其相对的旁电极，再经分缸高压线送至相应的火花塞。

（2）断电器

断电器由固定在断电器底板上的断电器触点和断电器凸轮组成。

断电器触点有两个，一个为固定触点；另一个为活动触点。固定触点搭铁，它固定在活动底板上，可借助转动偏心螺钉来调整触点之间的间隙。断电器实际上就是一个开关，控制点火线圈初级绕组的通、断，使点火线圈次级绕组产生高压电。

在电子点火系统中，分电器内的断电器位置由点火信号发生器取代，常用的点火信号发生器有三种类型，分别是电磁感应式、霍尔效应式及光电式。断电器的开关功能由点火控制器代替。当分电器轴转动时，带动转子旋转，使点火信号发生器产生电压信号，该电压信号传送给点火控制器，经点火控制器大功率晶体管放大、整形等处理后，控制点火线圈初级绕组的通、断，使点火线圈次级绕组产生高压电。

小提示

● 在计算机控制点火系统中，分电器内的断电器位置由曲轴位置传感器和发动机转速传感器取代。断电器的开关功能由点火控制器代替。

（3）点火提前角调节机构

点火时刻对发动机性能影响很大，从火花塞跳火开始到混合气燃烧完毕，是需要一定时间的。虽然这段时间很短，但若在活塞到达上止点时开始点火，则混合气边燃烧，活塞边下移，这将导致气缸燃烧压力降低，发动机功率减小。因此，混合气应当在活塞达到上止点前进行点火，使气缸内的最高燃烧压力出现在上止点附近。实践证明，气缸内气体最高压力在活塞到达上止点后10°～15°时出现，此时，发动机的功率最大，热能利用率最高。所以，最佳点火时刻是在活塞到达上止点前的某一时刻。

从开始点火到活塞到达上止点这段时间，用曲轴转角来表示，这个曲轴转角称为点火提前角。或者说，在活塞到达上止点前，提前点火的时间用曲轴转角来表示，这个曲轴转角称为点火提前角。提前点火的时间由混合气的燃烧速度决定，混合气的燃烧速度由气缸内的温度、压力及混合气的浓度来决定。当气缸内的温度、压力高时，混合气的燃烧速度就快，提前点火的时间就应该缩短，点火提前角就应该小。因此，最佳点火提前角与发动机转速、负荷等有关。

当转速一定时，随着负荷的增大，进入气缸的可燃混合气的增多，压缩终止时的压力和温度增高，因而混合气燃烧速度加快，这时点火提前角应适当减小；反之，发动机负荷减少时，点火提前角应当增大。

当负荷一定，发动机转速升高时，相同时间内曲轴将转过较大的转角，这时应适当增大点火提前角。否则，点火过晚，燃烧会延续到做功过程的后期，燃烧热能利用率低，使发动机功率下降。因此点火提前角应随发动机转速的提高而增大。

点火系最主要任务就是保证发动机在各种工况下都能在最佳点火时刻点燃混合气。若点火提前角过大，混合气在压缩行程燃烧产生的气缸压力将迅速上升，给上行的活塞造成很大的阻力，白白消耗发动机的功率，还易出现爆燃等不正常燃烧现象。若点火提前角过小，混合气将在做功行程燃烧甚至在排气管中燃烧，使气缸中的压力降低，发动机过热，功率下降。

为了保证发动机在任何工况下都能实现在最佳点火时刻点燃混合气，在分电器内设置了机械式点火提前角调节机构，即离心式调节器和真空式调节器。

① 离心式调节器。离心式调节器的作用是在发动机转速升高时，自动增大点火提前角，实现提前点火。

② 真空式调节器。真空式调节器的作用是在发动机负荷增大时，自动减小点火提前角，推迟点火时刻。

2 点火线圈

点火线圈由初级绕组、次级绕组和铁芯等组成。按磁路的结构形式不同，可分为开磁路点火线圈和闭磁路点火线圈两种类型。

（1）开磁路点火线圈

开磁路点火线圈的结构如图5-30所示，点火线圈中心是用硅钢片叠成的条形铁芯，由于铁芯没有构成闭合回路，所以称为开磁路点火线圈。铁芯外部套有绝缘的纸板套管，套管上绕有次级绕组，直径为0.06～0.10mm的漆包线，次级绕组一般约为2万匝。初级绕组是直径为0.5～1.0mm的高强漆包线，绕在次级绕组的外面，初级绕组一般约为200匝，绕组和外壳之间装有导磁钢套。为加强绝缘与防潮，条形铁芯底部装有瓷绝缘支座，外壳内充满沥青或变压器油等绝缘物。点火线圈的顶部是胶木盖，并加以密封。

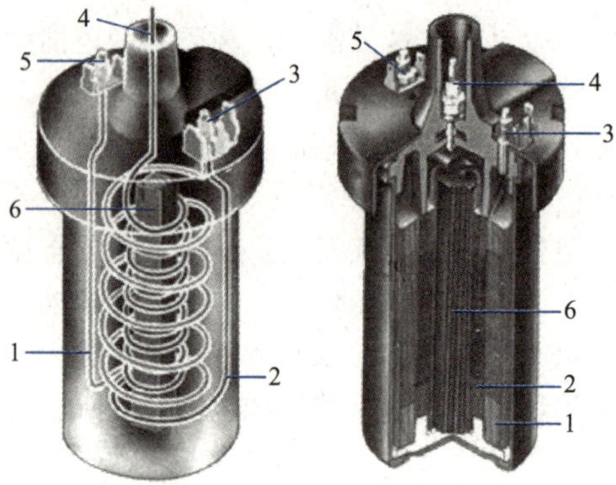

图5-30　开磁路点火线圈的结构

1—初级绕组；2—次级绕组；3—点火线圈“+”接线柱；4—中央高压线接线柱；5—点火线圈“–”极接线柱；6—铁芯

为改善点火性能，在应用开磁路点火线圈的点火系初级电路中，一般设有附加电阻（热敏电阻），温度升高，附加电阻阻值增大。这样，当点火线圈温度高时，可减小初级电流，防止点火线圈过热。同时，在起动机启动发动机时，利用启动电路将附加电阻短路，增大初级电流，提高次级电压，有利于发动机启动。附加电阻有两种结构形式：一种是设在点火线圈外部，这种形式的点火线圈有三个接线柱；还有一种附加电阻为导线形式，用来连接点火开关与点火线圈，这种形式的点火线圈有两个接柱。

在早期的点火系中，开磁路点火线圈应用较多。但由于开磁路点火线圈磁路磁阻大，磁通量泄漏多，因此，能量转换效率低，开磁路点火线圈现已很少使用。

（2）闭磁路点火线圈

闭磁路点火线圈也称为高能点火线圈，图5-31所示为闭磁路点火线圈外形（奇瑞轿车用），其结构如图5-32所示。在“口”字形或

“日”字形铁芯内绕有次级绕组，在次级绕组外面绕有初级绕组，初级绕组产生的磁通量通过铁芯构成闭合磁路，其磁路如图5-33所示。

图5-31　闭磁路点火线圈外形（奇瑞轿车用）

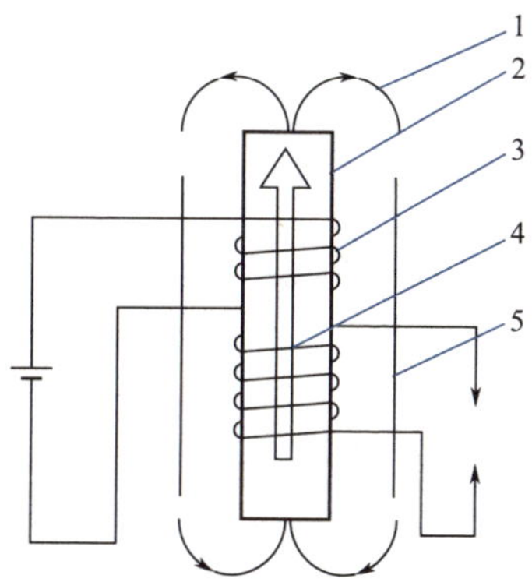

图5-32　闭磁路点火线圈的结构

1,5—磁力线；2—铁芯；3—初级绕组；4—次级绕组

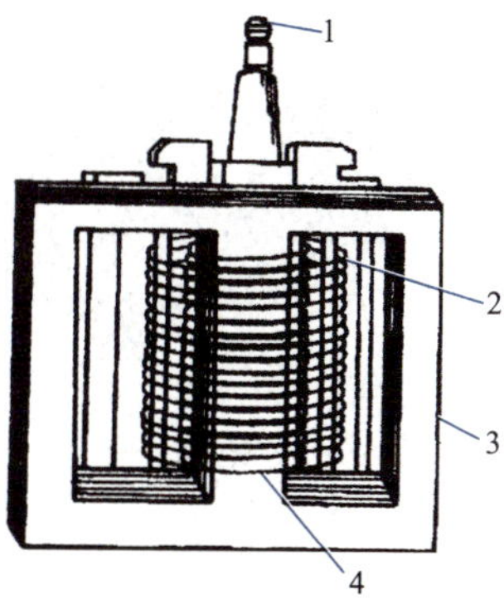

图5-33　闭磁路点火线圈的磁路

1—中央高压线接线柱；2—初级绕组；3—铁芯；4—次级绕组

与开磁路点火线圈相比，闭磁路点火线圈具有漏磁少、能量损失小、转换效率高、体积小、质量轻和易散热等优点，因此在点火系中广泛应用。

（3）无分电器点火系统的点火线圈

无分电器点火系统的点火线圈一般分两种：一种是一个点火线圈控制两个火花塞（桑塔纳车型用），如图5-34所示；另一种是独立点火方式的点火线圈，即一个点火线圈控制一个火花塞，如图5-35所示。

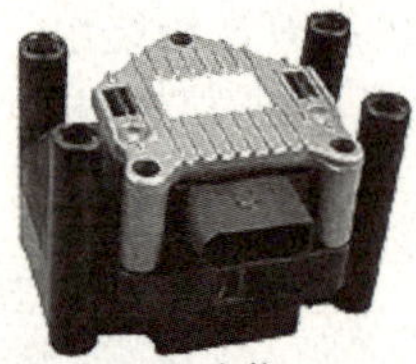

(a) 实物

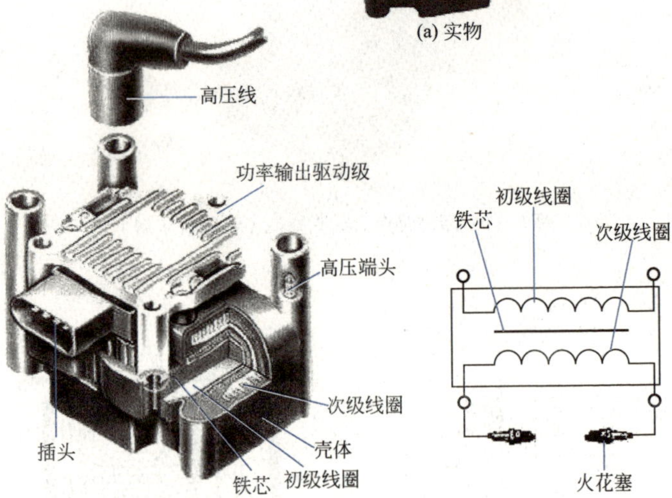

(b) 内部结构

图 5-34　一个点火线圈控制两个火花塞（桑塔纳车型用）

(a) 实物

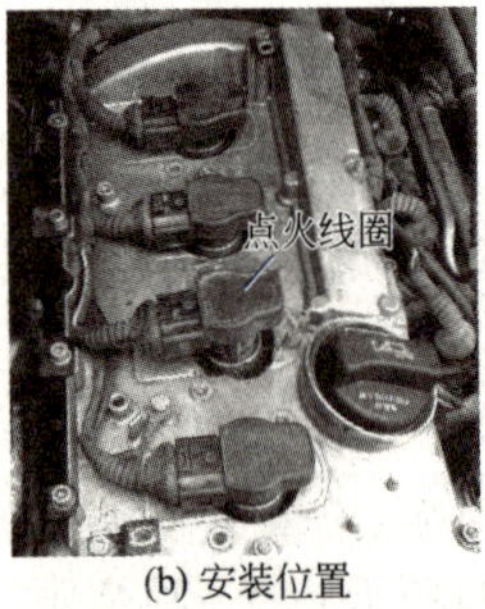

(b) 安装位置

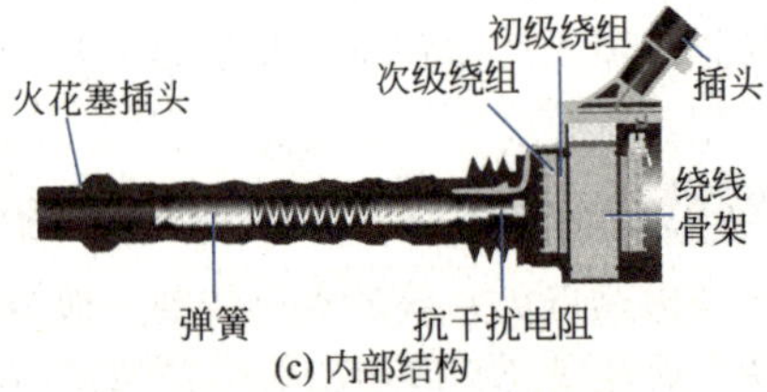

(c) 内部结构

图 5-35　独立点火方式的点火线圈（帕萨特 B5 车型用）

3 火花塞

（1）火花塞的构造

火花塞的构造如图5-36所示，中心电极用镍铬合金制成，具有良好的耐高温、耐腐蚀性能，中心电极做成两段，中间加有导电玻璃，由于导电玻璃和瓷绝缘体的膨胀系数相近，因此，导电玻璃主要是起密封作用。火花塞间隙多为1.0～1.2mm。

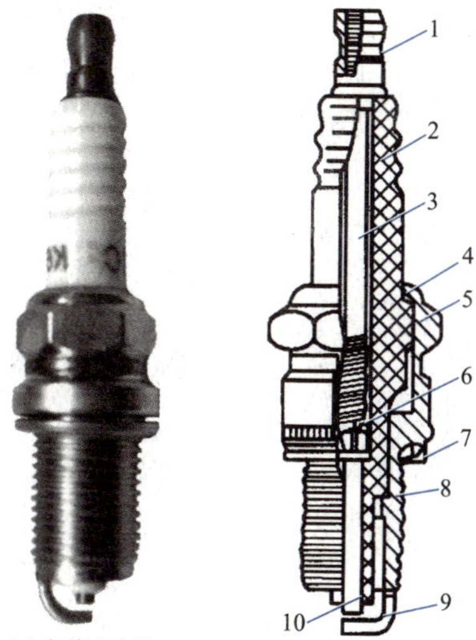

(a) 火花塞实物　　(b) 火花塞结构

图5-36　火花塞的构造

1—接线螺母；2—瓷绝缘体；3—金属杆；4、8—内密封垫圈；5—壳体；6—导电玻璃；7—密封垫圈；9—侧电极；10—中心电极

（2）火花塞的工作要求

火花塞的工作条件十分恶劣，它承受高压、高温及燃烧产物的强烈腐蚀。因此，火花塞必须具有足够的强度，能承受温度的强烈变化，应有良好的热特性，火花塞的电极应采用难熔、耐腐蚀的材料制成。

（3）火花塞的热特性

火花塞的热特性是指火花塞裙部（下部）的温度特性。实践证明，火花塞裙部温度保持在500～600℃时，落在绝缘体上的油滴能立即烧去，通常将这个温度称为火花塞的自净温度。低于这个温度时，火花塞易产生积炭，高于这个温度时，在火花塞表面易产生炽热点，形成早燃。因此，要使火花塞正常工作，就要保证火花塞的裙部温度为自净温度。

火花塞的热特性主要取决于绝缘体裙部的长度。绝缘体裙部长的火花塞，其受热面积大，传热距离长，散热困难，裙部温度高，称为热型火花塞；反之，裙部短的火花塞，吸热面积小，传热距离短，散热容易，裙部温度低，称为冷型火花塞，如图5-37所示。热型火花塞用于低压缩比、低转速、小功率的发动机中；冷型火花塞用于高压缩比、高转速、大功率的发动机中。

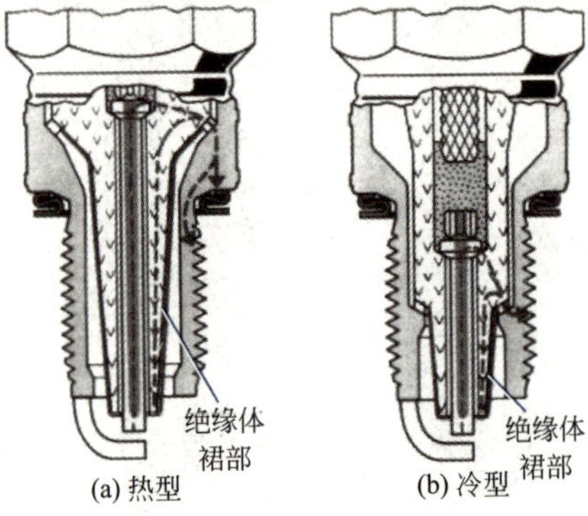

图5-37 火花塞的热特性

（4）火花塞的结构类型

常见的火花塞结构类型如图5-38所示。

① 标准型火花塞。其绝缘体裙部略缩入壳体端面，侧电极在壳体端面以外，是使用最广泛的一种。

② 绝缘体突出型火花塞。其绝缘体裙部较长，突出于壳体端面以外。它具有吸收热量大、抗污能力好的优点，且能直接受到进气的冷却而降低温度，因而也不易引起炽热点火，故热适应范围宽。

③ 细电极型火花塞。其电极很细，火花强烈，点火能力好，在严寒季节也能保证发动机迅速可靠地启动。热适应范围较宽，能满足多种用途。

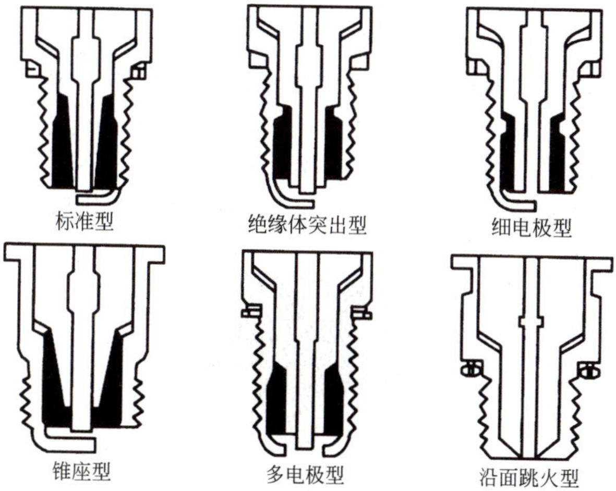

图 5-38 常见的火花塞结构类型

④ 锥座型火花塞。其壳体和旋入螺纹制成锥形，因此不用垫圈也可保证良好密封。从而缩小了火花塞体积，对发动机的设计更为有利。

⑤ 多电极型火花塞。侧电极一般为两个或两个以上，优点是点火可靠，间隙不需经常调整，故在电极容易烧蚀和火花间隙不能经常调整的一些汽油机上常常被利用到。

⑥ 沿面跳火型火花塞。即沿面间隙型火花塞，是一种最冷型火花塞，其中心电极与壳体端面之间的间隙是同心的。它必须与点火能量大、电压上升率快的电容储能式电子点火系统配合使用，可完全避免火花塞"炽热点火"和电极"跨连"现象，即使在油污情况下也能正常点火。其缺点是可燃气体不易接近电极，故在稀混合气情况下，不能充分发挥汽油机的功能。另外，由于点火能量增大，中心电极容易烧蚀。

⑦ 电阻型火花塞。电阻型火花塞是在火花塞内装有5～10kΩ电阻，可抑制点火系统的电磁干扰。

⑧ 屏蔽型火花塞。屏蔽型火花塞是利用金属壳体把整个火花塞屏蔽密封起来，不仅可抑制电磁干扰，还可用于防水、防爆的场合。

4 点火控制器

点火控制器也称为点火模块，内部的集成电路主要由整形电路、放大电路和开关电路组成，其主要起开关作用，用来控制点火系统初级电路的导通与截止。点火控制器内部为集成电路，全密封结构。桑塔纳轿车点火控制器的外形如图5-39所示。该点火控制器具有初级电流上升率的控制、闭合角控制、停车断电保护和过电压保护等功能。

图5-39　桑塔纳轿车点火控制器的外形

5 高压线

高压线的作用是用来连接点火线圈、分电器及各个火花塞。

6 点火开关

点火开关的作用是用来控制点火系统的初级电路，同时也控制充电系的励磁电路、启动电路及由点火开关控制的所有用电设备。

第二节　点火系统的检查

一、点火系统主要部件的检测

1 点火线圈的检测

（1）外部检查

检查点火线圈的外部，若绝缘盖破裂或外壳破裂，应更换新件。

（2）初级绕组、次级绕组的检查

① 用万用表检查初级绕组的电阻，如图5-40所示。初级绕组电阻（20℃时）一般为0.5～0.7Ω。

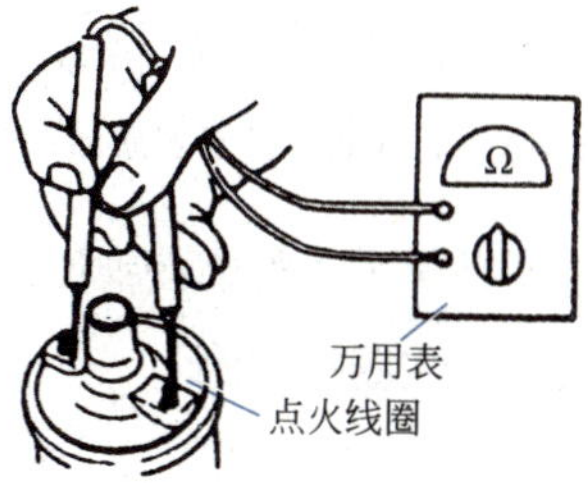

图5-40　检查初级绕组电阻

② 用万用表检查次级绕组的电阻，如图5-41所示。次级绕组电阻（20℃时）一般为7.4～11.2kΩ。

③ 用万用表检查绝缘电阻，如图5-42所示。绝缘电阻（20℃时）一般在50MΩ以上。

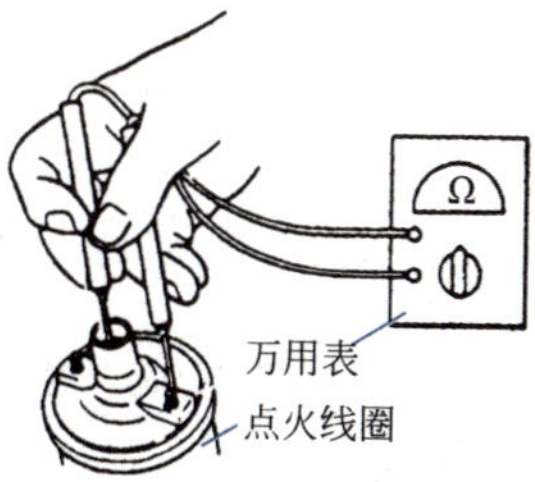

图5-41　检查次级绕组电阻

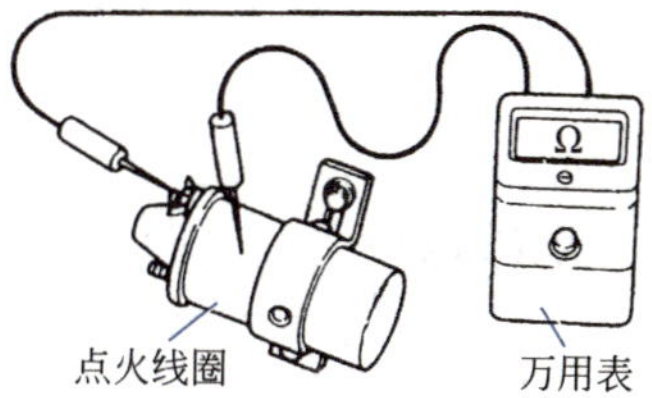

图5-42　检查绝缘电阻

2　点火信号发生器的检测

（1）磁感应点火信号发生器的检测

① 检查点火信号发生器的间隙。用塞尺测量转子与传感线圈铁芯之间的间隙，一般为0.2～0.4mm，如图5-43所示。如果间隙不符合标准值，应旋松定子固定螺钉进行调整。

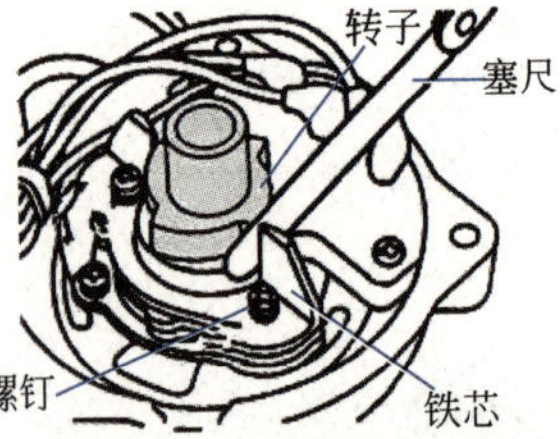

图5-43 测量点火信号发生器的间隙

② 用万用表测量点火信号发生器感应线圈的电阻，应符合标准值。

(2) 霍尔点火信号发生器的检测

霍尔点火信号发生器有三根引线，分别为“+”“–”和“S”。检测时，分别测“+”与“–”电压和“S”与“–”电压，然后与维修手册中的标准值比较，进行判断是否有故障。霍尔点火信号发生器位于分电器内，引出的三根导线如下。

① 霍尔点火信号发生器的“+”极，红/黑色，接点火控制器5号端子。

② 霍尔点火信号发生器的输出信号端子“S”，绿/白色，接点火控制器6号端子。

③ 霍尔点火信号发生器的“–”极，棕/白色，接点火控制器3号端子。

小技巧

●用万用表测量霍尔点火信号发生器的“+”与“–”之间的电压应为11 ~ 12V；测量“S”与“–”之间的电压，当转子缺口对正霍尔元件的气隙时，应为0.3 ~ 0.4V，反之应为11 ~ 12V。

3 点火控制器的检测

(1) 电磁感应式电子点火系统中的点火控制器的检测

① 如图5-44所示，用一只1.5V的干电池代替点火信号发生器，

接到点火控制器信号输入端子上。

② 正接时，点火线圈的初级绕组导通，用万用表测量点火线圈的“–”接线柱与搭铁之间的电压，应为1～2V［见图5-44（a)]。

③ 将电池的极性颠倒后，再进行测量［见图5-44（b)]，其值应为12V。若与上述不符，说明点火控制器有故障，应更换。

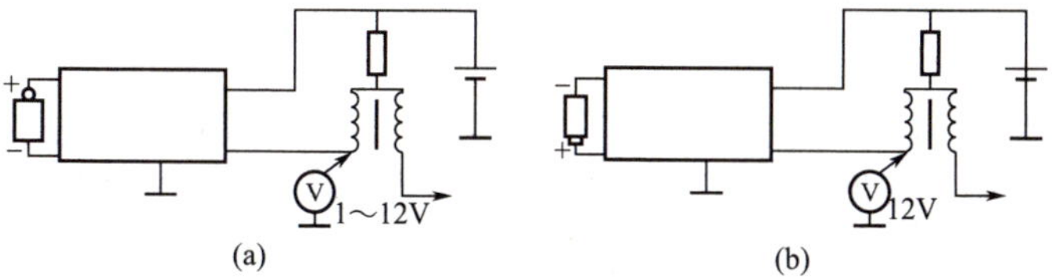

图5-44 电磁感应式电子点火系统中的点火控制器的检测

（2）霍尔效应式电子点火系统中的点火控制器的检测

检查点火控制器，应掌握点火控制器的接线。以桑塔纳轿车为例，其点火控制器的接线如图5-45所示：1—接点火线圈“–”(绿色)；2—接电源负极（棕色)；3—接霍尔点火信号发生器“–”(棕/白色)；4—接点火线圈“+”(黑色)；5—接霍尔点火信号发生器“+”(红/黑色)；6—接霍尔点火信号发生器信号输出“S”(绿/白色)。

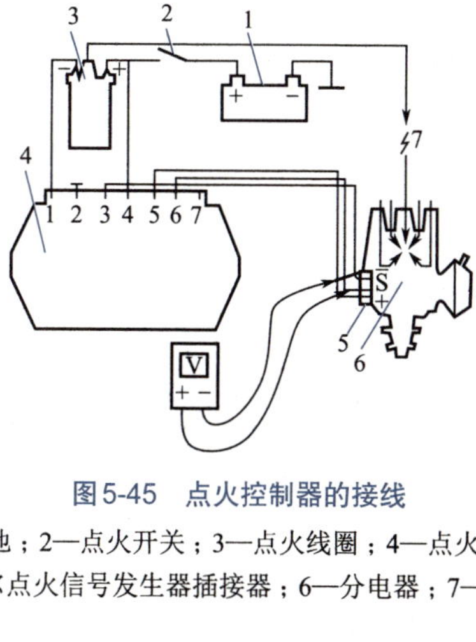

图5-45 点火控制器的接线

1—蓄电池；2—点火开关；3—点火线圈；4—点火控制器；5—霍尔点火信号发生器插接器；6—分电器；7—高压线

① 接通点火开关，用万用表测量1与4端子之间的电阻为0.52～0.76Ω。

② 测2与4端子之间的电压应为12V。

③ 测3与5端子之间的电压应为11～12V。

④ 测3与6端子之间的电压时，应慢慢转动分电器轴，其电压应在0.3～0.4V与11～12V之间变化。

⑤ 用电压表接在点火线圈的“+”与“-”接线柱上，接通点火开关，观察电压表读数应大于2V，1～2s后，压降为0。

若上述检测结果不正常，说明点火控制器有故障，应更换。

4 分火头的检查

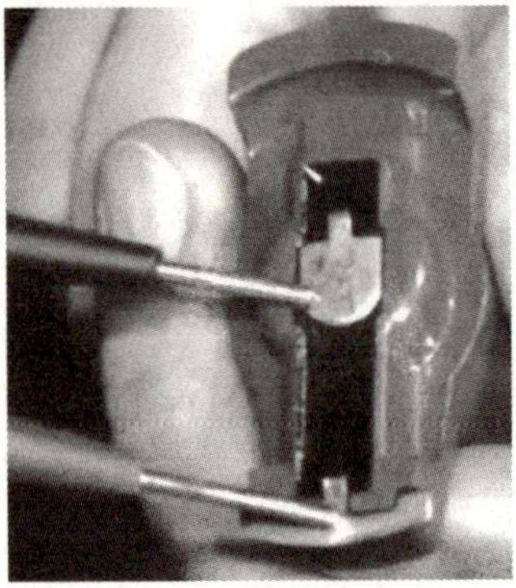

图5-46 分火头电阻的检查

① 外观检查。观察分火头的外观，分火头应无裂痕、烧蚀或击穿等现象，否则应更换新件。

② 漏电检查。将分火头倒放在缸体或缸盖上，用跳火正常的分缸高压线将高压电引到分火头上，如果分缸高压线有明显跳火现象，说明分火头已漏电，应更换新件。

③ 电阻的测量。用万用表电阻挡测量分火头顶部的电阻，如图5-46所示，正常值应为（1±0.4）kΩ。

5 高压线的检查

（1）高压线电阻的检查

高压线电阻的检查如图5-47所示，中央高压线电阻标准值一般均不相同，如桑塔纳轿车的中央高压线电阻标准值不大于2.8kΩ，奥迪轿车中央高压线电阻标准值不大于2kΩ；分缸高压线电阻标准值；桑塔纳轿车分缸高压线电

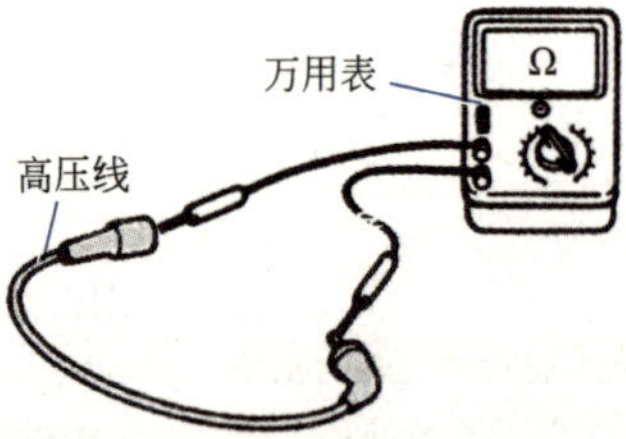

图5-47 高压线电阻的检查

阻标准值不大于7.4kΩ，奥迪轿车分缸高压线电阻标准值不大于6kΩ。

(2) 火花塞插头电阻的检查

如图5-48所示，用万用表测量火花塞插头的电阻值，一般为（1±0.4）kΩ（无屏蔽）和（5±1.0）kΩ（有屏蔽）。

(3) 防干扰接头电阻的检查

如图5-49所示，用万用表测量防干扰接头的电阻值，一般为（1±0.4）kΩ。

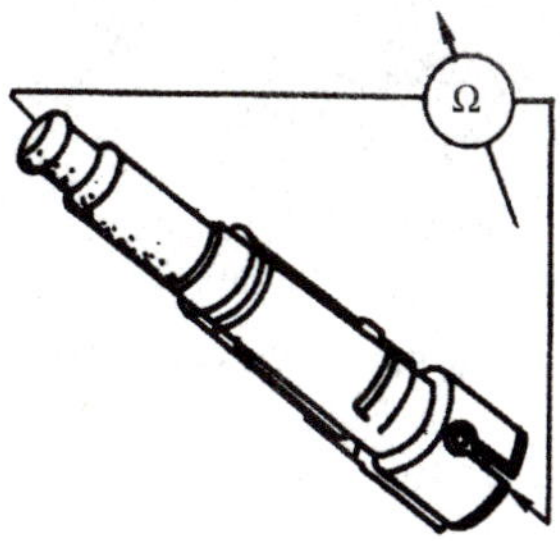

图5-48 火花塞插头电阻的检查

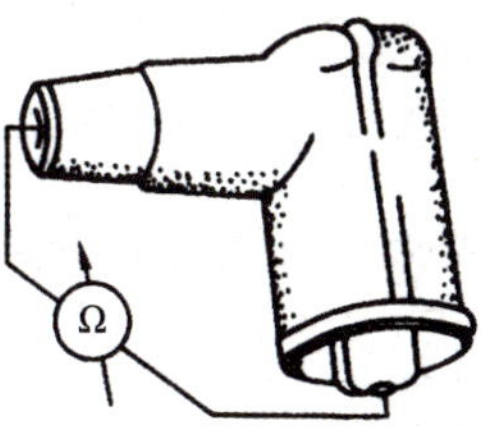

图5-49 防干扰接头电阻的检查

小技巧

● 由于初级电流较大，必须使用高能点火线圈，不能用普通的点火线圈代替。

● 若进行点火系统的故障检测，应在发动机熄火后，断开点火系统的线路，连接检测仪器。

● 当点火系统有故障，由其他车辆拖行时，须将点火控制器的插头拔下。

二、火花塞的更换与检测

1 火花塞的拆卸

① 工具准备。拆卸火花塞需要扳手、长接杆和六角套筒。汽车上的火花塞一般是用16mm的六角套筒拆卸的。

② 发动机冷却后方可拆卸。先清理点火线圈及其附近的灰尘和油污，然后拔下点火线圈的线束插头，用套筒拧下点火线圈的固定螺栓，如图5-50所示。

③ 拔出点火线圈，如图5-51所示。一些车型的点火线圈和缸体之间用橡胶密封，拔出时需要用点力。

图5-50 拧下点火线圈固定螺栓

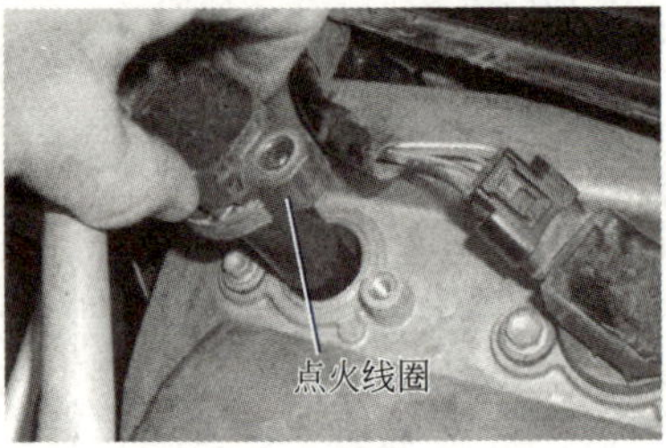

图5-51 拔出点火线圈

④ 取下点火线圈后，用套筒把火花塞拧松，如图5-52所示。当旋松所要拆卸的火花塞后，用一根细软管逐一吹净火花塞周围的污物，以防火花塞旋出后污物落入燃烧室内。

⑤ 取出火花塞。如图5-53所示，将之前拆下来的点火线圈插入已拧松的火花塞上，将火花塞取出。

图5-52 用套筒把火花塞拧松

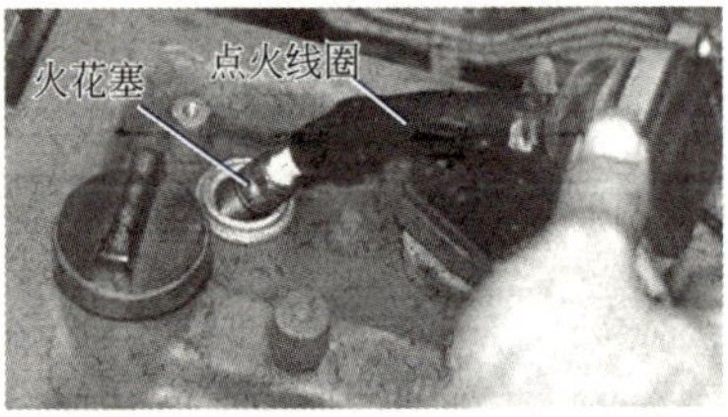

图5-53 取出火花塞

小技巧

●使用带磁性的套筒也可在拆卸火花塞时把旋出的火花塞带出。如果没有磁性的套筒，可以在套筒内塞一段较厚的双面胶，也能够把旋出的火花塞带出。

2 火花塞的检查

① 图5-54所示为使用后的火花塞与新火花塞外观的对比。

② 检查火花塞的工作情况。火花塞的工作情况如图5-55所示。

a.从火花塞外观上检查，如有破损、明显缺陷，应更换新的火花塞。

b.火花塞上如有积炭、黑色油迹等，应进行清理，必要时更换新的火花塞。

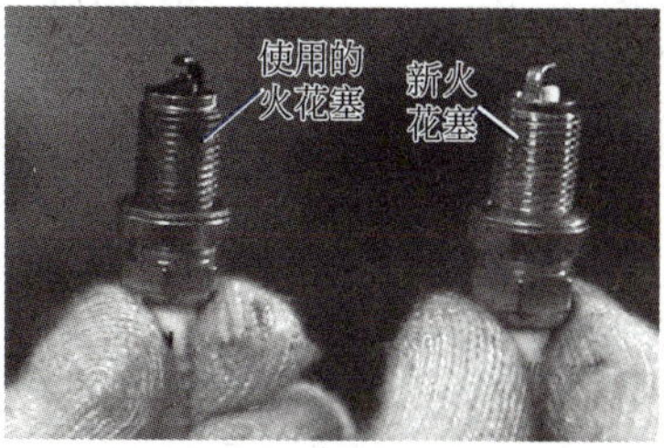

图5-54 使用后的火花塞与新火花塞外观的对比

c.如在火花塞上发现熏黑、形成釉层等其他不正常现象，应进行清理，必要时更换新的火花塞。

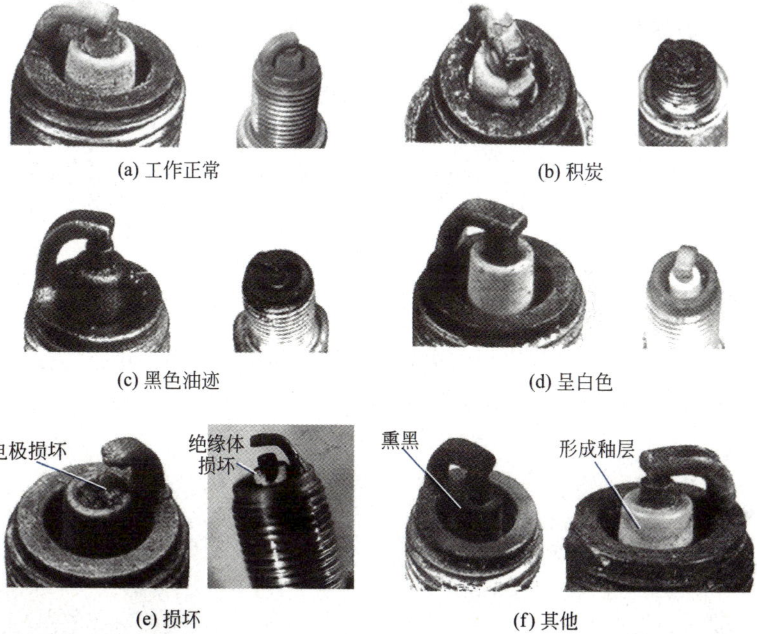

图5-55 火花塞的工作情况

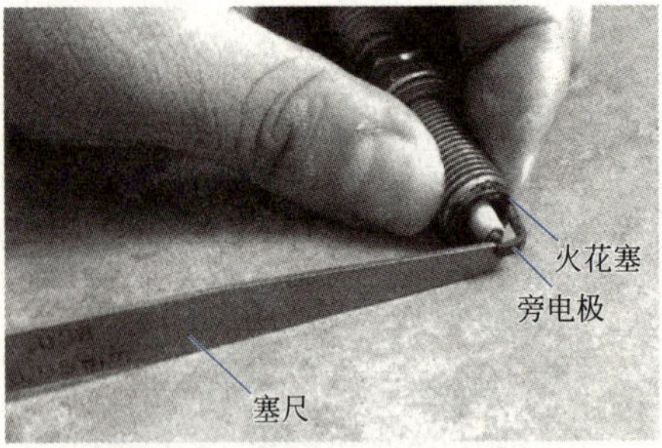

图5-56 火花塞电极间隙的测量

③ 检查调整火花塞电极间隙。火花塞的电极间隙一般可按0.7～0.9mm调整。火花塞电极间隙因车型的不同而异，可以从随车手册中查找。火花塞电极间隙过小，火花塞跳火能量变弱，电极容易烧蚀；火花塞电极间隙过大，发动机高速运转时易出现断火。

火花塞电极间隙可用塞尺进行测量，如图5-56所示。

如果火花塞电极间隙不符合要求，应进行调整。调整间隙时，只能调整旁电极，不能调整中心电极，以免损坏绝缘体。

小技巧

● 火花塞间隙太大时，可用旋具柄轻轻敲打旁电极来调整，但不要用力过大，否则旁电极可能因过度弯曲而损坏；如果间隙过小时，可用一字头的旋具插入电极间，扳动旋具把间隙调整到规定值为止。

3 火花塞的安装

安装火花塞时，先用将火花塞放到套筒里，然后使用扭力扳手紧固火花塞，一般拧紧力矩为20N·m。

小技巧

● 将火花塞对准缸盖上的火花塞座孔，用手轻轻拧入火花塞。

● 拧到约螺纹全长的二分之一后，再用套筒初步旋紧。

● 拧紧火花塞时，注意套筒及扭力扳手要对正火花塞，同时注意拧紧力矩不能过大，防止损坏火花塞及缸盖火花塞座孔的螺纹。

●若拧动时手感不畅，应退出检查是否对正螺口或螺纹中有无夹带杂质，切不可盲目加力紧固，以免损伤螺孔，殃及缸盖，特别是铝合金缸盖。

●应按要求力矩拧紧，过松会造成漏气，过紧使密封垫失去弹性，同样会造成漏气。锥座型火花塞由于不用密封垫，一定要规定力矩拧紧火花塞。

●在安装点火线圈时，注意不要把顺序弄错，按每个缸原来的位置对应安装。

第三节　点火系统常见故障诊断

一、点火系统常见故障入门

1 点火系统常见故障

汽车点火系统工作状况的好坏直接影响发动机的动力性和经济性。在汽车维修过程中，点火系统故障率相对较高。

点火系统常见故障有：发动机不能启动、发动机运转不平稳和发动机功率下降、油耗增大、加速不良等。

点火系统的故障诊断与排除如表5-3所示。

表5-3　点火系统的故障诊断与排除

故障现象	故障原因	排除方法
发动机不能启动	高压线故障	更换高压线
	点火线圈故障	更换点火线圈
	点火控制器故障	更换点火控制器
	信号转子与传感器之间的间隙不正确	调整信号转子与传感器之间的间隙
	点火线圈无低压电	检查并排除点火线圈线路故障

续表

故障现象	故障原因	排除方法
发动机运转不平稳	单缸高压线故障	更换单缸高压线
	火花塞故障	更换火花塞
发动机功率下降 油耗增加 加速不良	火花塞故障	更换火花塞
	分电器盖漏电	更换分电器盖
	点火线圈故障	更换点火线圈
	高压线插错	将高压线插对

2 电子点火系统常见故障

（1）电磁感应式（磁脉冲无触点）电子点火装置的故障诊断

电磁感应式电子点火装置常见故障原因有：点火信号发生器损坏；点火控制器损坏；点火线圈损坏或性能不佳；线路接触不良或有断路、短路；分电器盖破裂、分火头损坏；火花塞积炭、油污、绝缘体破裂或间隙不当；分电器真空点火提前装置或离心点火提前装置失效；点火正时失准、缸线错乱。

（2）霍尔效应式电子点火装置的故障诊断

霍尔效应式无触点电子点火装置与电磁感应式电子点火装置故障原因基本一致，不同的是点火信号发生器是霍尔传感器，其他原因参见电磁感应式电子点火装置常见故障原因。

3 少数气缸不工作的故障诊断

（1）少数气缸不工作的故障现象

发动机回火、放炮、车身发抖，消声器“突突”声音有节奏出现，发动机怠速转速稍高时更明显。

小技巧

●汽车在行驶过程中，如果发动机在各种转速下，消声器均

发出有节奏的“突突”声，并伴有进气管回火、消声器放炮、车身发抖等现象，应停车检查，排除故障，

●在判断此故障时，应在稍高于怠速的转速下察听，这时，消声器有节奏“突突”声较为明显。另外，还可以用小油门快提速的方法判断。

（2）气缸不工作故障排除一般程序

① 外部检查。发动机不熄火，检查高压分线是否脱落、漏电或插错。脱落或插错，要重新插置。如果有漏电现象，要更换分缸高压线。

② 进行断火试验。断开某缸分缸高压线后，如果发动机转速下降，发动机抖动加剧，为该缸工作良好；如果发动机转速升高，为分电器盖上有两缸旁插孔串电；如果发动机转速没有变化，为该缸不工作，这时，要检查该缸高压线是否有火花。

③ 检查分缸高压线和火花塞。拆下分缸高压线做跳火试验，如果有火花出现，说明火花塞有故障；如果没有火花出现，说明分缸高压线、点火线圈、分电器等有故障，应对相应部件进行检测。

二、电子点火系统的故障诊断方法

不同电子点火系统故障诊断的区别主要在于点火信号发生器的检测，而其检测原理是相同的，下面以常见的霍尔效应式电子点火系统为例，说明电子点火系统的故障诊断与维修。

1 确定故障是在低压电路还是在高压电路

① 打开分电器盖，转动曲轴，使分电器转子缺口对正霍尔点火信号发生器，如图5-57所示。

② 拔出分电器盖上的中央高压线，使其端部离气缸体5～7mm。

③ 接通点火开关，用螺钉旋具在霍尔点火信号发生器的间隙中轻轻地插入和拔出，模拟转子在间隙中的动作，如图5-58所示。

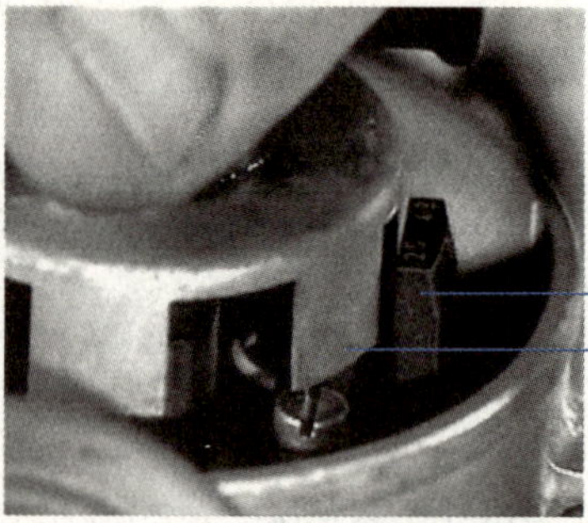

图5-57　分电器转子缺口对正霍尔点火信号发生器

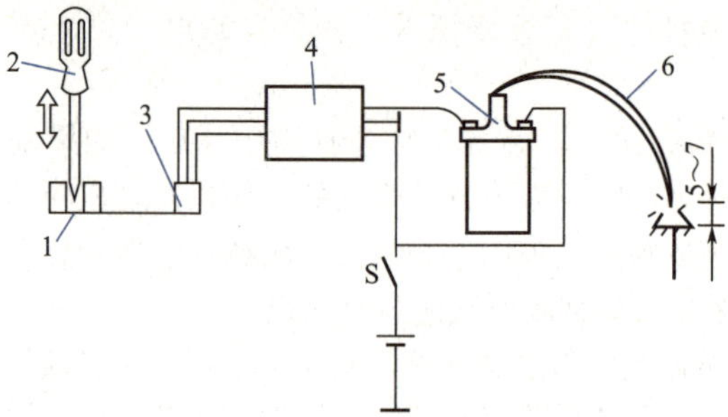

图5-58　电子点火系统的故障确定

1—分电器内的霍尔点火信号发生器的空气气隙；2—螺钉旋具；3—霍尔传感器插接器；4—点火控制器；5—点火线圈；6—高压线

④ 如果高压线端部跳火，表明低压电路中的霍尔点火信号发生器、点火控制器及点火线圈性能良好，故障在高压电路；如不跳火，在点火线圈及线路良好的情况下，可确定故障在霍尔点火信号发生器或点火控制器，应进一步检查。

2 确定霍尔点火信号发生器和点火控制器的故障诊断

见图5-45，用万用表测量分电器上点火信号发生器的信号端子“S”与搭铁端子“–”之间的电压。

转动分电器轴，若万用表的测量值在0.3 ～ 0.4V与11 ～ 12V之间变化，说明霍尔点火信号发生器良好，点火控制器有故障；若测量值与上述值不一致，说明霍尔点火信号发生器有故障。

三、计算机控制点火系统故障诊断方法

1 双缸同时点火系统的检测（以桑塔纳Gsi轿车为例）

桑塔纳Gsi轿车无分电器点火系统采用两个点火线圈，1、4缸共用一个点火线圈，2、3缸共用一个点火线圈，其电路如图5-59所示。

小技巧

● 发动机因为点火系统故障而不能启动，检查时，一般按从易到难的次序，沿点火线路进行分段检查。

① 检查各部分线路接头有无松动、断路、短路现象。

② 检查点火线圈搭铁电路。拔下点火线圈插头，用数字式万用表测量电瓶正极和插头上端子4间的电压，应为电瓶电压（约12V），否则应检查插头端子4和接地点的线路的开路。

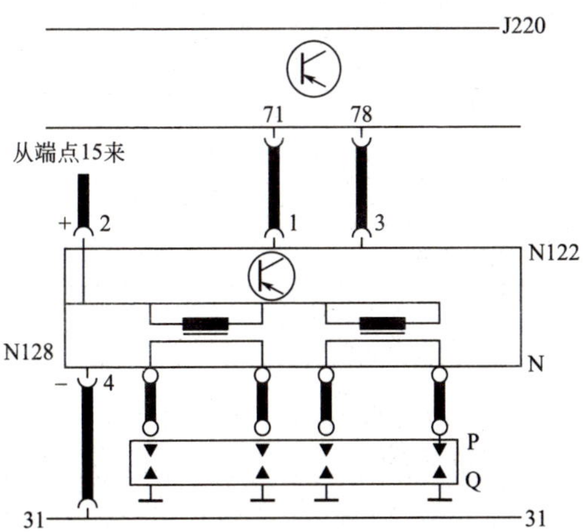

图5-59 桑塔纳Gsi轿车点火系统电路

③ 检查点火线圈的供电电压。拔下点火线圈插头，用数字式万用表测量插头上端子2和发动机接地点间的电压，应为蓄电池电压（约12V），否则应检查点火开关及与端子2之间线路的开路。

④ 检查点火线圈工作情况。拔下点火线圈的插头和四个喷油器的插头，打开点火开关，用数字式万用表分别测量点火线圈插头上端子1和3与发动机搭铁点间的电压，启动发动机数秒，应有0.4V左右电压出现。

⑤ 用数字式万用表测量点火线圈插头和ECU线束插座之间的电阻，电阻应小于1Ω。

⑥ 测量两个线圈的初级线圈和次级线圈阻值，应基本相等。

⑦ 高压火跳火试验能检测有无高压火及点火能量。

⑧ 传感器等点火系组件的检查。当传感器组件发生故障时，应在蓄电池电压、燃油泵继电器和熔断丝都正常的情况下进行检测（用高阻抗数字万用表，表内阻不小于10kΩ）。点火系统组件、插头端子的检测及控制步骤如表5-4所示。

表5-4 点火系统组件的检测及结果

检测步骤	测量项目	测量条件（操作过程）	测量部位（各端子号请查阅技术资料）	额定值	测量值
1	节气门位置传感器	断开点火开关，拔下插头，再接通点火开关	插头端子5与7	约5V	
2	节气门定位电位计	断廾点火廾关，拔下插头，再接通点火开关	插头端子4与7	约5V	
3	霍尔传感器信号输出电压	拔下插头，再接通点火开关	插头端子1与3	约5V	
4	霍尔传感器供电电压	拔下插头，再接通点火开关	插头端子2与3	接近蓄电池电压	
5	发动机转速传感器	断开点火开关，拔下发动机转速传感器灰色插头	插头端子2与3	480～1000Ω	
6	爆震传感器输出信号电压	发动机运转	插头端子1与2	0.3～1.4V	
7	空气流量计供电电压	燃油泵继电器和熔断丝正常	插头端子4与搭铁	约5V	
8	发动机ECU供电电压	蓄电池高压高于11V，熔断丝517正常，接通点火	VA 1598/2测试盒，端子3与2，端子1与2	接近蓄电池电压	

小技巧

●如果检测组件电压不正常，应进行线路检修，其方法是断开点火开关，从ECU上拔下接线插头和所要测量组件的插头，检测连接线路的电阻。如果被检测线路正常，而被检测组件电压或电阻值不正常，则故障在被检测组件或ECU。

2 独立点火系统的检测（以帕萨特B5 1.8T发动机为例）

帕萨特B5 1.8T发动机独立点火系统的电路如图5-60所示，发动机点火系统主要由点火线圈、火花塞、爆燃传感器、霍尔传感器等组成。发动机控制单元位于前挡风玻璃左下角，采用独立点火方式。

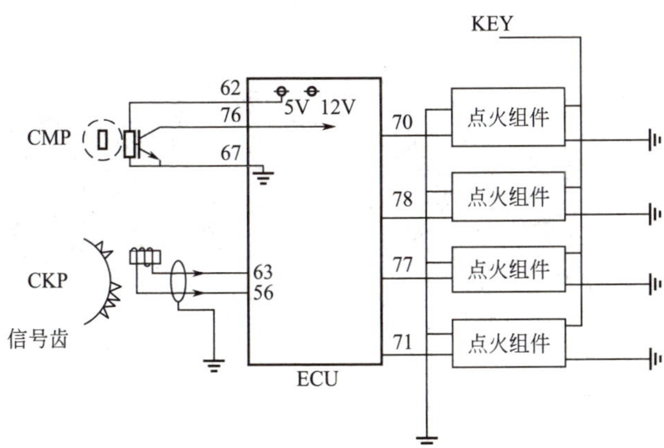

图5-60 帕萨特B5 1.8T的点火系统

帕萨特B5 1.8T发动机独立点火系统的检测方法如下。

① 霍尔传感器的检修。在检测时，应保证蓄电池电压至少为1.5V。

a.拔下霍尔传感器的三针插头，如图5-61所示。

b.用万用表测端子①和③，打开点火开关，至少4.5V。如果不在允许范围内，检查ECU到插座之间的导线。如在导线中未发现故障，且在三针插座端子①和③之间有电压，则更换霍尔传感器G40；若在端子①和③之间无电压，则更换发动机。

② 带功率终极端的点火线圈的检修。在检测时应保证蓄电池电压至少为11.5V，霍尔传感器正常，发动机转速传感器正常。

a.将点火线圈的功率终端极② 和三针插头拔下，用万用表测量中间的端子和接地点，打开点火开关，测量供电电压，至少11.5V。如果无电压，检查控制单元和三针插座之间的导线和端子②和继电器之间是否导通。

b.拔下喷油器插头及点火线圈终端极的三针插座，用二极管灯连接于端子①和接地点之间，启动发动机，检查发动机控制单元的点火信号，二极管灯应闪烁，如果不闪烁，检查导线，如果未找到导线的故障，而在端子②和接地点间有电压，则更换发动机控制单元。

③ 发动机转速传感器的检修。在检测时应保证蓄电池电压至少为11.5V；将到发动机转速传感器的三针插头拔下，如图5-62所示。

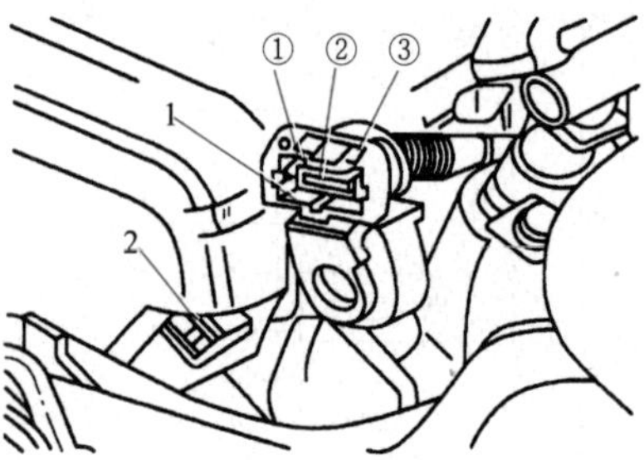

图5-61 霍尔传感器的三针插头

1—三针插座；2—霍尔传感器；① ~③ —端子

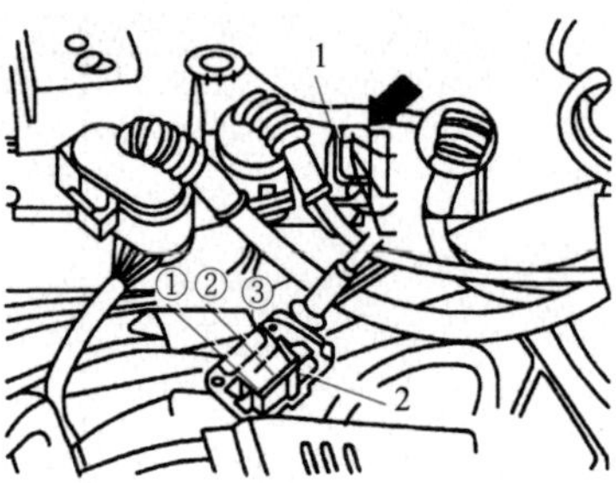

图5-62 拔下发动机转速传感器的三针插头

1—插座；2—三针插头；① ~③ —端子

测量插座端子①和②之间（即传感器）的电阻值，其允许值应为480 ~ 1000Ω，否则检查传感器的导线是否有断路或短路，如果在导线中找不到故障，拆下传感器并将传感器轮固定，检查是否有损伤和端面跳动。若传感器损坏，则更换发动机转速传感器（G28）。若传感器无故障，则更换发动机控制单元。如果点火信号正常，则更换带功率终端极。

第四节　维修实例

实例一　发动机熄火后不能正常启动

（1）故障现象

别克君威3.0轿车，在行驶中底盘受到撞击，发动机熄火后不能正常启动。

（2）故障原因

信号发生器损坏。

（3）故障诊断与排除

用TECH2检测仪进行检测，无故障码输出。进一步测量发现，有高压电但不喷油，确诊为喷油嘴回路没有脉冲信号的控制。测试点火正时正确，测量7X和24X曲轴位置传感器、水温传感器、凸轮轴位置传感器、压力传感器、空气流量计、节气门位置传感器均正常。更换新的动力系统控制模块和点火模块，故障现象依旧。检查所有传感器与电脑的连线以及电脑的供电和接地，均正常。

最后，经过仔细分析其工作原理，将重点放在检测7X和24X曲轴位置传感器上。用示波器检查，发现7X曲轴信号严重错误，怀疑信号发生器转子有问题。向用户了解情况，得知此车曾出过交通事故，发动机拆修过。对发动机进行拆检，发现信号发生轮曾经焊修过，有多个信号发生齿已经脱落。更换损坏的信号发生器后，试车，故障排除。

在车辆维修过程中，所有信号发生器的转子掉齿后是不能修补使用的，后焊上去的齿的金属材料与其他齿的金属材料不一样，磁感应强度也不一样，且牢固程度也不理想，会使传感器感应出错误的信号，最终导致发动机出现工作不良等异常症状。

实例二　发动机启动时有着火征兆，但不能正常运转

（1）故障现象

捷达轿车，装用AHP型20气门的电控多点燃油喷射发动机，行

驶里程为129000km。当启动车辆时，发动机有着火征兆，但却始终不能正常运转。发动机在启动运转过程中，排气管有少量的尾气排出。

（2）故障原因

发动机第2缸火花塞损坏。

（3）故障诊断与排除

根据发动机的故障现象分析，该车是由于启动时混合气太稀或点火能量不足引起的。

于是先对发动机燃油系统进行检查，用燃油压力表检测燃油压力，符合标准。接着检查发动机点火系统，检查前先准备一个两端带夹子的导线和一个火花塞。用手拔下第2缸分缸高压线，将准备的火花塞插到高压线的插头上。

将带夹子的导线一端接到火花塞壳体上，一端接在车身上搭铁。然后启动发动机，发现火花塞跳出很强的火花，同时发动机竟能运转工作起来（此时缺了一个气缸——2缸），但因缺缸发动机怠速时严重抖动并且一会儿就熄火了。根据此时的现象分析故障可能与第2缸火花塞有关。将第2缸火花塞拆下并检查，发现第2缸的火花塞没有火花跳出，有可能是火花塞或分缸高压线损坏，而换上一个备用火花塞后有火花跳出，说明原第2缸火花塞已损坏。更换了第2缸的火花塞后，发动机能顺利启动并且运转正常。

因为该车点火系统取消了分电器，由发动机控制单元控制两个点火线圈初级绕组电流的通断，在次级绕组感应出高压电。两个次级绕组上各接了两个火花塞，一个点火线圈控制第1缸和第4缸，另一个点火线圈控制第2缸和第3缸。当一个火花塞失效不能点火时，另一个气缸也受到影响不能点火。

此车的情况就是这样，由于第2缸火花塞失效，导致第3缸的火花塞也不能点火。于是，在启动发动机时，只有第1缸和第4缸两个气缸工作，这就是发动机有着火征兆但不能启动运转的原因。当进行跳火试验时，备用的火花塞良好而能跳火，第3缸火花塞也能正常工作了。此时，实际上有三个气缸可着火工作，发动机就运转起来。

为什么一个火花塞失效能影响另一个火花塞工作呢？根据无分电器点火系统结构原理分析，当第3缸处于压缩行程上止点时，气缸内部压力很大，火花塞电极间压缩气体电阻也很大，而第2缸处于排气行程上止点，气缸内压力接近大气压，火花塞电极间电阻较小。

因此点火线圈的次级绕组感应出的高压电主要加在第3缸火花塞上，使第3缸火花塞电极间隙击穿而导通跳火，同时又通过第2缸火花塞使其也跳火，这样形成点火回路。如果第2缸火花塞断路，则第2缸和第3缸的点火回路也出现断路，导致两个气缸均不能跳火，于是，发动机当然也就无法正常启动运转了。

第六章 照明与信号系统的检修

第一节　照明系统的检修

一、照明系统的结构与组成

1　对前照灯的照明要求

为了保证汽车行驶的安全性，减少道路交通事故和机械事故的发生，汽车上都安装了多种照明设备。不同汽车照明系统是不完全相同的，除了美观、实用外，必须满足两个要求：保证行车安全和符合交通法规。为保证行车安全，对前照灯的照明要求如下。

（1）足够的照明距离

前照灯应保证车前有明亮而均匀的照明，使驾驶员能看清车前100m内路面上的障碍物。随着汽车行驶速度的提高，对汽车前照灯的照明距离也相应要求越来越远。

（2）应能防止眩目

前照灯在工作时，应避免驾驶员眩目，以免夜间两车相会时，使对方驾驶员眩目，而造成交通事故。

2　照明系统的组成与功用

照明与信号系统的组成与功用如表6-1所示。

表6-1 汽车的照明与信号系统的组成与功用

名称	安装位置	功用	功率/W
前照灯（又称大灯、头灯）	安装在汽车前部	其作用是汽车在夜间或光线昏暗路面上行驶或停车时，标示车辆的轮廓或位置，有二灯制和四灯制之分。前小灯为白色，后小灯为红色	远光灯：40～60；近光灯：35～55
小灯（又称示廓灯、示宽灯、驻车灯，车辆后方的也可称尾灯）	安装在前部和后部	其作用是汽车在夜间或光线昏暗路面上行驶或停车时，标示车辆的轮廓或位置。前小灯为白色，后小灯为红色	5～10
牌照灯	安装在汽车尾部的牌照上方	其作用是夜间照亮汽车牌照，灯光为白色	5～15
仪表灯	安装在汽车仪表上	用于夜间照亮仪表，灯光为白色	2～8
顶灯	安装在驾驶室的顶部	其作用是驾驶室内部照明，灯光为白色	5～8
雾灯	安装在前部和后部	其作用是在能见度较低的雨雾天气时，为提高行车安全用来照明。一般采用波长较长的黄色、橙色或红色，因其穿透性较强。尾部的后雾灯一般只有一个	35～55
转向灯	安装在前部、后部、左右侧面（或后视镜上）	其作用是表示汽车的运行方向。左右转向灯同时闪亮时，表示有紧急情况。灯光为黄色	20以上
制动灯（又称刹车灯）	安装于汽车后面	其作用是在汽车制动停车或制动减速行驶时，向后车发出灯光信号，以警告尾随的车辆，防止追尾。灯光为红色	20以上
倒车灯	安装在后面	其作用有两个：一个是向其他车辆和行人发出倒车信号；另一个是夜间倒车照明。灯光为白色	20以上

续表

名称	安装位置	功用	功率/W
系统工作指示灯	安装在仪表板上	其作用是指示某一系统是否处于工作状态。灯光为红色（如远近光指示灯、转向指示灯、雾灯工作指示灯、空调工作指示灯、驻车制动指示灯、收放机工作指示灯、自动变速器挡位指示灯等）	2
报警灯	安装在仪表板上	其作用是用来监测汽车某一工作系统的技术状况，当出现异常情况时发出报警灯光信号。灯光为红色、绿色或黄色（如发动机故障报警灯、机油报警灯、水温报警灯等）	2

注：此外，汽车的照明系统还有工作灯、门灯、踏步灯、后备厢灯、阅读灯等。

3 照明系统的位置

目前，汽车照明系统大都采用组合灯具，即把前照灯（俗称大灯）、前转向灯、前小灯等组合在一起，构成前组合灯（图6-1所示为奥迪A6轿车前照灯的分解图），把倒车灯、制动灯、后转向灯、后小灯、后雾灯等组合在一起，构成后组合灯。

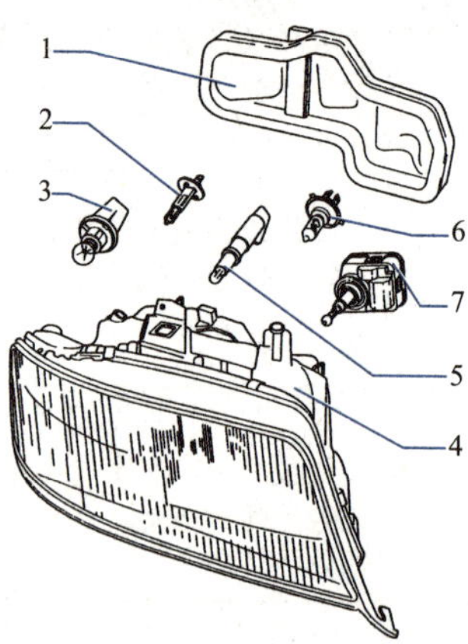

图6-1 奥迪A6轿车前照灯的分解图

1—罩盖；2—近光灯灯泡；3—转向灯；4—前照灯壳体；5—驻车灯灯泡；6—远光灯灯泡；7—前照灯照明调节电机

图6-2～图6-4所示为丰田花冠EX型轿车前部和后部照明系统的名称。

图6-2　轿车前部照明与信号系统

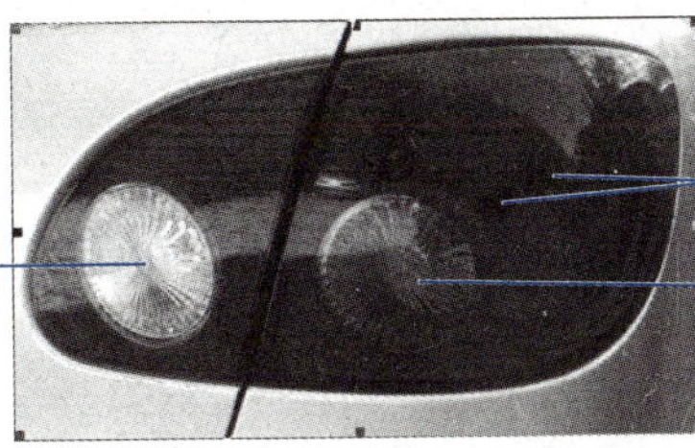

图6-3　轿车右后部照明与信号系统

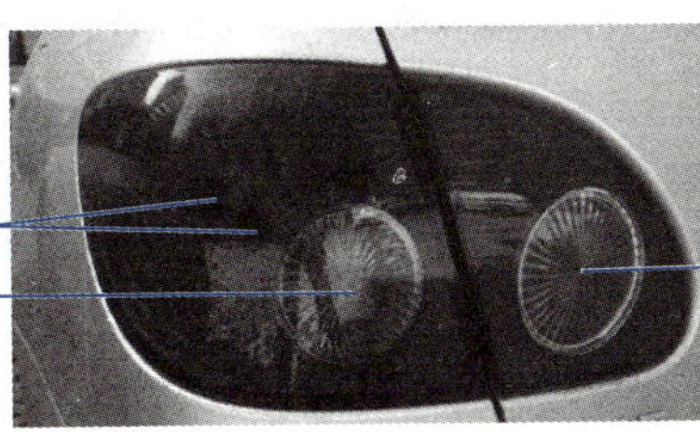

图6-4　轿车左后部照明与信号系统

4　照明系统的结构特点

（1）前照灯光学组件的组成

前照灯的光学组件由灯泡、反射镜和配光镜三部分组成，如图6-5所示。

① 灯泡。前照灯灯泡的结构如图6-6所示。

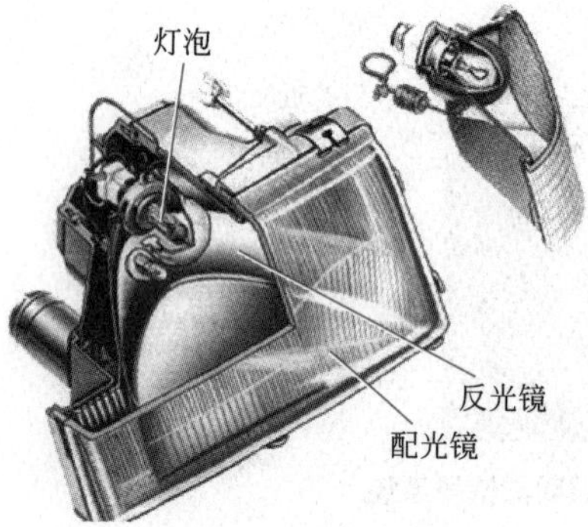

图6-5 前照灯的光学组件

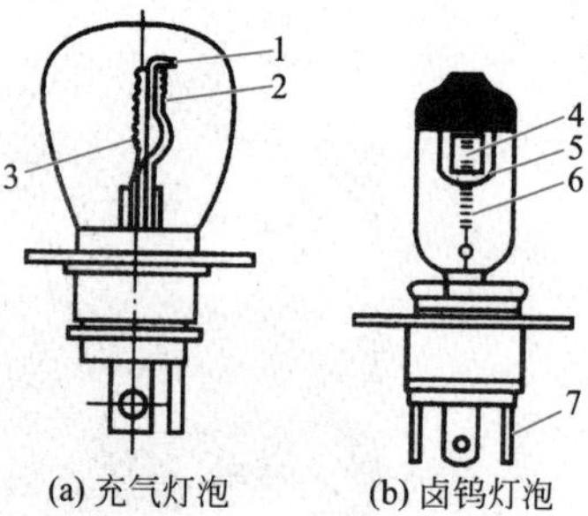

图6-6 前照灯灯泡结构

1,5—遮光罩；2,4—近光灯丝；3,6—远光灯丝；7—插片

a. 充气灯泡。充气灯泡是采用钨丝作灯丝，灯泡内充满氩和氮的混合惰性气体。在灯泡工作时，由于惰性气体受热后膨胀会产生较大的压力，这样可减少钨的蒸发。故能提高灯丝的温度，增强发光效率，从而延长灯泡的使用寿命。

b. 卤钨灯泡。充气灯泡虽已充入惰性气体，但仍然会因钨丝蒸发而使灯泡变黑。为了防止钨丝的蒸发，近年来又发明了卤钨灯泡。卤钨灯泡使用寿命长，发光效率进一步提高。在相同功率的情况下，卤钨灯的亮度是充气灯泡的1.5倍，寿命是2～3倍。

② 反射镜。反射镜是用薄钢板冲压而成的，其表面镀银、铬、铝等，然后抛光。

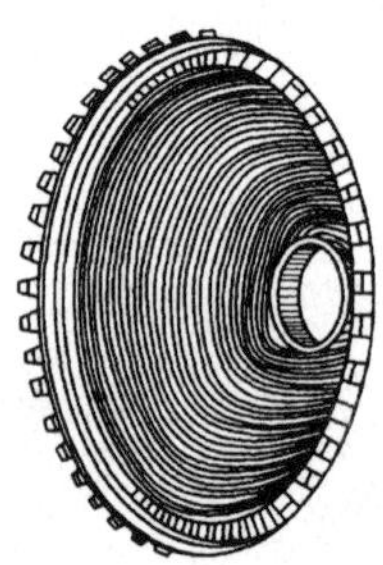

图6-7 半封闭式前照灯反射镜

反射镜的作用是尽可能多的收集灯泡发出的光线，并将这些光线聚合成很强的光束射向远方。图6-7所示为半封闭式的前照灯反射镜。

③ 配光镜。配光镜也称散光玻璃。是由透明玻璃压制而成的棱镜和透镜的组合体。配光镜的作用是将反射镜反射出的光束进行折射，以扩大光线的照射范围，使车前100m内的路面各处都有良好而均匀的照明。配光镜如图6-8所示。

图6-8 配光镜

（2）前照灯防眩目的类型

夜间会车时，前照灯发出的强光束会使迎面来的汽车驾驶员眩目，很容易发生交通事故，所以在这方面必须引起足够的重视。前照灯防眩目一般采取表6-2所示的类型。

表6-2 前照灯防眩目的类型

类型	特点	结构图
采用双丝灯泡	如图6-9所示。前照灯采用双丝灯泡，远光灯丝位于反射镜的焦点上，功率为45～60W；近光灯丝位于反射镜焦点的上方或前方，功率为20～50W。这样夜间行车，当对面无来车时，使用远光灯，可照亮车前方150m以上的路面；当对面来车时，使用光灯，由于光线较弱，经反射后的光线大部分射向车前的下方，所以可避免对方驾驶员眩目	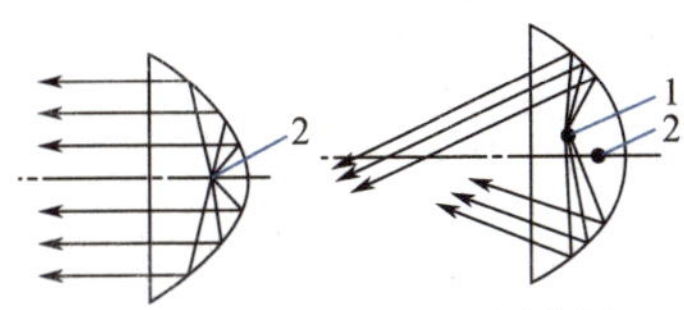 (a) 远光灯 (b) 近光灯 图6-9 双丝灯泡的远、近光束 1—近光灯丝；2—远光灯丝
采用带遮光罩的双丝灯泡	双丝灯泡中，近光灯丝射向反射镜下部的光线经反射后，将射向斜上方，仍会使对面的驾驶员眩目。为了克服上述缺陷，在近光灯丝的下方装有遮光罩。当使用近光灯时，遮光罩能将近光灯丝射向反身镜下部的光线遮挡住，无法反射，提高防眩目效果。如图6-10所示，带遮光罩的双灯泡广泛使用在汽车上	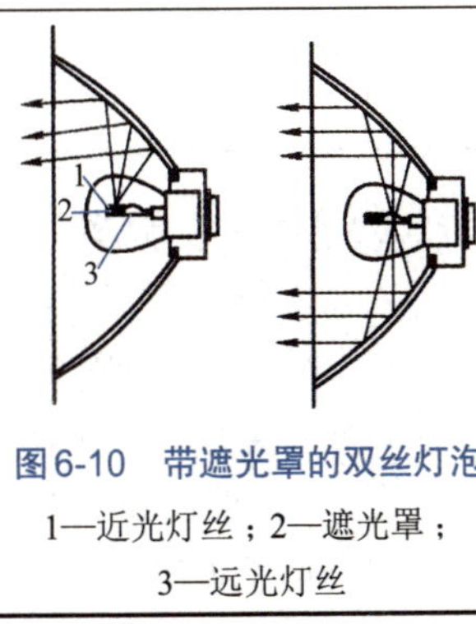 图6-10 带遮光罩的双丝灯泡 1—近光灯丝；2—遮光罩； 3—远光灯丝

续表

类型	特点	结构图
采用不对称光形	前照灯配光光形标准型如图6-11（a）所示。不对称光形如图6-11（b）所示，这是一种新型的防眩目前照灯。其遮光罩安装时偏转一定的角度，使其近光的光形分布不对称，将近光灯右侧光线倾斜升高15°	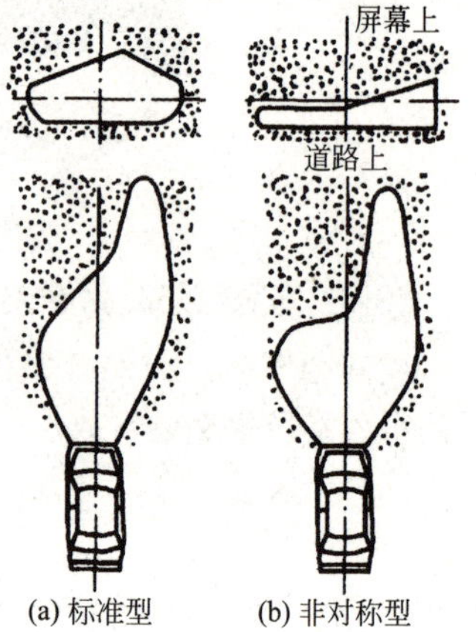 图6-11　前照灯配光光形
采用Z形光形	为防止对面来车驾驶员与非机动车人员眩目，Z形光形是目前最先进的光形。它不仅可防止对面驾驶员眩目，也可防止非机动人员眩目。如图6-12所示	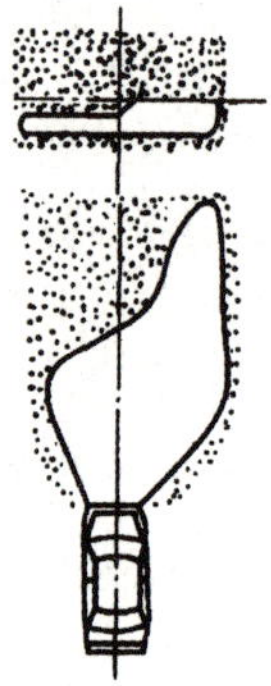 图6-12　前照灯Z形光形

（3）前照灯的分类

① 可拆式前照灯。这种前照灯的配光镜靠反射镜边缘上的齿簧与反射镜组合在一起，并用箍圈和螺钉将它们固定在灯壳上，可拆式前照灯由于密封性不好，反射镜易受灰尘和湿气的污染而变黑，严重影响照明效果，目前已很少采用。

② 全封闭式前照灯。全封闭式前照灯又称为真空灯。它的反射镜

和配光镜制成一体，里面装有灯丝，并充以惰性气体。灯丝焊在反射镜底座上。反射镜的镜片为真空镀铝，其结构如图6-13所示。这种结构的优点是可以完全避免反射镜受到污染。但是当灯丝烧坏后，需要更换前照灯总成，成本较高。

③ 半封闭式的前照灯。半封闭式的前照灯结构如图6-14所示。其配光镜是由反射镜边缘上的牙齿固定在反射镜上，两者之间有橡胶圈或密封胶密封。灯泡可从反射镜后端进行拆装，维修方便，因此得到普遍使用。

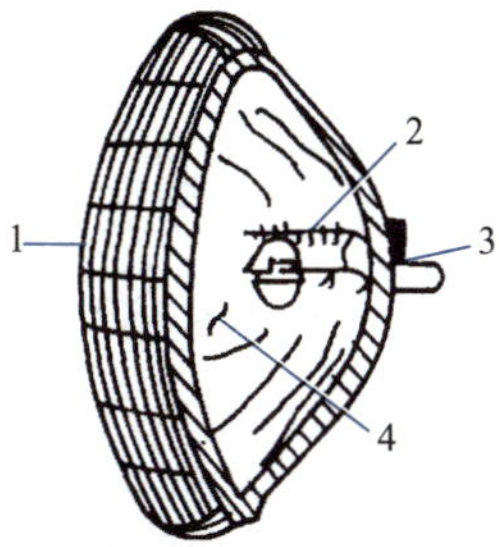

图6-13 全封闭式前照灯结构

1—配光镜；2—灯丝；3—插片；4—反射镜

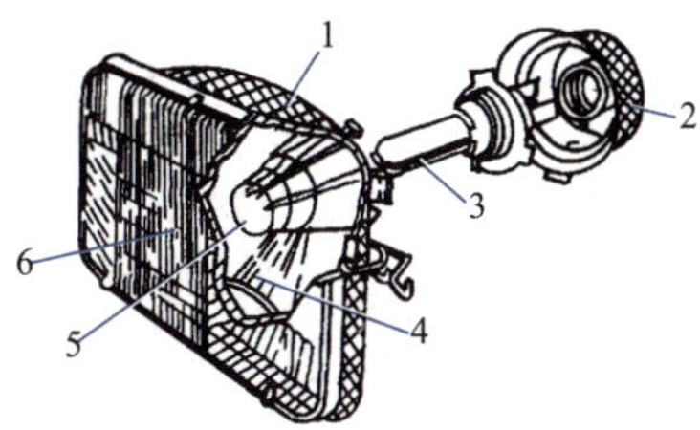

图6-14 半封闭式前照灯结构

1—灯壳；2—灯泡卡盘；3—灯泡；4—反射镜；5—玻璃球面；6—配光镜

小提示

● 更换灯泡时，切勿用手触摸灯泡玻璃壳部分，以免缩短灯泡的寿命

④ 投射式前照灯。如图6-15所示，投射式前照灯的反射镜近似于椭圆形状，它具有两个焦点。第一焦点处放置灯泡，第二焦点是又光线形成的。凸形散光镜的焦点与第二焦点是一致的。来自灯泡的光利用反射镜聚成第二焦点，再通过散光镜将聚集的光投射到前方。投射式前照灯采用的灯泡为卤钨灯泡。在第二焦点附近设有遮光板，可遮挡上半部分光，形成明暗分明的配光。由于它的这种配光特性，因此也可用于雾灯。

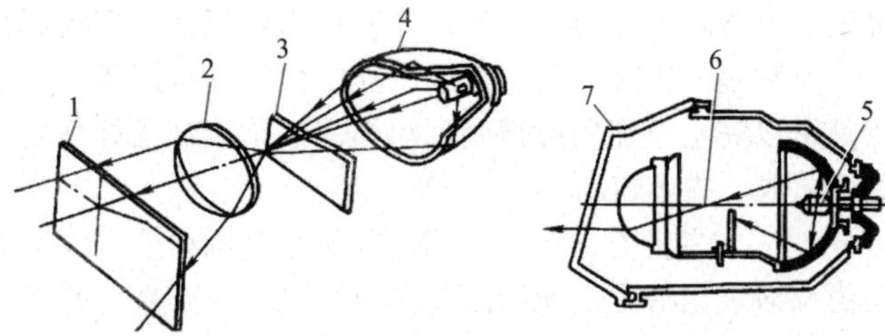

图6-15 投射式前照灯的构造

1—屏幕；2—凸形配光镜；3—遮光镜；4—椭圆反射镜；5—第一焦点；6—第二焦点；7—总成

投射式前照灯，反射镜采用扁长断面，光束横向分布效果好，结构紧凑，经济实用。

⑤ HID氙气式前照灯。HID（英文High Intensity Discharge）是高强度气体放电式灯的缩写。该型灯放电的气体是氙气，故亦称氙气灯。氙气式前照灯的外形如图6-16所示，结构如图6-17所示。这种灯的灯泡里没有灯丝，取而代之的是装在石英管内的两个电极，管内充有氙及微量金属（或金属卤化物）。在电极上加上5 ～ 12kV电压后，气体开始电离而导电。由气体原子激发到电极间少量的水银蒸气，最后转入卤化物弧光灯工作。

图6-16 氙气式前照灯外形

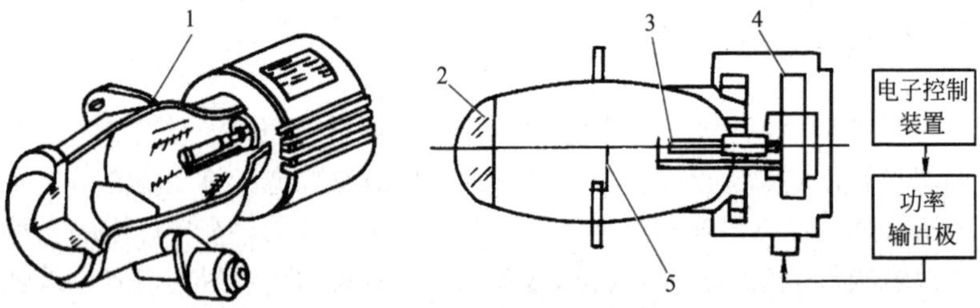

图6-17 氙气式前照灯的结构

1—总成；2—透镜；3—弧光灯；4—引燃及稳弧部件；5—遮光灯

小提示

● 氙气式前照灯由氙气灯组件、电子控制器和升压器三大部分组成。其灯泡的光色和日光灯相似，亮度是目前卤钨灯泡的2.5倍，寿命是卤钨灯泡的5倍。灯泡的功率为35W，可节能40%。目前，在中高级轿车中氙气式前照灯应用比较广泛。

5 汽车LED灯

LED是英文发光二极管（Light Emitting Diode）的缩写，是一种能够将电能转化为可见光的半导体，它改变了白炽灯钨丝发光与节能灯三基色粉发光的原理，而采用电场发光。汽车LED后组合灯如图6-18所示。

LED具有与安全相关的优势，特别是在停车灯及方向指示灯方面：LED与传统灯丝灯泡相比，反应更快速，在交通行驶过程中，可以使随后的车辆更早得到警示信号。LED更进一步的优势在于照明区域的均衡性。正因为使用了LED，功能区才能在第一时间实现完全照明，而不需中介的有色透镜。

图6-18 LED后组合灯

汽车LED灯根据应用可分为配光用灯和装饰用灯两种，配光灯适用于仪表指示灯背光显示、前后转灯、刹车指示灯、倒车灯、雾灯、阅读灯等功能性方面；装饰灯主要用于汽车灯光色彩变换，起车内外美化作用。近几年随着部分车用LED亮度问题的解决和成本的下降，其应用量大幅增长。国内常见的车型大都采用了LED车灯。图6-19

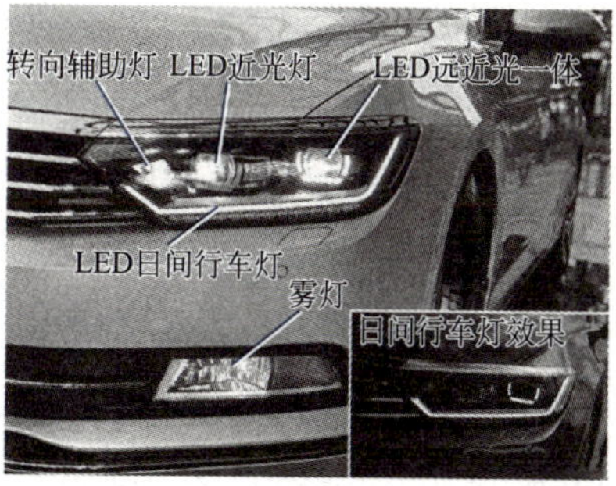

图6-19 大众迈腾轿车LED前组合灯

所示为新款大众迈腾轿车LED前组合灯。

LED与传统灯泡比起来，其优点有以下几点。

① 点亮无延迟，响应时间更快，防止车辆发生不安全事故。

② 结构简单，内部采用支架结构，四周用透明的环氧树脂密封，有更强的抗震性能。

③ 发光纯度高，无需灯罩滤光，光波长误差在10nm以内。

④ 发光热量很小，对灯具材料的耐热性要求不是很高。

⑤ 光束集中，更易于控制，且不需要用反射器聚光，有利于减小灯具的深度。

⑥ 节能。耗电量低，达到传统灯泡同等的发光亮度时，耗电量仅为传统灯泡的6%。

⑦ 车辆控制电路不易氧化。

⑧ 使用寿命长。无灯丝结构不发热，一般可达几万乃至十万小时。

⑨ 光线质量高，基本上无辐射，属于“绿色”光源。

⑩ LED占用体积小，设计者可以随意变换灯具模式，令汽车造型多样化。

6 照明系统控制电路的特点

下面以桑塔纳2000轿车为例，介绍照明系统电路的特点。桑塔纳2000轿车照明系统电路如图6-20所示。

桑塔纳2000轿车的前照灯23直接由车灯开关4控制，车灯开关4在Ⅱ挡时，通过变光开关2进行远光和近光变换控制。此外，远光灯还可由超车灯开关2直接控制，在超车时使用。

雾灯继电器8由车灯开关4的Ⅰ挡控制。前、后雾灯开关19的电源来自继电器5控制的大功率火线。雾灯开关19的Ⅰ挡接通前雾灯20的电路，Ⅱ挡同时接通前后雾灯的电路。

牌照灯6由车灯开关4控制，在车灯开关Ⅰ挡或Ⅱ挡时都接通。

顶灯10和后备厢灯9由门控开关控制，当后备厢或车门打开时，其门控开关就会接通后备厢灯或顶灯电路。

仪表板、时钟、点烟器、后除霜器开关、空调开关、雾灯开关等照明灯也均由车灯开关控制。当车灯开关在Ⅰ挡或Ⅱ挡时，上述照明灯均被接通，其亮度可通过仪表板上的调光器7进行调节。

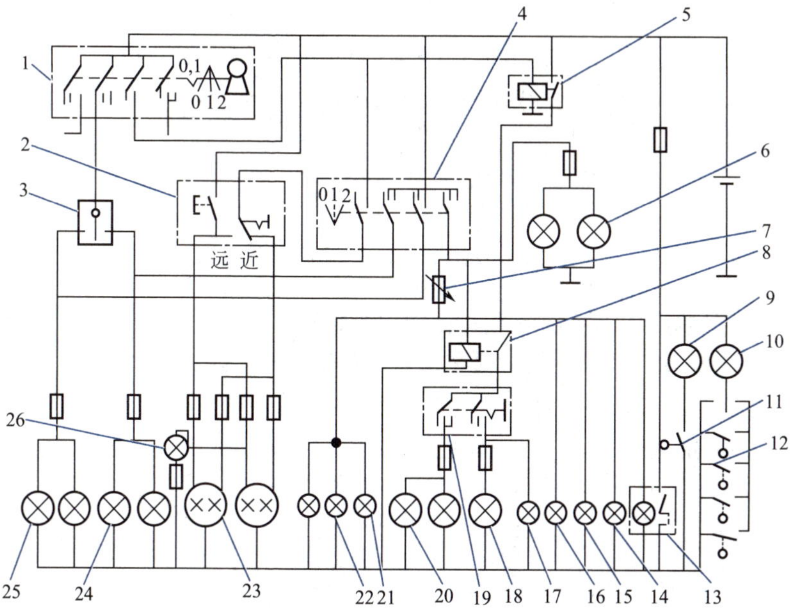

图6-20 桑塔纳2000轿车照明系统电路

1—停车灯开关；2—变光和超车灯开关；3—小灯开关；4—车灯开关；5—中间继电器；6—牌照灯；7—仪表灯调节电阻；8—雾灯继电器；9—后备厢灯；10—前顶灯；11—后备厢灯门控开关；12—前顶灯门控开关；13—点烟器照明灯；14—雾灯开关照明灯；15—后风窗除霜器开关照明灯；16—空调开关照明灯；17—雾灯指示灯；18—后雾灯；19—前、后雾灯开关；20—前雾灯；21—仪表灯；22—时钟照明灯；23—前照灯；24—右前后小灯；25—左前后小灯；26—远光指示灯

7 新型灯光自动控制系统

（1）概述

为了保证车辆行驶时照明的安全与方便，减轻驾驶员的劳动强度，近年来，出现了多种新型的灯光自动控制系统，目前已装配在用车辆的控制系统有前照灯自动开闭控制系统、前照灯水平与垂直照射范围调整（光束调整）系统、会车自动变光系统、延时关闭系统、随动转向前照灯系统（AFS）等。新型灯光自动控制系统的框图如图6-21所示。

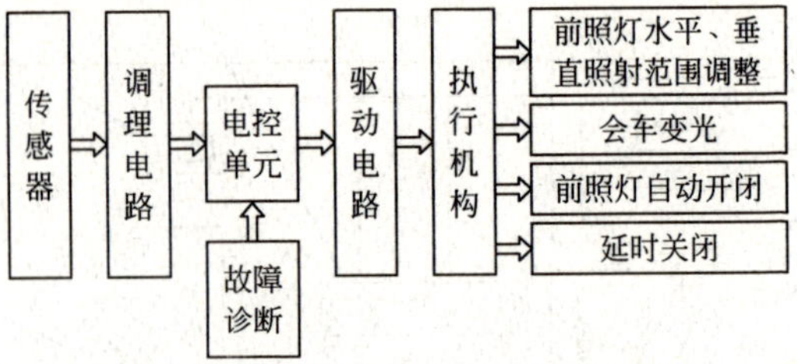

图6-21 新型灯光自动控制系统框图

新型灯光自动控制系统的基本功能如下。

① 前照灯自动开闭控制。其主要具有以下功能。

小提示

●当外界光线不足时（如夜幕降临、夜间、白天过隧道、进入地下停车场等），影响驾驶员的正常操行，开启前照灯。

●当外界光线足够时（如黎明、白天、驶出隧道后等），关闭前照灯。

●为防止外界环境瞬间变亮而造成前照灯关闭，采取延时技术，即当周围的亮度持续明亮一段时间时，再关闭前照灯。

② 停车后车灯的延时关闭。夜晚停车发动机熄火后，灯光自动控制系统会根据检测到的发动机状态和车门状态，使前照灯自动延时熄灭，为驾驶员及乘员提供方便。

③ 车辆在夜晚行驶转弯时，车辆根据转向角和车速的变化自动调整前照灯的近光照射方向，照亮车辆即将行驶到的前方路面。

④ 当车辆前后载荷发生变化而使车身倾斜时，系统根据安装在前后车轴上的车身高度传感器所测得的信号进行判断处理，补偿车辆载荷的变化，实现照明距离的自动调节。

⑤ 车辆在夜晚行驶在高速公路上时，如遇到上坡，根据车速、坡度以及汽车到坡的距离等信息自动调整前照灯的照射距离，实现远距离照明，增加前方路面的视野信息。

⑥ 车辆在夜晚行驶会车时，前照灯的远近光自动变光控制，即在

会车时，灯光系统自动变为近光状态，会车完毕后，又自动恢复到远光状态。

⑦ 车灯故障诊断。车辆行驶前以及行驶过程中，该系统对所有车灯进行实时的检测，如果出现故障，则报警提示相应故障。

（2）新型灯光自动控制系统工作原理简介

利用车速传感器和方向盘转角传感器、车身高度传感器、红外测距传感器、光电传感器（环境光照传感器）以及对发动机工作状态和车门状态的检测来判断确定车辆的行驶状态、车辆行驶的道路状况和外界环境光线的强弱以及光线实时变化的情况，把检测到的信号转化为电信号，并输入电控单元（单片机）中进行判断处理，进而发出相应的指令控制车灯做出相应的调整，从而实现车灯的自动控制。同时，灯光自动控制系统在车辆行驶前及行驶过程中，通过用检测各处车灯供电线路的反馈电流信号以及光电传感器检测输入的信号两种方法来共同检测判断各个车灯工作是否正常。

（3）别克君威轿车前照灯的自动控制

别克君威轿车前照灯自动控制电路（自动前照灯模块、环境光照传感器电路图）如图6-22所示。

① 前照灯自动开闭控制。当接通点火开关且关闭前照灯开关时，如果自动前照灯控制模块检测到光线足够暗且松开驻车制动器时，前照灯自动接通。只要符合自动前照灯开启条件，无法手动关闭。如需车辆怠速时临时关闭自动前照灯。可将点火开关从关闭（OFF）转到锁上（LOCK）位置，拉紧驻车制动器，然后启动发动机并怠速运行，自动前照灯将保持关闭，直到松开驻车制动器。自动前照灯工作且前照灯开关位于OFF位置时，自动控制模块还将开启驻车灯、侧灯、牌照灯和仪表板背景灯。

② 延时照明功能。关闭发动机后，自动前照灯会延迟约90s，提供外部照明，称为照明回家功能。如果要立即关闭前照灯，可拉出再关闭前照灯开关。

延时照明功能可以自动设置或取消，方法是：关闭所有车门，点火钥匙位于RUN，进行以下操作。

a. 按下并保持锁定开关，同时接通和断开前照灯开关两次。

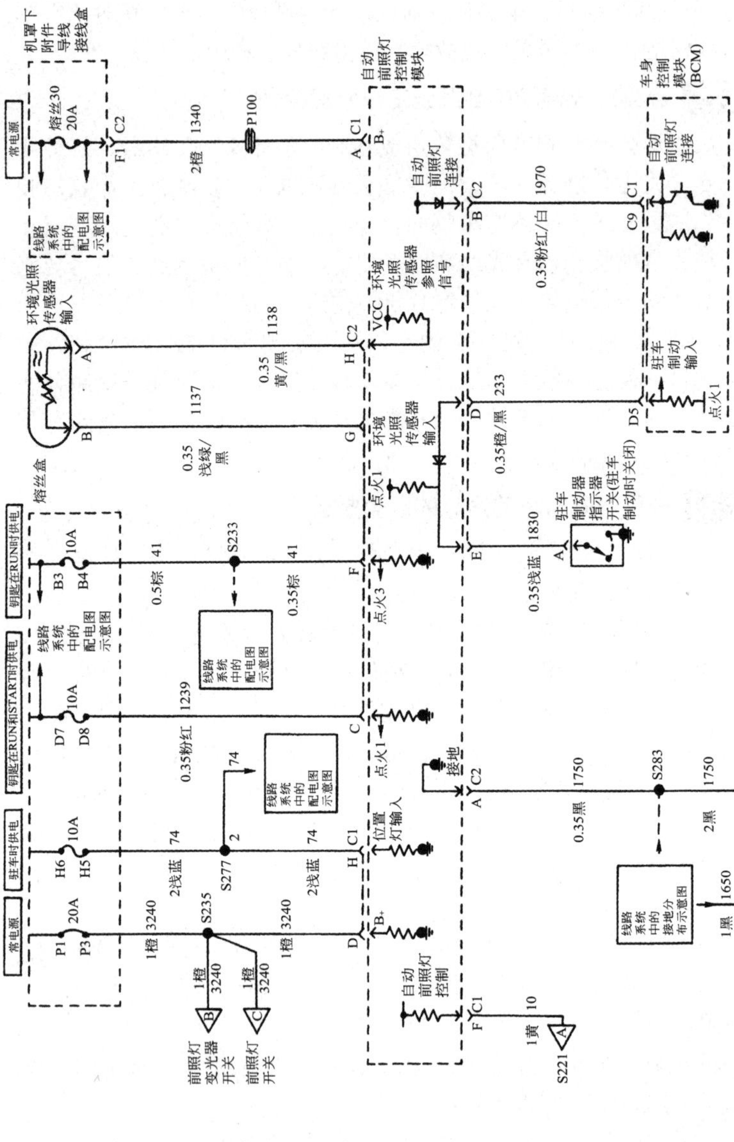

图6-22 自动前照灯模块、光照传感器电路图

b. 松开锁定开关。这些操作必须在10s内完成，下一步操作时间间隔不超过10s。

c. 按下并保持开锁开关，同时接通和断开前照灯开关两次。

d. 松开开锁开关，这些操作必须在10s内完成。

小提示

●如果听到一次钟鸣声，说明前照灯照明延时功能被取消；如果听到二次钟鸣声，说明前照灯照明延时功能已经启用。在断开车上蓄电池一年时间内，以上设定不会改变。

③ 环境光照传感器。如图6-23所示，环境光照传感器是一个光敏电阻，位于仪表板中部前方，靠近挡风窗玻璃处。当外界光照强度增加时，传感器电阻减小，自动前照灯控制模块通过检测传感器阻值决定是否点亮前照灯。自动前照灯工作时，通过电路10接通前照灯。同时，通过电路74接通驻车灯、侧灯和牌照灯。

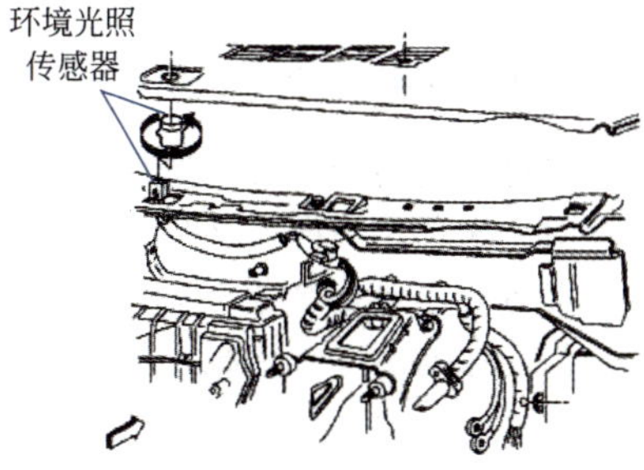

图6-23 环境光照传感器安装位置

小提示

●当点火开关接通且自动前照灯控制模块检测到暗光线时，如果踩下驻车制动，则前照灯不会点亮；松开驻车自动后，前照灯自动点亮；自动前照灯点亮后，再踩下驻车制动器时前照灯不会熄灭。

（4）随动转向前照灯系统（AFS）

AFS是英文Adaptive Front Lighting System（随动转向前照灯系统）的缩写，也称主动转向前照灯，它能不断地对前照灯进行动态调节，保持与汽车的当前行驶方向一致，以确保对前方道路提供最佳照明并对驾驶员提供最佳可见度，从而显著增强了黑暗中驾驶的安全性。汽车随动转向前照灯系统（AFS）的比较如图6-24所示。

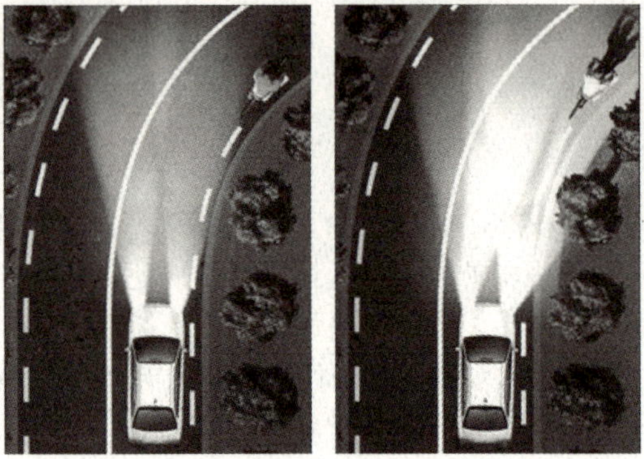

(a) 无AFS　　(b) 有AFS

图6-24　汽车随动转向前照灯系统（AFS）的比较

通常，汽车上安装的普通前照灯具有固定的照射范围，当夜间汽车在弯道上转弯时，由于无法调节照明角度，常常会在弯道内侧出现“盲区”，极大地威胁了驾驶员夜间的安全驾车。AFS系统能够根据行车速度、转向角度等自动调节前照灯的偏转，以便能够提前照亮“未到达”的区域，提供全方位的安全照明，以确保驾驶员在任何时刻都拥有最佳的可见度。

小提示

●随动前照灯转向照明系统，主要是在车头前照灯组内后方或底座安装了转向电机，当驾驶员转动方向盘时，计算机会收集方向盘的转向角度和车速的讯号，然后发送控制指令给前照灯组内的转向电机，令其随着车辆的实际过弯动态进行左右转动与实时的调整，让照明光束集中在行车的路线上，让驾驶员可清楚地看到车辆前方即将经过的弯道上的路况。

目前，宝马、通用新君越、丰田凯美瑞等轿车配备的氙气随动转向前照灯装置（包括弯道照明模式、高速公路模式、城镇照明模式等），能使驾驶员清楚地看到原本处于视野盲区的情况，有效提升了道路交通安全。

二、前照灯的检修技巧

（一）前照灯的检查与调整

前照灯是汽车夜间行驶的主要设备，前照灯亮度、光束角度如果不正确，将影响夜间行车安全。因此，前照灯灯泡烧毁、污损、照射角度不正常，都是很危险的现象，必须在维护中及时修复。

1 全车灯光工作情况的检查

两个人配合检查前照灯、转向灯、示宽灯、制动灯等灯光装置。检查时，打开灯光开关，依次检查全车各部位的灯光；踩下制动踏板查看制动灯情况。发现不亮现象应予以排除。常见的灯光不亮故障有灯泡烧毁或熔丝烧断所致，更换灯泡或熔丝即可排除故障。

2 前照灯光束的调整

（1）使用前照灯测试仪调整前照灯

将轮胎气压正常的空车，停放在平坦的场地上，在驾驶室内乘坐一名驾驶员或将60kg的重物放在驾驶员位置上，使车前部对准前照灯测试仪，按测试结果进行调整。

（2）手工调整

将轮胎气压正常的空车，停放在平坦的场地上，在驾驶室内乘坐一名驾驶员或将60kg的重物放在驾驶员位置上，使车前部对幕墙保持一定的距离（正面相对10m左右）。

接通灯光开关，调整其光束。

小技巧

●调灯时以一只灯为单位调整，首先遮蔽其他前照灯；然后拧动上下左右光束调整螺钉，使主光束（光度最高点）处于规定高度；前照灯上下左右调整时，必须拧入调整螺钉调整。

●若需拧松调节时，应先完全拧松后，再拧入调整螺钉进行调整。

图6-25所示为奥迪A6轿车前照灯的调整：左前照灯高度调整时，转动调整螺钉1和2，转动圈数要相同，侧向调整时，只需转动调整螺钉2。右前照灯调整螺钉与此对称。

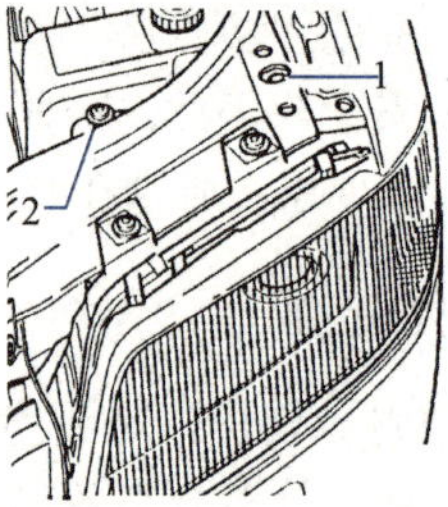

图6-25　左前照灯的调整

1—高度调整螺钉；2—高度/侧向调整螺钉

3 雾灯的调整（以奥迪A6轿车为例）

首先拉下保险杠下部护板（箭头），如图6-26所示。然后，转动调整螺栓（箭头）可降低光束，横向不可调，如图6-27所示。图中所示为右雾灯，左雾灯调整螺栓与此对称。

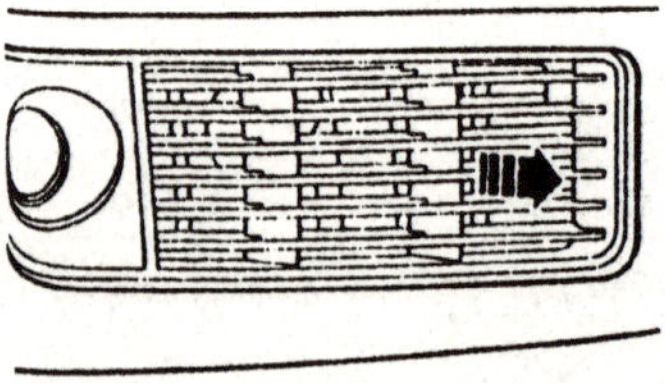

图6-26　拆卸保险杠下部护板

图6-27　调整雾灯

（二）前照灯灯泡的更换

前照灯不亮时，首先要检查插座和导线连接状况是否良好，然后检查熔丝、灯泡是否正常。如果确定是前照灯灯泡损坏，应及时更换前照灯灯泡。

1 更换卤素前照灯灯泡

（1）拆卸卤素前照灯灯泡

拆下前照灯壳体盖，松开弹簧夹，拔下卤素前照灯灯泡插头，从壳体中取出灯泡，如图6-28所示。

（2）安装卤素前照灯灯泡

将新灯泡装入壳体，注意手不要触摸灯泡玻璃，如图6-29所示。插上灯泡插头，用弹簧夹固定住灯泡，装上前照灯的壳体盖。

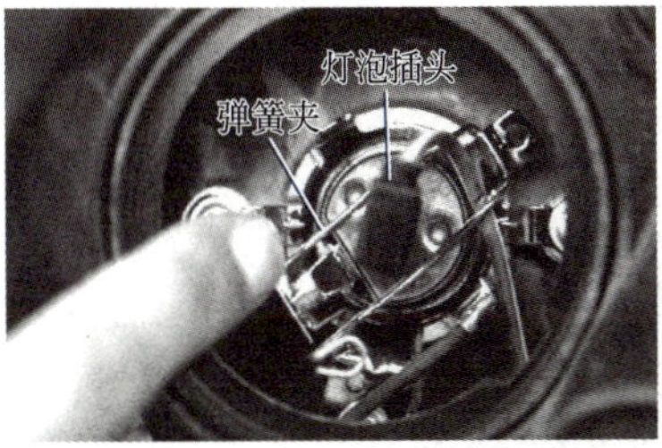

图6-28　松开弹簧夹

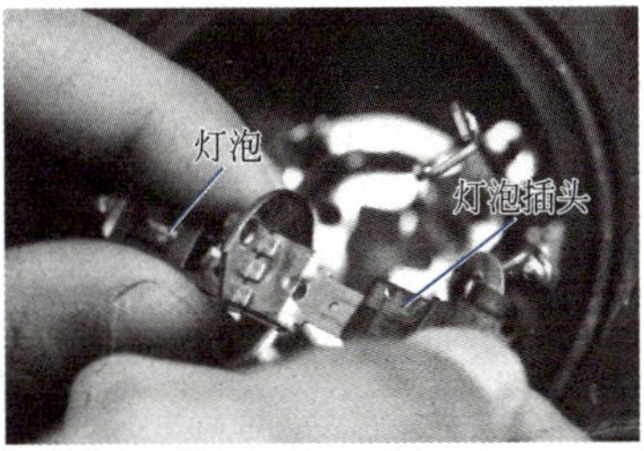

图6-29　插上灯泡插头

2 更换氙气式（气体放电式）前照灯灯泡

拆卸氙气式前照灯灯泡，如图6-30所示，逆时针转动后拆下氙气式前照灯的插头和固定圈。

安装气体氙气式前照灯灯泡。将新灯泡装入壳体，注意手不可触摸灯泡玻璃。如图6-31所示，将固定圈装到带两个槽（箭头）的氙气式灯上的定位凸起上，顺时针转动以固定。接好插头并装上壳体盖。

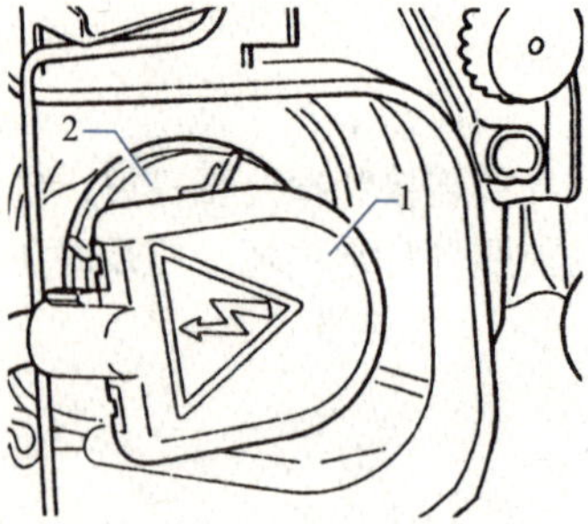

图6-30 拆卸氙气式前照灯

1—氙气式前照灯插头；2—固定圈

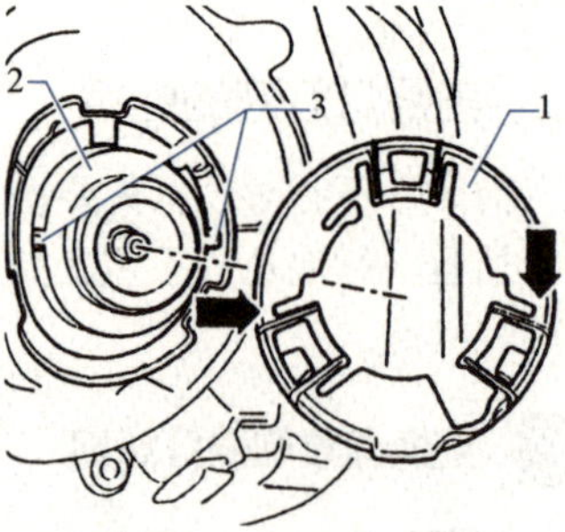

图6-31 安装氙气式灯泡

1—固定圈；2—氙气式灯泡；3—定位凸起

(三)前照灯总成的更换

1 前照灯总成的拆卸

① 打开发动机舱盖，如图6-32所示，找到固定前照灯的所有螺栓(一般为2～3个)。然后将固定螺栓拆下来。

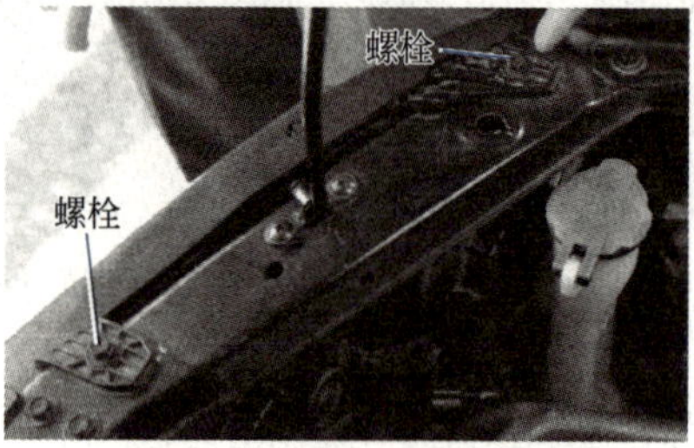

图6-32 拆下固定前照灯的螺栓

② 拔下前照灯上连接导线的插头，如图6-33所示。

③ 轻轻地向外拉前照灯总成，如图6-34所示。

④ 将前照灯总成拉出一点后，观察有无其他连接导线插头(比如转向灯插头)，如有，应拔下相关连接导线插头，取出前照灯总成。

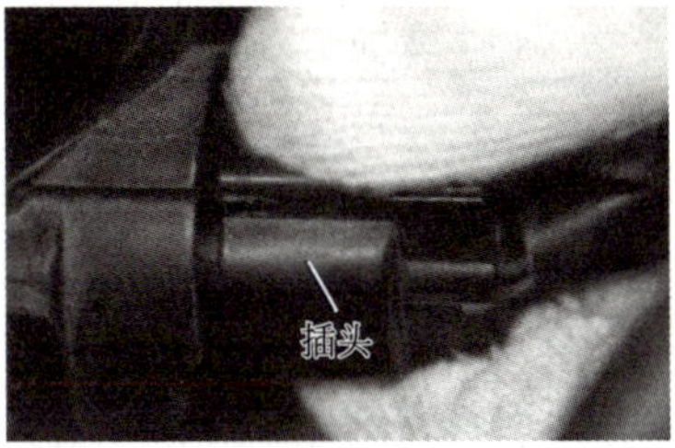

图6-33 拔下前照灯上连接导线的插头

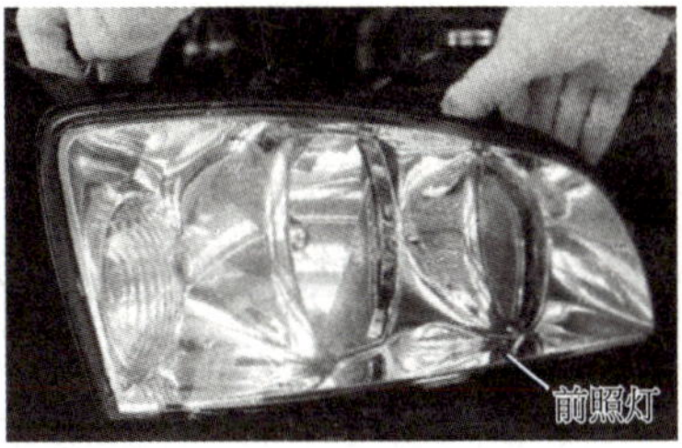

图6-34 向外拉前照灯总成

2 前照灯总成的安装

安装前照灯总成的方法与拆卸顺序相反进行。

① 检查前照灯总成安装是否到位，然后将固定前照灯总成的螺栓按规定力矩拧紧。

② 打开前照灯开关，检查前照灯应工作正常。

三、照明系统的故障诊断与排除技巧

照明系统的故障诊断与排除方法基本相同，下面以桑塔纳2000轿车为例，介绍其故障诊断与排除方法。

1 前照灯远、近光均不亮的故障诊断与排除

(1) 故障现象

车灯开关处于Ⅲ位时，拨动变光开关，前照灯远、近光均不亮。

(2) 故障原因

① 熔断器断路。

② 车灯开关损坏。

③ 变光开关损坏。

④ 前照灯双丝灯泡损坏。

⑤ 连接线路断路。

(3) 故障诊断与排除

前照灯远、近光均不亮故障诊断与排除如图6-35所示。

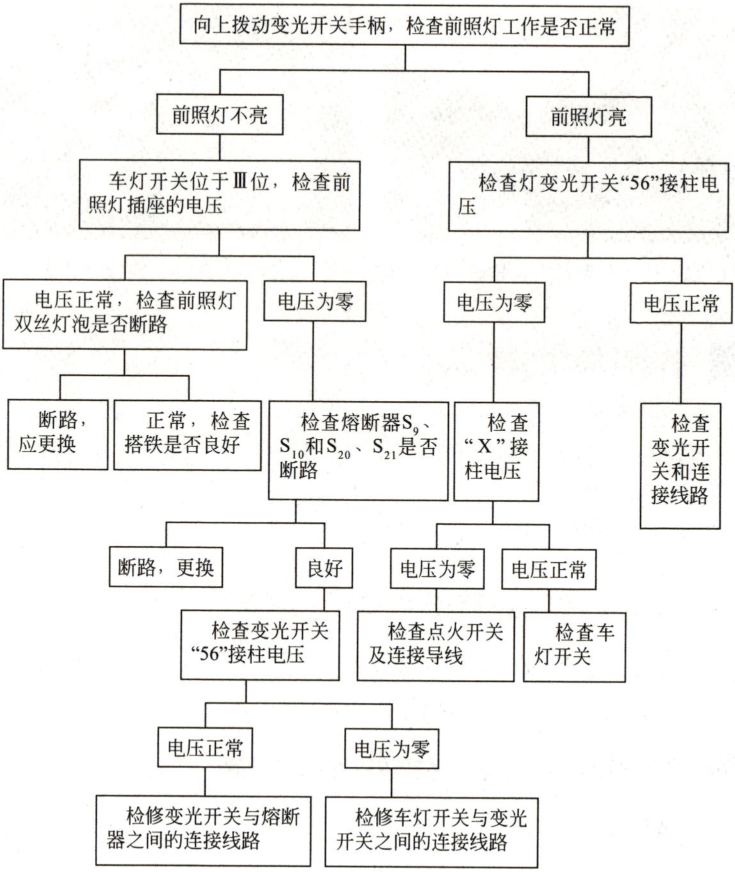

图6-35 前照灯远、近光均不亮故障诊断与排除

2 前照灯远光或近光不亮的故障诊断与排除

（1）故障原因

① 变光开关远光或近光挡接触不良。

② 双丝灯泡远光或近光灯丝损坏。

③ 熔断器断路。

④ 远光或近光灯连接线断路。

（2）故障诊断与排除

前照灯远光或近光不亮故障诊断与排除如图6-36所示。

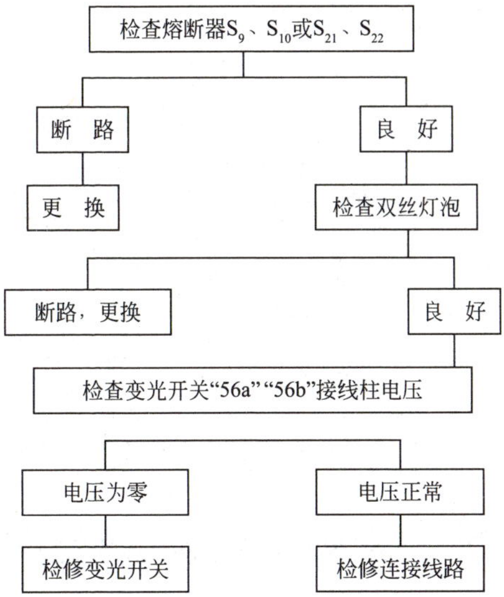

图6-36　前照灯远光或近光不亮故障诊断与排除

3　前照灯发光强度低的故障诊断与排除

（1）故障原因

① 交流发电机输出电压低。

② 变光开关接触不良。

③ 前照灯插接件接触不良。

④ 前照灯反射镜老化或锈蚀。

⑤ 线路搭铁不良

（2）故障诊断与排除

前照灯发光强度低故障诊断与排除如图6-37所示。

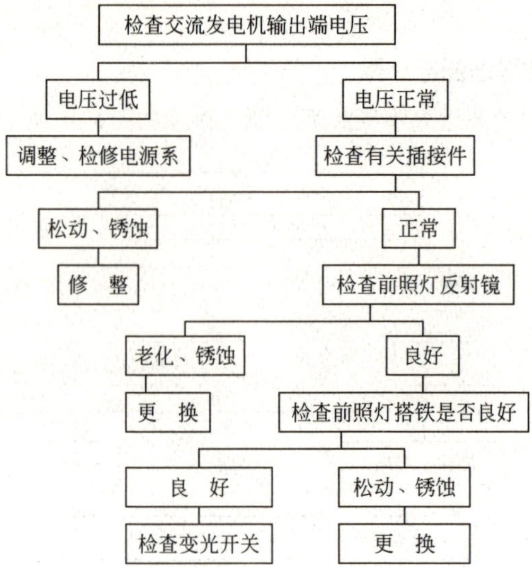

图6-37 前照灯发光强度低故障诊断与排除

4 一侧前照灯远光与近光均不亮的故障诊断与排除

(1) 故障原因

① 某侧双丝灯泡损坏。

② 熔断器断路。

③ 前照灯插接件松脱或导线断路。

(2) 故障诊断与排除

一侧前照灯远光与近光均不亮故障诊断与排除如图6-38所示。

5 小灯、尾灯工作不正常的故障诊断与排除

(1) 故障原因

① 车灯开关损坏。

② 灯泡损坏。

③ 熔断器断路。

④ 连接线路断路或插接件接触不良。

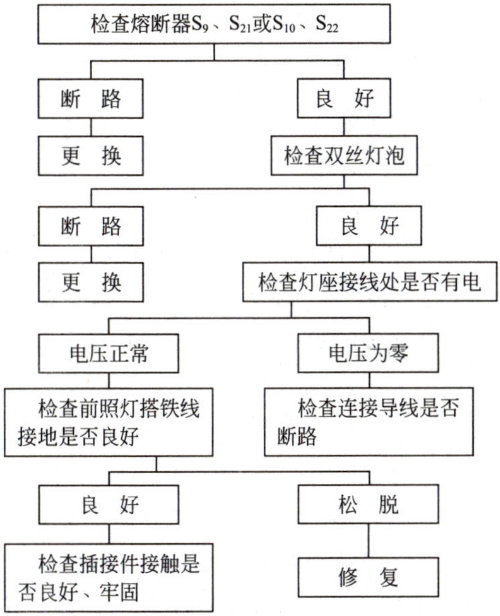

图6-38　一侧前照灯远光与近光均不亮故障诊断与排除

（2）故障诊断与排除

① 接通点火开关，将车灯开关拨至Ⅱ位，若某小灯或尾灯不亮，通常是灯泡损坏或插接件松脱、接触不良。

② 若某侧小灯和尾灯均不亮，则通常是相应的熔断器断路或该侧小灯和尾灯灯泡同时损坏。

③ 若两侧小灯、尾灯均不亮，而接通停车灯开关后灯亮，则一般为车灯开关损坏。

6　雾灯工作不正常的故障诊断与排除

（1）故障原因

① 车灯开关损坏。

② 雾灯开关损坏。

③ 熔断器断路。

④ 雾灯继电器损坏。

⑤ 雾灯灯泡损坏。

⑥ 连接线路断路或插接件松脱。

（2）故障诊断与排除

① 当车灯开关处于Ⅱ位或Ⅲ位，雾灯开关处于Ⅱ位或Ⅲ位时，前、后雾灯均不亮，先检查前雾灯灯座处黄/白色导线和后雾灯座处灰/白色导线是否有电。如果有电，则应检查雾灯灯泡是否断路及灯座处棕色导线搭铁是否良好；如果无电，则应检查熔断器是否断路，雾灯继电器是否工作，雾灯开关“83”接线柱是否有电，雾灯开关是否良好等。

② 当车灯开关处于Ⅱ位或Ⅲ位，雾灯开关处于Ⅱ位或Ⅲ位，前雾灯正常，而后雾灯不亮，则应检查后雾灯灯座处灰/白色导线是否有电；后雾灯灯泡是否断路；棕色导线搭铁是否良好；熔断器是否断路；雾灯开关“83”接线柱是否有电等。

③ 当灯光总开关处于Ⅱ位或Ⅲ位，雾灯开关处于Ⅱ位或Ⅲ位，两前雾灯均不亮，而后雾灯亮，则应检查前雾灯灯座处黄/白色导线是否有电；前雾灯灯泡是否断路；棕色导线搭铁是否良好；熔断器是否断路；雾灯开关“83”接线柱是否有电等。

四、维修实例

实例一　关闭点火开关和前照灯开关，远光灯却自动点亮

（1）故障现象

帕萨特B5轿车，行驶里程为7.3万千米。驾驶员说，头天晚上收车后，关闭点火开关和所有灯光，并锁好车门，但第二天早晨发现车辆的远光灯已经自动点亮。打开车门，观察前照灯开关已处在关闭位置。车内有一股塑料焦煳味，并正从方向盘下的变光开关处向外冒小股的黑烟，于是赶紧拆下蓄电池的负极导线。

（2）故障原因

前照灯变光开关和雨刷开关损坏。

(3) 故障诊断与排除

先接上蓄电池负极导线，在不打开点火开关和前照灯开关关闭时，远光灯果然自动点亮。用手扳变光开关，却发卡不能扳动。

再拆下蓄电池的负极导线，拆下方向盘，把转向柱上的变光开关和雨刷开关整体拆下，发现两者已经烧结在一起无法分开。

帕萨特B5轿车组合开关有一项功能为：在不开前照灯开关时，无论点火开关是否打开，向上抬变光开关，远光灯就会点亮，松开手后远光灯会熄灭，这种操作可作为超车时使用。

由此可知，虽然关闭了点火开关和前照灯开关，但仍有超车灯电源30号电接通变光开关。当超车灯开关内部短路时，前照灯远光会常亮不熄，若前照灯远光长时间点亮并加之开关内部接触不良就会产生大量的热，最终导致烧损变光开关。

变光开关损坏后会出现的故障现象多种多样，主要有以下一些故障现象。

① 变光开关扳不动，不能变光。

② 前照灯远光常亮不熄。

③ 行车时从变光开关处冒黑烟。

④ 前后左右4个转向灯工作不停。

⑤ 前照灯远光或近光不亮。

⑥ 当左转向或右转向时，车外转向灯不亮。室内转向指示灯暗淡发光，并且闪光器内有“嘶、嘶”的异响。

⑦ 转向开关不能自动回位。

⑧ 左转向灯或右转向灯不亮。

如果出现上述故障现象，大多与车灯变光开关有关。

同时更换变光开关和雨刷开关后试车，前照灯亮灭恢复正常。

实例二　前照灯不亮

(1) 故障现象

爱丽舍轿车，行驶里程为15.9万千米。驾驶员说，夜间打开组合开关上前照灯挡，前照灯均不亮，难以正常行驶。

(2) 故障原因

灯光开关损坏。

(3) 故障诊断与排除

两侧前照灯不亮，不太可能是单个灯泡损坏或线路接触不良造成，应按下列程序检查判断。

① 检查发动机罩下熔丝盒的1号熔丝（蓝色，15A），如烧断应更换。更换熔丝应将点火开关置于OFF挡，换上同规格熔丝。

② 熔丝如完好，用万用表调至直流电压挡（50V），负极表笔搭铁，正极表笔接灯光开关进线端，如无电压，肯定输入导线断路，予以更换（如不便找断路点，可重新引线更简便）。

③ 如有12V电压，证明输入导线完好，应继续查找故障。

④ 用万用表正极笔接组合开关前照灯出线端，如无电压，则表明灯光开关损坏；如有电压，则要检查灯具火线接线柱是否有电压。

一般情况下，此类故障无电压，主要是引入线断损坏和搭铁造成。个别情况下有电压，则为两个灯泡全部损坏。

经检查，该车故障原因为灯光开关损坏。

更换灯光开关后试车，故障排除。

第二节 信号系统的检修

汽车的信号系统主要有转向信号装置、倒车信号装置、制动信号装置及喇叭信号装置等。

一、转向信号装置

1 汽车转向信号灯的作用

汽车转向信号灯主要用来指示车辆行驶方向。其灯光信号采用闪烁的方式，用来指示车辆左转或右转，以引起其他车辆和行人的注意，提高车辆的安全性。另外，汽车在行驶中，如遇危险情况，可使前后左右4个转向灯同时闪烁，作为危险警告信号，请求其他车辆避让。因此，转向信号灯电路系统按用途有转向和警告之分。

转向信号灯一般应具有一定的频闪（闪烁），我国规定转向信号灯的频闪为60 ～ 120次/min，而且要求信号效果要好，通电率（亮暗时间比）最佳为3 ∶ 2。汽车转向灯的闪烁一般都是用同一个闪光器来实现的，用转向灯开关和危险警告开关分别进行控制。

2 转向信号灯电路组成

① 转向信号灯电路主要由转向信号灯、闪光器、转向灯开关等组成。

② 转向信号灯的闪烁是由闪光器控制的。常见的闪光器有热丝式、电容式、翼片式和电子式等，闪光器的外形如图6-39所示。

图6-39 闪光器的外形

a. 热丝式结构简单、成本低，但闪光频率不够稳定，寿命短，信号明暗不明显，现已被淘汰。

b. 电容式和翼片式闪光器闪光频率较为稳定，翼片式闪光器还具有结构简单、体积小、工作时伴有响声可起监控等特点。

c. 电子式闪光器具有性能稳定和工作可靠的特点，目前已广泛应用。

3 闪光器的结构与工作原理

（1）电容式闪光器的结构与工作原理

电容式闪光器的结构与工作原理如图6-40所示。电容式闪光器主要由一个继电器和一个电容器组成，是利用电容器充、放电延时特性，使继电器的两个线圈产生的电磁吸力时而相加、时而相减，使触点周期性的打开或关闭，形成转向信号灯闪烁。其工作原理如下。

当转向灯开关7转到左侧后，串联线圈3有电流通过，电流流向为：从蓄电池正极→串联线圈3→触点2→转向灯开关7→左转向信号灯及左转向指示灯→搭铁→蓄电池负极，形成回路。此时并联线圈4和电容器5的电路被触点2短路，而串联线圈3产生的电磁力大于弹簧片1的弹力使触点2张开，因此左转向信号灯11处于暗的状态。

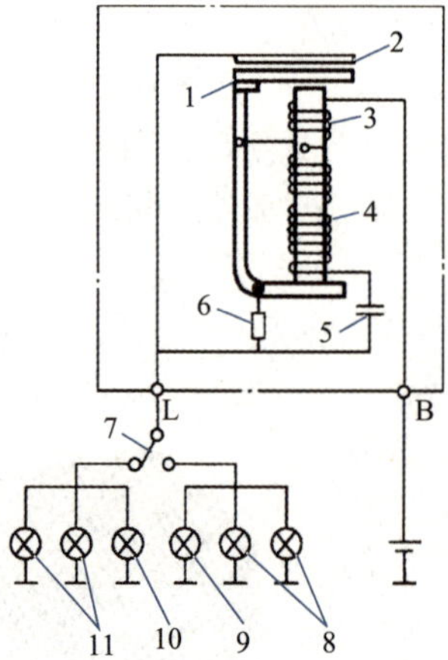

图6-40 电容式闪光器结构与工作原理

1—弹簧片；2—触点；3—串联线圈；4—并联线圈；5—电容器；6—灭弧电阻；7—转向灯开关；8—右转向信号灯；9—右转向指示灯；10—左转向指示灯；11—左转向信号灯

触点打开后，蓄电池经串联线圈3、关联线圈4及转向信号灯向电容器5充电，其充电电流流向为：由蓄电池正极→串联线圈3→并联线圈4→电容器5→转向灯开关7→转向信号灯及转向指示灯→搭铁→蓄电池负极，形成回路。由于并联线圈4的电阻较大，其充电电流很小，故转向灯仍处于暗的状态。同时由于充电电流通过线圈3、4所产生的电磁力的方向相同，触点仍保持打开。随着电容器的充电，电容器两端电压升高，其充电电流逐渐减小，线圈的电磁力也减小，于是触点又重新闭合。

触点2闭合后，通过左转向信号灯的电流增大，左转向信号灯及左指示灯变亮，左转向信号灯电路为：蓄电池的正极→串联线圈3→触点2→转向灯开关7→左转向信号灯11及左转向指示灯10→搭铁→蓄电池负极，形成回路。与此同时，电容器5通过并联线圈4和触点2放电，其放电电流通过并联线圈4所产生的磁场方向与串联线圈3的磁场方向相反，磁力相互抵消，触点2继续闭合，左转向信号灯仍发亮。随着放电电流的逐渐减小，并联线圈4产生的磁场逐渐减弱。当两线圈的磁场力总和大于弹簧片的弹力时，触点张开，灯光又变暗。周而复始，继电器触点不断开闭，使左转向信号灯和左指示灯发出闪光。灭弧电阻6与触点2并联，用来减小触点火花。

(2) 翼片式闪光器的工作原理

翼片式闪光器是利用电流的热效应，使热胀条通电时热胀、断电时冷缩，通过翼片产生变形动作来控制触点的开闭。根据热胀条受热情况不同，可分为直热式和旁热式两种。

① 直热翼片式闪光器。直热翼片式闪光器的结构原理如图6-41所示。接通转向灯开关7时，转向信号灯9通电，其电路为：蓄电池正极→闪光器接线柱B→翼片2→热胀条3→动触点4、静触点5→闪光器接线柱L→转向灯开关7→转向信号灯9和转向指示灯8→搭铁→蓄电池负极，转向信号灯9亮。这时，热胀条3因通电受热而伸长，当热胀条3伸长至一定长度时，翼片2突然绷直，使触点张开，转向信号灯电流被切断，于是转向信号灯9熄灭；触点张开时，热胀条3由于断电而逐渐冷却收缩，最终又使翼片2弯曲成弓形，触点又闭合。触点闭合时，又接通了转向信号灯电路，转向信号灯9变亮。如此交替变化，使转向灯闪烁。

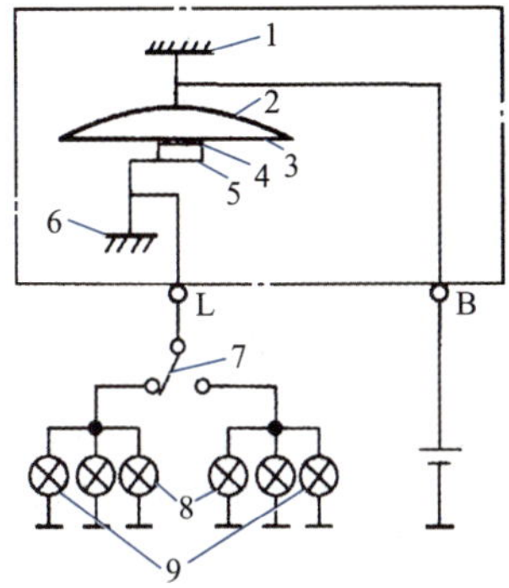

图6-41 直热翼片式闪光器的结构与工作原理

1,6—支架；2—翼片；3—热胀条；4—动触点；5—静触点；7—转向灯开关；8—转向指示灯；9—转向信号灯

直热翼片式闪光器工作时的突然伸直和弯曲所发出的弹跳声，可从声音上提示驾驶员闪光器在工作。

② 旁热翼片式闪光器。旁热翼片式闪光器的结构原理如图6-42所示。旁热翼片式闪光器与直热翼片式闪光器不同的是：热胀条1由绕在其上的电热丝2通电后产生的热量加热，故称旁热翼片式。电热丝2的一端焊在热胀条1上，另一端则与静触点5相连。

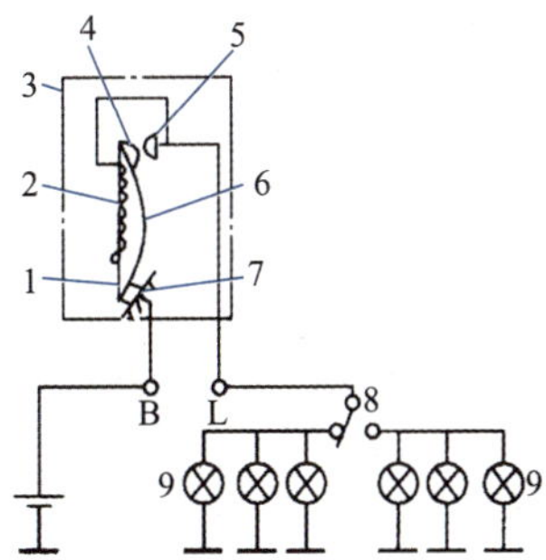

图6-42 旁热翼片式闪光器的结构与工作原理

1—热胀条；2—电热丝；3—闪光器；4—动触点；5—静触点；6—翼片；7—支架；8—转向灯开关；9—转向信号灯及转向指示灯

接通转向灯开关8时，转向信号灯的电路为：蓄电池正极→闪光

器接线柱B→电热丝2→闪光器接线柱L→转向灯开关8→转向信号灯9→搭铁→蓄电池负极。由于电热丝2的电阻较大，电路中的电流较小，故转向信号灯9是暗的。电热丝2通电产生的热量使热胀条1受热伸长，翼片6便在自身弹力的作用下伸直而使常形式触点闭合。这时转向信号灯电路的电流为：蓄电池正极→闪光器接线柱B→翼片6→触点4、5→闪光器接线柱L→转向灯开关8→转向信号灯9→搭铁→蓄电池负极。电热丝2被触点短路，电流增大，转向信号灯9变亮。同时，由于电热丝2被短路，热胀条1逐渐冷却收缩，拉紧翼片6，使触点再次打开，转向信号灯变暗，周而复始，使转向信号灯9闪烁。

(3) 晶体管闪光器的工作原理

晶体管闪光器分为有触点与无触点两种。

① 有触点晶体管闪光器。图6-43所示是一种较为简单的有触点式晶体管闪光器，其工作原理如下。

接通转向灯开关3时，电流流向为：由蓄电池正极→点火开关→R_1→闪光器常闭触点→转向灯开关3→转向信号灯2及转向指示灯→搭铁→蓄电池负极。由于R_1的电阻较小，故电流较大，转向灯灯光亮。同时因电阻R_1上的电压降使晶体管VT的发射极由于正向偏置而导通，继电器线圈通电，使常闭触点张开，转向信号灯2迅速变暗。

触点打开后，电容器C被充电，充电电流流向为：从蓄电池正极→点火开关→R_1→R_2→C→R_3→转向灯开关3→转向信号灯2及转向指示灯→搭铁→蓄电池负极。由于充电电流很小，故转向信号灯2仍暗。随着C充电的进行，VT的基极电位逐渐提高，当VT发射极两端电压小于VT导通所需的正向偏置电压时，VT截止，通过继电器线圈的电流截止，触点闭合，转向信号灯2又重新变亮。

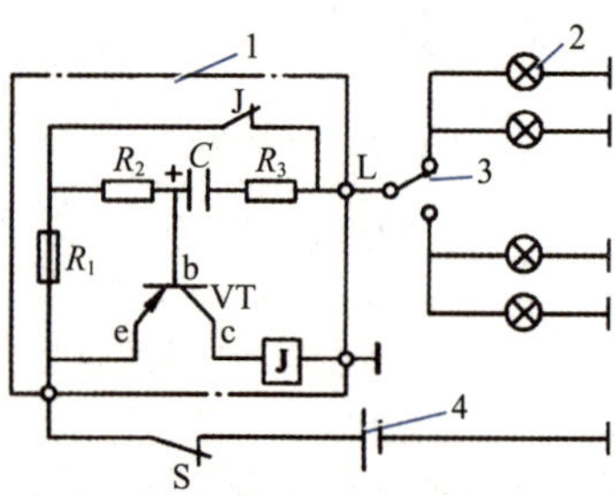

图6-43 有触点电子式闪光器工作原理

1—电子式闪光器；2—转向信号灯；3—转向灯开关；4—蓄电池

触点闭合后，电容C通过R_2、R_3及继电器的触点放电，随着C放电的进行，VT的基极电位不断下降，当达到VT导通所需要的正向偏置电压时，VT导通，继电器线圈又有电流通过，触点打开，转向信号灯2再次变暗。

随着电容C的充电、放电，VT不断的导通、截止，周而复始，使转向信号灯3闪烁。

② 无触点晶体管闪光器。图6-44所示为简单的无触点晶体管闪光器，其工作原理如下。

接通转向灯开关3，VT_1通过R_2得到正向偏置电压而导通饱和，VT_2、VT_3则截止。由于VT_1的发射极电流很小，故转向信号灯2较暗。同时，电源通过R_1对C充电，使VT_1的基极电位下降，当低于其导通所需正向偏置电压时，VT_1截止。VT_1截止后，VT_2通过R_3得到正向偏置电压而导通，VT_3也随之导通饱和，转向信号灯2变亮。此时，C经R_1、R_2放电，使VT_1仍保持截止，转向信号灯2继续发亮。随着C放电电流减小，VT_1基极电位又逐渐升高，当高于其正向导通电压时，VT_1又导通，VT_2、VT_3又截止，转向信号灯2又变暗。随着电容C的充电、放电，VT_3不断的导通、截止，如此反复，使转向灯闪烁。

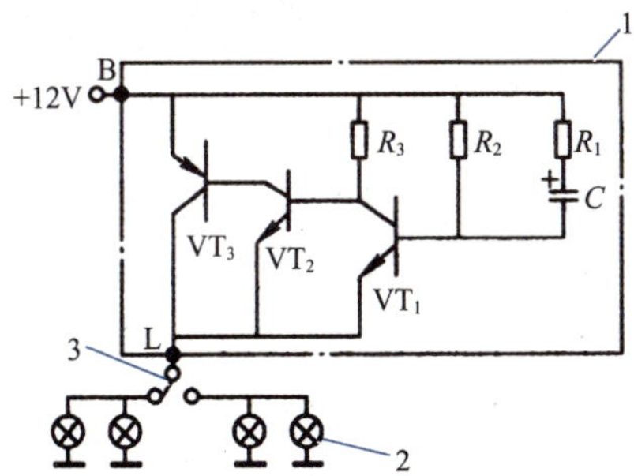

图6-44 无触点电子式闪光器工作原理

1—闪光器；2—转向信号灯；3—转向灯开关

(4) 集成电路闪光器

集成电路闪光器与晶体管闪光器的不同之处就是用集成电路IC取代了晶体管振荡器，这类闪光器也分有触点式和无触点式两种。图6-45所示为SGF-141型有触点式集成电路闪光器工作原理，图6-46所示为无触点式集成电路闪光器工作原理。

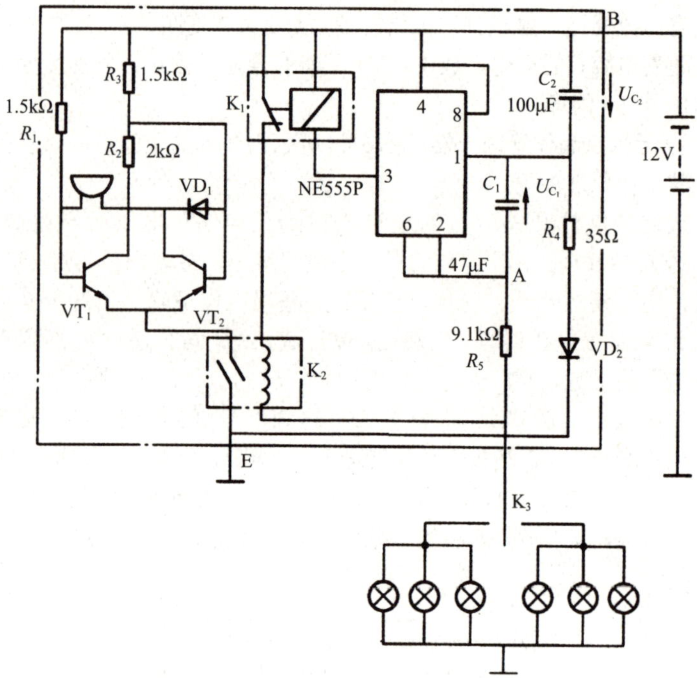

图6-45　SGF-141型有触点式集成电路闪光器工作原理

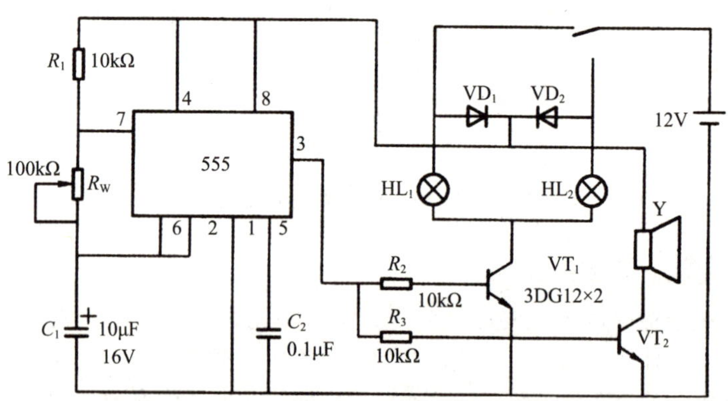

图6-46　无触点式集成电路闪光器工作原理

4 危险警告信号电路的组成与工作原理

危险报警电路一般由左右转向灯、闪光器、危险报警开关等组成。

当危险报警开关闭合时，左右转向灯同时闪烁。其电路如图6-47所示，当危险报警开关闭合时，危险报警信号电路为：蓄电池正极→危险报警开关3→闪光器2→危险报警开关3→转向信号灯及转向指示灯5→搭铁，这样转向信号灯及仪表板上的转向指示灯同时闪烁。

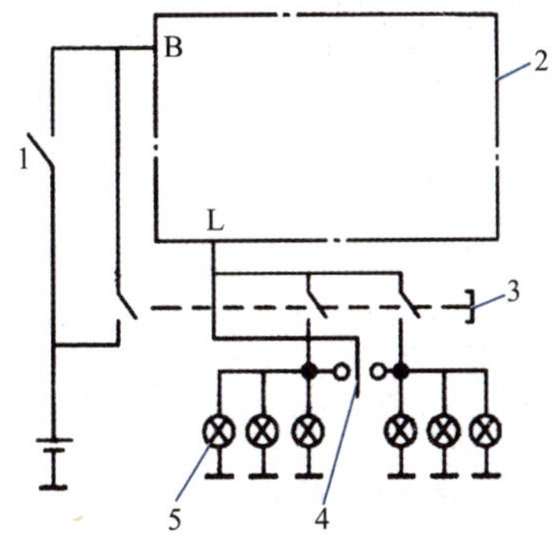

图6-47 危险报警信号电路

1—点火开关；2—闪光器；3—危险报警开关；
4—转向灯开关；5—转向信号灯及转向指示灯

5 转向灯和报警灯故障诊断与排除

转向灯和报警灯故障诊断与排除方法基本相同，下面以桑塔纳2000轿车为例，介绍其故障诊断与排除方法。

（1）转向灯和报警灯均不工作的故障诊断与排除

① 故障原因。

a. 熔断器断路。

b. 闪光器损坏。

c. 报警灯开关损坏。

d. 转向灯灯泡断路。

e. 连接线路断路。

② 故障诊断与排除。转向灯和报警灯均不工作故障诊断与排除如图6-48所示。

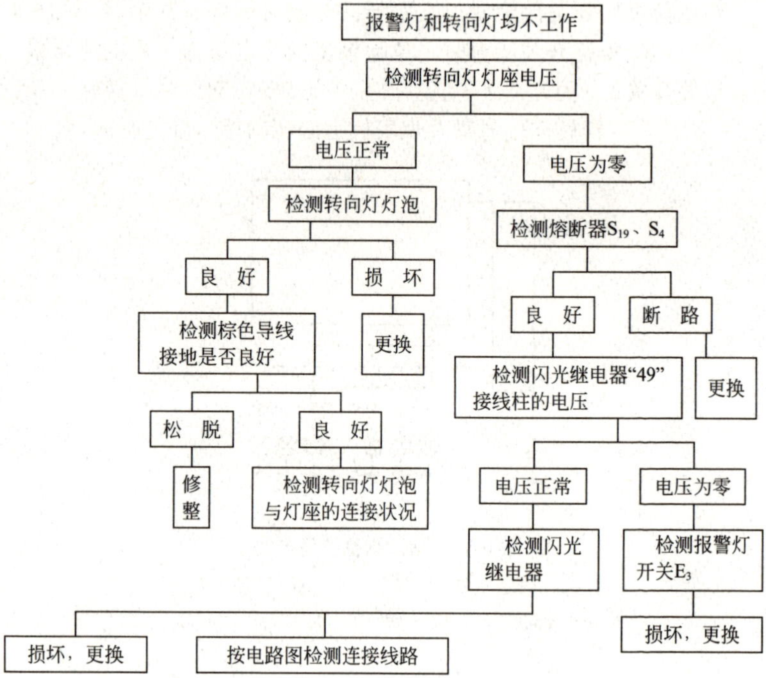

图6-48 转向灯和报警灯均不工作故障诊断与排除

(2) 报警灯工作正常，转向灯不工作的故障诊断与排除

① 故障原因。

a. 熔断器断路。

b. 转向灯开关损坏。

c. 报警灯开关损坏。

d. 连接导线断路或插接件松脱。

② 故障诊断与排除。报警灯工作正常，转向灯不工作故障诊断与排除如图6-49所示。

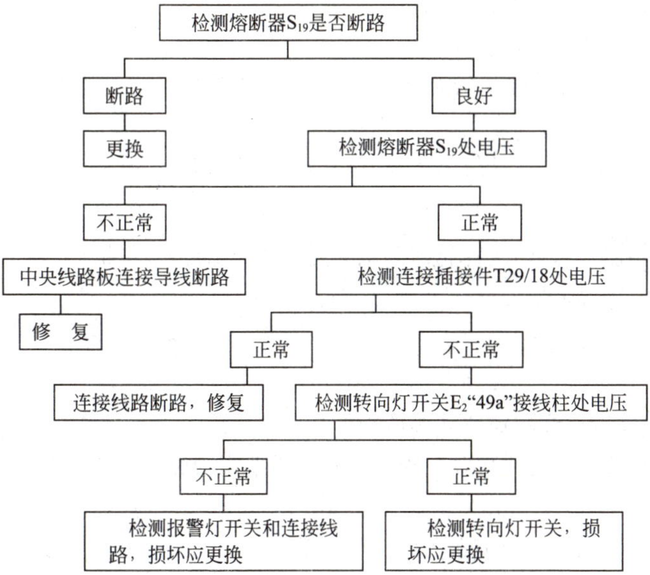

图6-49 报警灯工作正常，转向灯不工作故障诊断与排除

(3) 报警和转向灯工作均正常，但仪表板上绿色指示灯不亮的故障诊断与排除

① 故障原因。

a. 发光二极管损坏。

b. 连接导线断路或插接件松脱。

② 故障诊断与排除。检查仪表板14孔白色插接件蓝/红导线上的电压，其值应随转向灯闪光频率变化而变化，否则应检查中央线路板、接点以及中央线路板；如果电压正常，则应检查发光二极管或仪表板，若有损坏，应更换。

(4) 灯光闪烁频率不一致的故障诊断与排除

① 故障原因。

a. 转向灯灯泡功率选用不当。

b. 某转向灯灯泡损坏。

c. 闪光器调整不当。

d. 某侧搭铁线接触不良。

② 故障诊断与排除。

a. 检查闪光频率较高的一侧灯泡是否损坏，灯泡型号是否符合规定。

b. 检查搭铁线接触是否良好，插接件连接是否牢固。

若不符合要求，应更换或修理。

(5) 转向灯工作正常而报警灯不工作的故障诊断与排除

① 故障原因。

a. 熔断器断路。

b. 报警灯开关损坏。

c. 连接导线断路或插接件损坏。

② 故障诊断与排除。首先检查熔断器是否断路，若良好时，应检查报警灯开关是否正常，相关插接件是否松脱，报警灯开关接线柱接触是否良好，并视情况予以更换或修理。

二、制动信号装置

制动灯安装在车辆尾部，当其工作时，通知后面车辆该车正在制动，以避免后面车辆与其相撞。目前，轿车均装有高位制动灯，它安装在后窗中心线、靠近窗底部附近，当前后两辆车离得很近时，后面车辆驾驶员就能从高位制动灯的亮灭来判断前车的行驶状况。

1 制动灯开关的类型

制动灯电路一般不受点火开关控制，直接由电源、熔丝到制动灯开关，因此制动灯由制动信号开关控制。常见的制动灯开关有以下几种类型。

(1) 液压式制动灯开关

图6-50所示为液压式制动灯开关，用于采用液压制动系统的汽车上，装在液压制动主缸的前端，或制动管路中。当踩下制动踏板时，由于制动系统的压力增大，膜片2向上弯曲，接触桥3同时接通接线柱6和接线柱7，使制动灯通电发亮。松开制动踏板时，制动系统压

力降低，接触桥3在回位弹簧4的作用下复位，制动灯电路被切断。

（2）气压式制动灯开关

图6-51所示为气压式制动灯开关，用于采用气压制动系统的汽车，通常被安装在制动系统的气压管路上。制动时，制动压缩空气推动橡胶膜片向上弯曲，使触点闭合，接通制动灯电路。

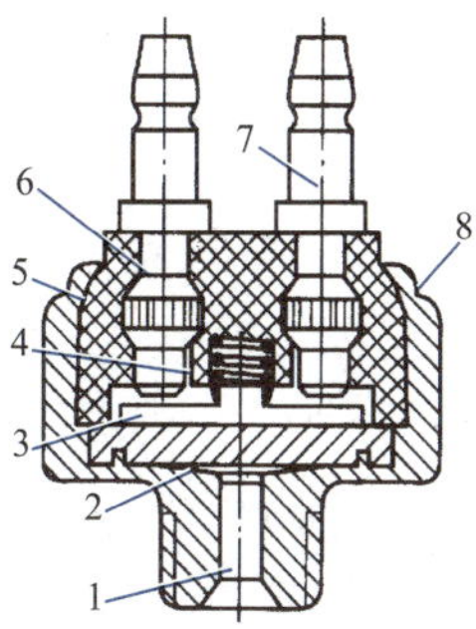

图6-50 液压式制动灯开关

1—通制动液；2—膜片；3—接触桥；4—弹簧柱；5—胶木底座；6,7—接线柱；8—壳体

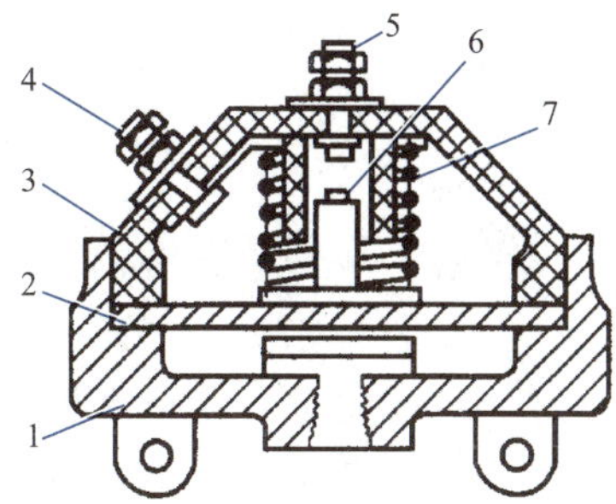

图6-51 气压式制动灯开关

1—壳体；2—膜片；3—胶木盖；4,5—接线；6—触点；7—弹簧

（3）弹簧式制动灯开关

弹簧式制动灯开关是一种轿车较为常用的制动开关，装在制动踏板的后面，如图6-52所示。当踏下制动踏板时，开关闭合，将4、7两

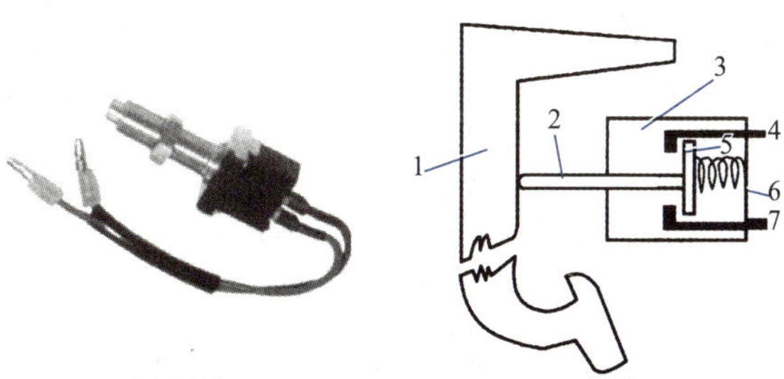

(a) 外形　(b) 结构

图6-52 弹簧式制动灯开关

1—制动踏板；2—推杆；3—制动灯开关；4,7—接线柱；5—接触片；6—回位弹簧

接线柱接通，使制动灯点亮；当松开制动踏板后，回位弹簧使接触片5离开4、7两接线柱，制动灯电路断开。

2 制动灯工作不正常的故障诊断与排除

（1）故障原因

① 熔断器断路。

② 制动灯开关损坏。

③ 灯泡断路。

④ 连接线路断路或插接件松脱。

（2）故障判断与排除

① 如果一侧制动灯亮而另一侧制动灯不亮，应首先检查不亮侧制动灯灯泡是否断路，灯座处黑/红导线上的电压是否正常。若均良好，再检查搭铁线接触是否良好，灯泡与灯座接触是否良好。

② 如果两侧制动灯均不亮，应首先检查熔断器是否断路。若良好再检查制动灯开关处黑/红导线电压是否正常。若电压正常，则拆下制动灯开关处的两导线并连接在一起，此时若制动灯亮，说明制动灯开关损坏，应更换；若制动灯仍不亮，则应检查制动灯灯泡是否断路，连接导线是否断路等。

三、倒车信号装置

倒车灯安装于车辆尾部，在夜间给驾驶员提供额外照明，使其能够在夜间倒车时看清车的后部，同时倒车灯也警告后面车辆的驾驶员和行人，该车驾驶员想要倒车或正在倒车。有些汽车上还装有倒车蜂鸣器。倒车灯和倒车蜂鸣器均由倒车灯开关控制。倒车灯开关装在变速器盖上，当点火开关接通，变速器换至倒车挡时，倒车灯点亮，其简化电路如图6-53所示。

图6-53 倒车灯电路示意图

1 倒车灯开关结构特点

倒车灯开关的结构如图6-54所示。倒车灯开关一般安装在变速器上，钢球8平时被倒车挡叉轴顶起，而当变速杆拨至倒车挡时，倒车挡叉轴上的凹槽对准钢球8，钢球8被松开，在弹簧4的作用下，触点5闭合，将倒车信号电路接通。

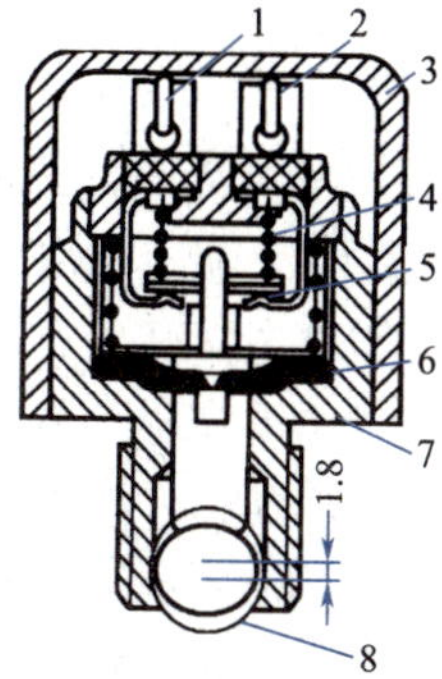

图6-54 倒车灯开关的结构

1,2—接线柱；3—外壳；4—弹簧；5—触点；6—膜片；7—底座；8—钢球

2 倒车灯与倒车蜂鸣器电路工作原理

倒车信号灯电路如图6-55所示，其工作原理如下。

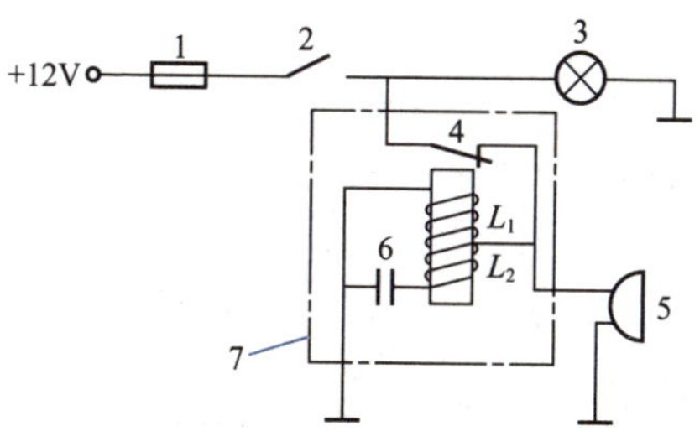

图6-55 倒车信号灯电路

1—熔断器；2—倒车灯开关；3—倒车灯；4—触点；5—蜂鸣器；6—电容器；7—继电器

倒车时，安装在变速器上的倒车灯开关2闭合，倒车灯3亮；同时，电流经继电器7中的触点4到蜂鸣器5，使蜂鸣器5发出响声。此时，线圈L_1和L_2中均有电流通过，流经L_2的电流同时向电容器6充电，由于流入L_1和L_2的电流大小相等，方向相反，产生的磁通量互相抵消，故触点4继续闭合。随着电容器6两端电压逐渐升高，L_2中的电流逐渐减小，当L_1中磁通量大于L_2的磁通量一定值时，磁吸力大于

弹簧弹力，触点4打开，蜂鸣器5停止发响。

触点4打开后，电容器6经L_1和L_2放电，使L_1和L_2中的电流方向相同，电磁力方向相同，触点4继续打开；当电容器两端的电压下降到一定值时，磁吸力小于弹簧弹力，触点4又重新闭合，蜂鸣器5又发响。电容器6又开始充电，重复上述过程。如此可知，蜂鸣器5是利用电容器6的充电和放电，使L_1和L_2的磁场时而相加、时而相减，使触点4时开时闭，从而控制电磁振动式蜂鸣器间歇发声，以警告行人和其他车辆的驾驶员注意。

在倒车时，倒车灯不受继电器控制，一直发亮，在夜间时，倒车灯还兼有照明作用。

3 倒车灯工作不正常的故障诊断与排除

(1) 故障原因。

① 熔断器断路。

② 倒车灯开关损坏。

③ 倒车灯灯泡断路。

④ 连接导线断路或插接件松脱。

(2) 故障判断与排除。

① 如果两侧倒车灯均不亮，首先检查熔断器是否断路。

② 若熔断器良好，应挂入倒挡，检测灯座处黑色导线上的电压是否正常。

③ 如果电压正常，应检测倒车灯灯泡是否损坏，搭铁线接触是否良好。如果电压为零，则应检测倒车灯开关处黑色导线电压是否正常。

④ 若正常，将其与黑底色导线连在一起，此时，若倒车灯点亮，说明倒车灯开关损坏，应更换；若倒车灯仍不亮，说明连接线路有断路处，应修复。

四、喇叭信号装置

1 汽车喇叭的类型与特点

汽车喇叭主要用于警告行人和其他车辆，以引起注意，保证行车安全。

喇叭按发音动力有气喇叭和电喇叭之分；按外形有螺旋（蜗牛）形、筒形、盆形之分（见图6-56）；按声频有高音和低音之分；按接线方式有单线制和双线制之分。

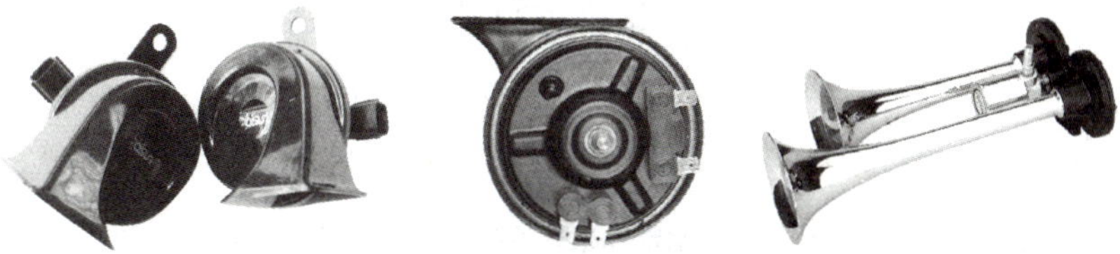

(a) 螺旋（蜗牛）形喇叭　(b) 盆形喇叭　(c) 筒形气喇叭

图6-56　喇叭类型

气喇叭是利用气流使金属膜片振动产生音响，外形一般为筒形，多用在具有空气制动装置的重型载重汽车上。电喇叭是利用电磁力使金属膜片振动产生音响，其声音悦耳，广泛使用于各种类型的汽车上。

电喇叭按有无触点可分为普通电喇叭和电子电喇叭。普通电喇叭主要是靠触点的闭合和断开，控制电磁线圈激励膜片振动而产生音响的；电子电喇叭中无触点，它是利用晶体管电路激励膜片振动产生音响的。目前汽车上所装用的喇叭多为电喇叭。

小提示

● 在中小型汽车上，由于安装的位置限制，多采用螺旋形电喇叭。盆形电喇叭具有体积小、重量轻、指向好、噪声小等优点。

2 电喇叭的结构与工作原理

电喇叭的工作原理基本相同，图6-57所示为盆形电喇叭的结构与工作原理。

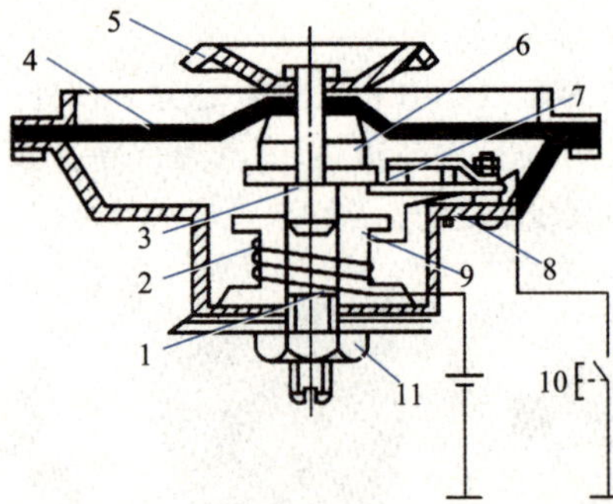

图6-57 盆形电喇叭的结构与工作原理

1—下铁芯；2—线圈；3—上铁芯；4—膜片；5—共鸣板；6—衔铁；7—触点；8—调整螺钉；9—电磁铁芯；10—按钮；11—锁紧螺母

分形电喇叭的工作原理如下。

按下电喇叭按钮10，电喇叭内部电路接通，电路为：蓄电池正极→线圈2→触点7→电喇叭按钮10→搭铁→蓄电池负极。线圈2通电后产生电磁力，吸动上铁芯3及衔铁6下移，使膜片向下弯曲。衔铁6下移将触点7顶开，线圈2电路被切断，其电磁力消失，上铁芯3、衔铁6及膜片4又在触点臂和膜片4自身弹力的作用下复位，触点7又闭合。触点7闭合后，线圈2又通电产生电磁力吸引上铁芯3和衔铁6下移，再次将触点7顶开。如此循环，使上铁芯3与下铁芯1不断碰撞，产生一个较低的基本频率，并激励膜片4与共鸣板5产生共鸣，从而发出比基本频率强且分布比较集中的谐音。

3 电喇叭的控制电路

为了得到较为和谐悦耳的声音，在汽车上一般装有高、低音两个电喇叭。由于电喇叭工作电流较大，为保护电喇叭按钮，一般在电喇叭电路中设有电喇叭继电器，电喇叭的控制电路如图6-58所示。

当按下电喇叭按钮3时，线圈2通电，产生的电磁力使触点5闭合，接通电喇叭电路而使电喇叭发声。电喇叭电路为：蓄电池正极→熔丝→接线柱B→触点臂1→触点5→接线柱H→电喇叭→搭铁→蓄电池负极。电喇叭工作电流不经电喇叭按钮，从而保护了电喇叭按钮。

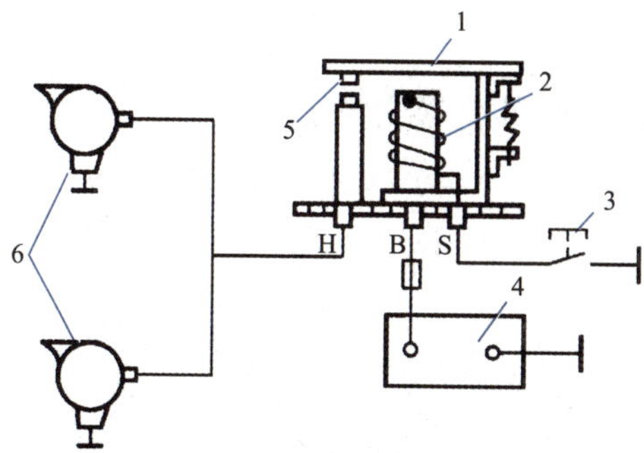

图6-58 电喇叭的控制电路

1—触点臂；2—线圈；3—电喇叭按钮；4—蓄电池；5—触点；6—电喇叭

4 电喇叭的故障诊断与排除

（1）电喇叭音量小的故障诊断与排除

① 故障原因。电喇叭触点烧蚀；电喇叭搭铁不良。

② 故障诊断与排除。

a. 电喇叭触点烧蚀，更换电喇叭。

b. 搭铁不良，视情况处理。

c. 对于螺旋（蜗牛）形电喇叭，使用中不要进水，安装时注意方向，开口朝下。

（2）喇叭不响的故障诊断与排除

① 故障原因。熔丝断、继电器或喇叭开关有故障。

② 故障诊断与排除。先检查熔丝断、电喇叭搭铁情况及线路连接是否正常。若正常进行下列检查（见图6-58）。

a. 将继电器“S”接线柱直接搭铁，若电喇叭响，说明电喇叭按钮有故障，可能是电喇叭搭铁不良，需处理；处理后电喇叭若仍不响，进行下一步。

b. 将继电器上的“B”与“H”接线柱短接，若电喇叭响，说明继电器有故障，更换继电器；若仍不响，可能是继电器到电喇叭之间的线路有故障。

五、倒车雷达系统

1 超声波传感器式倒车雷达系统

倒车雷达作为目前的一项主流实用配置，在降低驾驶难度、提升驾驶安全性方面都起到了很好的作用。

小提示

●倒车雷达能够在驾驶员视野的死角处，通过声音、数据等形式为驾驶员提供信息和警示，使驾驶员对周围障碍物的情况能够更清楚地了解，对驾驶员的起步、停车、倒车等环节起到很大帮助，提高驾车的安全性。

超声波传感器一般装在后保险杠上（见图6-59），根据不同价格和品牌，超声波传感器有二、三、四、六只不等，可分别管前后左右。超声波传感器以45°角辐射，上下左右搜寻目标。它最大的好处是能探索到那些低于保险杠而驾驶员从后窗难以看见的障碍物并报警，如花坛、蹲在车后玩耍的小孩等。

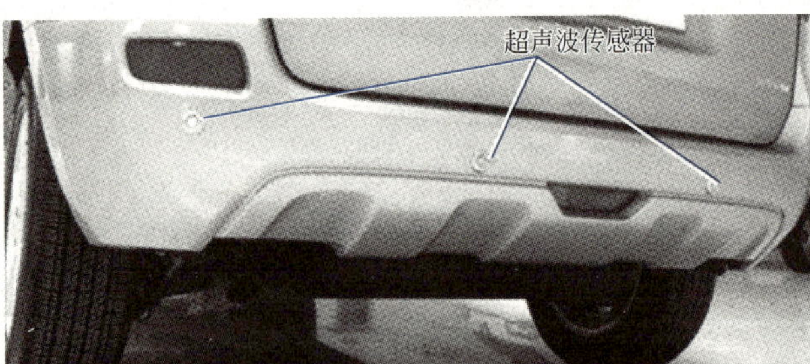

图6-59 超声波传感器安装位置

我们通常见到的后方倒车雷达一般都是采用超声波传感器来实现的，这类倒车雷达一般由传感器（也称超声波传感器、探头等）、控制器、反馈器（也称蜂鸣器）三个部分组成，如图6-60所示。

有的车型将倒车雷达检测的距离显示在前风挡玻璃顶部（见图6-61）

或后视镜上，在汽车处于倒挡状态时，倒车雷达开始工作，由传感器发射超声波信号，一旦车后方出现障碍物，超声波被障碍物反射，传感器会接收到反射波信号，通过控制器对反射波信号进行处理来判断障碍物的所处位置以及和车身的距离，最后由反馈器通过声音（蜂鸣器）、数据（距离显示）等方式将信息反馈给驾驶员。也就是说，当变速器换挡杆挂入倒挡时，倒车雷达自动开始工作，它不停地提醒驾驶员车距后面物体还有多少距离，到危险距离时，蜂鸣器就开始鸣叫，让驾驶员停车。倒车雷达测距范围可达1.5m左右。

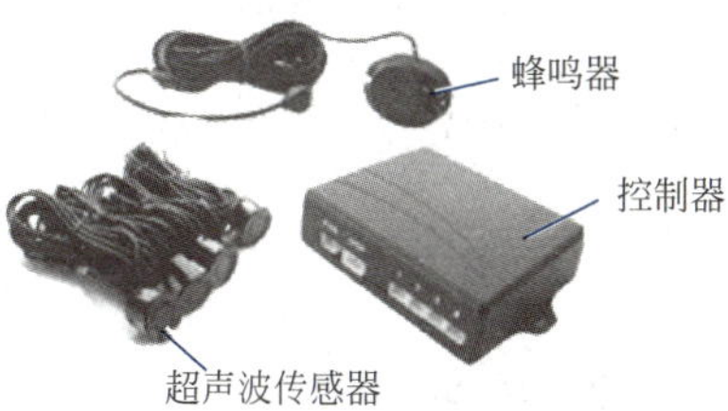

图6-60　倒车雷达系统的组成

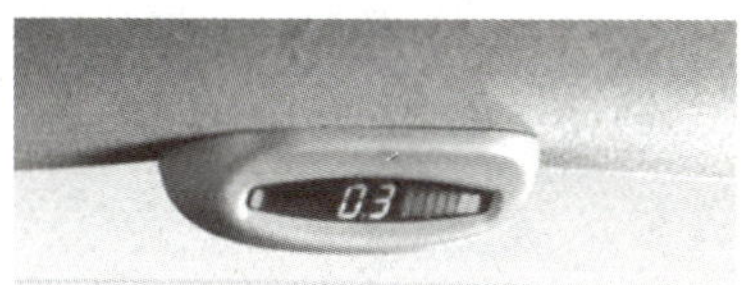

图6-61　倒车雷达检测的距离显示在前风挡玻璃顶部

超声波传感器式的倒车雷达逐渐成为汽车上的一项标准配置。采用蜂鸣器作为反馈信息的方式的倒车雷达系统，由于造价相对低廉，这种倒车雷达系统至今仍然被广泛应用。

2 可视倒车系统

随着传感器的改进，倒车雷达所监视的范围也越来越远，并且在控制器处理数据能力增强的情况下，简单的声音提示已经不能满足倒车雷达的发展需要，于是带有距离显示甚至模拟车身周围影像的倒车雷达被很多车型采用，更加直观和数据化的倒车雷达所起的作用也更加明显。并且，倒车雷达也不仅仅局限于监视后方，前后方甚至全方位的倒车雷达也被一些车型所配备。

目前，越来越多的车型采用可视倒车系统，摄像头安装在汽车后保险杠上（见图6-62）或车后的顶部（大型车辆），通过摄像头将车后方的情况以动态影像的形式直接展示在驾驶室内仪表板液晶屏幕上（见图6-63），使驾驶员对倒车等车辆的操作更加安全方便。

图6-62 安装在汽车后保险杠上的摄像头

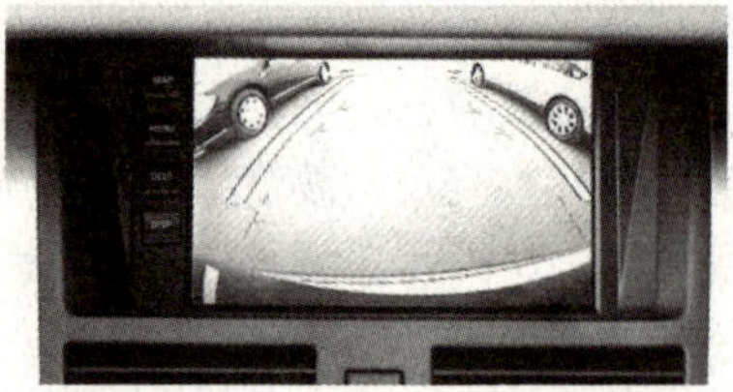

图6-63 驾驶室内仪表板上的可视倒车系统显示屏幕

六、电喇叭的调整

电喇叭的调整包括音调调整和音量调整两部分，下面以盆形电喇叭为例进行介绍，如图6-64所示。

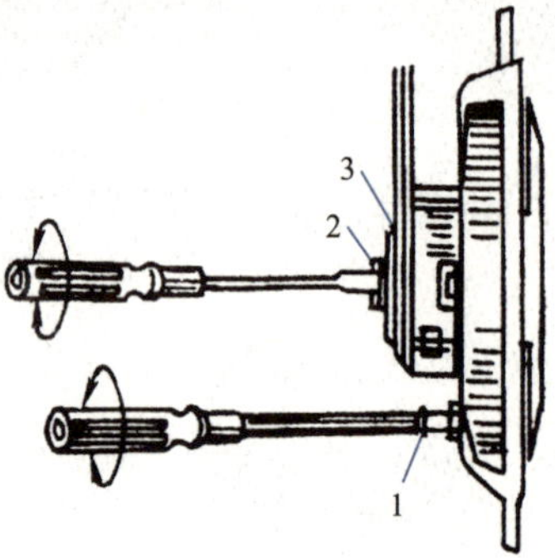

图6-64 盆形电喇叭的调整

1—音量调整螺钉；2—音调调整螺钉；3—锁紧螺母

（1）音调调整

音调的高低取决于膜片的振动频率。盆形电喇叭通过改变上、下铁芯之间的间隙就可改变膜片的振动频率。将上、下铁芯之间间隙调小，可提高电喇叭的音调。

小技巧

●调整方法：松开锁紧螺母，旋转铁芯，调至合适的音调时，旋紧锁紧螺母即可。

(2) 音量调整

电喇叭的音量与通过电喇叭线圈的电流的大小有关，电喇叭的工作电流大，电喇叭发出的音量也就大。

小技巧

● 电喇叭线圈电流可以通过改变电喇叭触点的接触压力来调整。压力增大，流过电喇叭线圈的电流增大，电喇叭音量增大，反之音量减小。调整时不要过急，每次调整1/10圈。

七、维修实例

实例一　打开转向开关时，转向指示灯突然不闪亮

(1) 故障现象

上汽大众波罗轿车，行驶里程为9.7万千米。驾驶员说，车辆夜间行驶时，打开转向开关转向指示灯突然不闪亮。

(2) 故障原因

闪光器损坏。

(3) 故障诊断与排除

检查转向开关及通往转向灯线路，没有短路和断路故障，但转向开关打开后，未听见闪光器的“嗒、嗒”声，表明闪光器电路板可能存在故障。

将万用表置于直流电压挡，正极表笔触及电路板上的3号端子，负极表笔搭铁，万用表的表针晃动，证明电路板上电阻、电容及线路良好。再用万用表电阻挡测量闪光器线圈，电阻值为∞，表明继电器有断路故障。拔下闪光器观察，发现闪光器一端子已断开，这便是故障所在。

重新焊接闪光器断开的端子，并插接好连接导线，打开左、右转向灯开关，左、右转向灯均闪亮，故障排除。

实例二 转向灯右侧闪得快而左侧闪得慢

（1）故障现象

桑塔纳2000GLi 型轿车，行驶里程为7.6万千米。驾驶员说，该车在一次电气故障排除之后，出现左、右转向信号灯闪烁频率不均匀现象，即右侧闪得快左侧闪得慢。

（2）故障原因

右侧转向信号灯开关触点烧蚀。

（3）故障诊断与排除

这种故障在各种汽车上都比较常见，其主要原因可能是以下几点。

① 导线接触不良。

② 灯泡功率选配不当。

③ 闪光器有故障等。

根据该车的报警与转向灯线路图，对转向信号灯开关、闪光器接线端等的接线进行检查，未发现松动和接触不良的地方；检查转向信号灯灯泡的功率均符合规定要求，即两侧的功率相等；闪光器是不可调的电容式闪光器。

看来故障另有原因，采取更换闪光器的方法来判断故障所在处，换上一只闪光正常的同型号的转向信号闪光器，故障依旧。那么故障部位可能性最大的是转向信号灯开关了。

解体转向信号灯开关，然后用万用表电阻挡对左、右转向信号灯输出线导通情况进行检查：分别打开转向信号灯开关至左和右，测量其右侧的电阻值远远大于左侧的电阻值，说明右侧转向信号灯开关接触不良；继续拆检，发现右侧转向信号灯开关触点已烧蚀十分严重，而且弹簧片也失去原有的弹力，使接触处电阻增大，致使右侧转向信号灯系统总电阻值增大，功率变小。

根据功率公式$P=U^2/R$可以看出，功率大的一侧闪光频率变慢，功率小的一侧闪光频率变快。因开关烧蚀十分严重，无法修复，只好更换一个新的组合开关。

更换新的组合开关并组装好后，进行通电试验，两侧转向信号灯闪光频率相等，故障排除。

实例三 喇叭不响

(1) 故障现象

北京现代伊兰特轿车，行驶里程为12.8万千米。驾驶员说，喇叭不响。

(2) 故障原因

喇叭损坏。

(3) 故障诊断与排除

检查电喇叭引线及接头有无断路及松脱现象，正常。检查熔丝盒中喇叭熔丝（15A）是否熔断，如果熔断，故障即在此，应更换相同规格熔丝（点火开关须置于“OFF”挡）。经检查该车熔丝未熔断。

短接喇叭按钮开关，如果喇叭响，则是喇叭按钮损坏。因该车喇叭仍不响，所以故障不在此。

关闭点火开关，拆下喇叭上的正极导线，用万用表电阻挡测量喇叭线圈电阻及喇叭线圈与外壳间的绝缘电阻，若线圈电阻为无穷大，则是喇叭线圈烧坏；如果绝缘电阻为零，则是喇叭搭铁。

经检查，该车绝缘电阻为零。更换喇叭，试车，故障排除。

喇叭不响是严重故障，应按先易后难的原则逐步排查故障。

实例四 喇叭熔丝经常烧断

(1) 故障现象

福美来轿车，行驶里程为16.7万千米。驾驶员说，该车喇叭不响，经检查是喇叭熔丝烧断了，更换一新熔丝后，当时喇叭恢复正常。几天后，喇叭熔丝又烧断了，连续几次均是这样。

(2) 故障原因

喇叭正极导线与车身搭铁。

(3) 故障诊断与排除

福美来轿车喇叭电流工作路线是：蓄电池（+）→点火开关→15A熔丝→喇叭→喇叭开关→搭铁。

从工作路线分析，故障出在15A熔丝至喇叭之间。

喇叭熔丝经常烧断的原因有以下几点。

① 高、低喇叭中有一个或两个内部搭铁。

② 集线盒内搭铁。

③ 线路中有短路处。

询问驾驶员得知，喇叭熔丝烧断的过程是：在熔丝烧断前，喇叭一直工作正常，不管按不按喇叭，熔丝均能烧断。由此可分析故障与高、低音喇叭无关，可能是车辆运动过程中线路中有搭铁处。

检查集线盒内的线路：拔下喇叭熔丝，找一测试灯，测试灯一端接在蓄电池正极上，另一端接在喇叭熔丝座的输出端上，用手来回轻轻活动集线盒内的线束，若测试灯亮，则说明集线盒内有搭铁处。经检查，测试灯一直不亮，说明集线盒内的线路正常。

再检查集线盒与喇叭间的线路：从喇叭的安装位置散热器支架开始顺着线路检查，发现从喇叭线路上又接上了一根导线，顺着导线在发动机室右后部又发现一个大喇叭。按下车辆喇叭开关，这个大喇叭不响，检查该喇叭的电源线，导线的质量不好，部分胶皮已脱落，露出裸露的导线，稍一活动，裸露的导线就能与车身相连，故障原来在这里。

询问驾驶员得知，该喇叭是以前加装的，目的是为了使行车时喇叭声音更响亮，后来喇叭损坏了，就一直放在那儿，没想到连在上面的导线仍带电，导线胶皮脱落后，里面的铜线在车辆运动时与车身搭铁，将喇叭熔丝烧断。

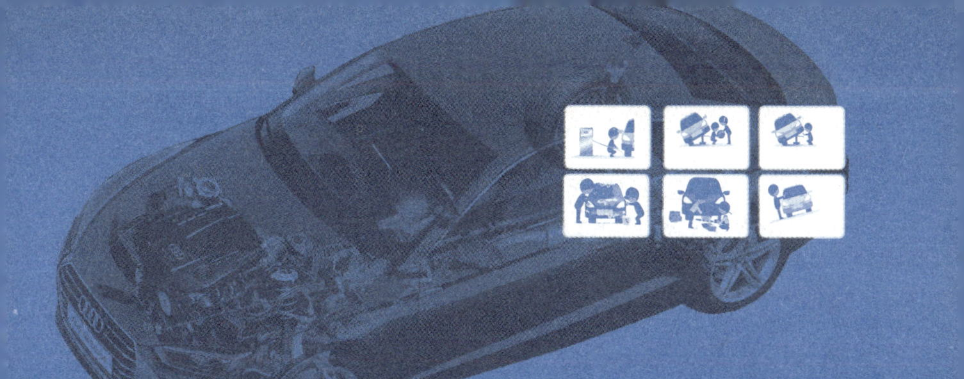

第七章 仪表与报警系统的检修

第一节　仪表系统的检修

一、仪表系统的结构与原理入门

（一）仪表系统组成

汽车仪表系统是汽车运行状况的动态反映，是汽车与驾驶员进行信息交流的界面，为驾驶员提供必要的汽车运行信息，同时也是维修人员发现和排除故障的重要依据。

为了使驾驶员随时掌握车辆的各种状况，并能及时发现和排除潜在的故障，在驾驶室的仪表板上装有各种检测仪表和信息显示装置。现代汽车大多采用组合仪表系统。组合仪表一般有面罩、边框、表芯、印制线路板、插接器、报警灯及指示灯等部件组成。有些仪表还带有稳压器和报警蜂鸣器。

不同汽车的组合仪表中的仪表个数不同，一般仪表板上主要仪表有：燃油表、冷却液温度表、发动机转速表和车速里程表等。仪表板上还有许多指示灯、报警灯、仪表灯等。组合仪表中的仪表可单独更换，各种指示灯、报警灯和仪表灯从仪表板外面就可更换灯泡。图7-1所示为典型轿车组合仪表板。

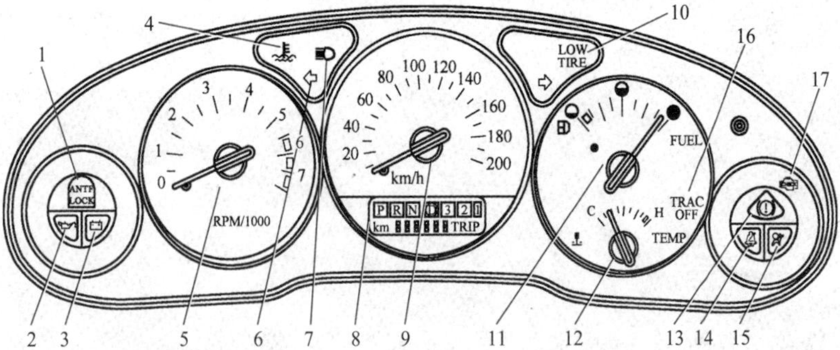

图7-1 典型轿车组合仪表板

1—防抱死制动系统报警灯；2—机油压力报警灯；3—充电指示灯；4—水温报警灯；5—转速表；6—转向指示灯；7—大灯指示灯；8—变速器挡位指示（AT车辆）和里程/单程显示；9—车速表；10—轮胎压力报警灯；11—燃油表；12—水温表；13—制动系统报警灯；14—安全带指示灯；15—安全气囊报警灯；16—牵引力关闭指示灯；17—发动机故障报警指示灯

现代汽车新技术日新月异的发展，传统的汽车仪表为驾驶员提供的信息已经远远不能满足要求。随着电子技术的飞速发展，电子数字显示及图像显示的仪表以多功能、高灵敏度、高精度、读数直观、显示模式的自由化等优点不断应用在新型汽车上。图7-2所示为大众迈腾轿车多功能电子仪表板。

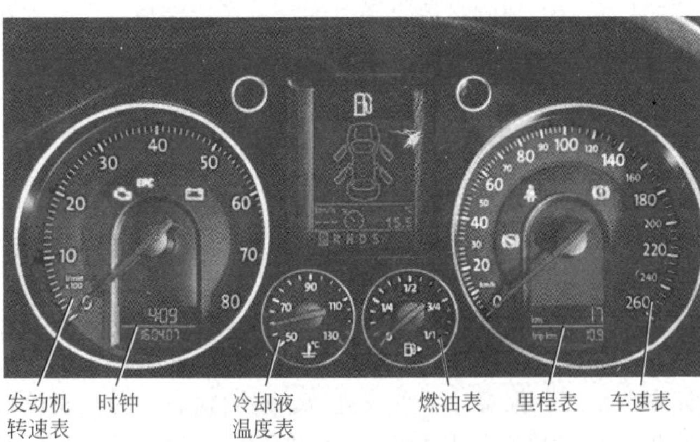

图7-2 大众迈腾轿车多功能电子仪表板

（二）机油压力表

1 机油压力表的功用

机油压力表用来指示发动机润滑系统机油压力的大小。机油压力表的工作电路由机油压力表和机油压力传感器两部分组成。油压表安装在组合仪表内，传感器安装在润滑主油道上。

目前大部分汽车已取消了机油压力表而用机油报警灯代替。

2 机油压力表和机油压力传感器的结构特点

机油压力表最常用的为电热式油压表。电热式油压表又称为双金属片式机油压力表，其结构与工作原理如图7-3所示。

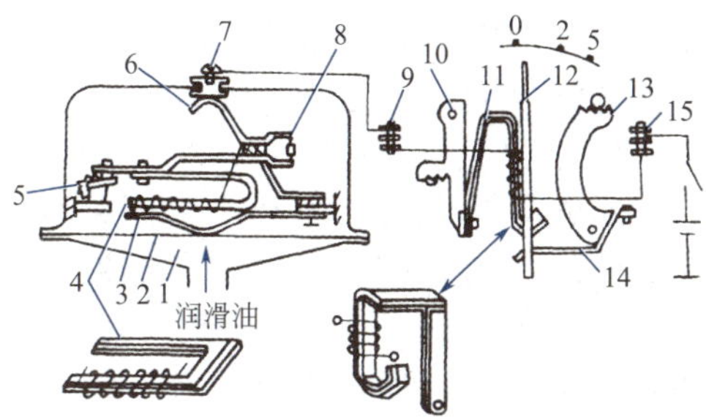

图7-3 双金属片式机油压力表

1—油腔；2—膜片；3—弹簧片；4,11—双金属片；5—调节齿轮；6—接触片；7—传感器接线柱；8—校正电阻；9,15—油压表接线柱；10,13—调节齿扇；12—指针；14—弹簧片

① 机油压力表的结构。机油压力表内装有双金属片11，上绕有加热线圈，见图7-3。线圈两端分别与接线柱9和15相接。接线柱9与传感器相接，接线柱15经点火开关与电源相接。双金属片的一端弯成钩形，扣在指针12上。

图7-4 机油压力传感器外形

② 机油压力传感器（外形如图7-4所示）。油压传感器内部装有金属膜片2，膜

片下腔与发动机的主油道相通，发动机的机油压力直接作用到膜片上；膜片2的上方压着弹簧片3。弹簧片3的一端与外壳固定并搭铁，另一端焊有触点。双金属片4上绕着加热线圈，线圈的一端焊在双金属片的触点上，另一端焊在接触片6上，见图7-3。

3 机油压力表的工作原理

当点火开关工作时，电流表的电路为：蓄电池正极→点火开关→机油压力表接线柱15→机油压力表内双金属片11的加热线圈→接线柱9→传感器接线柱7→接触片6→传感器内双金属片4上的加热线圈→触点→弹簧片3→搭铁，回到电源负极，见图7-3。

电流通过双金属片11和4的加热线圈时，就会使双金属片受热变形。

如果油压很低，传感器内的膜片变形很小，这时作用在触点上的压力很小。电流通过时，温度略有上升，双金属片稍有变形时，就会使触点分开，切断电路。经过稍许时间后，双金属片冷却伸直，触点双闭合，线圈再次通电发热，双金属片变形，很快触点双分开，如此循环，触点在不断的开闭状态下工作。但由于机油压力低，触点压力小，极易分开，因而触点打开时间长，闭合时间短，使电路中的平均电流值很小，所以双金属片11受热变形小，指针的偏转角度不小，指示低油压。

当油压升高时，膜片向上拱曲，触点压力增大，使双金属片向上拱曲。这就需要加热线圈通电时间长，双金属片有较大的变形，触点才能打开，而分开后，稍一冷却，触点就闭合。因此在油压升高时，触点打开时间短，闭合时间长，平均电流值大，使得双金属片11受热变形量增大，指针12偏转角度增大，指示高油压。

为了使油压表的指示值不受外界温度变化的影响，双金属片做成“Π”形，其中一个为工作臂，绕有加热线圈，另一个为补偿臂。当外界温度变化时，工作臂和补偿臂同时变形，且弯曲方向相反，所以工作臂的附加变形得到了补偿臂的相应变形的补偿，减小了误差。这样安装时要注意方向，油压传感器的箭头（安装标记）向上，保证工作臂位于补偿臂的上方，避免了工作臂产生的热气上升时对补偿臂的影响。

发动机正常工作时，机油压力表的指示为：低速时为不小于1.5MPa，高速时不大于5MPa。

（三）冷却液温度表

1 冷却液温度表的功用与分类

① 功用。冷却液温度表用来指示发动机冷却液工作温度。

② 工作电路组成。冷却液温度表的工作电路由冷却液温度表和冷却液温度传感器两部分组成，冷却液温度表安装在组合仪表内，冷却液温度传感器安装在发动机气缸盖的冷却水套上，其外形如图7-5所示。

(a) 一个接线柱型

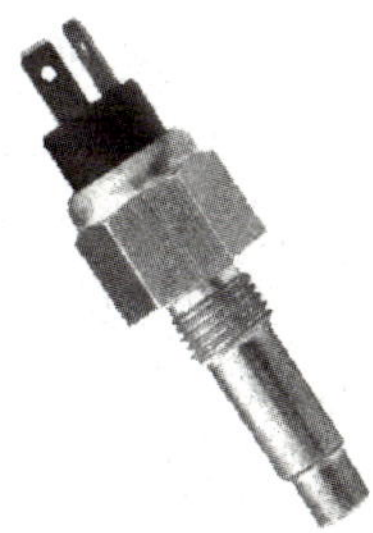

(b) 两个接线柱型

图7-5 冷却液温度传感器

③ 分类。目前在多数汽车上，冷却液温度表与冷却液温度报警灯同时使用。冷却液温度表的结构形式有电热式和电磁式两种。

2 电热式冷却液温度表

电热式冷却液温度表又称双金属片式冷却液温度表，电热式冷却液温度表可与电热式冷却液温度传感器或热敏电阻式水温传感器配套使用。

（1）电热式冷却液温度表配电热式冷却液温度传感器

电热式冷却液温度表的工作电路如图7-6所示。温度表与双金属片式机油压力表的构造相同，仪表盘刻度值不同。

冷却液温度传感器的密封套筒内装有双金属片2，上面绕有加热线圈，线圈的一端通过连接片3与接线柱4相连，另一端经固定触点1搭铁。

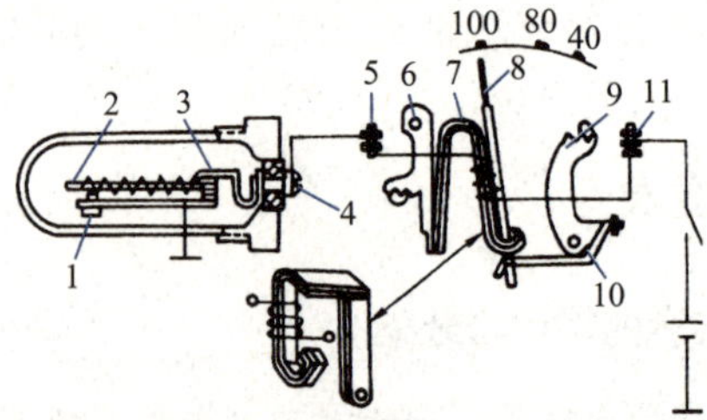

图7-6 电热式冷却液温度表的工作原理

1—固定触点；2—双金属片；3—连接片；4—冷却液温度传感器接线柱；5,11—冷却液温度表接线柱；6,9—调节齿扇；7—双金属片；8—指针；10—弹簧片

当电路接通，水温不高时，双金属片2主要依靠加热线圈产生变形，故双金属片2需经较长时间的加热，才能使触点分开。触点打开后，由于四周温度低散热快，双金属片迅速冷却又使触点闭合。所以水温低时，触点在闭合时间长而断开时间短的状态下工作，使流过冷却液温度表加热线圈中的电流平均值增大，双金属片7变形大，带动指针向右偏转，指示低温。

当水温高时，传感器外壳与双金属片周围温度高，触点的闭合时间短而断开时间长，流过冷却液温度表加热线圈的电流平均值小，双金属片7变形小，指针向右偏转角小而指示高水温。

(2) 电热式冷却液温度表配热敏电阻式传感器

电热式冷却液温度表与热敏电阻式传感器的工作原理如图7-7所示。

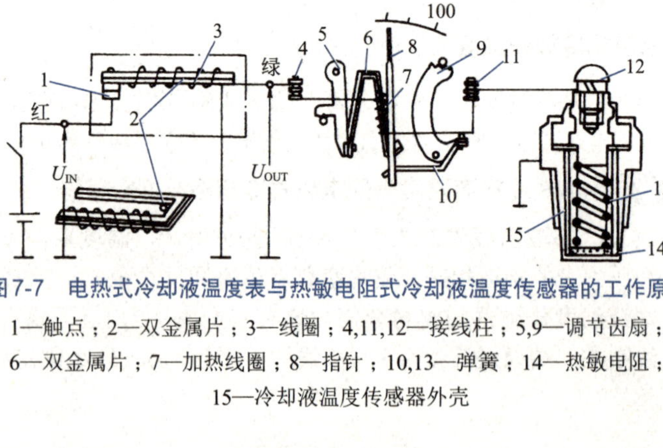

图7-7 电热式冷却液温度表与热敏电阻式冷却液温度传感器的工作原理

1—触点；2—双金属片；3—线圈；4,11,12—接线柱；5,9—调节齿扇；6—双金属片；7—加热线圈；8—指针；10,13—弹簧；14—热敏电阻；15—冷却液温度传感器外壳

热敏电阻式冷却液温度传感器的主要元件为负温度系数的热敏电阻，即温度升高，电阻值下降；温度下降，电阻值上升。

闭合点火开关，冷却液温度表电路接通。当水温较低时，热敏电阻阻值大，冷却液温度表电路电流较小，冷却液温度表加热线圈的温度低，双金属片的变形量较小，指针指示低温；当水温较高时，热敏电阻阻值小，冷却液温度表电路电流增大，冷却液温度表加热线圈温度高，双金属片的变形量较大，指针指示高温。

由于电源电压变化时，将影响与热敏电阻式冷却液温度传感器配套使用的电热式冷却液温度表的指示值，因此在这种电路中需配有电源稳压器。其作用是：当电源电压波动时，起稳定电路电压的作用，以保证仪表的读数准确。稳压器的工作原理如下。

当触点1闭合时，其输出电压与输入电压相等，即等于电源电压，此时，加热线圈3有电流通过，双金属片受热变形，使触点1张开；当触点1张开后，电路被切断，稳压器的输出电压为“零”，双金属片因无电流通过而逐渐冷却复原，于是触点又重新闭合，如此反复，稳压器的输出电压实际上是脉冲电压。当电源电压升高时，触点闭合时流过加热线圈3的电流增大，加速了双金属片的受热变形，使触点打开时间长，闭合时间短，反之，当电源电压降低时，触点打开时间短，闭合时间长。因此，当电源电压变化时，经稳压器输出电压的平均值保持不变。

3 电磁式冷却液温度表的结构与工作原理

图7-8所示为电磁式冷却液温度表的结构原理。电磁式冷却液温

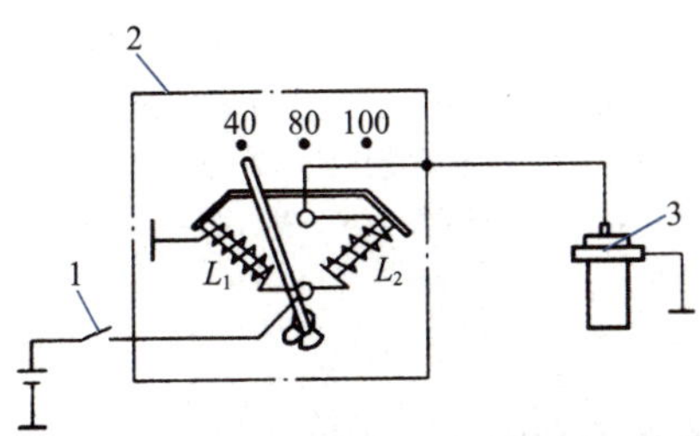

图7-8 电磁式冷却液温度表的结构原理

1—点火开关；2—冷却液温度表；3—冷却液温度传感器

度表内互成一定角度的两个铁芯，铁芯上分别绕有电磁线圈，其中电磁线圈L_2与传感器串联，电磁线圈L_1与传感器并联。两个铁芯的下端有带指针的偏转衔铁。

电磁式冷却液温度表一般配用热敏电阻式冷却液温度传感器，而且不需要电源稳压器。其工作原理如下：当水温低时，由于热敏电阻传感器的阻值大，因此线圈L_2中的电流小，而线圈L_1中的电流大，磁场强，吸引衔铁使指针指向低温；当水温高时，由于热敏电阻传感器的阻值减小，流经线圈L_2的电流增大，磁场增强，吸引衔铁逐渐向高温方向偏转，使指针指向高温。

4 有两个接线柱的冷却液温度传感器控制电路特点

以上介绍的热敏电阻式传感器，其接线柱只有一个，与冷却液温度表接线。而在有些车型中，热敏电阻式冷却液温度传感器有两个接线柱，同时控制冷却液温度表与冷却液温度报警灯电路。图7-9所示为有两个接线柱的冷却液温度传感器控制电路。

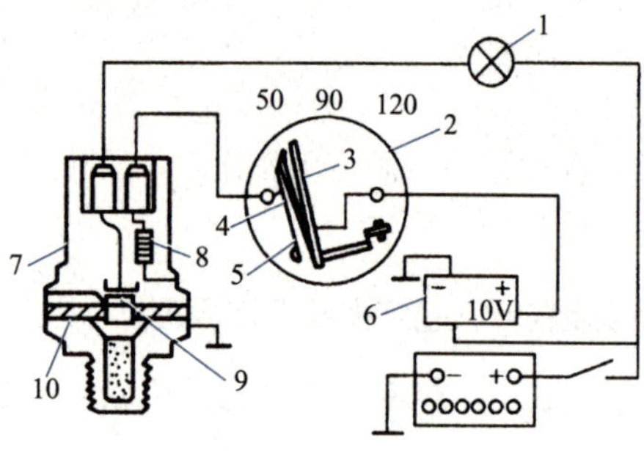

图7-9 有两个接线柱的冷却液温度传感器控制电路

1—冷却液温度报警灯；2—冷却液温度表；3—指针；4—加热线圈；5,10—双金属片；6—电源稳压器；7—冷却液温度传感器；8—热敏电阻；9—触点

（四）燃油表

1 燃油表的功用与分类

① 燃油表的作用是指示汽车油箱中的存油量，由装在油箱中的传

感器（见图7-10）和组合仪表中的燃油表两部分组成。

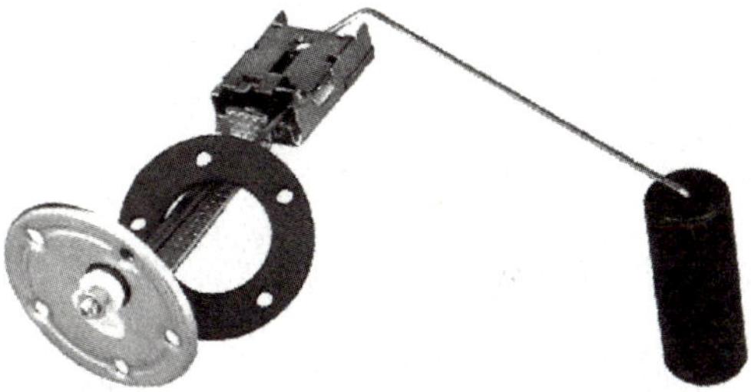

图7-10 燃油表传感器

② 燃油表有电磁式和电热式两种。传感器均可使用可变电阻式的传感器。

2 电磁式燃油表的结构与工作原理

图7-11为电磁式燃油表的工作电路。

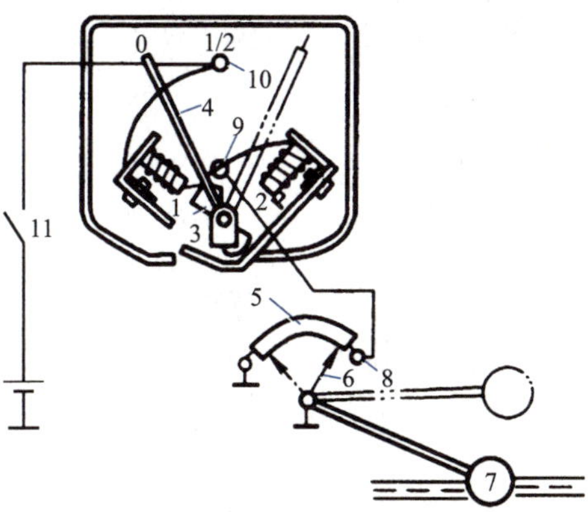

图7-11 电磁式燃油表的工作电路

1—左线圈；2—右线圈；3—转子；4—指针；5—可变电阻；6—滑片；7—浮子；8—传感器接线柱；9,10—燃油表接线柱；11—点火开关

其中燃油表与电磁式冷却液温度表相同。其传感器由可变电阻5、滑片6和浮子7等组成。当油箱内油位高低变化时，浮子带动滑片移动，从而改变电阻大小。线圈1与可变电阻串联，线圈2与可变电阻

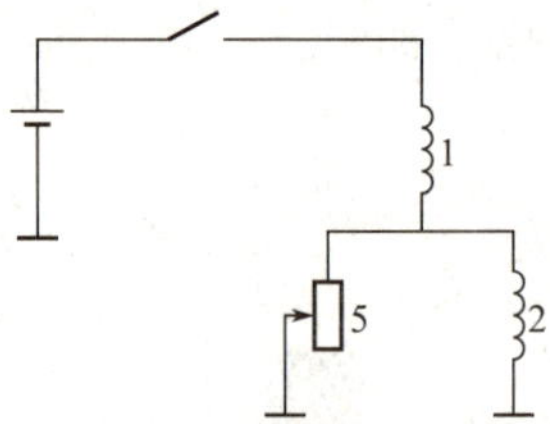

图7-12 电磁式燃油表的等效电路

并联。等效电路如图7-12所示。其工作原理为：当油箱无油时，浮子7下沉，可变电阻5被滑片6短路，线圈2同时被短路，无电流通过。此时，线圈1中的电流达到最大，产生的电磁吸力最强，吸引转子3使指针指向“0”的位置。

当油箱中的燃油增加时，浮子7上浮，带动滑片6滑动，可变电阻5的阻值变大，使线圈2中的电流增加，而线圈1中的电流减小，在线圈1和线圈2的合成磁场作用下，转子带动指针向右偏转，指针指向高刻度位置。

当油箱装满油时，线圈2的电磁力最大，指针指向“1”的位置，当油箱中油为半箱时，指针指向“1/2”的位置。

传感器接线柱8的末端搭铁，可减小滑片6与可变电阻5接触时产生的火花。

3 电热式燃油表的结构与工作原理

电热式燃油表又称为双金属片燃油表，它的传感器与电磁式燃油表相同。结构如图7-13所示。

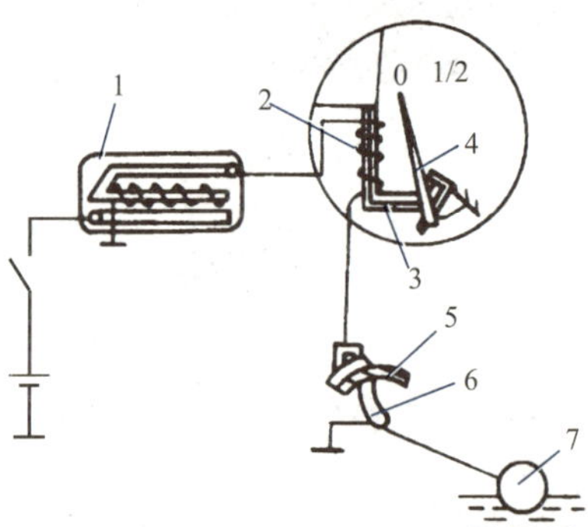

图7-13 电热式燃油表

1—稳压器；2—加热线圈；3—双金属片；4—指针；5—可变电阻；6—滑片；7—传感器浮子

当油箱无油时，传感器浮子7在最低位置，将可变电阻5全部接入电路，加热线圈中的电流最小，所以双金属片3没有变形，指针指示“0”的位置；当油箱中的油量增加时，传感器浮子上浮，带动滑片6移动，可变电阻的阻值减小，加热线圈中的电流增大，双金属片3受热变形，带动指针4向右转动。

由于经加热线圈2中的电流除与可变电阻的阻值有关外，还与电源电压有关，因此该电路中需配有稳压器。

桑塔纳2000系列轿车采用电热式燃油表，燃油表传感器为滑动电阻式，如图7-14所示。燃油表与冷却液温度表及其指示灯共用一个稳压电源，仪表工作电压为9.5 ～ 10.5V。

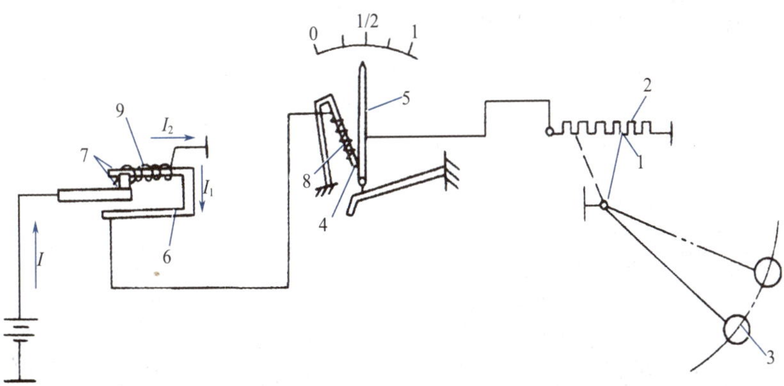

图7-14　桑塔纳2000系列轿车电热式燃油表

1—滑动接触片；2—可变电阻；3—浮子；4—双金属片；5—燃油表指针；6—稳压器双金属片；7—触点；8—燃油表电阻丝；9—稳压器电阻丝

电流自蓄电池经稳压器双金属片6、燃油表电阻丝8、燃油表传感器的可变电阻2和滑动接触片1，最后回到蓄电池。当燃油箱中的油面高度和浮子3处于最低位置时，滑动接触片1位于可变电阻2的右端，此时电阻最大（560Ω）而电流最小，电阻丝8散发的热量也最少，使得双金属片4产生较小的变形，指针5处于“0”位；反之，当燃油箱中的油加满时，电阻最小（50Ω）而电流最大，指针移至燃油表最右端的“1”位。

燃油表传感器上有一根棕色导线接地，变阻信号经紫/黑色导线进入中央线路板固定接点（E5），通过中央线路板内部结构与固定接点（B3）相导通，经紫/黑色导线经过仪表板白色插座（14孔）进入仪表板印制线路板与燃油表连接，燃油表电源由稳压器输出端供给。

（五）车速里程表

1 车速里程表的功用与分类

① 车速里程表是用来指示汽车行驶速度和累计行驶里程数的仪表。由车速表和里程表两部分组成。

② 车速里程表有磁感应式和电子式两种。

2 磁感应式车速里程表的结构与工作原理

磁感应式车速里程表也称永磁式车速里程表，其结构如图7-15所示。磁感应式仪表没有电路连接，机械传动，由变速器输出轴上的一套蜗轮蜗杆以及挠性软轴来驱动。

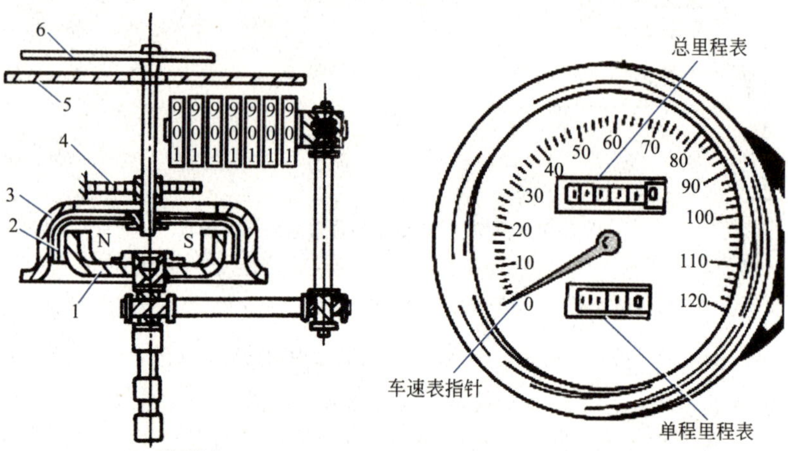

(a) 内部结构　　(b) 表盘

图7-15　磁感应式车速里程表

1—永久磁铁；2—铝碗；3—罩壳；4—盘形弹簧；5—刻度盘；6—指针

车速表由永久磁铁1、带有轴及指针6的铝碗2、罩壳3和紧固在车速里程表外壳上的刻度盘5等组成。

罩壳3是固定的。铝碗2是杯形的，与永久磁铁及罩壳间具有一定的间隙，只有磁场联系，没有机械联系。铝碗是与指针6一起转动的。在静态时，由于盘形弹簧（游丝）4的作用使指针指在刻度板的零位上。

车速表的工作原理：当汽车直线行驶时，变速器输出轴上的蜗轮、蜗杆以及软轴等带动永久磁铁转动，同时在铝碗上感应出涡流。涡流又与永久磁铁相互作用，产生转矩，使铝碗反抗游丝向前运动，带动指针同转一个角度，因为涡流的强弱与车速成正比（车速越高，磁场切割速度越高），所以指针指示的速度也必与汽车的行驶速度成正比。

里程表是由蜗轮、蜗杆和计数轮组成的。蜗轮、蜗杆和汽车的传动轴之间具有一定的传动比。在汽车行驶时，软轴驱动车速里程表的小轴，经三对蜗轮、蜗杆带动里程表的第一计数轮转动。第一计数轮上的数字为十分之一千米。每两个相邻的计数轮之间，又通过本身的内齿和进位计数轮的传动齿轮，形成1 ∶ 10的传动比。这样汽车行驶时，就可以将其行驶里程不断累计起来。

3 电子式车速里程表的结构与工作原理

电子车速里程表被广泛地应用于现代汽车上，它主要由车速传感器、电子电路、步进电动机、车速表和里程表等组成。图7-16所示为电子式车速里程表的结构框图。

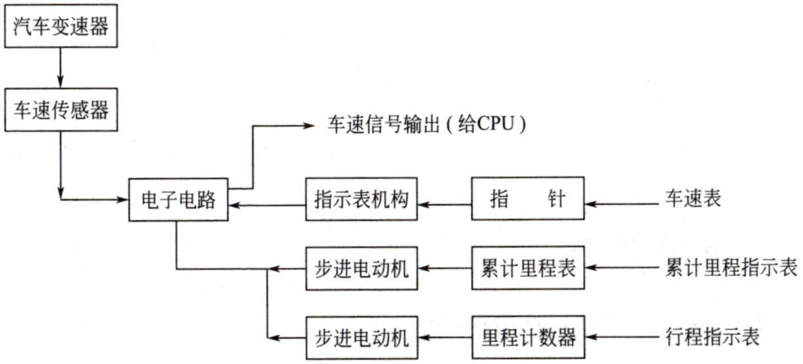

图7-16　电子式车速里程表结构框图

电子车速里程表的结构如图7-17所示，它主要由动圈式车速测量机构8、行星齿轮减速传动机构带动的十进制记录里程数字轮4、处理与速度有关的脉冲信号用线路板组合5、接受与速度有关的霍尔型转速传感器以及步进电动机6等组成。

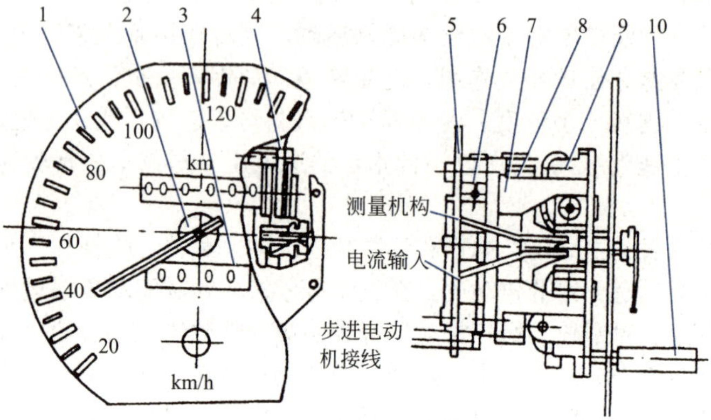

图7-17 电子车速里程表结构

1—刻度盘；2—指针组合；3—里程计数器；4—行星齿轮系；5—线路板组合；6—步进电动机；7—座架；8—动圈式测量机构；9—计数器组合；10—日程复位机构

电子里程表是以动圈式测量机构指示车速、步进电机通过行星齿轮系减速数字轮记录里程，安装在变速器后部的车速传感器将车速转化为脉冲信号，经由电子元器件组成的电路处理后，输出电流驱动动圈式测量机构，带动指针偏转一定的角度。由于车速传感器产生的脉冲频率经电路处理后，与输出的电流相对应。

因此指针指示相应的车速，而里程记录是将输入的脉冲频率，由电路分频处理后，驱动步进电动机，经行星齿轮减速分别累计里程及日程里程。

（六）发动机转速表

1 发动机转速表的功用与分类

① 发动机转速表用于指示发动机的运转速度。

② 发动机转速表有机械式和电子式两种。电子式转速表由于结构简单、指示精确、安装方便，因此被广泛应用。

2 电子式发动机转速表工作原理

电子转速表获取转速信号的方式有三种：从点火系获取脉冲电压信号、从发动机的转速传感器获得转速信号、从发电机获取转速信号。汽油发动机电子式转速表都是用点火系的初级电路为触发信号。

图7-18为发动机转速表电路原理，转速信号来自于点火系的初级电路。

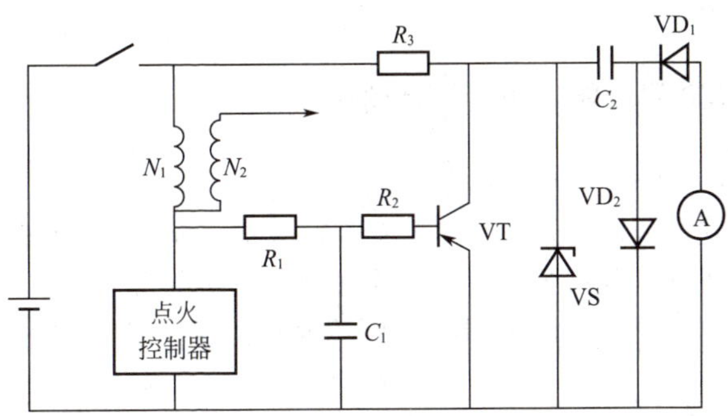

图7-18 发动机电子转速表电路原理

工作原理如下。

当点火控制器使初级电路导通时，晶体管VT处于截止状态，电容C_2被充电。其充电电路为：蓄电池正极→R_3→C_2→VD_2→蓄电池负极，构成回路。

当点火控制器使初级电路截止时，晶体管VT的基极得正电位而导通，此时C_2便通过导通的VT、电流表A和VD_1构成放电回路，从而驱动电流表。

当发动机工作时，初级电路不断的导通、截止，其导通、截止的次数与发动机转速成正比。所以当初级电路不断的导通、截止时，对电容C_2不断地进行充、放电，其放电电流平均值与发动机转速成正比，于是将电流平均值标定成发动机转速。

（七）电流表

1 电流表的功用

电流表用来指示蓄电池充电或放电电流的大小，它串接在充电电路中，电流表的正极接发电机的正极，电流表的负极接蓄电池的正极。当电流表的指针指向“＋”侧时，表示蓄电池充电；当电流表的指针指向“－”侧时，表示蓄电池放电。

目前，大多数汽车基本上都已取消了电流表而用充电指示灯代替。

2 电流表的类型

电流表有电磁式和动磁式两种类型。

3 电磁式电流表的结构与工作原理

（1）结构

电磁式电流表的结构及工作原理如图7-19所示。电流表内的黄铜片（相当于单匝线圈）固定在绝缘底板上，两端与接线柱1、3相连，黄铜片4的下面装有永久磁铁6。磁铁内侧的轴7上装有带指针的软铁转子5。

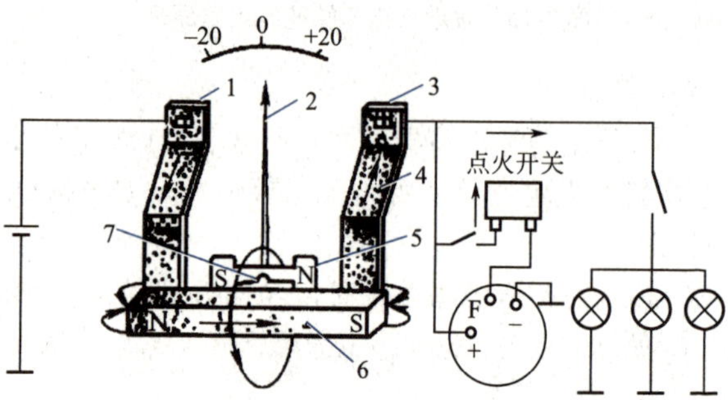

图7-19 电磁式电流表的结构及工作原理

1,3—接线柱；2—指针；4—黄铜片；5—软铁转子；6—永久磁铁；7—轴

当电流表没有电流通过时，软铁转子5被永久磁铁磁化而相互吸引，使指针停在中间“0”的位置。

（2）工作原理

当蓄电池放电时，充电电流通过黄铜片4时，在黄铜片4周围产生磁场（其磁场方向按右手螺旋定则确定），与永久磁场合成一个磁场。在合成磁场作用下，软铁转子5向“＋”方向偏转一个角度，即旋转到合成磁场的方向上。充电电流越大，偏转角度越大，电流表的读数越大。若放电电流通过黄铜片4时，则电流表的指针随之反向偏转，指示蓄电池放电电流的大小。

4 动磁式电流表的结构与工作原理

（1）结构

动磁式电流表的结构如图7-20所示。黄铜导电板2固定在绝缘底板上，两端与接线柱1和3相连，中间装有磁轭6。与导电板装在一起的转轴上装有指针5与永久磁铁4。

（2）工作原理

没有电流流过电流表时，永磁转子通过磁轭构成回路，使指针5保持在中间“0”的位置。当蓄电池处于放电状态时，电流由接线柱1经导电板2流向接线柱3，此时导电板周围产生磁场，使安装在转轴上的永磁转子带动指针向“－”方向偏转一定角度。放电电流越大，偏转角度越大，电流表的读数越大。当蓄电池处于充电状态时，则指针随之反向偏转。

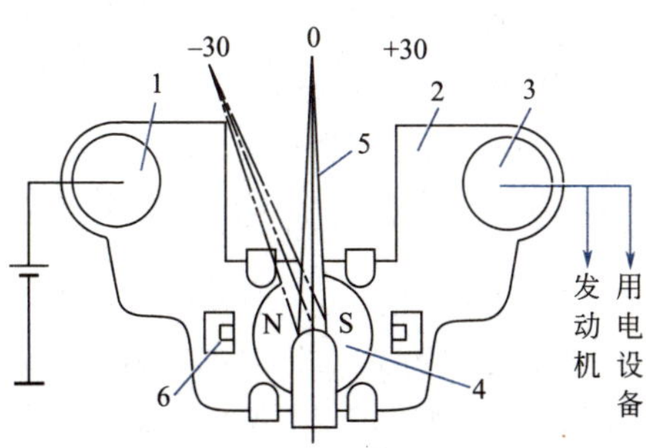

图7-20 动磁式电流表的结构

1,3—接线柱；2—导电板；4—永磁转子；5—指针；6—磁轭

（八）数字式仪表

随着汽车数字式仪表的使用比例正在逐年增加，汽车仪表的功能不再局限于传统的显示车速、发动机转速、里程等内容上，正向综合信息系统的方向发展，能够利用各种传感器传来的信号并根据这些信号进行计算，车辆的信息数据以数字或条形图形式显示出来，许多仪表被集网络诊断和数字显示功能于一体的触摸式液晶屏幕所取代，并具有带ECU智能化车载动态信息系统的故障自诊断、车辆定位动态显示、电子地图显示、导航等功能。图7-21所示为典型轿车数字式仪表板。

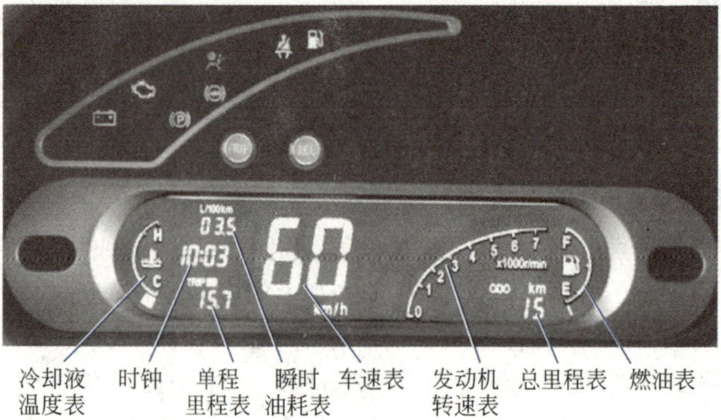

图7-21 数字式仪表板（奇瑞QQ3轿车）

数字式仪表系统由各种传感器、控制单元（ECU）和显示器三大部分组成。汽车电子仪表显示器件由发光二极管、液晶显示器和真空荧光管等组成。

1 发光二极管

发光二极管（英文Light Emitting Diode，LED）是显示装置中最简单的，使用广泛。它是半导体二极管的一种，可以把电能转化成光能。发光二极管的结构如图7-22所示。发光二极管的颜色有红、绿、黄、橙，可单独使用，也可用来组成数字或光条图。

图7-23所示为发光二极管组成的光条显示器；图7-24所示为七段发光二极管显示器。

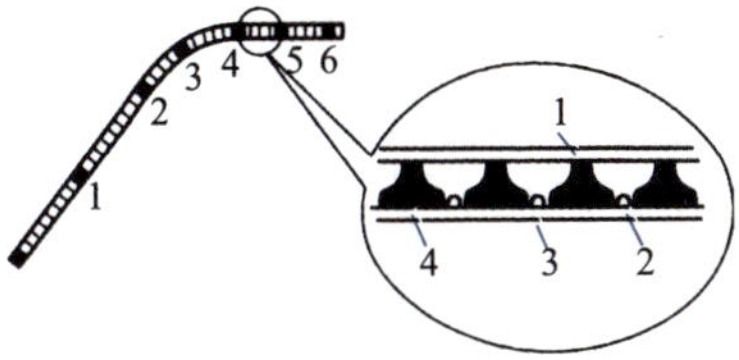

图7-22 发光二极管的结构

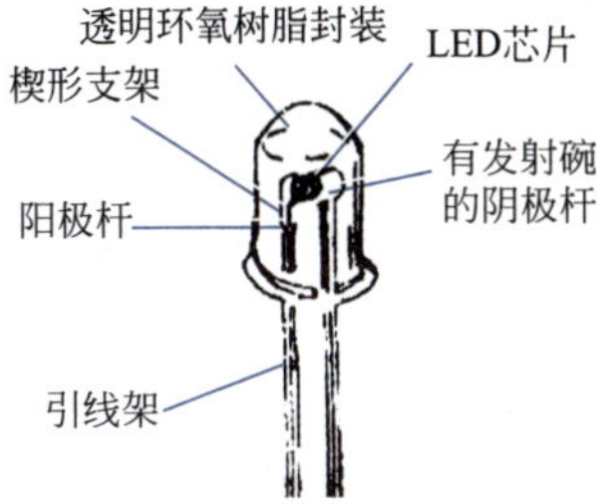

图7-23 发光二极管组成的光条显示器

1—反射器；2—发光二极管；3—印制电路板；4—分隔器

图7-24 七段发光二极管显示器

2 液晶显示器（LCD）

液晶是一种有机化合物，由长形杆状分子构成。在一定的温度范围内，它具有普通液体的流动性，也具有晶体的某些特征。液晶的光学性质是随着分子排列方向的变化而变化。当在液晶上加一个电场时，液晶杆状分子的长轴方向发生变化，因此液晶的光学性质也发生变化。

液晶显示器是一种新型的非发光型平板显示器，其构造如图7-25所示。

在前后玻璃板2、3之间夹有一层液晶，外表面分别贴有偏光镜1和4，在玻璃板的后面有反射镜5。

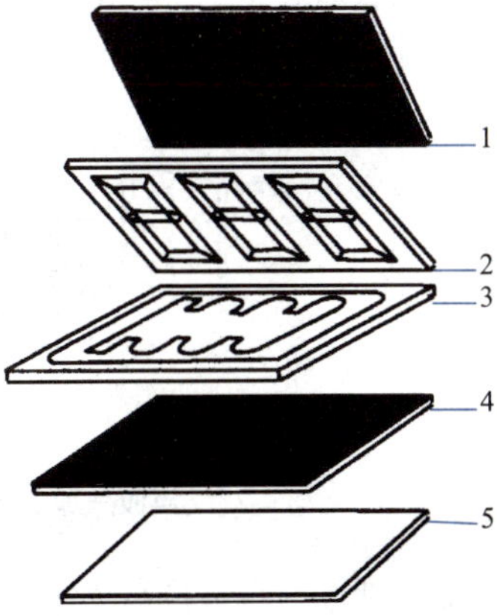

图7-25 液晶显示器的结构

1—前偏光镜；2—前玻璃板；3—后玻璃板；4—后偏光镜；5—反射镜

前面的偏光镜是垂直偏光镜，后面的偏光镜是水平偏光镜。液晶显示的数字或光条是透过垂直偏光镜观看的。如图7-26所示，液晶的分子排列方式将来自垂直偏光镜的光波旋转90°，这样垂直方向的光波通过液晶后，变成水平方向的光波，水平方向的光波通过水平偏光镜后，到反射镜，经反射镜后，按原路反射回去，这时在透过垂直偏光镜看液晶时，液晶呈亮的状态。

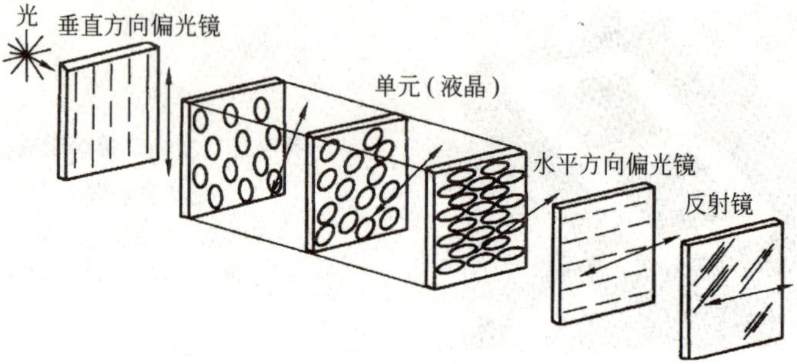

图7-26 液晶将垂直光波旋转90°

当给液晶加上一个电场时，液晶分子将重新排列，液晶便不能使光波旋转，来自垂直偏光镜的光波，通过液晶后，仍是垂直方向的光波，无法通过水平方向的光波到达反射镜，这时再透过垂直偏光镜看液晶时，液晶呈暗的状态，如图7-27所示。

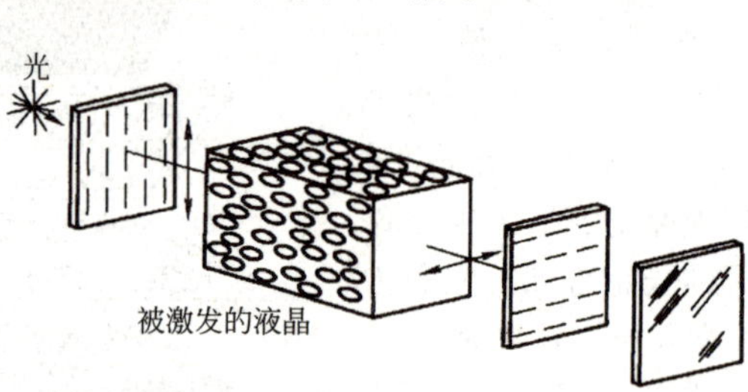

图7-27 当液晶加上电场被激发时，将不能使光波旋转

通过以上分析可知：当液晶不加电压时，光线可穿过液晶到达反射镜反射过来，观察者可看到液晶呈亮的状态；当液晶加上电压时，液晶分子方向改变，将不能使光波旋转，来自垂直偏光镜的光波经液晶后将不能穿过偏光镜，到达反射镜，观察者看到的液晶是暗的状

态。这样将液晶上制成字符段，分别控制每个字符段的通电状态，观察者便可在液晶上看到字符了，如图7-28所示。

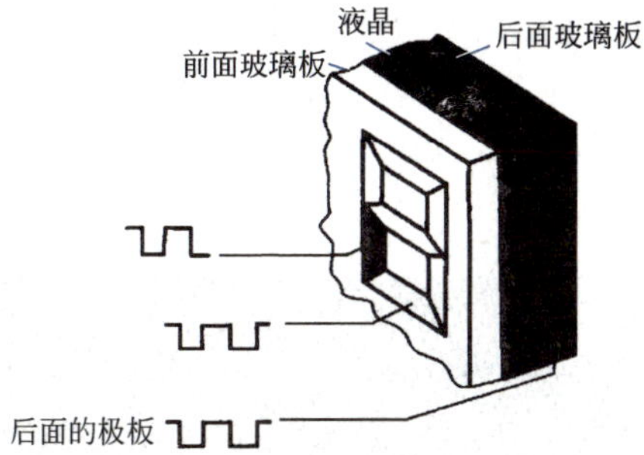

图7-28 液晶上的字符段分别加上电场

3 真空荧光管（VFD）

真空荧光管实际上是一种低压真空管，它由玻璃、金属等材料构成。图7-29所示为汽车用的数字式车速表的真空荧光管。真空荧光管由灯丝、栅格、阳极和玻璃罩构成。其中灯丝为阴极，与电源“－”极相接；阳极为涂有磷光物质的屏幕，与电源正极相接，上面有7、14或20字符段图形，每个字符段由电子开关单独控制通电状态；在灯丝与阳极之间有栅格，整个装置密封在被抽真空的玻璃罩内。

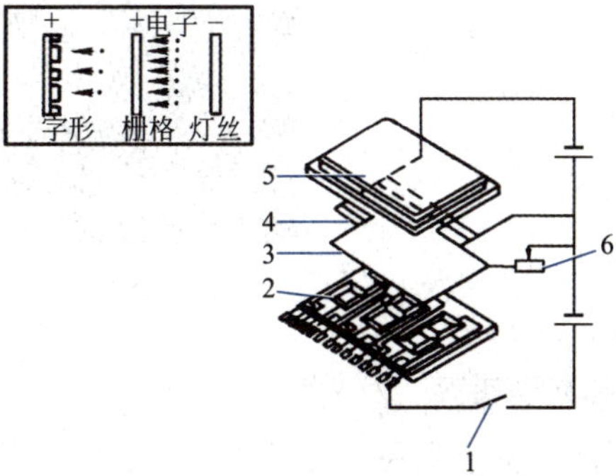

图7-29 汽车用的数字式车速表的真空荧光管

1—电子开关（计算机控制、能使某些笔画段发光）；2—笔画小段（阳极）；
3—栅格；4—灯丝（阴极）；5—玻璃罩；6—变阻器（调节亮度）

4 典型汽车数字式仪表功能介绍

下面以上汽荣威550型汽车为例，介绍汽车数字式仪表的新功能。

荣威550汽车采用新型汽车数字化仪表板，除了发动机转速表还保留着圆形指针式，其他仪表信息都采用高科技的数字量化显示，图7-30所示为该车的仪表板。该车仪表板可以简单地分为车速表、转速表和车辆状态三大区域。

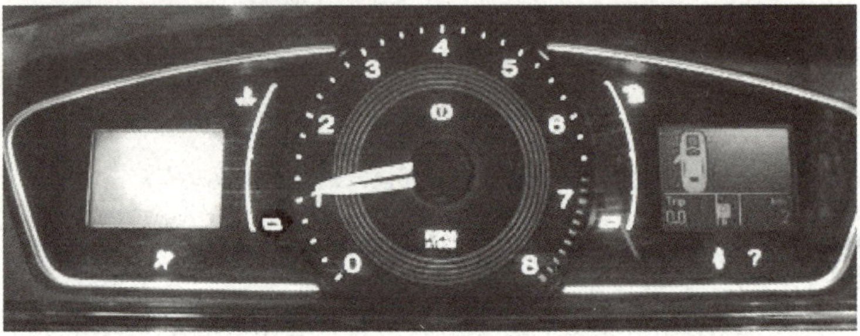

图7-30 荣威550汽车采用新型汽车数字化仪表板

(1) 车速表区

如图7-31所示，车速表上的数字表示的是汽车每小时行驶的千米数，屏幕上以数字显示车辆正在行驶的时速状态。在车速表下方的指示灯有充电指示灯、气囊指示灯、雾灯指示灯以及转向灯指示灯等。而位于车速表右侧的弧形刻度是用来表示发动机冷却液温度的水温指示灯。

图7-31 车速表区

(2) 发动机转速表区

如图7-32所示，位于中央的发动机转速表区，采用脉冲感应设计，使仪表板更具运动感，并能快速灵活地反映发动机转速数据。发动机转速表上还包括用来表示车辆驻车制动器状态的驻车制动器指示灯、发动机故障指示灯、轮胎气压指示灯等车辆报警信息。

（3）车辆状态区

图7-33所示为车辆状态区，车辆状态区显示车辆所处的各种状态，如建议保养公里数、当前阶段行驶里程、续驶里程、行驶总里程、变速器当前挡位、瞬时油耗等丰富的行车状态信息。

图7-32　发动机转速表区

图7-33　车辆状态区

位于时速表左侧的弧形刻度是油箱燃油量指示灯，该指示灯用来显示车辆内储油量的多少，当钥匙门打开，车辆进行自检时，该油亮指示灯会短时间点亮，随后熄灭。如启动后该指示灯点亮，则说明燃油量已不足。

另外，仪表板右侧的液晶屏为多媒体信息显示区，通过液晶屏下面的旋钮进行控制、操作，可以显示时间、导航、温度、蓝牙、音响、DVD视频、USB、系统配置等多方面媒体信息，如图7-34所示。

图7-34　仪表板右侧的液晶屏为多媒体信息显示区

荣威550汽车一体式的仪表板整合了全部的行车数据，使整个仪表板既能够取得良好的阅读效果，又能够有出色的视觉感受，给车辆的使用与行车安全提供了更好的条件。

5　车载平视显示器HUD系统

HUD是平视显示器（Head Up Display，抬头显示）的简称。HUD

系统最早出现在军用飞机上，是目前普遍运用在航空器上的飞行辅助仪器。平视的意思是指飞行员不需要低头就能够看到他需要的重要资讯。为了提高车辆的驾驶安全，一些汽车也采用了HUD系统，如图7-35所示。

当车辆在高速行驶，特别是夜间高速行车时，驾驶员可能会低头观看仪表显示或观看中控台的音响等显示信息，此时如果车辆前方遇有紧急情况就有可能因来不及采取有效措施而造成事故。如图7-36所示，HUD系统可以将发动机转速、车速、里程等有关车辆的重要信息投影在驾驶员前方挡风玻璃的平视范围上，所显示的信息种类可以选择，且显示位置、显示亮度可调，这样可以避免驾驶员低头看仪表的行为，缩短眼球对前方的视觉盲区观看的时间，减少因低头走神引起的交通事故，提高了行车安全。

图7-35 汽车HUD系统的图像显示（雷克萨斯RX350汽车）

图7-36 HUD系统的显示信息（宝马轿车）

HUD系统的特点：

① 行车时，HUD系统会将行车速度显示在挡风玻璃上。

② 车速达到100km/h时，发生“嘀”声提示，车速达到120km/h时，发出“嘀嘀”两声提示。

③ 停车时，HUD抬头显示器会进行10min计时，以帮助掌握红灯切换时间、停车等人时间等。

④ 在高速行驶时，HUD抬头显示器还会根据速度等行使状态推算出安全警示程度。

⑤ 投射器的亮度会自动跟随环境亮度的变化而变化。

HUD系统的优点：

① 驾驶员不必低头，就可以看到信息，从而避免分散对前方道路的注意力。

② 驾驶员不必在观察观察远方的道路和近处的仪表之间调节眼睛，可避免眼睛的疲劳。

HUD系统相当于一部投影装置，需要使用一个光源来投射HUD信息，一般都是利用LED灯组作为光源，然后通过投影显示屏产生如车辆速度、导航提醒等信息图像内容，投影显示屏相当于一个滤波器，允许光线通过或阻止光线通过。再由一个图像光学元件确定HUD系统显示图像的开关和尺寸。图像被投射到风挡玻璃上后，再将其反射给驾驶员，由于驾驶员看到的是HUD显示屏的虚像，看起来图像信息就好像自由漂浮在道路上一样，如图7-37所示。

图7-37　汽车HUD系统图像信息（雪铁龙C6轿车）

宝马轿车HUD系统由玻璃盖板、反射镜、LED电源件、LED灯组、投影显示屏（TFT）、主印制电路板、壳体、风挡玻璃、控制开关等组成，如图7-38所示。

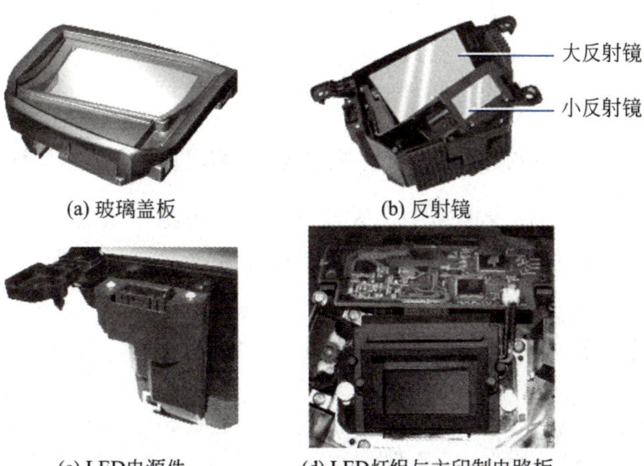

图7-38　宝马轿车HUD系统的组成部件

二、仪表系统的检修技巧

1 仪表系统检修注意事项

① 拆装的小技巧。

小技巧

●拆装仪表系统时，应先拆下蓄电池负极电缆，以免手触摸仪表板后面时造成线路短路。

●拆装饰面板时，由于固定螺钉一般是隐蔽的，因此要仔细查找固定螺钉，否则强行拆卸将会损坏装饰面板。

●拆装仪表系统时，应注意仪表板后面的线束插接器及车速里程表软轴接头，一般都带有锁止机构，切忌强拆，安装时要确保到位。

●从电路板上拆下仪表表芯、电源稳压器、照明及指示灯时，小心不要损坏印制电路。

② 单独更换表芯或仪表传感器时，注意仪表与传感器必须配套使用。

③ 拆装仪表及传感器时，注意动作要轻，不要敲打。

④ 电热式机油压力传感器安装时有方向要求。

⑤ 仪表与传感器的接线、传感器的搭铁必须可靠。

⑥ 电磁式仪表的接线柱有极性之分，不得接错。

2 燃油表、冷却液温度表、机油压力表常现故障诊断与排除

在所有汽车仪表电路中，大部分都配有电源稳压器，而且不论是电磁式仪表还是电热式仪表，又都配有传感器。

小技巧

●在仪表故障中，若两个或两个以上仪表同时不工作时，应先检查仪表熔丝和电源稳压器是否有故障；若单个仪表不工作时，应首先确定故障是在传感器还是在仪表。

(1) 单个仪表不工作

首先检查传感器的接线是否完好，如正常，可将传感器的接线断开，用万用表检测传感器的接线是否有电。如没有电，应检查传感器到仪表及蓄电池的电路；如有电，以燃油表为例，检测方法如图7-39所示。

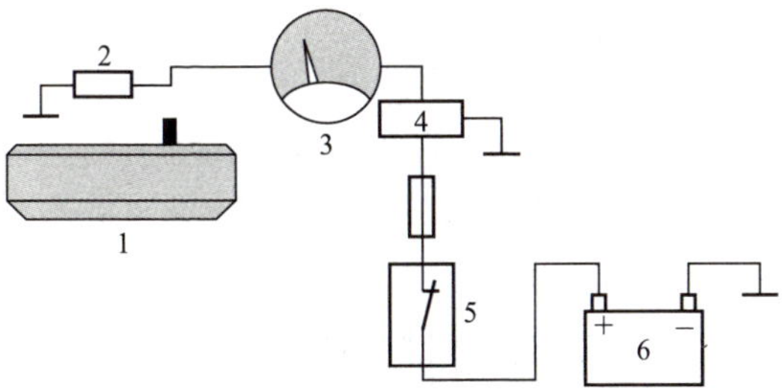

图7-39 仪表的故障检查

1—燃油表；2—10Ω电阻；3—燃油表；4—电源稳压器；5—点火开关；6—蓄电池

① 用10Ω的电阻代替传感器，一端接到传感器的接线上，另一端直接搭铁。点火开关打到ON，观察仪表。如果指针摆动，说明传感器有故障（不要将传感器的接线直接搭铁，否则易烧坏仪表），需要更换传感器。

② 仪表准确的工作情况，可参照维修手册。如以奥迪车燃油表为例，用变阻器代替传感器，当阻值为40Ω时，指针指示为1；当阻值为78Ω时，指针指示为1/2；当阻值为283Ω时，指针指示为0。如果检测结果与上述相符，传感器有故障，应更换；否则，仪表有故障，应更换。

(2) 两个或两个以上仪表同时不工作

当两个或两个以上仪表同时不工作时，应检查仪表熔丝和电源稳压器，如图7-40所示。若仪表熔丝正常，应检查电源稳压器。以奥迪车为例，如图7-41所示。测量输出端3与搭铁端2之间的电压，电压表读数应在9.75～10.25V，否则更换稳压器；测量输入端1与搭铁端2之间的电压，电压表的读数应为电源电压，否则检修电路。

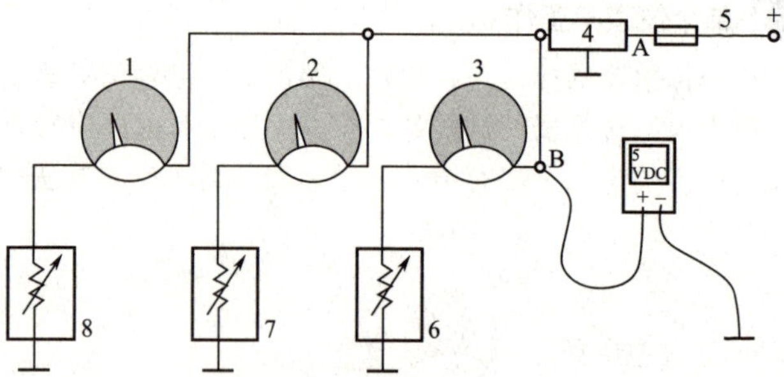

图 7-40　电源稳压器的电路

1 ～ 3—仪表；4—电源稳压器；5—蓄电池+；6 ～ 8—传感器

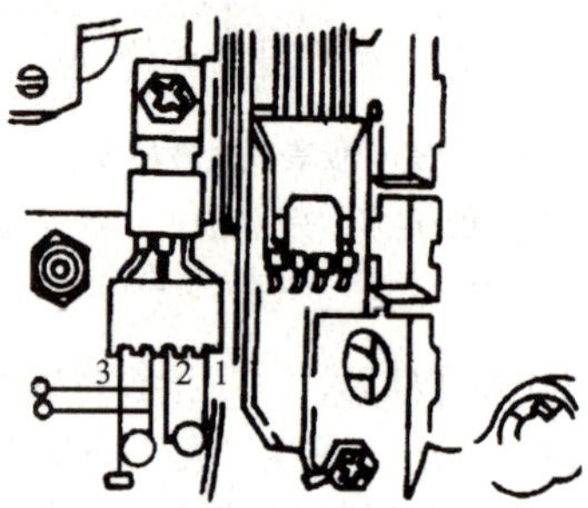

图 7-41　检查稳压器

1 ～ 3—端子

3 车速里程表常见故障诊断与排除

车速表里程表一般有机械式的和电子式的。

小技巧

●检测时可将车举起，启动发动机，将变速器挂上挡，使驱动轮运转，观察转速表的工作情况。检测时注意发动机的转速不要过高，以免有损差速器。

（1）机械式车速里程表故障诊断与排除

机械式车速里程表常见故障有噪声、指针抖动或不工作。

① 噪声故障。一般是软轴（里程表线）缺油，需将软轴拆下，进行清洗，加润滑油。但最好是更换软轴。特殊情况，若表头中的表轴磨损，使铝杯与磁铁相碰，发出噪声，需更换表头。

② 车速里程表不工作、读数不准或抖动故障。首先检查软轴与其他线束是否有交错挤压的现象，如果有上述情况，先将软轴正确归位；检查变速器输出轴驱动小齿轮的磨损情况，软轴与驱动小齿轮的啮合间隙，如果不符，应更换；检查表头内蜗轮与蜗杆的间隙，过大可调整。

（2）电子式车速里程表故障诊断与排除

电子式车速里程表的常见故障是不工作。原因是传感器坏或线束、仪表等有故障。

以奥迪车为例，电子式车速里程表传感器位于变速器壳体左侧。

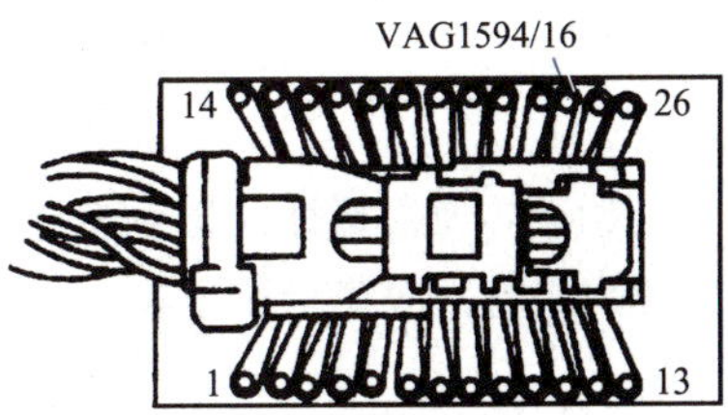

图7-42 仪表系统线束连接器

1～26—端子

① 断开仪表系统线束连接器，连接器有26个端子，如图7-42所示。

② 将汽车举起，断开传感器的线束连接器，变速器置于空挡，用手转动左前轮。

③ 用万用表测量端子4和10之间的电阻，电阻值应在0～∞之间变化。否则，检修线路或更换车速传感器。

4 发动机转速表常见故障诊断与排除

以桑塔纳轿车为例，发动机转速表的常见故障是线路或仪表本身有故障，检查方法如下。

① 检查点火线圈“—”接线柱是否接触良好。

② 检查转速表后面的黑色三孔插座是否接触良好。

③ 用万用表检查三孔插座的工作状况，如图7-43所示。若a插孔

搭铁不良，检查仪表线束连接器白色14孔插座中的棕色导线是否接地；若b插孔在点火开关打到ON时无电压，应检查仪表线束连接器黑色14孔插座中的黑色导线是否有电源电压；若c插孔在点火开关打到ON时无电压，检查仪表线束连接器白色14孔插座中的红/黑导线是否与点火线圈“－”接线柱接触良好。

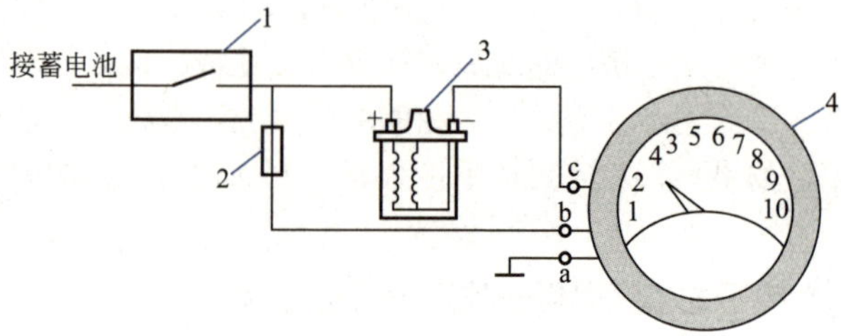

图7-43 转速表的检测

1—点火开关；2—熔丝；3—点火线圈；4—发动机转速表

如果转速表后面的黑色三孔插座线束经检查全部正常，则故障在转速表本身，应更换转速表。

三、维修实例

实例一 发动机转速表指示不稳定

（1）故障现象

桑塔纳2000型轿车，行驶里程为12.2万千米。驾驶员反映该车发动机转速表不稳定，有时明明指示在某一转速，突然一下能降下来，然后又返回原转速。有时表针来回抖动，不稳定。

（2）故障原因

发动机转速表有故障。

（3）故障诊断与排除

启动发动机，观察发动机转速表指针变化时，发动机工作稳定，并无抖动、断火现象，说明故障与发动机无关，是由发动机转速表系统故障造成的。

该车发动机转速表是从点火线圈“–”端取的信号。检查点火线圈上的插接头，连接完好，这样就需要拆下仪表板，检查转速表系统。造成转速表指示不稳定的原因有以下几点。

① 转速表背面的黑色三孔插座接触不良。

② 仪表板上的印制线路故障。

③ 转速表系统控制线路故障。

④ 转速表故障。

拆下仪表板检查，转速表背面的黑色三孔插座接触良好，印制线路也良好。对转速表系统控制线路进行检查：转速表背面的黑色三孔插座内的三个插孔分别与电源负极、点火开关控制线、点火线圈“–”端相通。打开点火开关，断开点火线圈“–”端的插头，用万用表测量一个插孔内有12V电压，说明转速表系统控制线路也无故障。这样利用排除法就确定故障在转速表本身。

更换发动机转速表后，故障现象消失，故障排除。

实例二　水温表指示与水温实际温度不符

(1) 故障现象

桑塔纳2000型轿车，行驶里程为6.8万千米。驾驶员说，在一次长途旅行中，突然出现水温表指示与冷却液实际温度（70 ～ 80℃）不符的情况，时而指示为最高温度，时而又恢复正常指示温度。

(2) 故障原因

水温表至水温传感器的连接导线有搭铁处。

(3) 故障诊断与排除

该车水温表是电热式仪表，并且与燃油表共用一只稳压器，水温表的工作电压在9.5 ～ 10.5V范围内。这种电热式温度表与热敏电阻式的传感器相匹配。其故障的主要原因有以下几种。

① 温度传感器与冷却液的接触面有严重水垢，造成热敏电阻的传感值与实际情况有偏差。

② 稳压器输出电压不正常，造成水温表工作不稳定。

③ 连接导线有搭铁处。

④ 冷却液温度表本身有故障。

⑤ 冷却液不足指示器开关损坏。

⑥ 冷却液不足指示器的控制器损坏等。

根据分析故障原因，做如下检查。

① 检查冷却液温度传感器，将其拆卸下来，从外观上观察水垢并不多，随后用万用表电阻挡对其电阻值进行测量，阻值符合要求，故障不在此处。

② 对稳压器输出电压进行测量，其输出电压在10V左右（标准电压值为9.5～10.5V），也符合规定标准。

③ 检查水温表至水温传感器的连接导线，发现这根导线被压在冷却液水管下面，已有轻微的磨破点，时而有搭铁现象。

在汽车运行时，当出现搭铁时，冷却液温度表指示最高温度（即危险位置）；当不搭铁时，指示温度又恢复正常状态。

经过对该导线做绝缘处理后，将该导线从冷却液水管（铸铁件）下面抽出来放到安全的位置上，然后打开点火开关，观察冷却液温度指示温度正常，故障排除。

第二节　报警系统的检修

汽车报警系统是预防车辆事故、保证行车安全的重要装置，是汽车与驾驶员进行信息交流的界面，为驾驶员提供必要的汽车运行信息，同时也是维修人员发现和排除故障的重要依据。

一、报警系统的结构与工作原理入门

（一）报警系统报警灯的类型、作用及图形符号

1 类型

现代汽车为了保证行车安全、提高车辆的可靠性，在汽车仪表板上安装了许多报警装置，如机油压力报警灯、冷却液温度报警灯、燃油不足报警灯、制动液液面过低报警灯、充电系故障报警灯，增加了

EPC（电子油门故障指示灯）、轮胎压力报警灯、电动助力转向指示灯、定速巡航指示灯、TCS（牵引力控制系统）、ASR（驱动防滑系统）、VSC（车辆稳定控制）或ESP（车身电子稳定系统）等报警灯。

汽车报警系统一般有机油压力报警装置、冷却液温度报警装置、燃油量报警装置、制动系统报警装置、制动蹄片磨损时报警装置等。

2 报警灯的作用

报警灯由报警开关控制，当被监测的系统或总成工作不正常时，对应的报警开关闭合，使该系统的报警灯亮，以提醒驾驶员注意，采取相应的措施，确保行车安全。

3 图形符号

现代汽车多数采用发光二极管作为报警灯光源，其优点是结构简单、寿命长、耗电少、易于识别等。

小提示

- 报警灯通常安装在仪表上，灯泡功率一般为1～4W。
- 在灯泡前设有滤光片，使报警灯发出红光或黄光，滤光片上通常有标准图形符号。

常见的报警灯图形符号及含义如表7-1所示。

表7-1 常见报警灯图形符号及含义

序号	图形符号	名称	含义
1		发动机故障指示灯	发动机电控系统异常时，该灯点亮或闪烁
2		电子油门故障指示灯	发动机电子油门系统异常时，该灯点亮或闪烁。EPC（Electronic Power Control，电子动力控制系统，常称为电子油门系统）指示灯常见于德国大众车系
3		预热指示灯	点火开关打开时灯亮，预热结束后灯灭
4	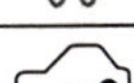	防盗指示灯	发动机防盗系统异常时，灯亮

续表

序号	图形符号	名称	含义
5	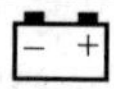	充电指示灯	发电机不发电时，灯亮
6		转向指示灯	开转向灯时，灯亮
7		冷却液温度指示灯	冷却液温度过高时，灯亮
8		机油压力指示灯	机油压力过低时，灯亮
9		制动蹄片磨损指示灯	制动蹄片磨损超限时，灯亮
10		车门未关指示灯	任一车门未关或未关严时，灯亮
11		风窗清洗液液位指示灯	风窗清洗液液位不足时，灯亮
12		后备厢开启指示灯	后备厢开启时，灯亮
13		燃油量指示灯	燃油量过少时，灯亮或闪烁
14		安全带指示灯	安全带未扣紧或安全带锁扣未插到位时，灯亮
15	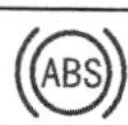	ABS指示灯	ABS系统异常时，灯亮或闪烁
16		TCS、ASR或ESP指示灯	TCS（牵引力控制系统）、ASR（驱动防滑系统）或ESP（车身电子稳定系统）异常时，灯亮或闪烁
17		驻车制动器指示灯	拉起驻车制动器时，灯亮；在一些车型（如德国大众车系）中，该灯兼作制动液液位过低报警指示灯
18		定速巡航指示灯	有两种状态，当处于巡航待命状态时，指示灯闪烁；当处于巡航状态时，指示灯保持常亮
19		电动助力转向指示灯	电动助力转向系统异常时，灯亮或闪烁

续表

序号	图形符号	名称	含义
20		远光指示灯	远光灯点亮和熄灭时，该灯同时点亮和熄灭
21		后雾灯指示灯	后雾灯点亮和熄灭时，该灯同时点亮和熄灭
22		雾灯指示灯	前、后雾灯点亮时，该指示灯相应的标志就会点亮。关闭雾灯后，指示灯熄灭
23		示宽指示灯	用来显示车辆示宽灯的工作状态，平时为熄灭状态，当示宽灯打开时，该指示灯随即点亮。当示宽灯关闭或者关闭示宽灯打开大灯时，该指示灯自动熄灭
24		后窗加热器指示灯	后窗加热器工作时，灯亮
25		安全气囊指示灯	安全气囊异常时，灯亮
26	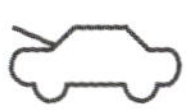	发动机舱盖未关指示灯	发动机舱盖未关或未关严时，灯亮
27		维护保养指示灯	当里程表千米数累计达到预设置的里程（5000km）时，该报警指示灯亮起，提醒用户进行整车保养维护
28		空调内循环指示灯	当打开空调系统内循环按钮，车辆关闭外循环时，该指示灯自动点亮
29		油箱盖开启报警灯	油箱盖开启或未关严时，灯亮
30		轮胎压力报警灯	轮胎压力异常时，灯亮
31		O/D指示灯	当驾驶员按下自动变速器超速挡锁止开关时，该灯点亮；若电控自动变速器异常时，该灯点亮或闪烁
32		VSC指示灯	VSC（车辆稳定控制）系统异常时，灯亮或闪烁。常见于日本丰田车系和德国大众车系
33	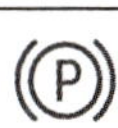	驻车制动警示灯	打开点火开关，该灯才起作用。拉上手制动，该灯将保持点亮

（二）组合仪表报警灯的结构与工作原理

1 机油压力报警灯的结构与工作原理

在一些汽车上，除了装有机油压力表外，还装有机油压力过低报警灯。每当润滑系统机油压力低于允许值时，报警灯亮，以引起驾驶员注意。

小提示

●机油压力报警灯越来越普及，在许多车型上，已将机油压力表取消，只用机油报警灯监测润滑系统的工作情况。

（1）弹簧管式机油压力报警开关

如图7-44所示，机油压力过低报警灯电路是由安装在发动机主油道的弹簧管式报警开关和安装在仪表板上的红色报警灯组成。其报警灯开关内有一管形弹簧，管形弹簧的一端与主油道相通，另一端有一对触点，固定触点经连接片与接线柱相接，活动触点经外壳搭铁。

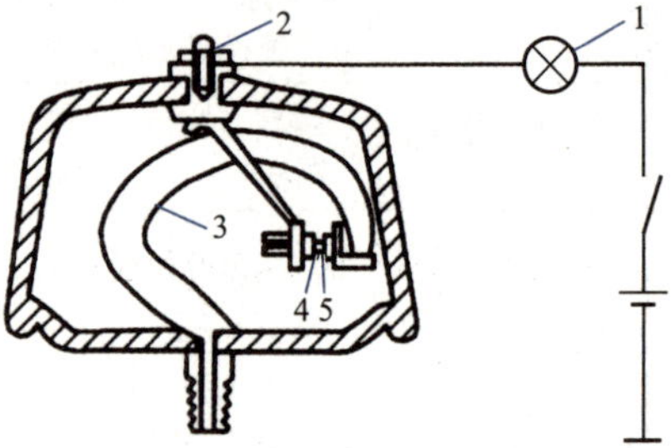

图7-44 弹簧管式机油压力报警开关控制电路

1—报警灯；2—报警开关接线柱；3—管形弹簧；
4—固定触点；5—活动触点

当机油压力低于允许值时，管形弹簧向内弯曲，触点闭合，报警灯亮，以示警告；当机油压力正常时，管形弹簧产生的弹性变形量大，使触点分开，报警灯熄灭，以示机油压力正常。

（2）膜片式机油压力报警开关

图7-45所示为膜片式机油压力报警开关控制报警灯的电路图。当机油压力正常时，机油压力推动膜片向上拱曲，推杆将触点打开，报警灯熄灭；当机油压力低于允许值时，膜片在弹簧压力作用下向下移动，从而使触点闭合，报警灯亮，以示警告。

2 冷却液温度报警灯的结构与工作原理

在汽车上除了装有冷却液温度表外，还装有冷却液温度报警灯，每当水温过高越过允许值时，红色报警灯亮，以示警告。

图7-46所示为冷却液温度报警灯控制电路，其报警开关为双金属片式温度开关。

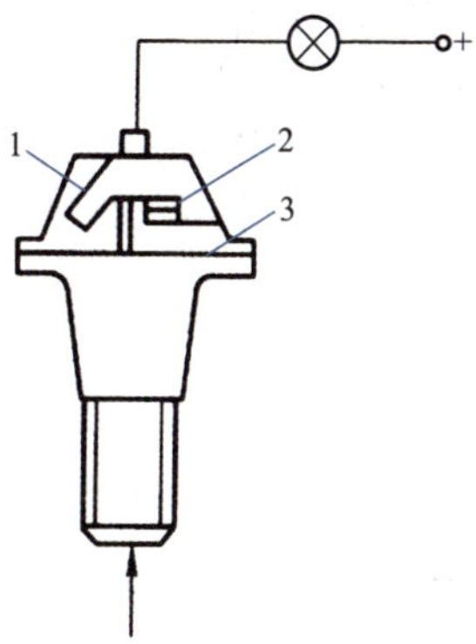

图7-45 膜片式机油压力报警开关控制电路

1—弹簧片；2—触点；3—膜片

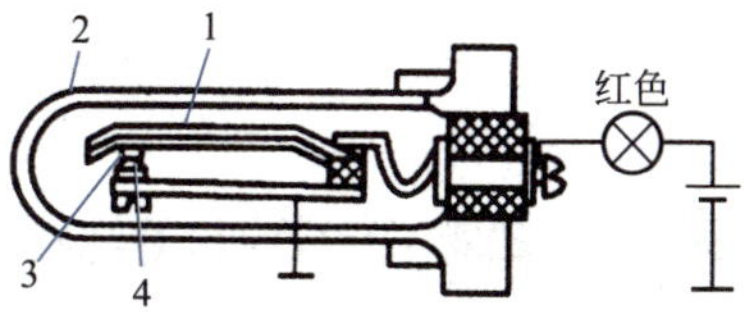

图7-46 冷却液温度报警灯控制电路

1—双金属片；2—壳体；3—动触点；4—静触点

当冷却液温度正常时，双金属片几乎不变形，触点分开，报警灯不亮；当冷却液温度超过允许值时，双金属片由于温度升高而弯曲变形，使触点闭合，报警灯亮，以示警告。

3 燃油不足报警灯的结构与工作原理

在汽车上除了装有燃油表外，还装有燃油不足报警灯，每当燃油少于规定值时，红色报警灯亮，以提醒驾驶员注意加油，尤其是油箱中有电子汽油泵的车辆，燃油过少，汽油泵得不到冷却，易损坏。

图7-47所示为热敏电阻式报警开关控制电路。其报警开关为热敏电阻式，装在油箱内。当油箱内燃油量多时，负温度系数的热敏电阻浸在油中，散热快，温度低，电阻值大，因此电路中几乎没有电流，报警灯不亮；当燃油减少到规定值以下时，热敏电阻元件露出油面，散热慢，温度升高，电阻值减小，电路中电流增大，报警灯亮，提醒驾驶员注意加油。

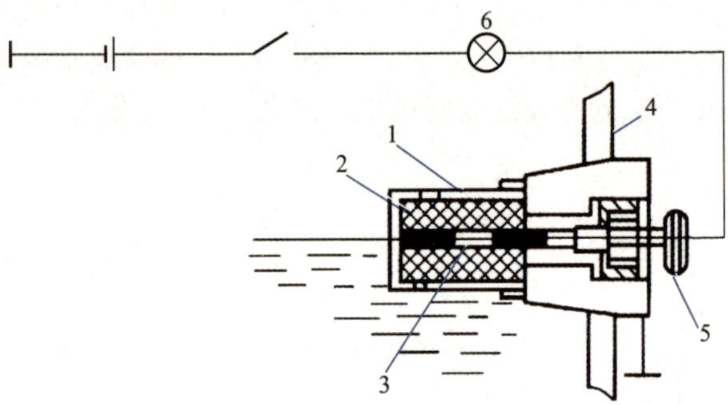

图7-47 热敏电阻式报警开关控制电路

1—外壳；2—防爆金属网；3—热敏电阻；
4—油箱外壳；5—接线柱；6—报警灯

4 制动液不足报警灯的结构与工作原理

制动液不足报警灯的作用是：当制动液液面过低时，发出报警信号，以提醒驾驶员注意。制动液不足报警装置是由报警开关和报警灯组成。报警开关安装在制动总泵液罐内，此报警开关适用于冷却液、挡风玻璃清洗液等液面过低报警灯的控制电路，区别仅在于报警开关安装位置不同。

图7-48所示为制动液不足报警灯控制电路。当制动液充足时，浮子的位置较高，此时永久磁铁高于舌簧开关的位置，舌簧开关处于断开状态，报警灯不亮；当浮子随着制动液液面下降到规定值以下时，永久磁铁便接近了舌簧开关，使舌簧开关触点闭合，报警灯电路导通，报警灯亮。

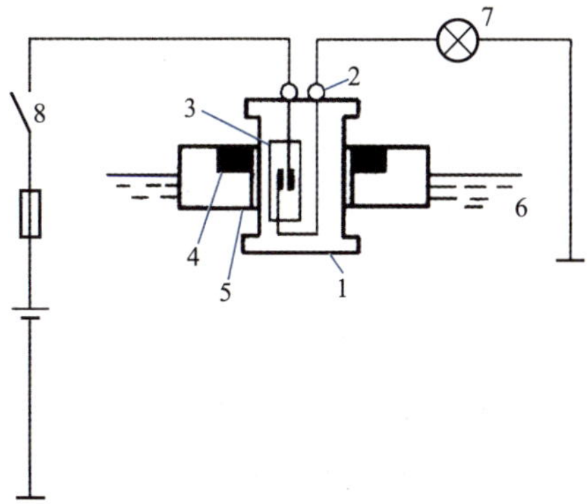

图7-48　制动液不足报警灯控制电路

1—舌簧开关外壳；2—接线柱；3—舌簧开关；4—永久磁铁；5—浮子；6—制动液面；7—报警灯；8—点火开关

5 制动器摩擦片使用极限报警灯的结构与工作原理

制动器摩擦片使用极限报警灯的作用是：当制动器摩擦片磨损到使用极限厚度时，发出报警信号，表示制动器摩擦片需要更换。

图7-49所示为制动器摩擦片使用极限报警灯控制电路。将一段导线埋在摩擦片内部，该导线与组合仪表中的电子控制器相连，当摩擦片没有到使用极限时，电子控制器中的三极管基极电位为低电位，三极管截止，报警灯不亮；当摩擦片到使用极限时，摩擦片中埋设的导线被磨断，电子控制器中的三极管基极电位为高电位，三极管导通，报警灯亮。一般情况下，制动器摩擦片使用极限报警灯与制动液不足报警灯共用一个报警灯。

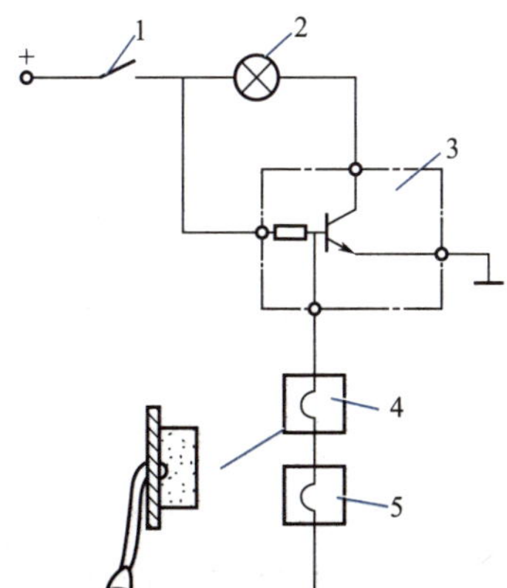

图7-49　制动器摩擦片使用极限报警灯

1—点火开关；2—报警灯；3—电子控制器；4,5—前制动器摩擦片

6 制动灯线路故障报警灯的结构与工作原理

由于制动灯对于行车安全极为重要，而驾驶员在开车过程中，又很难发现制动灯有故障，这样在一些车辆中，设置了制动灯电路故障报警灯。

图7-50所示为制动灯线路故障报警灯控制电路。在正常情况下，踩下制动踏板，制动灯开关接通，电流经左右两电磁线圈到制动信号灯。此时两线圈所产生的磁场相互抵消，舌簧开关的触点继续处于常开状态，报警灯不亮；当左右两个制动信号灯有一个灯泡坏了，或者线路有断路的情况，则有故障一侧的电磁线圈将不产生磁场，而另一侧的电磁线圈产生磁场，舌簧开关中的触点将闭合，报警灯亮，提醒驾驶员制动灯线路有故障。

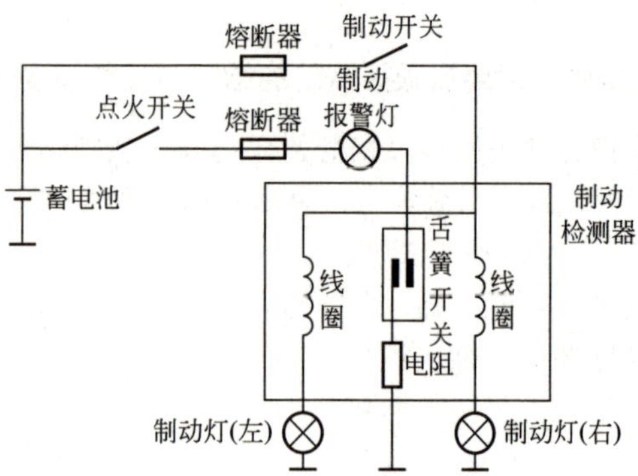

图7-50 制动灯线路故障报警灯控制电路

7 制动系统故障报警灯的结构与工作原理

图7-51所示为制动系统故障报警灯控制电路。其原理是在双管路制动总泵的油管路之间并联一个差动阀。当两管路制动正常时，差动阀柱塞处于中间位置，报警开关的触发杆处于柱塞凹槽内，报警灯不亮。当制动系统任何一侧管路压力降低时，差动阀柱塞将受液压强迫移动。差动阀移动时，报警开关的触发杆被顶起，报警开关触点闭合，报警灯亮。

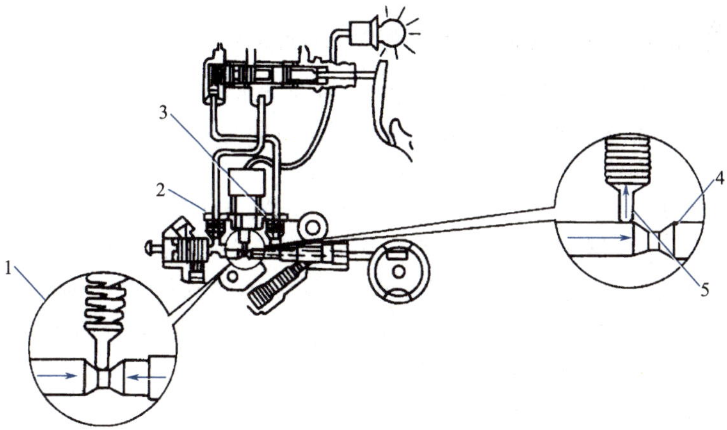

图7-51 制动系统故障报警灯控制电路

1—差动阀；2—前制动管路；3—后制动管路；4—柱塞；5—开关触发杆

8 白炽灯泡型报警灯电路控制工作原理

一般汽车普遍采用白炽灯泡作为报警灯光源。白炽灯泡汽车报警电路如图7-52所示。接通点火开关ON挡时，充电指示灯、机油压力过低报警灯亮。当发动机启动后，充电指示灯和机油压力过低指示灯熄灭。驻车制动器指示灯在驻车制动器拉杆拉紧时发亮，在拉杆放松时熄灭。制动气压过低时，气压过低报警灯亮，此时若松开驻车制动器拉杆，制动气过低报警蜂鸣器发出鸣叫声，提醒驾驶员气压过低时起步有危险。

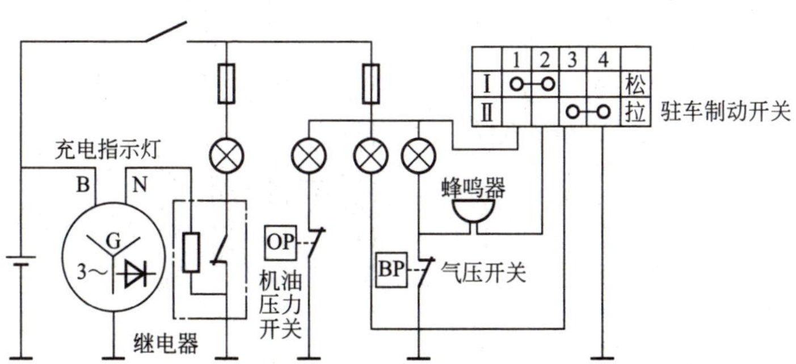

图7-52 白炽灯泡汽车报警灯电路

9 发光二极管型报警灯电路控制工作原理

桑塔纳、捷达等轿车采用发光二极管作为报警灯光源。电路较白炽灯泡型报警灯复杂。一般增设保护电阻、电子控制器等元件。图7-53所示为桑塔纳普通型轿车报警灯电路。

油压报警灯由气缸盖上的低压油压开关、机油滤清器支架上的高压油压开关及仪表板内的电子控制器控制。接通点火开关ON挡，充电指示灯亮，油压报警灯亮但蜂鸣器不响。发动机发动后，充电指示灯和油压报警灯熄灭。若怠速时油压小于0.03MPa，油压报警灯亮，表示油压过低；若转速到2000r/min，油压小于0.18MPa，报警灯亮且蜂鸣器叫，表示高速时油压过低。

水温过高报警灯由水温传感器和冷却液液面过低报警开关控制。接通点火开关ON挡，冷却液温度报警灯应闪烁5s后自动熄灭。当膨胀水箱冷却液液面过低或水温高于115℃，冷却液温度报警灯闪烁。

制动器报警灯由驻车制动开关和制动液液面开关控制，拉起驻车制动拉杆，报警灯亮；制动液液面过低报警灯亮。

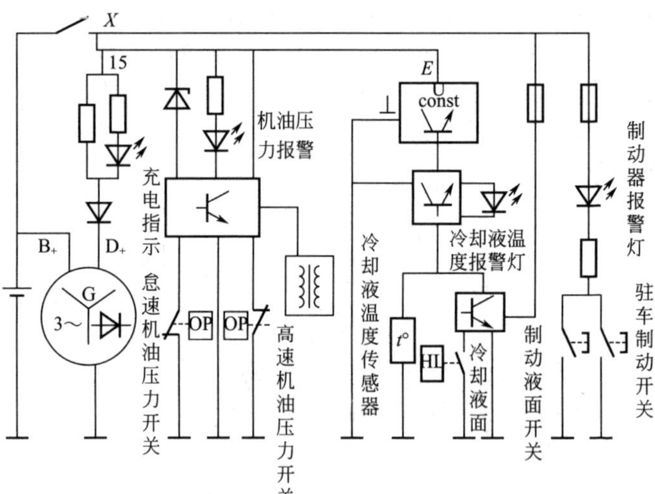

图7-53 桑塔纳轿车报警灯电路

二、报警系统常见故障诊断与排除技巧

1 机油压力报警灯闪亮的故障诊断与排除

机油压力报警灯电路有故障时，仪表板上的机油压力报警灯会闪亮。机油压力报警灯闪亮，表示发动机润滑系统油道内油压过低，应停熄发动机进行检查。检查一般流程如下。

① 抽出机油尺，检查曲轴箱内机油量，应保证机油量在规定的刻度范围内。

② 检查发动机外表、底部无机油渗漏处。

③ 如果是在行驶中突然发生报警灯闪亮，应仔细地察看油底壳有否被路面障碍物碰瘪，以致损坏机油泵。

④ 检查机油压力传感器（在发动机缸体左侧）电线、插头有无脱落现象。

⑤ 拆卸机油压力传感器，用专用的机油压力表测量发动机的机油压力。

⑥ 如果机油压力正常，表明证明发动机润滑系工作正常，而故障在机油压力传感器。

2 制动报警灯闪亮的故障诊断与排除

当制动报警灯电路有故障时，仪表板上的红色制动报警灯报闪亮。

制动报警灯闪亮有两种状况：一是制动主缸储油罐内制动液不足，已对制动系统构成影响；二是驻车制动未松开，后轮制动摩擦片抱住制动鼓。制动报警灯电路故障诊断与排除流程如下。

① 打开发动机罩，检查制动主缸储油罐液面传感器的电线、插头是否良好。

② 打开储油罐盖，检查制动液是否不足。

③ 举起汽车，检查制动油管有无渗漏处，如发现轮辋和轮胎内侧有制动液，说明该轮缸已经漏油。

三、维修实例

实例一　加注燃油后，燃油表指针无反应

（1）故障现象

捷达轿车，行驶里程为15800km。驾驶员说，这两天发现仪表板上的燃油表指针总是指示在最左边，开始以为是燃油箱内缺少燃油，在加注了30L汽油后，燃油表仍无反应。

（2）故障原因

燃油表损坏。

（3）故障诊断与排除

燃油表是汽车燃油监测系统的重要组成部分，如果燃油表不工作或指示不准确，驾驶员将无法判断燃油箱内有多少燃油，也就无法判断何时加注燃油及加注多少燃油。

捷达轿车的燃油监测系统的工作电路主要由以下零件构成：稳压器、燃油表、燃油表传感器和有关线路。

根据燃油监测系统的电路图查找该车故障原因。首先拔下燃油表传感器电源插头，将点火开关转到“ON”位置，测量紫/黑色线的供电电压值，测量结果为0V，表明燃油表传感器没有工作电流。在点火开关转到“ON”位置时，测量中央继电器盒中M线束中紫/黑线与搭铁的电压值，测量结果为0V；测量U线束中蓝色线与搭铁的电压值，测量结果为0V；测量仪表板上28端子插头中7号端子中蓝色导线至U线束蓝色导线间的电阻值，测量结果为0.3Ω，说明该导线没有断路处。

检查稳压器的工作情况。因冷却液温度表与燃油表共用一个稳压器，所以检查冷却液温度表，工作正常，表明稳压器没有故障。于是判断燃油表可能存在故障。

从组合仪表板中取出燃油表，测量加热电阻丝，发现该电阻丝已熔断。

重新更换燃油表，试车，燃油表工作正常，故障排除。

实例二 冷却液液位警告灯突然闪亮

(1) 故障现象

桑塔纳2000型轿车，行驶里程为16.1万千米。驾驶员说，行车中，冷却液液位警告灯突然闪亮，而储液罐内液面正常。

(2) 故障原因

液位控制继电器损坏。

(3) 故障诊断与排除

由电路原理可知，故障多半出在液位传感器和液位控制继电器上。拆下液位传感器检查，未发现异常。

换装一只正常的液位传感器再试，故障依旧。

拔下原液位控制继电器，装上一只正常的液位控制继电器再试，故障排除。

第八章 空调系统的检修

第一节 空调系统结构入门

一、空调系统的组成

空调系统主要由压缩机、冷凝器、蒸发器、孔管或膨胀阀、储液干燥器、高低压管路、鼓风机、控制电路等部分组成，如图8-1所示，各部分之间采用铜管（或铝管）与高压橡胶管连接成一个密闭系统。

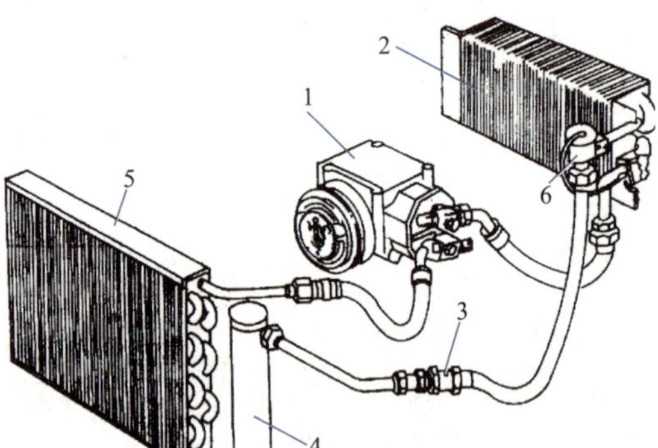

图8-1 空调系统基本组成

1—压缩机；2—蒸发器；3—视液窗；4—储液干燥器；5—冷凝器；6—热力膨胀阀

二、空调系统的工作原理

制冷系统工作时，制冷剂以不同的状态在密闭系统内循环流动，每一循环包括四个基本过程，如图8-2所示。

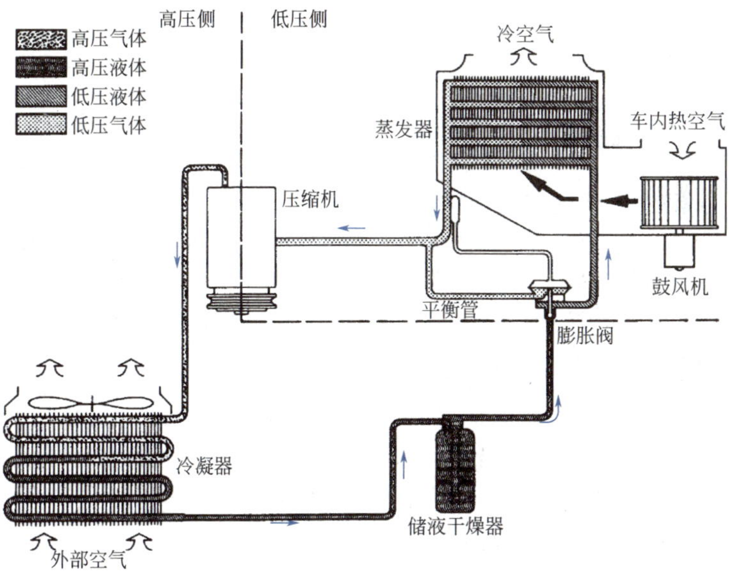

图8-2 空调系统工作过程

(1) 压缩过程

压缩机吸入蒸发器出口处的低温（0℃）低压（0.147MPa）的制冷剂气体，将其压缩成高温（70～80℃）高压（1.471MPa）的气体排出压缩机。

(2) 冷凝放热过程

高温高压的过热制冷剂气体进入冷凝器，压力和温度降低。当气体的温度降至40～50℃时，制冷剂气体变成液体，并放出大量的热。

(3) 节流膨胀过程

温度和压力较高的制冷剂液体通过膨胀阀装置后体积变大，压力和温度急剧下降，以雾状（细小液滴）排出膨胀装置。

(4) 蒸发吸热过程

雾状制冷剂进入蒸发器。此时制冷剂的沸点远低于蒸发器内温度，因此制冷剂液体蒸发成气体。在蒸发过程中大量吸收周围的热量，而后低温低压的制冷剂蒸发又进入压缩机。

三、空调系统主要部件

1 空调压缩机

(1) 功用

汽车空调系统的压缩机安装在发动机前部，由发动机曲轴上的驱动轮经驱动带驱动旋转。压缩机是制冷循环系统的动力源，其功用是驱动制冷剂循环流动，将低温低压的气态制冷剂压缩成高温高压的气态制冷剂。

(2) 分类

空调压缩机种类繁多，形式各异，主要有斜盘式（翘板式）、曲柄连杆式、转子式、叶片式、螺杆式和涡旋式六种。目前，汽车空调系统一般都采用斜盘式、曲柄连杆式或转子式压缩机。

(3) 斜盘式压缩机的结构

斜盘式压缩机又称为翘板式压缩机。各型斜盘式压缩机的结构大同小异，桑塔纳2000GSi型轿车空调系统用SE5H-14型斜盘式压缩机的结构如图8-3所示，主要由电磁离合器、传动斜盘、带圆锥齿轮的行星盘、气缸与活塞、吸气阀片与排气阀片以及缸体（壳体）等组成。

2 空调压缩机电磁离合器

(1) 功用

空调压缩机电磁离合器的功用是根据需要接通或切断发动机与压缩机之间的动力传递。电磁离合器是汽车空调控制系统中最重要的部件之一，受空调A/C开关、温度控制器和压力开关等部件的控制。

(2) 结构

电磁离合器一般安装在压缩机前端并作为压缩机总成的一部分，

主要由电磁线圈、驱动带轮、压盘、轴承等零部件组成，结构与工作原理如图8-4所示。

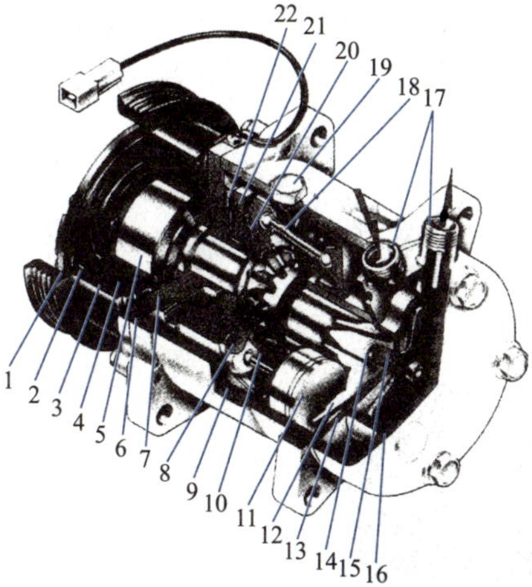

1—压盘；2—电磁离合器；3—多槽驱动带带轮；4—电磁离合器线圈；5—轴承；6—密封；7—驱动端盖；8—带锥齿轮的行星盘；9—缸体；10—固定锥齿轮；11—活塞；12—吸气阀片；13—阀板；14—排气阀片；15—阀片限位板；16—后端盖；17—制冷剂进出接头；18—连杆；19—注油塞；20、22—推力轴承；21—斜盘

图8-3 SE5H-14型斜盘式压缩机的结构

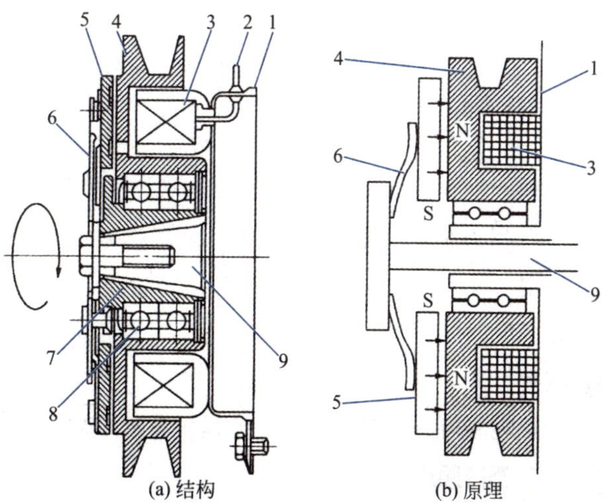

图8-4 电磁离合器的结构与原理

1—压缩机驱动端盖；2—电磁线圈电极引线；3—电磁线圈；4—驱动V带轮；5—压盘；6—片簧；7—压盘轮毂；8—滚珠轴承；9—压缩机轴

3 冷凝器

(1) 功用

冷凝器是热交换装置，它的功用是将空调压缩机送来的高温、高压气态制冷剂中的热量散发到车外，使制冷剂冷凝成高温、高压液体再进入储液干燥器。

(2) 结构

冷凝器通常设置在散热器前面，一般采用铝材料制造，其结构如图8-5所示。

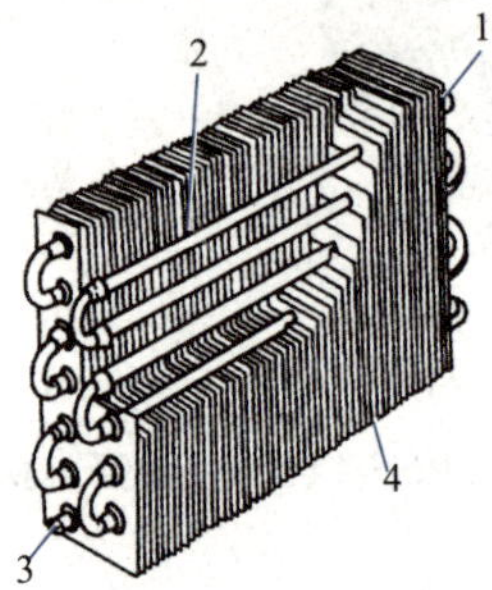

图8-5 冷凝器结构

1—入口；2—盘管；3—出口；4—翘片

4 蒸发器

蒸发器结构与工作原理如图8-6所示。

(1) 功用

蒸发器是热交换装置，它的作用恰好与冷凝器作用相反。

(2) 结构

一般采用铝材料制造，其在车内的安装位置视车型而定。

(3) 基本工作原理

空调系统工作时，来自节流装置的低温、低压液态雾状制冷剂通过蒸发器管道时蒸发，吸收车内空气的大量热量而制冷，同时低压雾状制冷剂变为低压气态制冷剂，并回到压缩机。

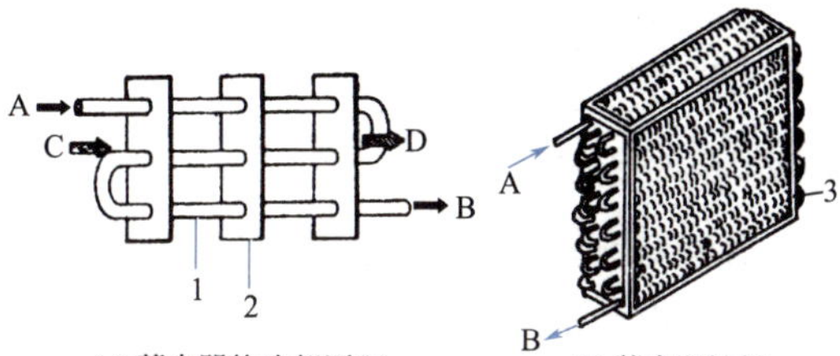

图 8-6 蒸发器结构与工作原理

1—排管；2—散热片；3—框架；A—来自膨胀阀的液体制冷剂；B—气体制冷剂；C—车厢热空气；D—吹出的冷风

5 储液干燥器

(1) 功用

膨胀阀系统的储液干燥器是液态制冷剂的一个储存箱，能以一定的流量向膨胀阀输送液态制冷剂，同时可除去制冷剂中的异物和水汽，并能从其上方的玻璃视液窗观察制冷剂的数量；孔管系统储液干燥器主要功能是使回气管路中的制冷剂气液分离，防止液态制冷剂冲击压缩机。

(2) 结构

膨胀阀系统和孔管系统储液干燥器结构分别如图8-7和图8-8所示。

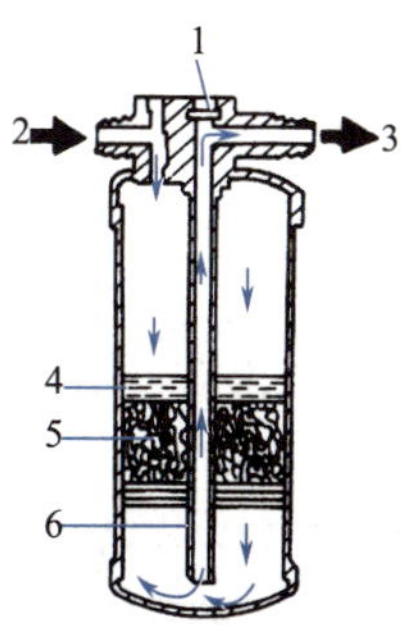

图 8-7 膨胀阀系统储液干燥器结构

1—视液窗；2—进口；3—出口；4—滤网；5—干燥剂；6—吸出管

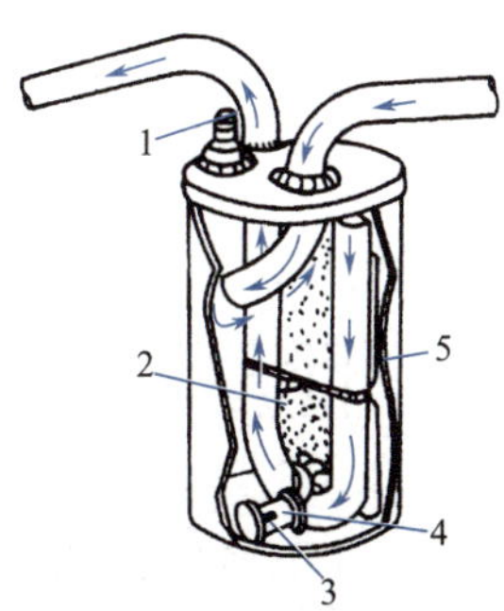

图 8-8 孔管系统储液干燥器结构

1—维修阀；2—干燥剂；3—滤网；4—泄油孔；5—出气管

6 膨胀阀和孔管

(1) 功用

膨胀阀和孔管都是节流装置，用来解除液态制冷剂的压力，使制冷剂能在蒸发器中膨胀变成蒸汽，它是制冷系统高、低压的分界点。

(2) 结构

热力膨胀阀结构如图8-9所示，孔管结构如图8-10所示。

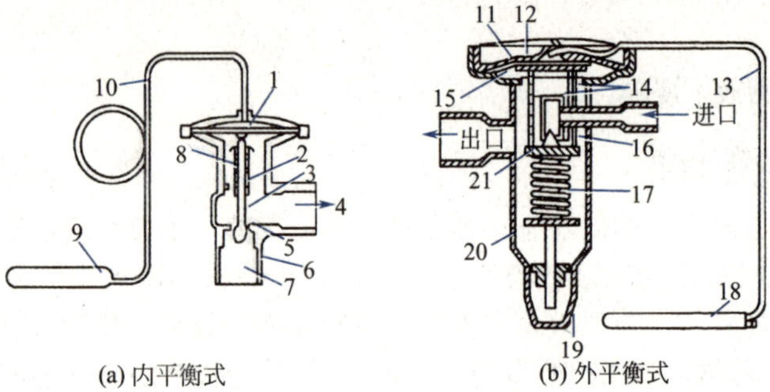

图8-9 热力膨胀阀结构

1—膜片；2—内平衡口；3—针阀；4—蒸发器出口；5—阀座；6—阀体；7—通储液罐的进口；8—弹簧；9—遥控温包；10—毛细管；11—膜片；12—感温包压力；13—毛细管；14—推杆；15—蒸发器出口压力；16—阀座；17—过热弹簧；18—遥控感温包；19—弹簧压力板；20—阀体；21—针阀

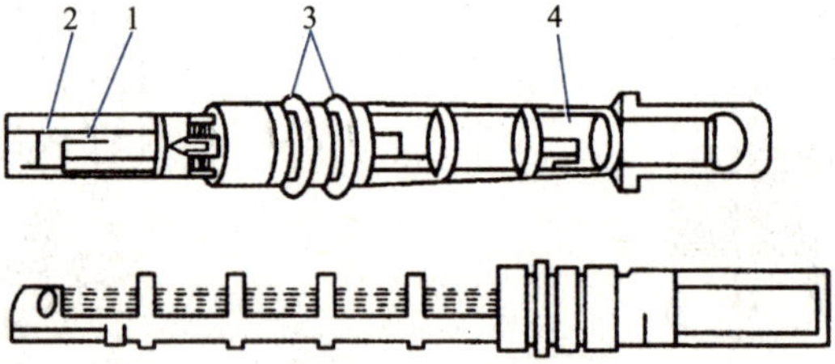

图8-10 孔管结构

1—孔口；2—出口滤网；3—密封圈；4—进口滤网

7 自动空调常用传感器

（1）车内温度传感器

一般安装在仪表板下端，在前、后双空调式车上多在前、后座上各装1个，是具有负温度系数的热敏电阻。结构如图8-11所示。

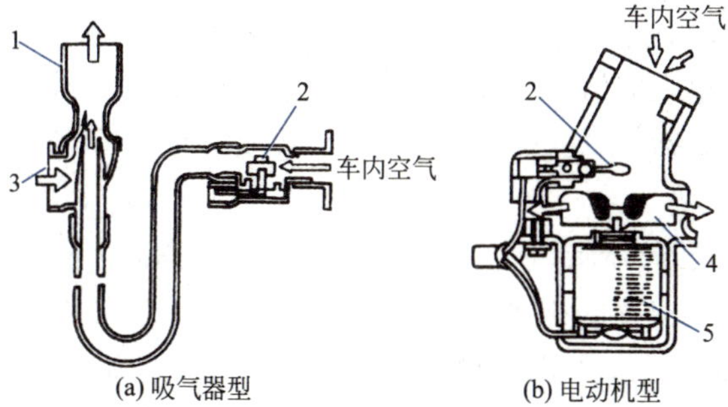

图8-11 车内温度传感器结构

1—吸气器；2—热敏电阻；3—暖风装置；4—风扇；5—电动机

该传感器可检测车厢内空气的温度，并将温度信号输入空调ECU。在吸入车内空气时，利用暖风装置的气流与专用抽气机。当车内温度发生变化时，热敏电阻的阻值改变，从而向空调ECU输送车内温度信号。

（2）车外温度传感器

该传感器采用热敏电阻检测车外空气温度，并将温度信号输入空调ECU，如图8-12所示。

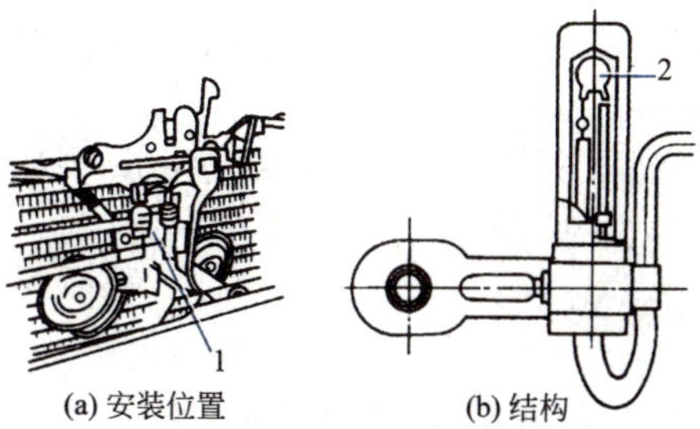

图8-12 车外温度传感器安装位置与结构

1—车外温度传感器；2—热敏电阻

(3) 蒸发器出口温度传感器

安装在蒸发器片上，用来检测蒸发器表面温度变化，由此控制压缩机的工作状态。当温度升高时，传感器的阻值减少；当温度降低时，传感器的阻值增加，利用传感器的这一特性来检测温度。传感器的工作环境温度为–20 ～ 60℃。

蒸发器出口温度传感器主要用于空调温度控制，空调ECU对温度检测用热敏电阻的信号与温度调整用控制电位器的信号进行比较，确定对电磁离合器供电或断电。此外，还利用热敏电阻的信号，控制蒸发器避免结冰。

(4) 光照传感器

将日光照射量变化转换为电流变化，并将此信号输入空调ECU，空调ECU根据此信号调整车用鼓风机吹出的风量与温度。

(5) 烟雾浓度传感器

采用光电型散射光式烟雾浓度传感器检测烟雾，通过空调ECU可使空气交换器在有烟雾时自动运转，没有烟雾时自动停止，总能保持车内空气清新。如图8-13所示，烟雾浓度传感器由发光元件、光敏元件及信号处理电路部分组成，通过细缝的空气可自由流动，发光元件间歇地发出红外线，在没有烟雾的情况下，红外线射不到光敏元件上，电路不工作；当烟雾等进入传感器内部时，烟雾粒子对间歇的红外线进行漫反射，就有红外线射到光敏元件上，这时空调ECU判断出车内有烟雾，就会使鼓风机电动机旋转。

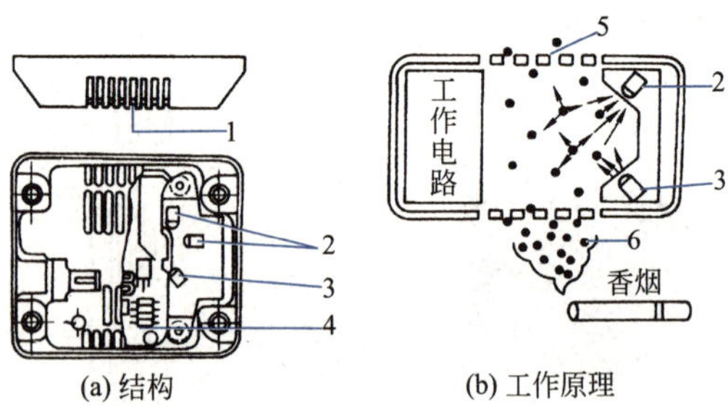

图8-13 烟雾浓度传感器的结构及工作原理

1—烟雾进口；2—光敏元件；3—发光元件；4—信号处理电路部分；5—细缝；6—烟粒子

8 自动空调电子膨胀阀

(1) 功用

电子膨胀阀可将蒸发器出口的温度和压力信号送入控制器，以实现多功能的流量控制和调节。

(2) 分类

电子膨胀阀分电磁式和电动式，电动式又分为直动型和减速型。

(3) 结构特点

① 电磁式膨胀阀在通电前电磁线圈不产生吸力，针阀处于全开位置。通电后，由于电磁力的作用，由磁性材料制成的柱塞被吸引上升，与柱塞连成一体的针阀开度变小，施加在线圈上的电压可以控制针阀的位置，因此可以通过改变电压控制膨胀阀的开度，控制其流量。电磁式膨胀阀结构如图8-14所示。

② 直动型电动式膨胀阀如图8-15所示，膨胀阀电动机转子主要依靠电磁阀线圈产生的磁力转动。转矩由导向螺纹变换成阀针直线移动，以改变阀口的流通面积，转子的旋转角度及阀针的位移量与输入脉冲数成正比。

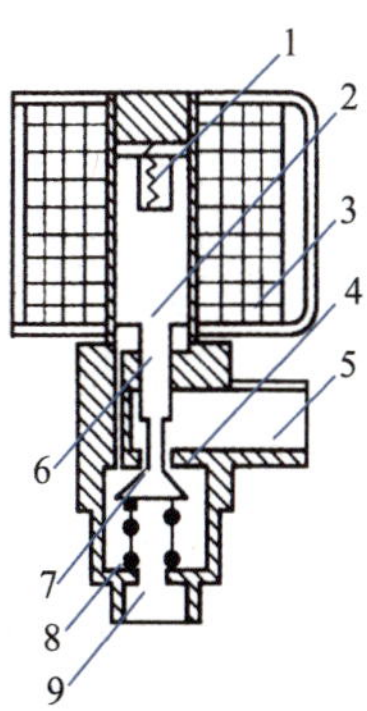

图8-14 电磁式膨胀阀结构

1—柱塞弹簧；2—柱塞；3—线圈；4—阀座；5—入口；6—阀杆；7—阀针；8—弹簧；9—出口

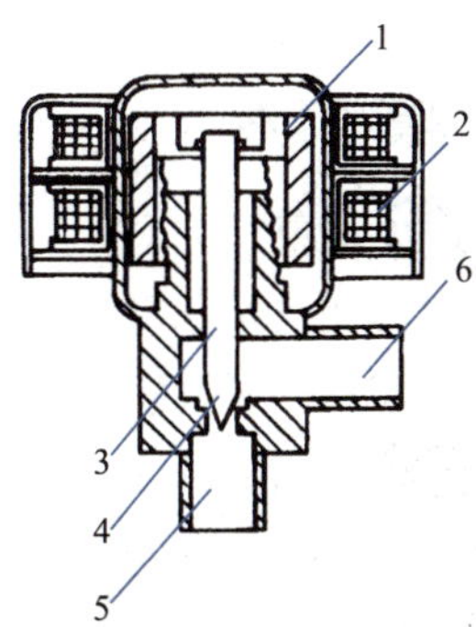

图8-15 直动型电动式膨胀阀

1—转子；2—线圈；3—阀杆；4—阀针；5—入口；6—出口

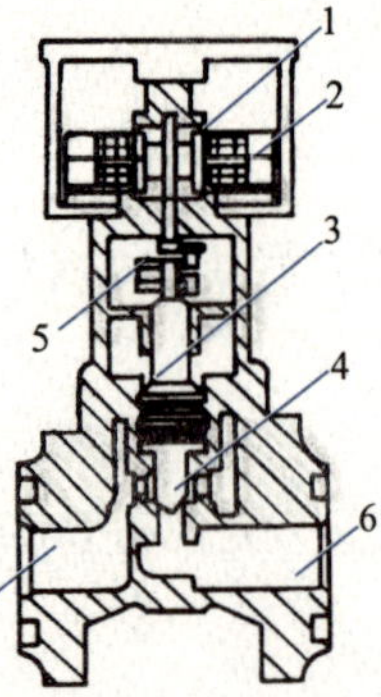

图8-16 减速型电动式膨胀阀

1—转子；2—线圈；3—阀杆；4—阀针；5—减速齿轮；6—入口；7—出口

③ 减速型电动式膨胀阀如图8-16所示，当电动机通电后，高速旋转的转子通过齿轮组减速，再带动阀针做直线移动。由于齿轮的减速作用大大增加了输出转矩，使得较小的电磁力可以获得足够大的输出转矩，其容量范围大，且由于电动机组合部分与阀体部分可以分离，只要更换不同口径的阀体，即可改变阀的容量。

第二节 空调系统的检查与维护

一、空调系统常用检修设备

1 歧管压力表

(1) 功用

歧管压力表也称压力表组，与制冷系统相接可进行抽真空、加注制冷剂及检查和判断制冷系统的工作状态和故障情况等。

(2) 组成

歧管压力表由高压表（高压计）、低压表（低压计）、低压手动阀、阀体以及高压接头、低压接头、制冷剂抽真空接头等组成，如图8-17所示。工作时高、低压接头分别通过软管与压缩机高、低压阀相接，中间接头与真空泵或制冷剂钢瓶相接。只能用手拧紧软管与歧管压力表的接头，不可用扳手，否则会拧坏接头螺纹。

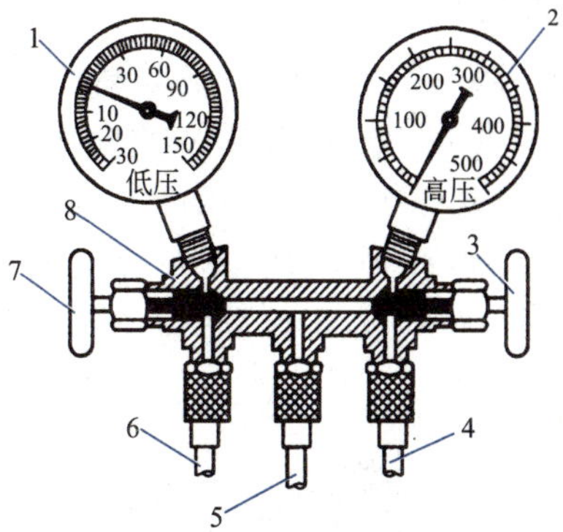

图8-17 歧管压力表结构

1—低压表（蓝色）；2—高压表（红色）；3—高压手动阀；
4—高压侧软管（红色）；5—维修用软管（绿色）；
6—低压侧软管（蓝色）；7—低压手动阀；8—歧管座

（3）使用

在使用歧管压力表时，必须排尽软管内空气，其具体操作步骤如下。

当低压手动阀开启、高压手动阀关闭时，低压管路与中间管路、低压表相通，此时可从低压侧加注制冷剂或排放制冷剂，并同时检测高、低压侧的压力。

当低压手动阀关闭、高压手动阀开启时，高压管路与中间管路、高压表相通，此时可从高压侧加注制冷剂，并同时检测高、低压侧的压力。

当高、低压手动阀均关闭时，可检测高、低压侧的压力。

当高、低压手动阀都开启时，可进行加注制冷剂、抽真空，并检测高、低压侧压力。

2 常用的检漏设备

检修或拆装汽车空调系统管道、更换零部件之后，需在检修及拆装部位进行制冷剂的泄漏检查，目前主要有卤素检漏灯和电子检漏仪两种。

（1）卤素检漏灯

卤素检漏灯是一种丙烷（或酒精）燃烧喷灯，利用制冷剂气体进入安装在喷灯的吸气管内，会使喷灯的火焰颜色改变这一特性来判断系统的泄漏部位和泄漏程度，其结构如图8-18所示。当喷灯的吸气管从系统泄漏处吸入制冷剂时，火焰颜色会发生变化；泄漏量少时，火焰呈浅绿色；泄漏较多时，火焰呈浅蓝色；泄漏很多时，火焰呈紫色。

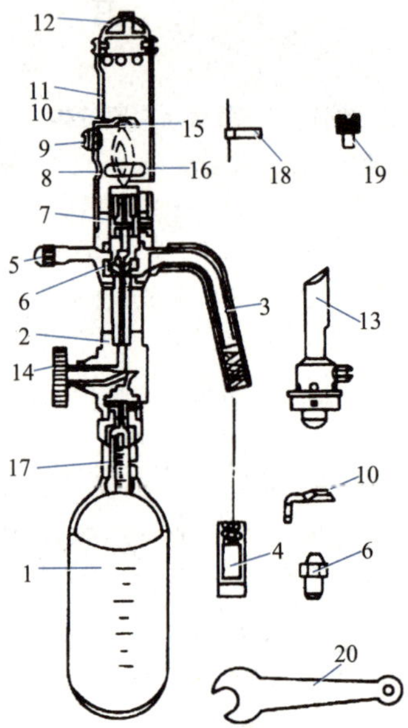

图8-18 卤素检漏灯结构

1—检漏灯储气瓶；2—检漏灯主体；3—吸气管；4—滤清器；5—燃烧筒支架；6—喷嘴；7—火焰分离器；8—点火孔；9—反应板螺钉；10—反应板；11—燃烧筒；12—燃烧筒盖；13—栓盖；14—调节把手；15—火焰长度（上限）；16—火焰长度（下限）；17—喷嘴；18—喷嘴清洁器；19，20—扳手

（2）电子检漏仪

R134a电子检漏仪是一种专门的检漏仪，包括MHD5000型R134a电子检漏仪或使用表明可检测R12和R134a的两用电子检漏仪，如

LHD4000型、REFCO、CH-8583型等电子检漏仪。常用的电子检漏仪有手握式和箱式两种。

3 真空泵

真空泵用于制冷系统抽真空，排除系统内的空气、水分。安装、检修空调系统时，会有一定量的空气进入制冷系统，空气中含有一定量的水蒸气，这会使制冷系统的膨胀阀冰堵、冷凝压力升高、系统零部件发生腐蚀。因此，对制冷系统检查后，在未加入制冷剂之前，应对制冷系统抽真空。而抽真空的彻底与否，将会影响系统正常运转效果。抽真空并不能将水抽出系统，而是产生真空后降低了水的沸点，水在较低温度下沸腾，以蒸汽的形式从系统中抽出。

4 制冷剂罐注入阀

(1) 功用

当向制冷系统加注制冷剂时，可将注入阀装在制冷剂罐上，旋转制冷剂罐注入阀手柄，阀针刺穿制冷剂罐，即可加注制冷剂。

(2) 使用方法

图8-19所示为制冷剂罐注入阀，制冷剂罐内装有制冷剂，接头用软管与歧管压力表的中间接头相连，其具体使用方法如下。

① 按逆时针方向旋转注入阀手柄，直到阀针退回为止。

② 将注入阀装到制冷剂罐上，逆时针方向旋转板状螺母直到最高位置，然后将制冷剂注入阀顺时针拧动，直到注入阀嵌入制冷剂密封塞。

③ 将板状螺母按顺时针方向旋转到底，再将歧管压力表上的中间软管固定到注入阀的接头上。

④ 拧紧板状螺母。

⑤ 按顺时针方向旋转手柄，使阀针刺

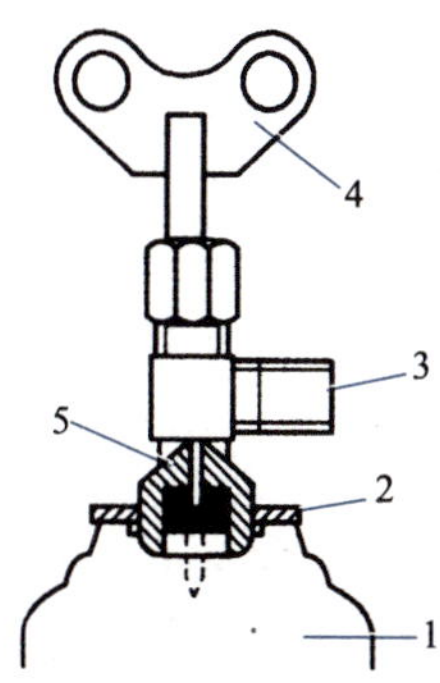

图8-19 制冷剂罐注入阀

1—制冷剂罐；2—板状螺母；3—注入阀接头；4—制冷剂罐注入阀手柄；5—阀针

穿密封塞。

⑥ 若要加注制冷剂，则逆时针方向旋转手柄，使阀针抬起，同时打开歧管压力表上的手动阀。

⑦ 若要停止加注制冷剂，则顺时针方向旋转手柄，使阀针再次进入密封塞，起到密封作用，并同时关闭歧管压力表上的手动阀。

二、空调系统的检查与维护技巧

1 空调系统抽真空

抽真空是为了排除制冷系统内的空气和水汽，是空调维修中一项极为重要的程序。因为对制冷系统进行维修或更换元件时，空气会进入系统，且空气中含有一定量的水蒸气（湿空气）。

抽真空并不能直接把水分抽出制冷系统，而是产生真空后降低了水的沸点，水汽化成蒸汽后被抽出制冷系统。因此，系统抽真空时，时间越长，系统内残余的水分就越少。

小技巧

●为最大限度地将系统内的空气及湿气抽出，必须采用重复抽真空法，即第一次抽真空完毕后，再连续抽30min以上。

图8-20所示为抽真空管路连接方法，其具体操作过程如下。

① 将歧管压力表上的两根高、低压软管分别与压缩机上的高、低接口相连；将歧管压力表上的中间软管与真空泵相连。

② 打开歧管压力表上的高、低压手动阀，启动真空泵，并注视两个压力表，将系统抽真空至98.70～

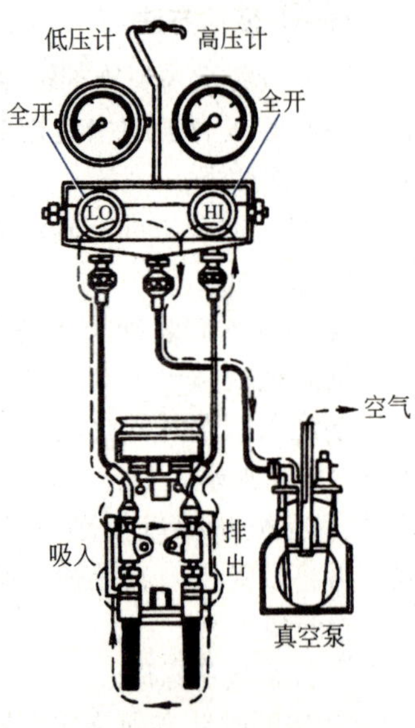

图8-20 抽真空管路连接方法

99.99kPa。

③ 关闭歧管压力表上的高、低压手动阀，观察压力表指示压力是否回升。若回升，则表示系统泄漏，此时应进行检漏和修补。若压力表指针保持不动，则打开高、低压手动阀，启动真空泵继续抽真空15 ～ 30min，使其真空压力表指针稳定。

④ 关闭歧管压力表上的高、低压手动阀。

⑤ 关闭真空泵。先关闭高、低压手动阀，然后关闭真空泵，以防止空气进入制冷系统。

2 加注制冷剂

当制冷系统抽真空达到要求，且经检漏确定制冷系统不存在泄漏部位后，即可向制冷系统加注制冷剂。加注前，先确定注入制冷剂的数量。加注量过多或过少，都会影响空调制冷效果。压缩机的铭牌上一般都标有所用的制冷剂的种类及其加注量。

小技巧

●加注制冷剂的方法有两种：一种是从压缩机排气阀（高压阀）的旁通孔（多用通道）加注，称为高压端加注，加入的是制冷剂液体。其特点是安全、快速，适用于制冷系统的第一次加注，即经检漏、抽真空后的系统加注。但用该方法时必须注意，加注时不可开启压缩机（发动机停转），且制冷剂罐要求倒立。另一种是从压缩机吸气阀（低压阀）的旁通孔（多用通道）加注，称为低压端加注，充入的是制冷剂气体，其特点是加注速度慢，可在系统补充制冷剂的情况下使用。

① 高压端加注制冷剂。高压端加注制冷剂操作步骤如下。

a. 当系统抽真空后，关闭歧管压力表上的高、低压手动阀。

b. 将中间软管的一端与制冷剂罐注入阀的接头连接，如图8-21所示。打开制冷剂罐开启阀，再拧开歧管压力表软管一端的螺母，让气体溢出几分钟，然后拧紧螺母。

c. 拧开高压侧手动阀至全开位置，将制冷剂罐倒立。

d.从高压侧注入规定量的液态制冷剂。关闭制冷剂罐注入阀及歧管压力表上的高压手动阀，然后将仪表卸下。从高压侧向系统加注制冷剂时，发动机处于不启动状态（压缩机停转），不要拧开歧管压力表上的低压手动阀，以防产生液压冲击。

② 低压端加注制冷剂。通过歧管压力表上的低压手动阀，可向制冷系统的低压侧加注气态制冷剂。

a.按图8-22所示，将歧管压力表与压缩机和制冷罐连接好。

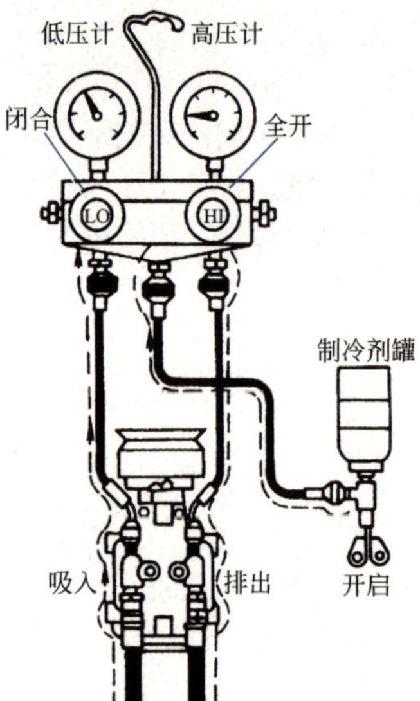

图8-21 高压端加注液态制冷剂

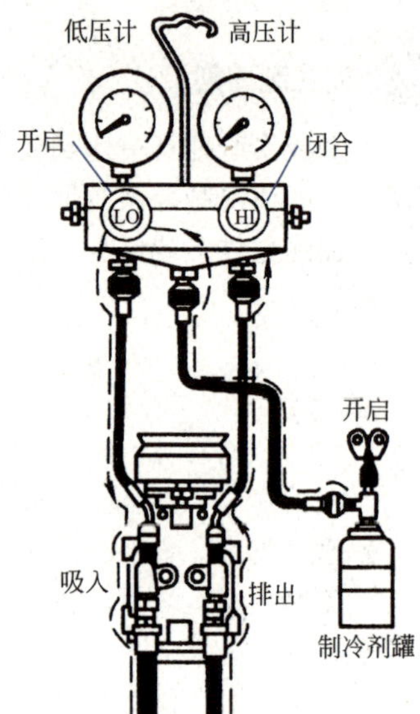

图8-22 低压端加注气态制冷剂

b.打开制冷剂罐，拧松中间注入软管在歧管压力表上的螺母，直到听见有制冷剂蒸汽流动声，然后拧紧螺母。从而排出注入软管中的空气。

c.打开低压手动阀，让制冷剂进入制冷系统。当系统的压力值达到0.4MPa时，关闭低压手动阀。

d.启动发动机，将空调开关接通，并将鼓风机开关和温控开关都调至最大。

e.打开歧管压力表上的手动阀，让制冷剂继续进入制冷系统，直至加注量达到规定值。

f.在向系统中加注规定量制冷剂之后，从视液窗处观察，确认系统内无气泡、无过量制冷剂。随后将发动机转速调至2000r/min，冷鼓风机风量开到最高挡，若气温为30～35℃，则系统内低压侧压力应为0.147～0.192MPa，高压侧压力应为1.37～1.67MPa。

小技巧

●加注完毕后，关闭歧管压力表上的低压手动阀，关闭装在制冷剂罐上的注入阀，使发动机停止运转，将歧管压力表从压缩机上卸下，卸下时动作要迅速，以免过多制冷剂泄出。

3 加注制冷系统润滑油

通常汽车空调系统的冷冻润滑油消耗很少，可每两年更换一次，每次应按规定数量加注（一般压缩机的铭牌上标注润滑油的型号和数量）。加注时一定要使用同一牌号的冷冻润滑油，不同牌号的冷冻润滑油混用会生成沉淀物。

小提示

●制冷系统内制冷剂若泄漏很慢，对冷冻润滑油泄漏影响不大。若系统内制冷剂泄漏很快，冷冻润滑油也会很快泄漏。

汽车空调压缩机是高速运转装置，其工作是否正常，取决于润滑是否充分，但过多的润滑油也影响制冷效果。当更换压缩机和制冷系统某一部件时，须检查压缩机内的油量。

① 压缩机冷冻润滑油量的检查。图8-23所示为其冷冻润滑油量的检查，卸下加油塞，通过加油塞孔察看并旋转离合器前板，把油尺用棉纱擦干净，然后插到压缩机内，直到油尺端部碰到压缩机内壳体为止，取出油尺，观察油尺浸入深度。当加油合适时，压缩机内油面应

在前4～6格之间，若少则加入，若多则放出，然后拧紧加油塞。

② 冷冻润滑油加注。冷冻润滑油加注方法有两种。

小提示

●维修汽车空调系统时通常不需加注冷冻润滑油，但在更换制冷系统部件以及发现系统严重泄漏时，必须加注冷冻润滑油。

一种是利用压缩机本身抽吸作用，将冷冻润滑油从低压阀处吸入，此时发动机一定要保持低速运转。另一种是利用抽真空加注冷冻润滑油。

利用抽真空加注冷冻润滑油的方法如下。

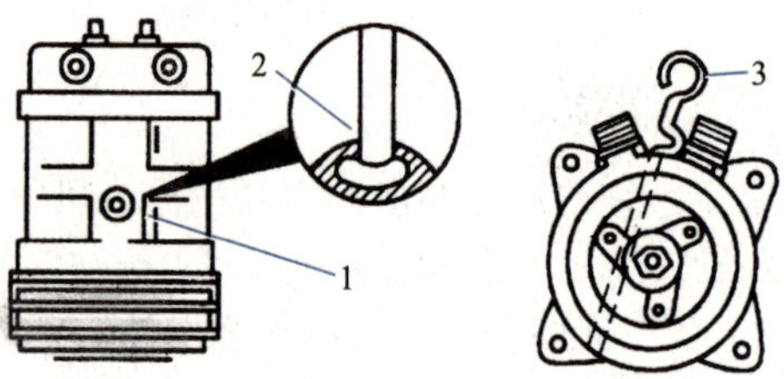

图8-23 压缩机冷冻润滑油油量的检查

1—加油塞；2—加油孔；3—油尺

a.对制冷系统抽真空。

b.选用一个有刻度的量筒，盛入比要加注的冷冻润滑油还要多的冷冻润滑油。

c.将连接在压缩机上的低压软管从歧管压力表上拧下来，并将其插入盛有冷冻润滑油的量筒内，如图8-24所示。

d.启动真空泵，打开歧管压力表上的高压手动阀，加注的润滑油就从压缩机的低压侧进入压缩机中。

小技巧

●当冷冻润滑油量达到规定量时，停止真空泵的抽吸，并关闭高压手动阀。

e.按抽真空法加注冷冻润滑油后，还应继续对制冷系统抽真空、加注制冷剂。

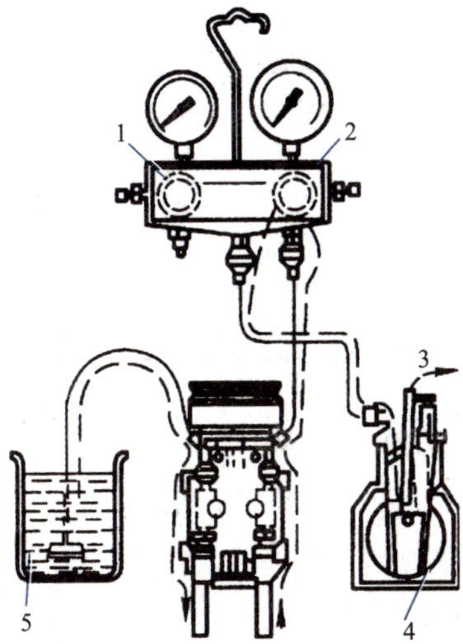

图8-24 抽真空法加注冷冻润滑油

1—低压手动阀关闭；2—高压手动阀开启；
3—排出空气；4—真空泵；5—冷冻润滑油

4 空调系统常见的泄漏部位

空调系统工作条件比较恶劣，其制冷系统一直随汽车工作在振动的工况之下，极易造成部件、管道损坏和接头松动，使制冷剂发生泄漏，其泄漏的常发部位如表8-1所示。

表8-1 汽车空调系统泄漏的常发部位

部件	泄漏常发部位
冷凝器	① 冷凝器进气管和出液管连接处 ② 冷凝器盘管
蒸发器	① 蒸发器进气管和出口管连接处 ② 蒸发器盘管 ③ 膨胀阀

续表

部件	泄漏常发部位
储液干燥器	① 易熔塞 ② 管道接头喇叭口处
制冷剂管道	① 高、低压软管 ② 高、低压软管各接头处
压缩机	① 压缩机油封 ② 压缩机吸、排气阀处 ③ 前、后盖密封圈 ④ 与制冷剂管道接头处

5 制冷系统检漏方法

制冷系统常用的检漏方法有：压力检漏、真空检漏和外观检漏。

① 压力检漏。向制冷系统中加入氮气，然后用肥皂液检漏。若有泄漏，泄漏处会出现肥皂泡。

小提示

●采用压力检漏时，严禁用压缩空气进行检漏，因为压缩空气中含有水分，水分随空气进入后会在膨胀阀处产生冰堵。工业氮气无腐蚀性、无水分，且价格便宜，但瓶装高压氮气一定要用减压表加注。

加压试漏时，首先应正确连接歧管压力表，如图8-25所示。高压软管接在排气管道上（高压侧），低压软管接在吸气管道上（低压侧）。将软管连接在压缩机的高、低压检修阀上，打开高、低压检修阀，向系统中加入干燥氮气，其压力一般应为1.5MPa左右。

小技巧

●当系统达到规定压力后，用肥皂液涂在系统的各连接处和焊接处，仔细观察有无泄漏。泄漏大的地方有微小声音，并出现大泡沫，泄漏小的地方，则间断出现小泡沫，所以检漏必须仔细，并反复检查3～5次，发现泄漏处应做出记号并及时加以修复，然后再去试漏其他接头处，直至泄漏彻底排除。

修漏完毕，应试漏，让系统保压24～48h，若压力不降低，则试漏合格，倘若压力有显著降低，必须重新进行检漏，直到找出泄漏处并加以排除为止。

② 真空检漏。应用真空泵进行，真空度应达到0.1MPa，保持24h内真空度没有显著升高即可。抽真空用于抽出系统中残留的氮气、检查系统有无泄漏以及使系统干燥。

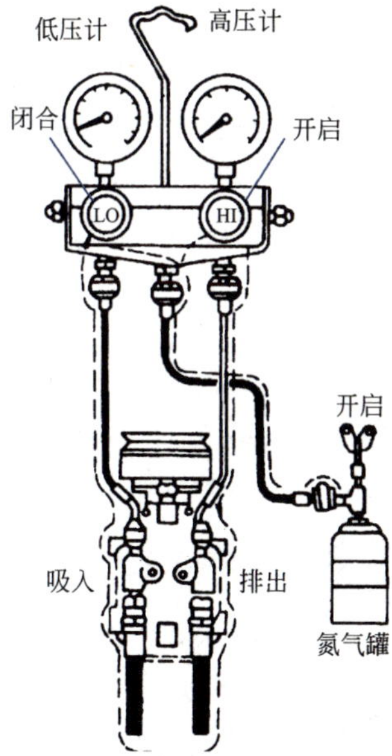

图8-25 制冷系统加压检漏

小提示

- 只有在系统抽真空后才能加注制冷剂。

③ 外观检漏。制冷剂泄漏部位往往会渗出冷冻润滑油，若发现在某处有油污渗出，可进一步用清洁的白纸擦拭或用手直接触摸检查。如仍有油冒出，则可能有泄漏。

6 空调压缩机的检修

① 压缩机内部零件的检修。

a.检查压缩机活塞和气缸，若活塞和气缸有拉毛现象，应更换压缩机。

b.检查压缩机轴承，若损坏应更换。

c.检查压缩机阀片和阀板。阀板可以用油石打磨平整，阀片、缸垫和O形圈损坏应更换。

d.装配时所有零部件应清洗干净，油路畅通，并在各摩擦部位涂上冷冻润滑油。

② 压缩机分解维修后的性能检查。

a. 压缩机内部泄漏检查。在压缩机吸、排气检修阀上装上歧管压力表，关闭高、低压手动阀，再用手转动压缩机轴，每秒转一圈，共转10圈，打开高压手动阀，高压表读数应大于0.345MPa或更大。若压力小于0.345MPa，则说明压缩机内部泄漏，须重新修理或更换阀片、阀板和缸垫。

b. 压缩机外部泄漏检查。从压缩机吸入端注入少量制冷剂，然后用手转动其主轴，用检漏仪检查轴封、端盖、吸排气阀口等处有无泄漏，若有泄漏须拆卸重新修理，若无泄漏，即可装回发动机。

7 压缩机电磁离合器的检修

① 压缩机电磁离合器部件检查。

a. 检查离合器从动盘的摩擦表面，观察是否由于过热和打滑而引起刮痕、是否翘曲变形，若从动盘有刮痕损伤或变形，应更换带轮总成。另外，摩擦表面上的油污和脏物应用清洁剂擦洗干净。

b. 检查离合器轴承有无松动或损坏，损坏的轴承必须更换。

c. 装配完毕后要检查离合器的从动盘和主动盘以及带轮部件是否能自由转动，并检查从动盘和主动盘之间的间隙，其间隙一般为0.3 ～ 0.6mm。

② 压缩机电磁离合器的电气检查

a. 电压检查法。检查电磁离合器供电电压，应为蓄电池电压。若不正常，检查空调开关和线路。

b. 电流检查法。电磁线圈在施加蓄电池电压时，电流为3.0 ～ 3.6A。若线圈短路，电流则过大；若电流为0，则说明线圈断路。

小提示

● 空调开关和电磁线圈一般工作比较稳定可靠，很少出现故障。当压缩机电磁离合器不能接合时，应先检查控制继电器、空调控制器等，在确认电磁线圈上电压正常后，才可检测电磁线圈是否有故障。

第三节　空调系统故障诊断与排除

一、空调系统不制冷故障诊断与排除

（1）故障现象

接通空调开关A/C与鼓风机开关后，出风口无冷风吹出。

（2）故障原因

① 电磁离合器线圈断路。

② 压缩机损坏。

③ 控制线路中温控开关或低压开关损坏。

④ 系统内制冷剂全部漏光。

⑤ 储液干燥器或膨胀阀堵塞。

（3）故障诊断与排除

① 启动发动机正常运转，接通空调开关A/C，检查电磁离合器能否吸合。

② 若电磁离合器吸合，而压缩机不转，应检查离合器线圈的电阻值。

③ 若电阻小于规定值，说明线圈匝间短路，应更换线圈。

④ 若电阻符合规定值，说明压缩机内部卡死，应检修或更换压缩机。

⑤ 如果压缩机运转正常，则应检查储液干燥器或膨胀阀是否堵塞。

⑥ 若电磁离合器不吸合，应检查低压开关处电源线上的电压。

⑦ 若电压为零，则检查温控开关及线路连接是否正常。

⑧ 若电压正常，可短接低压开关。

⑨ 若电磁离合器仍不吸合，应检查电磁离合器线圈或连接线路是否断路。

⑩ 若电磁离合器能吸合，应检查系统内制冷剂是否适量，测试压缩机工作是否正常。

二、空调系统风量不足或无风故障诊断与排除

(1) 故障现象

接通点火开关，将鼓风机开关转到某一挡位或所有挡位时，出风口不出风或出风量过小。

(2) 故障原因

① 熔断器断路。

② 空调继电器损坏。

③ 鼓风机开关接触不良或损坏。

④ 某一挡位电阻断路。

⑤ 鼓风机电机损坏。

⑥ 连接线路断路或接触不良。

⑦ 通风管道不畅或风门不能打开。

(3) 故障诊断与排除

① 鼓风机开关置于任何挡位，出风口均不出风时，应首先检查熔断器是否断路，若熔断器断路，应核对熔断器的容量是否符合要求，检查线路及鼓风机电机电枢绕组是否搭铁，查明原因并修复或更换；若熔断器良好，则应检查鼓风机开关导线上的电压。电压为零时，应检查空调继电器的线圈是否断路、触点能否闭合，检查中央线路板及连接线路是否断路；电压正常时，应检查鼓风机开关是否损坏，鼓风机搭铁是否良好。上述检查均正常，则应检修鼓风机电机。

② 鼓风机电机仅在某一挡位不能转动时，应检查鼓风机开关该挡位的触点是否导通，该挡至分挡电阻间的连接导线及分挡电阻是否断路，并视情况予以修复。

③ 鼓风机开关置于任何挡位时，鼓风机电机转动缓慢，各出风口风量均较少，一般是鼓风机电机损坏或鼓风机开关及连接导线接触不良。应检查连接导线各插接件是否松动，鼓风机电机搭铁是否良好，鼓风机开关各接触点接触是否良好。最后对鼓风机电机进行检修。

④ 鼓风机电机运转正常，但个别出风口无风或风量过小，应检查该风口出风管道中有无异物堵塞，风门能否打开，各连接管道是否密封，并视情况予以修复。

三、空调制冷效果差故障诊断与排除

（1）故障现象

接通空调开关A/C和鼓风机开关后，出风口有冷风，但温度偏高而无凉爽感，车厢内温度下降缓慢。

（2）故障原因

① 系统内制冷剂量不足。

② 储液干燥器或膨胀阀滤网堵塞。

③ 膨胀阀感温包失效。

④ 冷凝器或蒸发器堵塞、表面严重脏污，影响热交换。

⑤ 压缩机V带打滑或离合器打滑。

⑥ 压缩机工作不良。

⑦ 鼓风机开关接触电阻过大或鼓风机功率不足。

（3）故障诊断与排除

① 检查压缩机V带是否打滑，V带损坏而引起打滑时应予更换；V带过松时，应予以调整。

② 启动发动机并接通空调开关A/C后，若听到刺耳的金属摩擦声，一般是电磁离合器打滑，应检修电磁离合器。

③ 用手触摸系统管路和各部件。正常情况下，高压端管路温度为55～65℃，手感热而不烫手；低压端管路为低温状态，其部件及连接管路有水珠。

a. 如果高压端手感烫手，应检查冷凝器的冷却效果是否良好。其方法是：在车辆前方放置一个大功率风扇，直接冷却冷凝器。此时，若现象消失，则应检查冷凝器表面是否清洁，冷却风扇转动是否缓慢，风扇护罩是否损坏；如果现象仍然存在，则可能是制冷剂过多。

b. 如果高压端手感热度不够，则可能是制冷剂量不足或压缩机工作不良。

c. 如果在储液干燥器上出现霜冻或水露，则说明干燥器破碎堵住制冷剂流通管道，此时应更换新件。

d. 膨胀阀工作正常时，其进口连接处是热的，但出口连接处是凉的，有水露。若膨胀阀出口处有霜冻现象，说明膨胀阀的阀口可能被堵塞，须立即处理。

e.低压管手感冰凉、有水珠，但不应有霜冻。若出现霜冻，则可能是膨胀阀的感温包内传感液体漏光，需更换新件。

④ 经上述直观检查，若不能准确判断故障所在，可借助歧管压力表总成检测系统高、低压侧的压力值，作为判断故障的依据，如表8-2所示。

表8-2 空调系统压力及故障原因

空调系统压力值/kPa		故障原因	解决方法
低压侧	高压侧		
10	80	系统内缺少制冷剂	检漏、抽真空、补充制冷剂
30～50	200～350	系统内制冷剂过多，冷凝器散热不良	放卸制冷剂；检查冷凝器
0～69	300	储液干燥器堵塞	更换储液干燥器
15～30	200	储液干燥器饱和	更换储液干燥器
0	130	膨胀阀只闭不开	更换膨胀阀
45	230	膨胀阀只开不闭	更换膨胀阀

第四节 维修实例

实例一 打开空调后，感觉制冷效果不佳

(1) 故障现象

桑塔纳2000GLi型轿车，装用AFE型发动机，行驶里程为4.2万千米。驾驶员说，打开空调后，感觉制冷效果不佳。

(2) 故障原因

因泄漏导致制冷剂缺少。

(3) 故障诊断与排除

检查压缩机及离合器，工作正常。发动机运转数分钟后，使发动

机怠速运转，打开空调开关，从储液罐观察窗可以见到有连续的气泡，但出风口空气不冷，初步诊断是制冷剂缺少。

用多用歧管压力表检测高低压端显示的压力值均偏低，验证了制冷剂缺乏的判断。制冷剂缺少，多数为制冷系统有泄漏处，检测方法通常有三种：

① 目测。泄漏部位一般有油污和灰尘积存。

② 肥皂水测试。将肥皂水浇在管接头上，泄漏处会产生气泡。

③ 用测漏仪检漏。

经检查，发现储液罐的接头部位有泄漏处，更换垫片，按规定力矩拧紧螺母。在气体状态下注入制冷剂R134a直至多用测量表上压力指到100kPa，然后再进行气体泄漏检测。发动机运转过程中，从视窗观察制冷剂无气泡，而且出风口空气是冷的，表明制冷剂量适当，故障排除。

实例二　打开空调节开关，压缩机运转，但出风口无冷气送出

（1）故障现象

爱丽舍轿车，行驶里程为169200km。驾驶员说，打开空调开关，压缩机离合器能吸合，压缩机运转，但送风口无冷气送出。

（2）故障原因

膨胀阀泄漏。

（3）故障诊断与排除

从该车具体故障现象分析，压缩机电磁离合器和压缩机基本正常。为此需进行如下检查。

① 启动发动机，打开空调系统，使发动机在快怠速（1500～2000r/min）运行5min后，观察干燥罐视窗有制冷剂，但未见循环流动，显然有堵塞部位。

② 用歧管压力表测量空调系统管路低压端压力为零，高压端压力为0.5～0.6MPa（规定值为1.37～1.57MPa），检测结果说明制冷剂不循环。

③ 观察膨胀阀和干燥罐前后管子上结霜，表明此处有污物或水堵塞，用压缩空气吹通后制冷效果仍不理想，从干燥罐视窗观察到有连

续气泡，说明系统中有泄漏处。

④ 用泄漏检查仪检查泄漏处，发现气体从膨胀阀热敏开关处泄漏。

膨胀阀是通过其节流作用将主压液态制冷剂的压力降低，它可根据流向压缩机的制冷剂温度变化，自动调节制冷剂的流量，确保流入压缩机的制冷剂为气态。

更换膨胀阀，对空调制冷系统抽真空后，再充入适量的制冷剂，启动发动机后再开空调检查，制冷效果恢复正常。

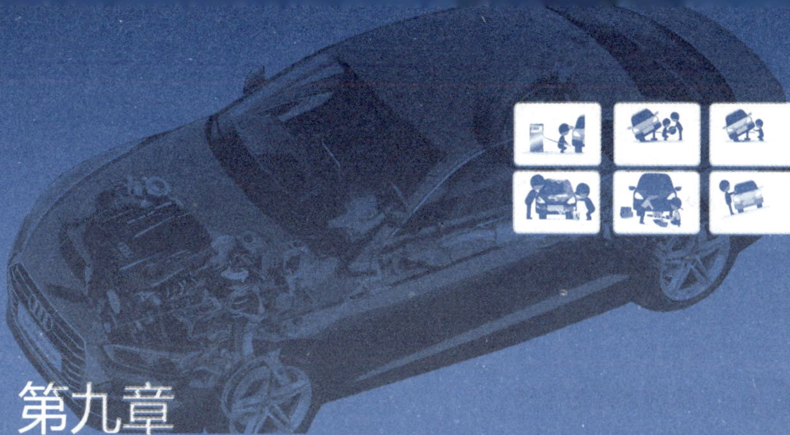

第九章 汽车辅助电器的检修

第一节　风窗清洁装置的检修

风窗清洁装置包括风窗刮水器、风窗洗涤器和除霜装置等。

一、风窗清洁装置的结构入门

（一）风窗刮水器

1　风窗刮水器的作用

风窗刮水器的作用是清除风窗玻璃上的雨水、雪或尘土，以保证驾驶员良好、清晰的能见度。

2　风窗刮水器的分类

① 按风窗刮水器的位置分类，一般分为前风窗刮水器和后风窗刮水器两种。

② 按风窗刮水器的驱动机构分类，一般分为真空式、气动式和电动式三种。

目前汽车上广泛采用电动刮水器。

小提示

●电动刮水器普遍具有高速、低速及间歇三个工作挡位，而且除了变速之外，还有自动回位的功能。

3 风窗刮水器的组成

电动刮水器主要由刮水片、刮水器臂、刮水器电动机、传动机构等组成，如图9-1所示。

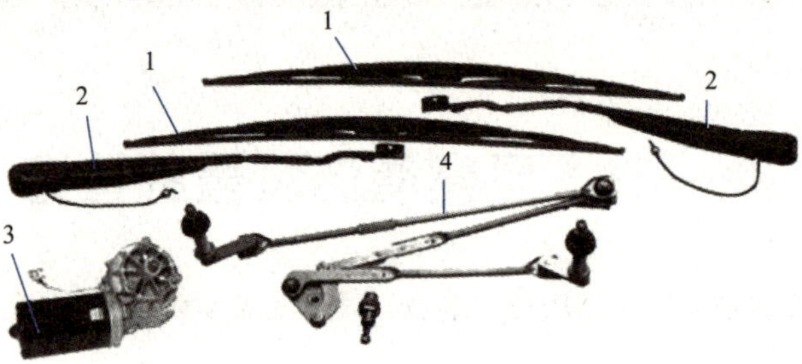

(a) 实物

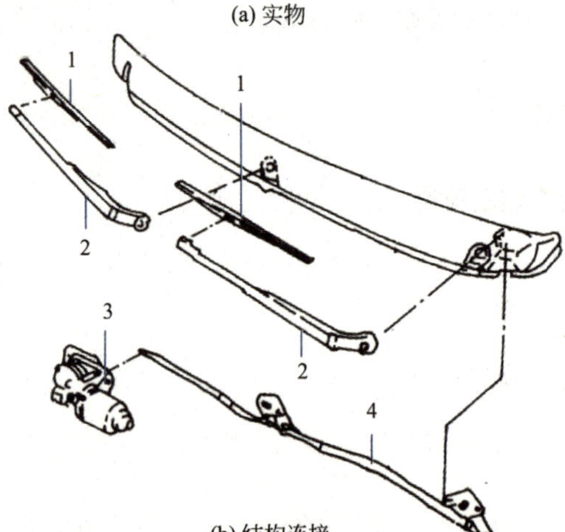

(b) 结构连接

图9-1 刮水器的组成

1—刮水片；2—刮水器臂；3—刮水器电动机；4—传动机构

电动刮水器主要由刮片架、摆杆、连杆、蜗轮、蜗杆、电动机、支架等组成，如图9-2所示。一般电动机和蜗杆箱结合成一体组成刮水器电动机总成。永磁式电动机11通电后旋转，带动蜗杆10、蜗轮9，使与蜗轮相连的连杆3、7、8和摆杆2、4、6带着左、右两刮片架1、5作往复摆动，刮水片便刷去风窗玻璃上的雨水、雪、灰尘。

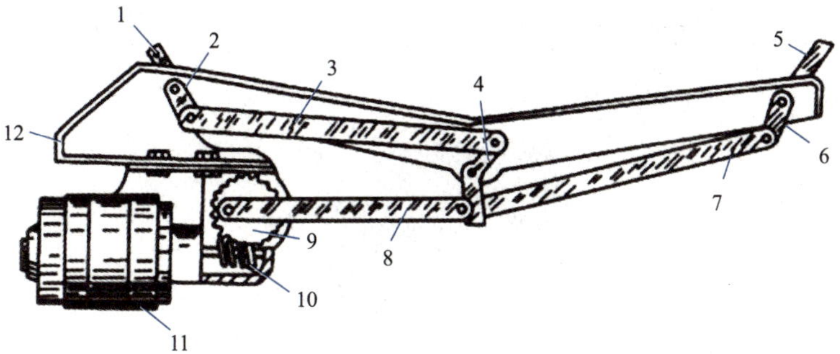

图9-2 电动刮水器传动机构的组成

1,5—刮片架；2，4，6—摆杆；3，7，8—连杆；9—蜗轮；10—蜗杆；11—电动机；12—支架

4 刮水电动机的结构

小提示

●一般刮水电动机有绕线式和永磁式两种。绕线式刮水电动机的磁极绕有励磁绕组，通电流时产生磁场，而永磁式刮水器电动机的磁极用永久磁铁制成。

永磁式电动机体积小、质量轻、结构简单，使用广泛。

永磁电动机的结构如图9-3所示，主要由外壳及永久磁铁总成、电枢、电刷安装板及复位开关、蜗轮、蜗杆、输出臂等组成，通电时电枢转动，经蜗轮和输出齿轮及输出轴后，把动力传给输出臂。

(a) 实物

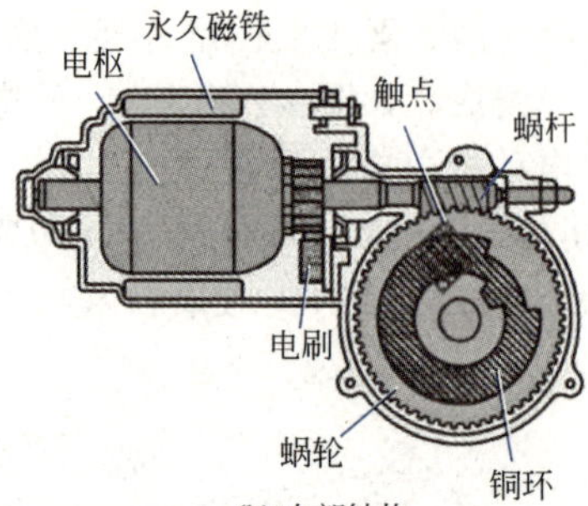

(b) 内部结构

(c) 蜗轮、蜗杆实物

图 9-3　永磁式电动机的结构

5　雨量感知智能刮水装置

① 作用。雨量感知智能刮水装置是指刮水器的控制电路根据雨量大小自动开闭，自动调节刮水器刮水频率，并自动调节间歇时间。

② 组成。雨量感知智能刮水装置主要由雨滴传感器、间歇刮水器放大器和刮水器电动机组成，如图9-4所示。该装置由雨滴传感器取代无级调整式间歇刮水系统内设定刮雨间歇时间的可变电阻器。

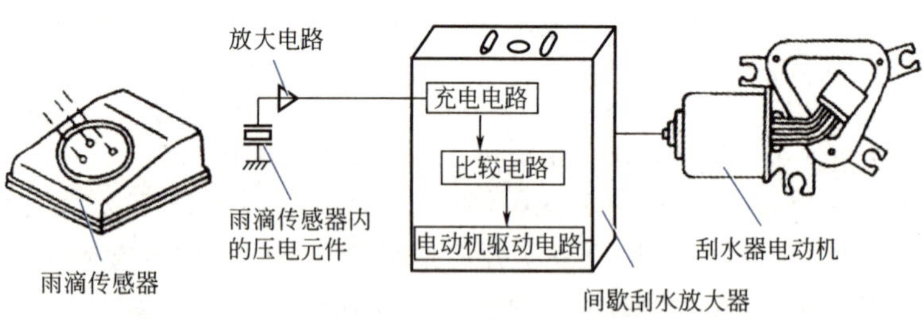

图 9-4　雨量感知智能刮水装置的组成

小提示

●雨滴传感器是汽车雨量感知智能刮水装置的重要组成部分，雨滴传感器一般安装在挡风玻璃上或发动机盖上。

安装在挡风玻璃上的雨滴传感器如图9-5所示。雨滴传感器的结构如图9-6所示。

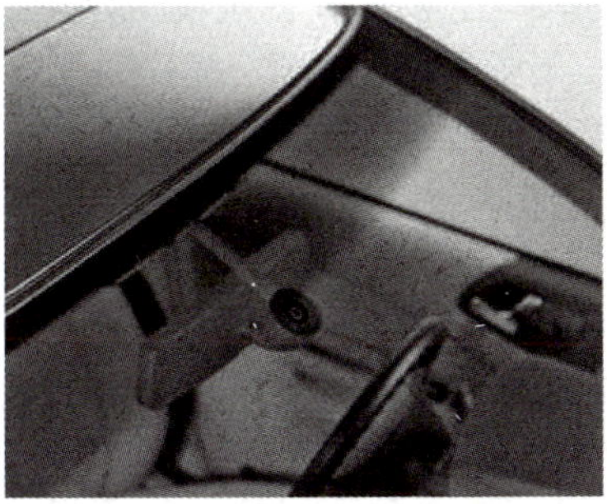

图9-5 雨滴传感器安装位置

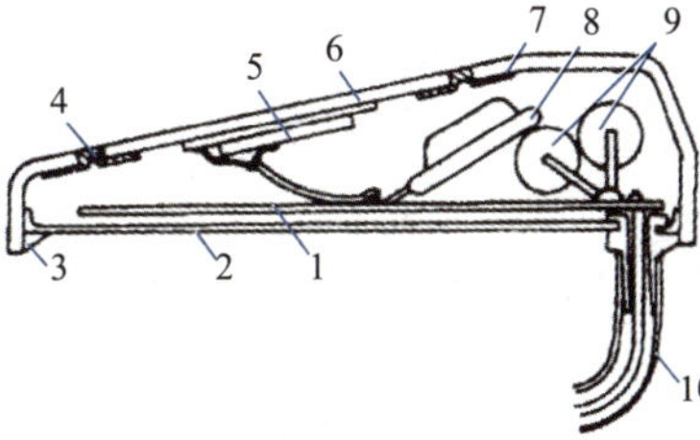

图9-6 雨滴传感器的结构

1—电路基板；2—下盒；3—密封件；4—阻力橡胶；5—压电元件；6—振动片；7—上盒；8—集成电路；9—电容器；10—线束

6 齿条传动式刮水器

新型柔性齿条传动刮水器由电动机、曲柄销、连杆、滑块、齿轮箱、柔性齿条、护管等组成，如图9-7所示。这种刮水器与一般拉杆传动式刮水器相比，具有体积小，噪声低等优点，而且可将刮水电动机总成安装在空间较大的地方，便于维修。

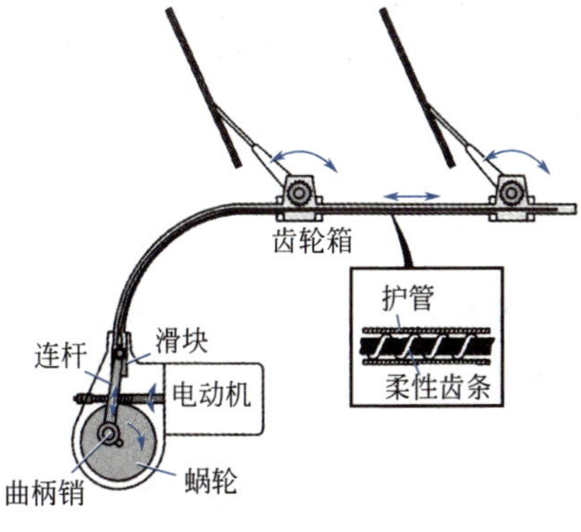

图9-7 柔性齿条刮水器的组成

电动机驱动的蜗轮轴上有一个曲柄销，它驱动连杆机构，而连杆和一个装在硬管里的柔性齿条连接，因此，在连杆运转时，齿条则会作往复运动，齿条的往复运动带动齿轮箱中的小齿轮往复运动，从而驱动刮水片往复摆动，刮除挡风玻璃上的雨水等。

（二）风窗洗涤器

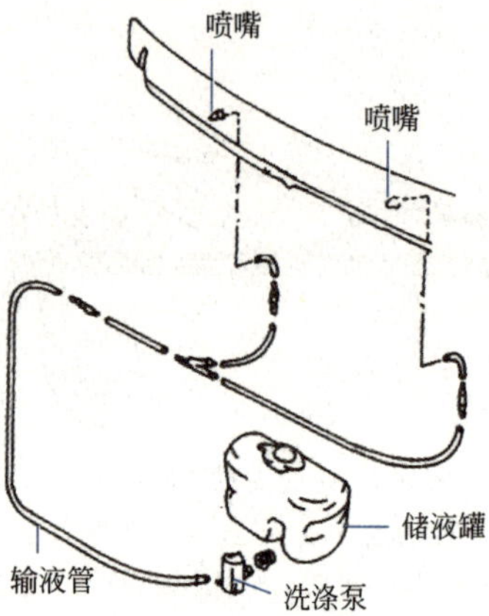

图9-8　洗涤器的组成

图9-9　洗涤泵

为了及时消除风窗玻璃上的尘土和污物，使驾驶员有良好的视线，在汽车上还装有风窗玻璃洗涤器。图9-8所示为汽车风窗洗涤器的组成示意图，它由储液罐、洗涤泵（直流电动机与泵）、输液管与喷嘴等组成。储液罐由塑料制成，其内装有洗涤液。洗涤液一般由水或水与适量的添加剂组成。添加剂有助于清洁或降低冰点，如在水中加入5%的氯化钠（食盐）可提高洗涤液的润湿与清洁能力，在寒冷地区为了防止洗涤液冻结，可在水中加入50%的甲醇或异丙基酒精。

洗涤泵由一只微型永磁直流电动机和离心泵组成，其外形如图9-9所示。该电动机是封闭式、短时定额工作的高速电动机。当风窗玻璃上有灰尘或污物时，先开动洗涤泵，将洗涤液以一定压力经喷嘴喷到刮片的上部，湿润玻璃。然后再开动刮水器，将风窗玻璃上的灰尘或污物刮掉。

喷嘴喷水的位置可以调整，使之符合规定位置；喷嘴堵塞也可以进行疏通。

小提示

● 使用洗涤器时，应注意开动洗涤泵时，洗涤泵连续工作的时间不得大于5s，使用间歇时间不得少于10s。无洗涤液时，不要开动洗涤泵。

（三）除霜（雾）装置

在冬季下雪的时候，或是气温较低的情况下，风窗玻璃上由于内外温差较大，易结冰霜，从而影响驾驶员的视线，用刮水器无法清除。为了防止水蒸气在风窗玻璃上凝结，汽车上都设置有风窗除霜（雾）装置。

1 前、侧挡风玻璃上霜层和雾气的清除

如果汽车前、侧挡风玻璃上出现霜层和雾气时，通常是利用空调系统或暖风装置产生的暖风加以清除。

2 后挡风玻璃霜（雾）的清除

对后挡风玻璃的除霜（雾），常常是利用电热丝加热来实现的。

后挡风玻璃除霜（雾）装置由除霜器、除霜器开关及指示灯、熔丝、点火开关等组成，如图9-10所示。

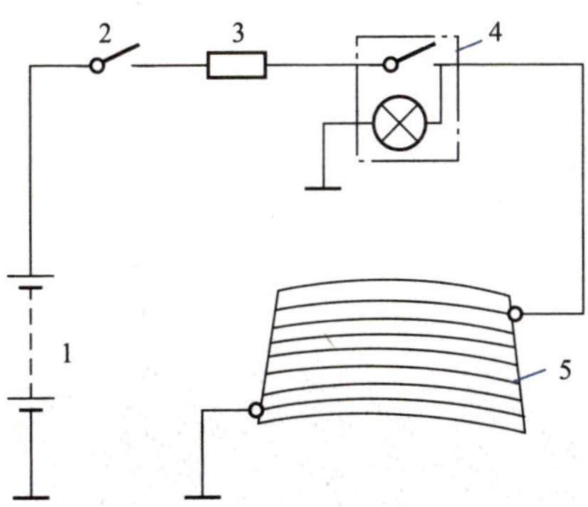

图9-10 后挡风玻璃除霜（雾）装置

1—蓄电池；2—点火开关；3—熔丝；
4—除霜器开关及指示灯；
5—除霜器（电热丝）

小提示

● 在后挡风玻璃内表面均匀地镀有数条很窄的导电膜，形成电热丝，在需要时接通电路，即可对后挡风玻璃进行加热。

这种后窗除霜（雾）装置的耗电量一般为50 ~ 100W，应用比较广泛。

（四）前照灯清洗装置

汽车在夜晚或光线较暗的行驶过程中，雨水和尘埃会将前大灯的照明度减少90%，驾驶员的视线受到严重影响，对行驶安全来说，存在较大的隐患。前照灯清洗装置就是在前照灯的下方设有一出水口，随时可以清洗前照灯的灰尘及污垢。越来越多的车型安装了此装置。

小技巧

● 前照灯清洗液与前玻璃清洗系统共用一个储液罐。前照灯清洗和玻璃清洗基本上是一样的，但是必须在前照灯打开的情况下，前照灯清洗装置才工作。

前照灯清洗装置可安装在汽车保险杠上，也可使用可伸缩的延伸喷嘴支架，使其隐藏在保险杠内，在不用时隐藏起来，在使用时再打开，如图9-11所示。其工作过程为：当前照灯打开、前风窗喷水清洗

(a)前照灯清洗装置安装位置　　(b)清洗状态

图9-11　前照灯清洗装置

启用时，前照灯清洗器开始工作。清洗系统先将前照灯清洗器从保险杠中伸出来（打开出水孔），然后，水在压力作用下喷向前照灯。完成清洗去污，喷射完成后，喷头自动回缩。

二、风窗清洁装置的检修技巧

（一）刮水器与洗涤器的检修

1 刮水器的检修

（1）刮水器电动机低速的检查

如图9-12所示，将蓄电池正极接线柱与刮水器电动机A端子相连，将蓄电池负极接线柱与托架相连，若刮水器电动机以44～52r/min的转速运转，则表明刮水器电动机正常。

（2）刮水器电动机高速的检查

进行高速检查时，应将蓄电池正极接线柱与刮水器电动机B端子相连，蓄电池负极接线柱与托架相连，若此时刮水器电动机以64～78r/min的转速运转，则表明刮水器电动机正常，否则说明刮水器电动机损坏，应更换。

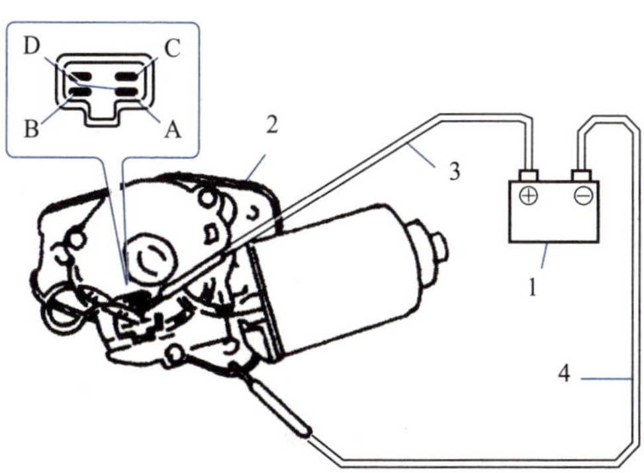

图9-12 刮水器电动机检查

1—蓄电池；2—刮水器电动机；3—红色导线；
4—黑色导线；A～D—电动机端子

(3) 刮水器电动机自动回位试验

① 如图9-13所示，将蓄电池正极接线柱与刮水器电动机A端子相连，蓄电池负极接线柱与托架相连，让刮水器电动机运转。

② 从蓄电池上拆下与刮水器电动机A端子相连的线，让刮水器电动机停止运转。

③ 用跨接线连接刮水器电动机A端子和D端子，并将刮水器电动机C端子与蓄电池正极接线柱相连，再次观察刮水器电动机运转情况，刮水器电动机应在规定位置停机。

④ 重复检查，观察刮水器电动机是否每次都停在规定位置。

⑤ 若不良，则说明刮水器电动机损坏，应更换。

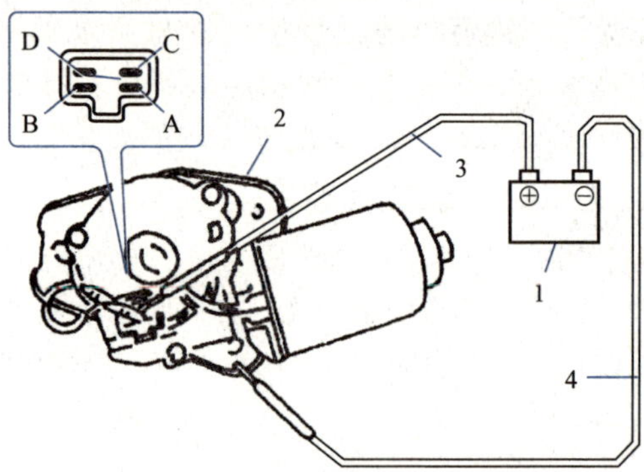

图9-13 刮水器电动机自动回位试验

1—蓄电池；2—刮水器电动机；3—黑色导线；4—跨接线；A ~ D—电动机端子

2 洗涤泵的检修

如图9-14所示，将蓄电池正极接线柱和负极接线柱分别与洗涤泵正极和负极端子相连，检查洗涤泵的排量。

小技巧

● 一般车型的洗涤泵排量应大于1.0L/min，否则说明洗涤泵有故障，应更换。

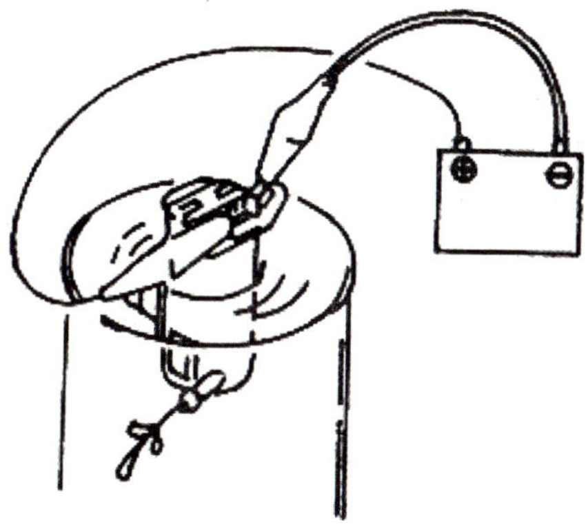

图9-14 洗涤泵的检查

（二）刮水器和洗涤器的故障诊断

1 刮水器常见故障诊断

刮水器常见故障有：刮水器各挡位都不工作、个别挡位不工作及不能自动停到原位等。

在对刮水器的故障进行诊断前，先要确定是电路故障还是机械故障。其检查方法是从电动机上拆下连接刮水片的机械臂，接通刮水器，观察电动机是否工作。如果电动机工作正常，则是机械故障。

（1）刮水器各挡位都不工作故障诊断

① 故障现象。接通点火开关后，刮水器开关置于各挡位，刮水器均不工作。

② 故障原因。

a. 熔丝断路。

b. 刮水电动机或开关有故障。

c. 机械传动部分锈蚀或与电动机脱开。

d. 连接电路断路或插接件松脱。

③ 故障诊断与排除。

a. 检查熔丝，熔丝应无断路，电路应无松脱。

b. 检查刮水器电动机及开关的电源线和搭铁线，应接触良好，没有断路。

c.检查开关各个接线柱在相应挡位应能正常接通。

d.检查电动机和机械连接情况，工作是否正常。

(2) 刮水器在个别挡位不工作

① 故障现象。接通点火开关后，刮水器在个别挡位（如低速、高速或间歇挡）不工作。

② 故障原因。

a.刮水电动机或开关有故障。

b.间歇继电器有故障。

c.连接导线断路或插接件松脱。

③ 故障诊断与排除。

a.如果刮水器是高速挡或低速挡不工作，可参照下列步骤进行诊断检查并视情况维修：首先检查对应故障挡位的电路是否正常；检查开关接线柱在相应挡位能否正常接通，最后检查电动机电刷是否接触不良。

b.如果刮水器在间歇挡不工作，应顺序检查间歇开关（或刮水器开关的间歇挡）、电路和间歇继电器。

(3) 刮水片不能自动停位

① 故障现象。刮水器开关断开或在间歇挡工作时，刮水器不能自动停止在设定的位置。

② 故障原因。

a.刮水电动机自动停位机构损坏。

b.刮水器开关损坏。

c.刮水臂调整不当。

d.导线连接错误。

③ 故障诊断与排除。

a.检查刮水臂的安装及刮水器开关导线连接是否正确。

b.检查刮水器开关在相应挡位的接线柱能否正常接通。

c.检查电动机自动停位机构触点能否正常闭合和接触良好。

2 洗涤器常见故障诊断

小技巧

● 许多洗涤器的故障都是因输液系统而引起的。因此，应首先拆下泵体上的水管，然后使洗涤泵工作，如果洗涤泵能够喷出清洗液，则故障在输液系统。否则，按照下列步骤查找故障。

① 检查储液罐内清洗液的存储量，应满足要求。

② 检查熔丝和线路连接是否良好。

③ 打开洗涤器开关，同时喷嘴。如果洗涤泵工作但喷嘴不喷液，检查泵内有无堵塞，排除泵体内的任何异物；如果没有堵塞，须更换洗涤泵。

④ 如果洗涤泵不运转，用电压表或试灯检查开关闭合时洗涤泵电动机上有无电压。若有电压，用欧姆表检查搭铁回路，若搭铁回路良好，须更换洗涤泵。

⑤ 在上步中，如果电动机上没有电压，须沿线路向开关查找，检测开关工作是否正常。如果开关有电压输入，但没有输出，说明洗涤器开关有故障，须更换开关。

3 除霜（雾）装置常见故障诊断与排除

（1）故障现象

除霜（雾）装置常见故障是不工作。

（2）故障原因

① 熔断器或控制电路断路。

② 加热丝或开关损坏。

（3）故障诊断与排除。

① 检查熔断器是否正常。

② 将开关接通后检查电热丝电源侧电压是否正常。

③ 如果电压为零或低于电源电压，应检查开关和电源电路；否则检查电热丝是否断路。

④ 若电热丝断路，可用润滑脂清理加热丝端部，并用蜡和硅脱膜剂清理电热丝断头，再用专用修理剂进行修补，将断点处连接起来，保持适当时间后即可使用。

（三）刮水器和刮水片的使用注意事项

1 刮水器使用注意事项

刮水器在使用中稍有不当，可能会造成刮水器部件的损坏，从而影响雨天驾驶的视野。为此，在使用刮水器时应从以下几个方面加以注意。

小提示

●刮水器电动机大多做成封闭式，不可随意拆卸。若必须拆卸时，装配时要保持内部的清洁，不可将铁屑之类的污物落在其内，装配时还要注意向含油轴承的毛毡上加注少许润滑油，并更换或补充减速器内的润滑脂。

●刮水器电动机一般不要拆下，若因故障必须拆下时，要防止电动机跌落损坏，因为刮水器电动机大多利用永磁直流电动机，其磁极多采用陶瓷材料。

●要定期检查刮水器片，当发现其严重磨损或有脏物时更换或清洗，否则将降低刮水器的工作效能，影响驾驶员的视线。清洗雨刮片时，可用蘸有酒精清洗剂的棉丝沿雨刮方向擦去刮片上的污物。雨刮片不可用汽油渍洗和浸泡，否则会引起变形，影响其工作效能。

●在试验刮水器工作情况时，风挡玻璃应该先用水润湿，否则会刮伤玻璃，同时由于刮片摩擦阻力大，还有可能损伤刮水片或烧坏电动机。在试验时应注意电动机有无异常噪声，尤其应引起注意的是，当刮水器电动机“嗡嗡”作响而不会转动时，说明刮水器机械传动部分有锈死或卡住的地方，这时应立即关闭刮水器开关，以防烧毁电动机。

●使用中当断开刮水器开关时，刮水器刮片应能自动回到风挡玻璃的下侧之后停止。若位置不当，可用转动自动停止器盖的方法来调整。调整时，顺时针转动，停止位置上移，逆时针转动，则停止位置下移。

● 在冬季，当使用刮水器时，若发现雨刮片被冻结或被雪团卡住时，应立即关闭开关，清除冰块、雪团后方可继续使用，否则会因刮水片阻力过大而烧坏刮水器电动机。

2 刮水片使用注意事项

小提示

● 须经常检查刮片，可用清水和中性肥皂水清理刮水片。

● 风窗玻璃刮水器仅可在湿润和清洁的车窗上使用，否则将损坏玻璃和橡胶刮片。

● 刮片至少每年更换一次。

● 检查刮水器的性能，如果刮水片的性能已经变差，必须更换。

● 更换刮水片时，先将旧橡胶条拉出来，然后把新橡胶条插进去。注意不要把安装方向弄错了，同时一定要把固定卡夹安装牢靠，否则橡胶条很容易脱落。

第二节 中央门锁控制系统的检修

一、中央门锁控制系统的结构入门

（一）中央门锁控制系统的功能

中央门锁控制系统一般都具有以下几种功能。

1 内外开启与内外锁止功能

在车内开启和锁止车门时，由门锁控制开关来完成；在车外开启和锁止车门时，由钥匙转动控制开关来完成。

2 中央控制锁止功能

操纵门锁总开关，即可使所有门锁或后备厢锁同时锁止。在配装车速感应式门锁控制器和车身电控单元控制式中央门锁控制系统的轿车上，当车速传感器信号表示车速达到10～20km/h时，所有门锁与后备厢锁将自动锁止，防止发生意外和后备厢内物品丢失。

3 后车门安全锁止功能

中央门锁控制系统设置后车门安全锁止功能的目的是防止车内儿童擅自打开车门。只有当中央门锁控制系统处于“开锁”状态时，后车门安全锁闩才能退出，如图9-15所示。有的轿车上，当后车门安全锁闩拨到锁止位置时，在车内用内扣手不能开门，而在车外用外扣手才能打开车门。

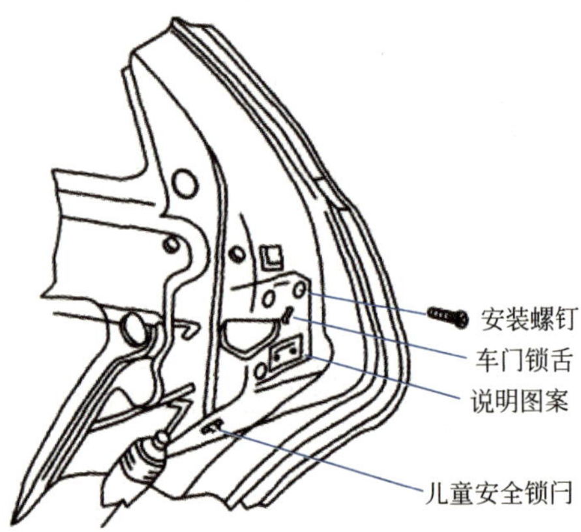

图9-15 后车门安全锁止装置

4 防驾驶员侧车门误锁功能

在配装中央门锁控制系统的汽车上，当驾驶员侧车门关上后，内部锁止开关处于锁止位置并不能将该车门锁止，目的是防止车钥匙忘在车内而不能打开车门。有的汽车为了防止钥匙锁在车内，设置了钥匙开锁警报开关，安装在点火开关旁边，用其监测点火钥匙是否插进钥匙孔内。当钥匙插在钥匙孔内时，钥匙开锁警报开关电路接通发出警报信号；当钥匙离开钥匙孔时则取消警报。

（二）中央门锁控制系统的组成

中央门锁控制系统主要由控制开关、门锁控制器和门锁执行机构等组成。中央门锁控制系统控制元件的安装位置如图9-16所示。

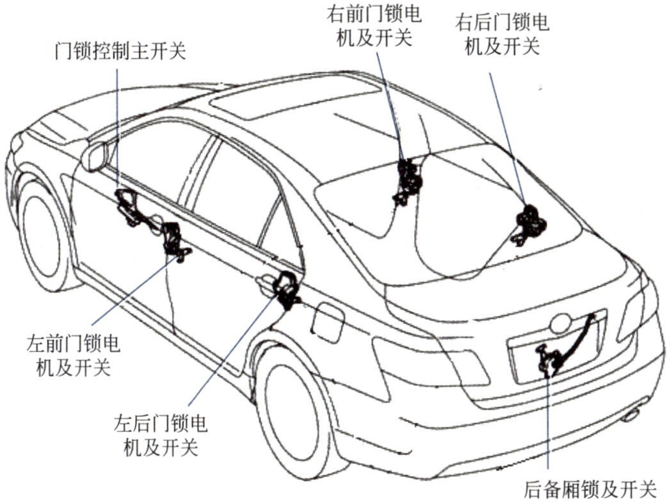

图9-16 中央门锁控制系统控制元件的安装位置

1 控制开关

（1）门锁控制开关

安装在前左门扶手上的门锁控制总开关和左门锁控制开关为杠杆型开关，如图9-17所示。向后按门锁控制总开关是开门（所有车门都开锁），向前按门锁控制总开关是锁门（所有车门都上锁）；将左门锁控制开关推向前门是锁门，而推向后门是开门。

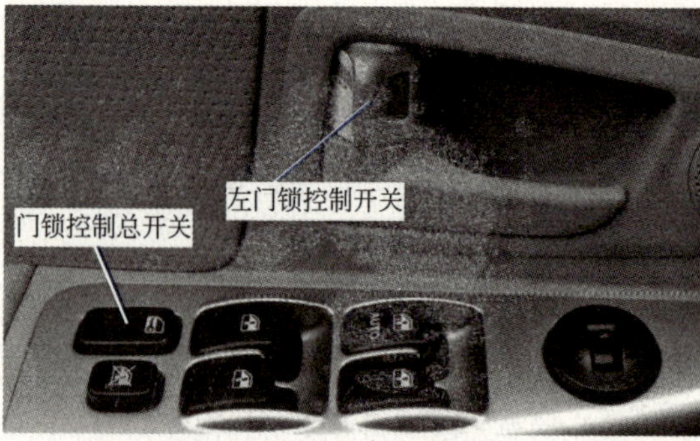

图9-17　门锁控制开关

(2) 钥匙控制开关

安装在每个前门的钥匙门上，如图9-18所示。当从外面用钥匙开门和关门时，钥匙控制开关便发出开门或锁门的信号给门锁ECU。

(3) 后备厢门开启器开关

位于仪表板下面，拉动此开关便能打开后备厢门，如图9-19所示。钥匙门靠近后备厢门开启器，推压钥匙门，断开后备厢内主开关，此时再拉开启器开关也不能打开后备厢门。将钥匙插进钥匙门内顺时针旋转打开钥匙门，当主开关再次接通，便可用后备厢门开启器打开后备厢。

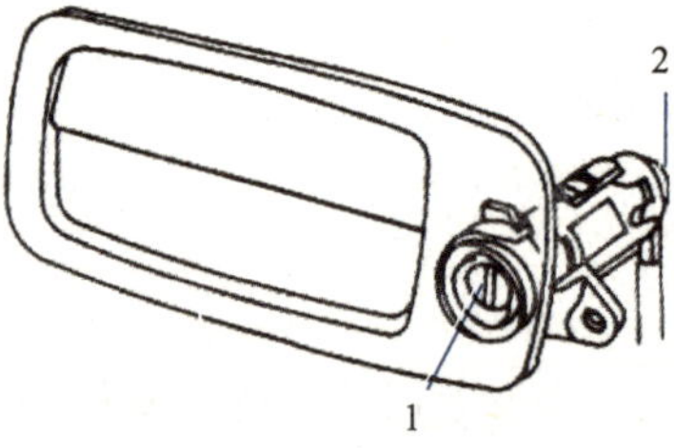

图9-18　钥匙控制开关

1—车门钥匙门；2—钥匙控制开关

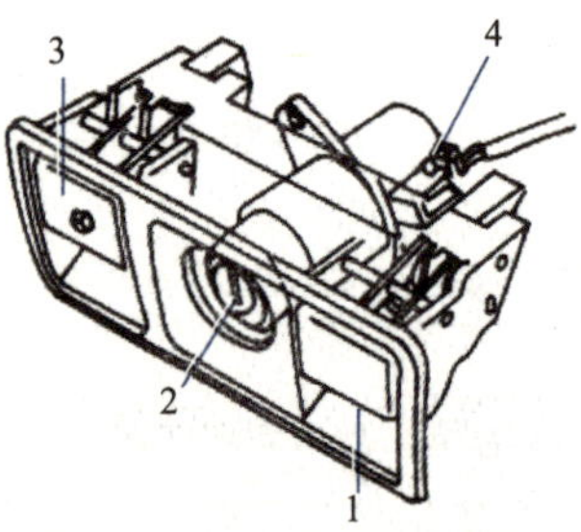

图9-19　后备厢门开启器开关

1—后备厢门开启器开关；2—钥匙门；

3—燃油箱盖开启器开关；

4—后备厢门开启器主开关

（4）门控开关

用于探测车门的开闭情况：车门打开时，门控开关接通；车门关闭时，门控开关断开。

（5）门锁开关

用来检测车门的开闭情况：当车门关闭，门锁开关断开；车门开启，门锁开关接通。

2 门锁控制器

门锁控制器为门锁执行机构提供锁、开脉冲电流，有晶体管式门锁控制器、电容式门锁控制器和车速感应式门锁控制器。

3 门锁执行机构

电动门锁执行机构主要有电动机式、电磁式、真空式和电子式四种，一般车辆上常采用电磁铁或电动机式门锁执行机构。

二、中央门锁控制系统的检修技巧

1 车门锁电动机的检测

（1）驾驶员侧车门锁电动机的检测

① 卸下驾驶员侧车门面板。

② 断开电动机处的2P（2芯）插接器插头，如图9-20所示。

③ 将电动机端子接上蓄电池电压，检查其工作情况。正常情况如下：1号端子接蓄电池“+”极，2号端子搭铁时，车门锁锁定；2号端子接蓄电池“+”极，1号端子搭铁时，车门锁开锁。

④ 如果电动机工作不符合规定要求，则应更换驾驶员侧车门锁电动机。

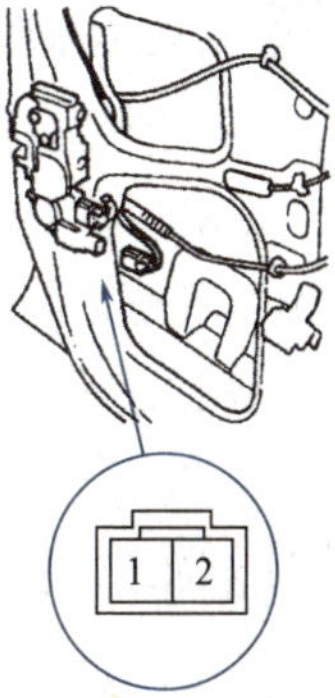

图9-20　断开驾驶员侧车门锁电动机处的2P插头

小提示

●蓄电池电压应以碰触的方式施加于两端子之间（接通时间很短），以免烧坏电动机。

（2）乘员侧车门锁电动机的检测

乘员侧车门锁电动机的检测与驾驶员侧车门锁电动机的检测方法基本相同。

2 门锁把手开关的检测

（1）驾驶员侧车门锁把手开关的检测

① 卸下驾驶员侧车门面板。

② 如图9-21所示，断开电动机3P（3芯）插接器的连接。

③ 检查端子之间的导通性。在门锁把手开处于LOCK（锁止）位置时，2号与3号端子之间应当导通，在开关处于UNLOCK位置时不导通。在门锁把手开关处于UNLOCK（开锁）位置时，1号与3号端子之间应当导通，在开关处于LOCK位置时不导通。

④ 如果导通性不符合规定要求，应更换门锁电动机。

（2）前乘员侧车门锁把手开关的检测

① 卸下前乘员车门面板。

② 断开电动机3P插接器的连接（见图9-21）。

③ 检查端子之间的导通性。在门把锁开关处于UNLOCK位置时，1号与3号端子之间应当导通，开关处于LOCK位置时不导通。

④ 如果导通性不符合规定要求，则更换门锁电动机。

（3）后车门锁把手开关的检测

① 卸下左、右侧后车门面板。

② 如图9-22所示，断开电动机3P插接器的连接。

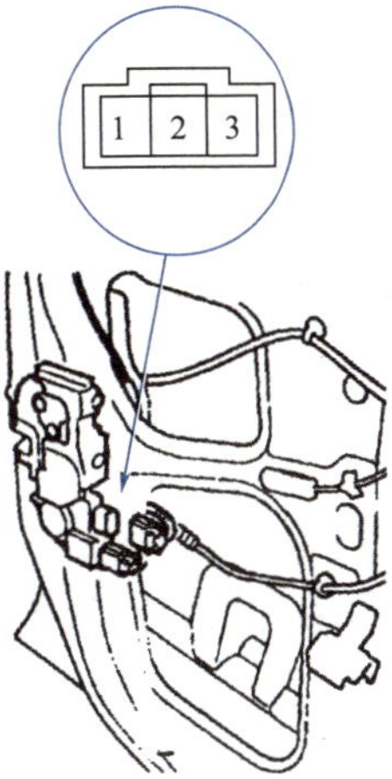

图9-21 断开驾驶员侧车门锁电动机3P插接器的连接

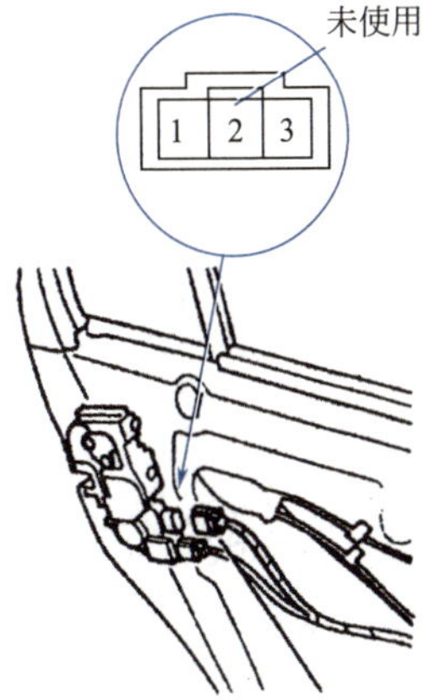

图9-22 断开后车门锁电动机3P插接器连接

③ 检查端子之间的导通性。在门锁把手开关处于UNLOCK位置时，1号与3号端子之间应当导通，在开关处于LOCK位置时不导通。

④ 如果导通性不符合规定要求，则更换车门锁电动机。

3 车门锁芯开关的测试

① 卸下驾驶员侧车门面板。

② 如图9-23所示，断开锁芯开关的3P插接器连接。

③ 检查端子之间的导通性。在锁芯开关处于LOCK位置时，2号与3号端子之间应当导通。在锁芯开关处于UNLOCK位置时，2号与3号端子之间应当不导通。在锁芯开关处于UNLOCK位置时，1号与2号端子之间应当导通。在锁芯开关处于中间或LOCK位置时，1号与2号端子之间应当不

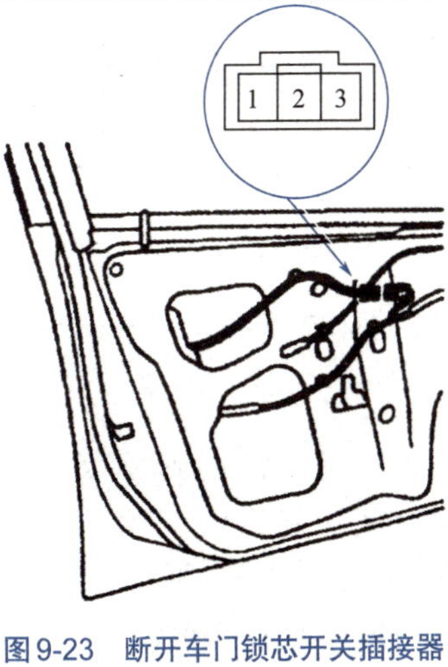

图9-23 断开车门锁芯开关插接器

导通。

④ 如果导通性不符合规定要求，则应更换车门锁芯总成。

第三节 电动后视镜、电动座椅、电动车窗与电动天窗的检修

一、电动后视镜、电动座椅、电动车窗与电动天窗的结构入门

（一）电动后视镜

电动后视镜主要由镜面玻璃、双电动机、连接件、传递机构及其壳体等组成，图9-24所示为电动后视镜与控制开关的实物。控制开关由旋转开关、摇动开关和线束等组成，安装在左前门内饰板上。

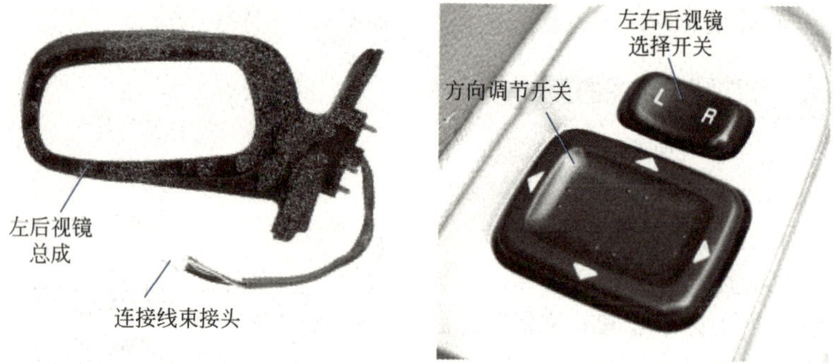

(a)后视镜总成 (b)控制开关

图9-24 电动后视镜与控制开关的实物

左、右外侧电动后视镜由设置在左前门内把手上端的调整开关控制。当点火开关处于“ON”位置，将此开关旋转，可选择需调整的后视镜（L为左侧、R为右侧，中间为停止操作）。摇动开关可调整后视镜反射面的空间角度。

小技巧

●两侧电动后视镜各有两个永磁电动机，通过控制两个电动机的开关可获得二顺二反四种电流，即可进行四种运动，使镜面产生四种不同方位的位置调整。

（二）电动座椅

1 电动座椅的组成及功用

电动座椅是指以电动机为动力，通过传动装置和执行机构来调节座椅的各种位置，使驾驶员和乘员乘坐舒适的座椅。通过座椅调节，还可以改变坐姿，减少乘员长时间乘车的疲劳。

座椅的调节正向多功能化发展，使座椅的安全性、舒适性、操作性日益提高。其种类很多，还可以有不同的组合方式。如具有八种调节功能的电动座椅，其动作方式有座椅的前后调节、上下调节、座位前部的上下调节、靠背的倾斜调节、侧背支撑调节、腰椎支撑调节以及靠枕上下、前后调节。所有这些功能都必须通过电动机带动传动机构来实现。

电动座椅一般由双向电动机、传动装置和座椅调节器等组成，如图9-25所示。电动机的数量取决于电动座椅的类型，通常两向移动座椅装有2个电动机，四向移动的座椅装有4个电动机，最多可达6个电动机。

小提示

●大多数电动座椅使用永磁式电动机，通过开关来操纵电动机按不同方向旋转。为防止电动机过载，大多数永磁式电动机内装有断路器。

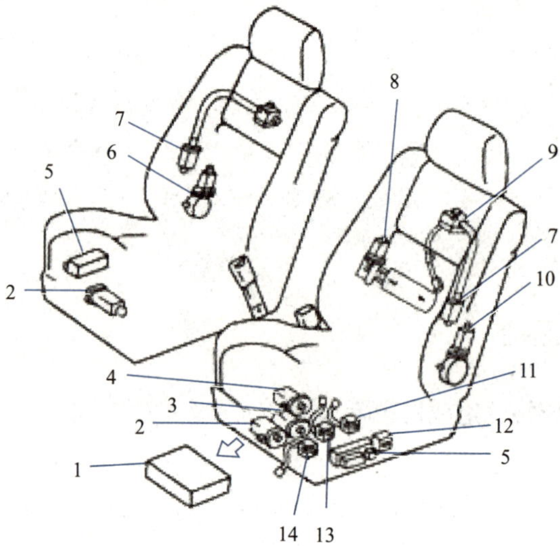

图 9-25 电动座椅的构造

1—电动座椅 ECU；2—滑动电动机；3—前垂直电动机；4—后垂直电动机；5—电动座椅开关；6—倾斜电动机；7—头枕电动机；8—腰垫电动机；9—头枕位置传感器；10—倾斜电动机和位置传感器；11—后垂直位置传感器；12—腰垫开关；13—前垂直位置传感器；14—滑动位置传感器

进行前、后移动控制的电动座椅装有一个双向电动机，在前、后移动基础上还可升、降的四向移动座椅装有两个双向电动机，除具有前、后移动和上、下升降功能外，座椅前端或后端还可分别升降的六向移动座椅装有三个双向电动机。

小提示

●遥控电动座椅有的装有四个以上的双向电动机，除能保证八向移动的功能外，还能调整头枕高度、倾斜度、座椅长度及扶手位置等。

2 传动机构的类型

要求座椅传动机构运行时有良好的平稳性，噪声要低。现代轿车的电动座椅的传动机构一般有蜗轮蜗杆传动、驱动钢丝传动等类型。

（1）蜗轮蜗杆传动方式

蜗轮蜗杆传动的传动部件有蜗杆轴、蜗轮、齿轴和齿条等。调整时，蜗杆轴在电动机的驱动下，带动蜗轮转动，从而将齿轴旋入或旋出，即座椅下降或上升。如果蜗轮又与齿条啮合，蜗轮转动将齿条移动，即令座椅前移或后移。6向可调式电动座椅采用3个可以倒转的电动机来操作座椅。座椅的前部和后部由不同的电动机控制，它还可以被独立地升高和降低。第三个电动机控制前/后移动。

（2）驱动钢丝传动方式

驱动钢丝传动方式电动座椅的机械部分由变速器、万向节、螺旋千斤顶及齿轮传动机构组成。开关接通后，电动机动力经齿轮、万向节、变速器、软轴等传至座椅调节器。当调节器到达行程终点时软轴停止运动，此时若电动机仍在运转，其动力将被橡胶万向节所吸收以防电动机过载损坏。

座椅调节按钮设置在驾驶员操纵方便的地方，一般在驾驶员座椅的左侧面，如图9-26所示。有些轿车的控制部分还设有电控单元（电脑），有存储记忆能力，只要按下某一个记忆按钮，即可自动将电动座椅调整到存储的位置上。

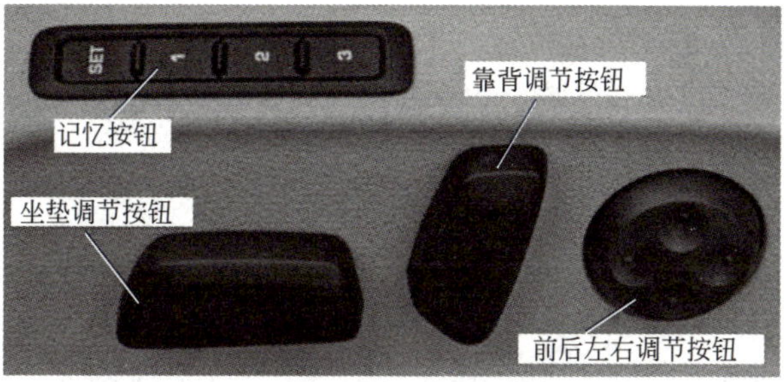

图9-26 座椅调节按钮（8方向调节）位置

（三）电动车窗

1 作用

电动车窗是指以动力使车窗玻璃自动升降的车窗。它是由驾驶员或乘员操纵开关接通车窗升降电动机的电路，电动机产生动力通过一系列的机械传动，使车窗玻璃按需求进行升降。电动车窗由于其操作简便、可靠，在现代汽车上得到了广泛的应用。

2 组成与分类

电动车窗控制系统主要由车窗、车窗玻璃升降器、电动机、开关（主控开关、分控开关）等组成，主要零部件在车上的位置如图9-27所示。

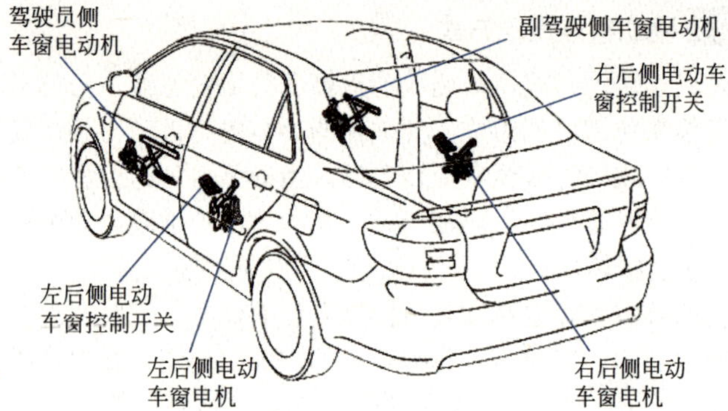

图9-27 电动车窗部件在车上的位置

(1) 车窗玻璃升降器

车窗玻璃升降器常见的有交叉传动臂式和钢丝滚筒式两种，如图9-28和图9-29所示。

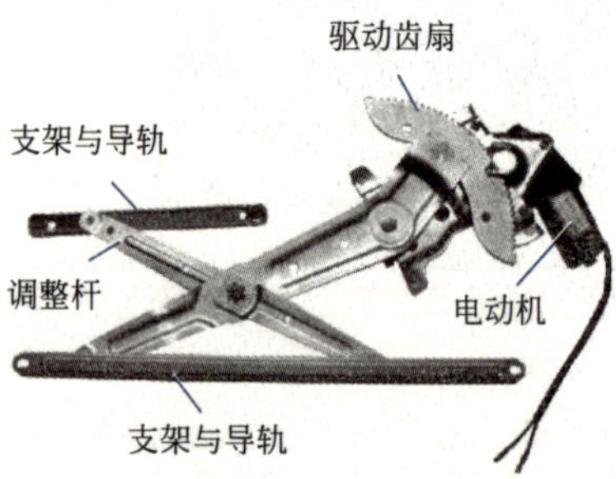

图9-28 交叉传动臂式车窗玻璃升降器

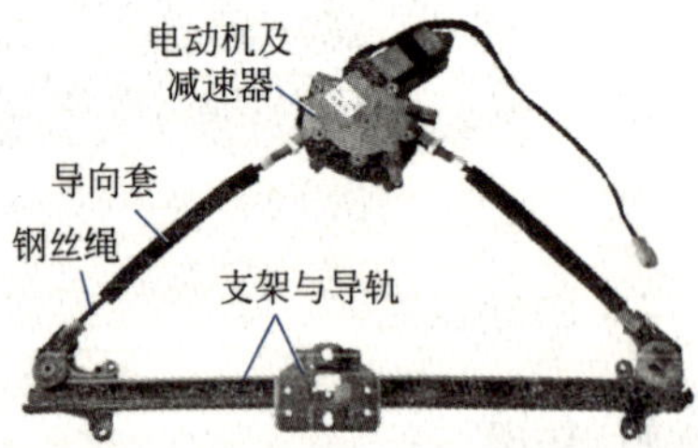

图9-29 钢丝滚筒式车窗玻璃升降器

（2）电动机

每个车窗安装有一个电动机。电动车窗控制系统采用双向转动的直流电动机，分为双向永磁式或双绕组串励式两种，电动机实物如图9-30所示。

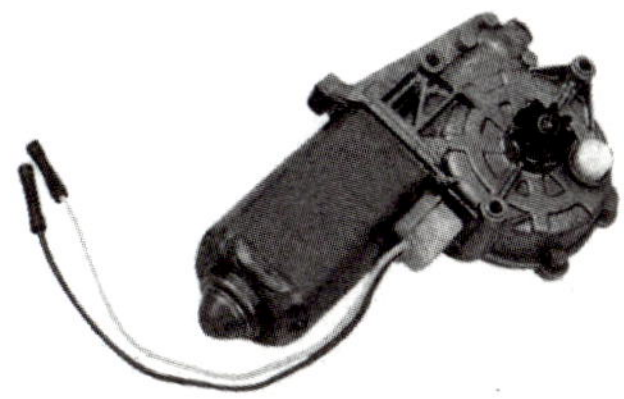

图9-30 电动机实物

小提示

●永磁式电动机不直接搭铁，电动机的搭铁受开关控制，通过改变电动机的电流方向改变电动机的转向，从而实现车窗的升或降；双绕组式电动机一端直接搭铁，电动机有两组磁场绕组，通过接通不同的磁场绕组，使电动机的转向不同，实现车窗玻璃的升或降。

（3）控制开关

控制开关的作用是控制电动机中的电流方向。控制开关一般有两套：一套为主控开关（总开关），装在驾驶员车门的内侧（见图9-31）或变速杆附近，用于驾驶员操纵每个车窗玻璃的升降；另一套为分控开关，分别安装在每个车门的中部或车门把手上，用于乘员操纵车窗玻璃。

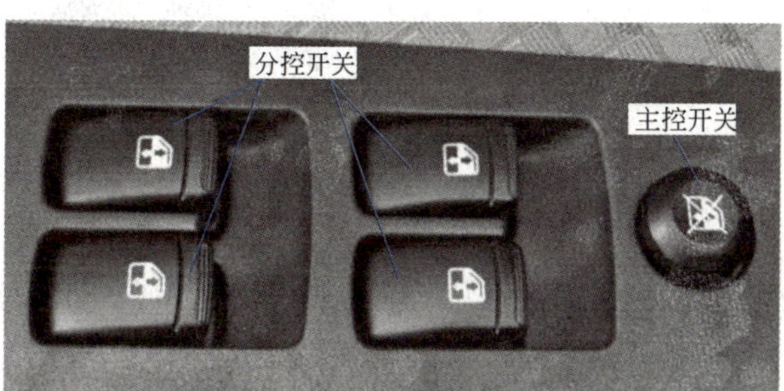

图9-31 电动车窗控制系统的主控开关

（四）电动天窗

1 电动天窗的功用

汽车电动天窗换气是利用负压原理，依靠汽车在行驶过程中气流在车窗顶部的快速流动，而形成车内的负压，进行通风换气，整个气流极其柔和，可使车内空气新鲜，尤其乘员舱上层的清新空气可使驾驶员头脑保持清醒，保持安全驾驶。

2 电动天窗类型

① 按操作方式可分为手动旋转式、手动上推式和电子按键式。

② 按开启状态可分为上掀外滑式和上掀内滑式。

3 电动天窗部件位置

电动天窗主要部件位置如图9-32所示。

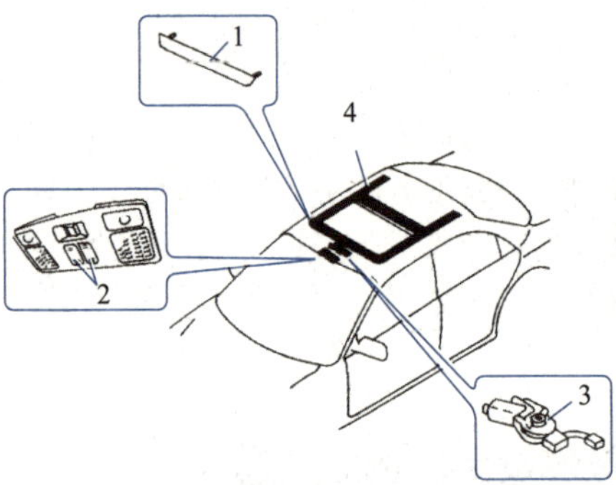

(a)示意图

(b)实物

图9-32 电动天窗主要部件位置

1—偏转板；2—天窗开关；3—天窗电动机；4—天窗单元

二、电动后视镜、电动座椅、电动车窗与电动天窗的检修技巧

1 电动后视镜故障诊断与排除

电动后视镜如有故障，直接表现是后视镜不能被操纵，此时可以

进行如下检查。

① 检查熔丝和断电器（过载保护），然后用万用表测试开关总成。

② 如果开关完好，应用12V电源的跨接线检查电动机的工作情况，接线换向时，电动机也应反向转动。图9-33所示为电动后视镜电动机的检查示意图。

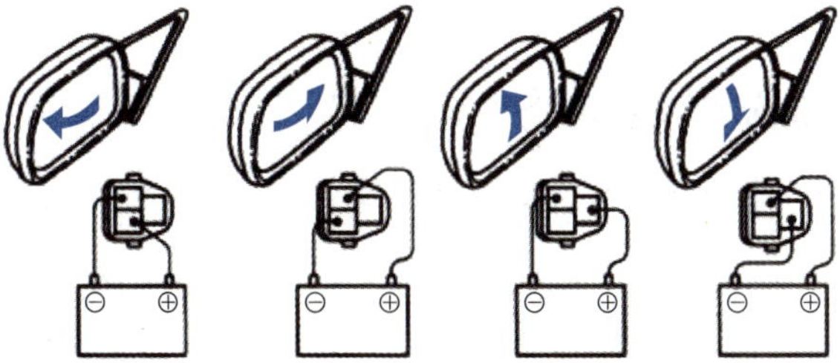

图9-33 电动后视镜电动机的检查示意图

小技巧

●如果电动机工作正常，而后视镜仍不运动，应检查连接后视镜控制开关和车门或仪表板金属件的搭铁情况。

电动后视镜故障诊断如表9-1所示。

表9-1 电动后视镜故障诊断

故障现象	故障原因	故障排除方法
电动后视镜均不能动	① 熔断丝熔断 ② 搭铁不良 ③ 后视镜开关损坏 ④ 后视镜电动机损坏	① 检查确认熔断后更换 ② 修理 ③ 更换 ④ 更换
一侧电动后视镜不能动	① 后视镜开关损坏 ② 电动机损坏 ③ 搭铁不良	① 更换 ② 更换 ③ 修理
一侧电动后视镜上下方向不能动	① 上下调整电动机损坏 ② 搭铁不良	① 更换 ② 修理
一侧电动后视镜左右方向不能动	① 左右调整电动机损坏 ② 搭铁不良	① 更换 ② 修理

2 电动座椅故障的检修

① 若电动机运转而座椅不动，首先观察是否已达到极限位置，然后检查电动机与变速器之间的相关元件是否磨损过大或损坏，必要时应更换。

② 若电动机不工作，应检查电源线及电动机线路是否断路，开关接触是否良好，搭铁是否牢固等。

3 电动车窗常见故障诊断与排除

电动车窗常见故障与排除如表9-2所示。

表9-2 电动车窗常见故障与排除

故障现象	原因	排除方法
电动车窗不工作	① 电动车窗开关损坏 ② 熔丝熔断 ③ 连接导线断路 ④ 电动机损坏	① 修理或更换开关 ② 更换熔丝 ③ 修理或更换导线 ④ 更换电动机
电动车窗工作时有异常响声	① 电动车窗安装时没调整好 ② 卷丝筒内钢丝绳跳槽 ③ 滑动支架内的传动钢丝夹转动 ④ 电动机盖板或固定架与玻璃碰擦	① 重新调整摇窗机装螺钉 ② 重新调整卷丝筒内的钢丝绳位置 ③ 检查安装支架位置是否正确 ④ 重新调整盖板或固定架
电动机工作正常，摇窗机不工作	① 钢丝绳折断 ② 滑动支架折断或传动钢丝夹转动	① 更换钢丝绳 ② 重新铆接钢丝夹
电动车窗工作时发卡，阻力大	① 导轨凹部有异物 ② 导轨损坏或变形 ③ 电动机损坏 ④ 钢丝绳腐蚀、磨损	① 清除异物 ② 修理或更换导轨 ③ 更换电动机 ④ 修理或更换钢丝绳

4 电动天窗不工作的故障诊断与排除

① 检查熔丝是否熔断。必要时，更换熔丝。

② 检查天窗开关端子与连接线路间电路是否有故障。

a. 断开天窗开关线束。

b. 点火开关转至接通。

c. 用一端接地良好的测试灯，另一端接天窗开关相应端子（线束侧）。若测试灯不能正常启亮，应维修该电路。

③ 检查天窗开关是否有故障。必要时，更换天窗开关。

④ 检查天窗开关端子与天窗模块端子间电路是否有故障。

a. 连接天窗开关线束。

b. 断开天窗模块线束。

c. 用一端接地良好的测试灯，另一端接天窗模块相应端子（线束侧）。

d. 点火开关转至接通。

e. 切换天窗开关。

若测试灯不能正常启亮，应维修该电路。

⑤ 检查天窗模块接地端子与接地间电路是否有故障。

a. 断开天窗模块线束。

b. 用一端接蓄电池正极的测试灯，另一端接天窗模块相应接地端子（线束侧）。

若测试灯不能正常启亮，应维修该电路。

⑥ 检查天窗模块端子与连接线路间电路是否有故障。

a. 断开天窗模块线束。

b. 点火开关转至接通。

c. 用一端接地良好的测试灯，另一端接天窗相应端子（线束侧）。

若测试灯不能正常启亮，应维修该电路。

⑦ 检查天窗模块是否有故障。必要时，更换天窗模块。

⑧ 检查天窗电动机是否有故障。必要时，更换天窗电动机。

⑨ 若天窗电动机正常，应检查相关电路的接触不良故障。

第十章 汽车电路图的分析

第一节　汽车电路图组成与特点

汽车电路是将电源系统、启动系统、点火系统、照明与信号系统及辅助电器等，按照它们各自的工作特性和彼此之间的内在联系，通过开关、导线、保护装置等连接起来而构成的综合性网络。汽车电路和一般电路一样，也是由电源、负载（用电设备）、导线、开关、保护装置等组成，但都有其自身的特点和规律。

一、汽车导线

1　汽车导线的分类与特点

汽车电器线路的导线分为高压线和低压线两种。高压线又分为铜芯线和阻尼线两种；低压线又分为普通导线、启动导线和搭铁导线（即蓄电池搭铁线）三种。

汽车导线主要根据导线的绝缘、通过电流的大小和机械强度三个方面的要求进行选择。

（1）高压导线

高压导线是一种输送高电压的专用导线。汽车用高压导线有铜芯线和阻尼线两种。由于高压导线的工作电压很高（一般都在10kV以上）、电流强度较小。因此，高压导线的绝缘包层很厚、线芯截面面积很小，但耐压性能很好。

为了衰减火花塞产生的电磁波干扰，目前已广泛使用高压阻尼导线。

（2）低压导线

① 普通低压导线。普通低压导线为带绝缘包层的铜质多丝软线。根据外皮绝缘包层的材料不同，普通低压导线又分为QVR型（即聚氯乙烯绝缘包层）和QFR型（即聚氯乙烯-丁腈复合绝缘包层）两种。

普通导线的横截面面积主要根据用电设备的工作电流进行选择，但汽车电气系统中所用导线的截面面积最小不得小于$0.5mm^2$。

随着汽车电气设备的增多，导线的数量不断增加，为了便于维修，连接各设备的导线常以不同的颜色加以区分。其中截面积在$4mm^2$以上的采用单色线，而$4mm^2$以下的导线均采用花线（双色线），搭铁线均用黑色线。

在全车线路图中，导线上一般都标注有数字和字母符号，用来表示导线的横截面面积和颜色。如1-5RW、2.0GV等，其中，数字1-5、2.0表示导线的横截面面积，单位为平方毫米；第一个字母“R”或“G”表示导线的主色，第二个字母“W”或“V”表示导线的辅助颜色，即轴向条纹状或螺旋状的颜色。

② 启动导线。启动电缆为带绝缘包层且横截面面积较大的铜质或铝质多丝软线电缆。启动电缆是一种专用连接电缆，接在蓄电池正极与起动机电源端子“30”之间，其横截面面积有$25mm^2$、$35mm^2$、$50mm^2$、$70mm^2$等多种规格，允许电流高达500A乃至1000A以上。为了保证起动机正常工作并产生足够的驱动力矩，要求启动线路上每100A电流产生的电压降不得超过0.1～0.15V。

③ 搭铁导线。搭铁导线是一种专用连接电缆，连接在蓄电池负极与车身金属或发动机机体之间，故又称为蓄电池搭铁线。搭铁导线为由铜丝编织而成的扁形软铜线缆或带绝缘包层且横截面面积较大的铜质多丝软线缆。

2 常见的汽车导线颜色代号

在电路图上用字母来表示电线外皮及其系统的颜色。中国车及日本车的电路图常用单个字母表示，个别用双字母，其中后一个为小写字母。美国车的电路图常用2～3个字母表示一种颜色，如果导线上有条纹，则要书写较多字母。德国车和法国车的电路图，多用本国字母缩写，这点应注意。常见的导线颜色代号如表10-1所示。

表10-1 导线颜色代号

颜色	英文	中国	美国	日本	本田汽车、现代汽车	奥迪汽车、大众汽车	雪铁龙汽车
黑	Black	B	BLK	B	BLK	sw	MR
白	White	W	WHT	W	WHT	ws	BA
红	Red	R	RED	R	RED	ro	RG
绿	Green	G	GRN	G	GRN	gn	VE
深绿	Dark Green		DK GRN				
浅绿	Light Green		LT GRN	Lg	LT GRN		
黄	Yellow	Y	YEL	Y	YEL	ge	JN
蓝	Blue	BL	BLU	L	BLU	bl	BE
浅蓝	Light Blue		LT BLU	Sb	LT BLU		
深蓝	Dark Blue		DK BLU				
粉红	Pink	P	PNK	P	PNK		
紫	Violet	V	PPL	PU	PUR	li	V1
橙	Orange	O	ORN	Or	ORN	or	
灰	Grey	Gr	GRY	Gr	GRY	gr	GR
棕	Brown	Br	BRN	Br	BRN	br	
棕褐	Tan		TAN				
无色	Clear		GLR				
褐							RS
橘黄							OR
栗							MR

二、汽车线束

为了使全车线路规整，安装方便及保护导线的绝缘，汽车上的全车线路除高压线、蓄电池和收放机天线的电缆外，一般都将同区域的不同规格的导线用棉纱或薄聚氯乙烯带缠绕包扎成束，称为线束，如图10-1所示。

图10-1　汽车线束

汽车线束是汽车电路的网络主体，没有线束也就不存在汽车电路。在目前，不管是高级豪华汽车还是经济型普通汽车，线束装配的形式基本上是一样的，一般由导线、端子（或称孔）、插接器插头或插座、护套等组成。

一般汽车的线束分为发动机线束、仪表线束、车身线束等。图10-2所示为整车线束布置。

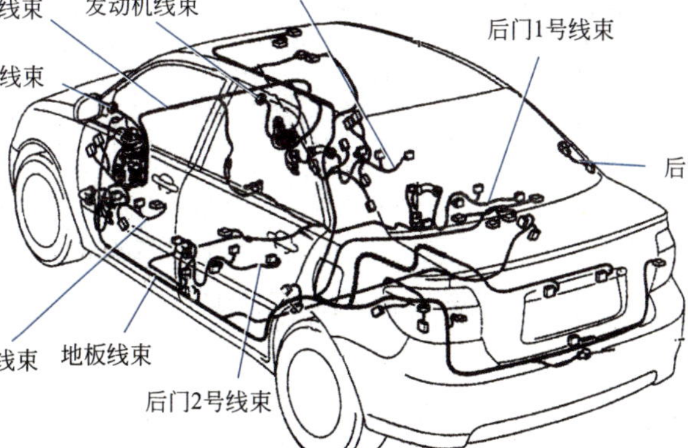

图10-2　整车线束布置

小提示

●随着汽车功能的增加，电子控制技术的普遍应用，电气元件越来越多，电线也会越来越多，线束也就变得越粗越重。因此先进的汽车就引入了CAN总线配置，采用多路传输系统。与传统线束比较，多路传输装置大大减少了导线及接插件数目，使布线更为简易。

三、插接器

插接器是一种连接分线束与分线束之间、线束与用电设备之间、线束与开关之间的电器装置，又称为连接器。因为插接器连接可靠、检修方便，所以汽车广泛采用。插接器不能松动、腐蚀，为保证插接器的可靠连接，其上都有锁紧装置，而且为了避免安装中出现差错，插接器还制成不同的规格、形状。

插接器由导线端子与塑料壳体或橡胶壳体组成，如图10-3所示。根据线束连接的需要，插接器有单路、双路或多路式几种。

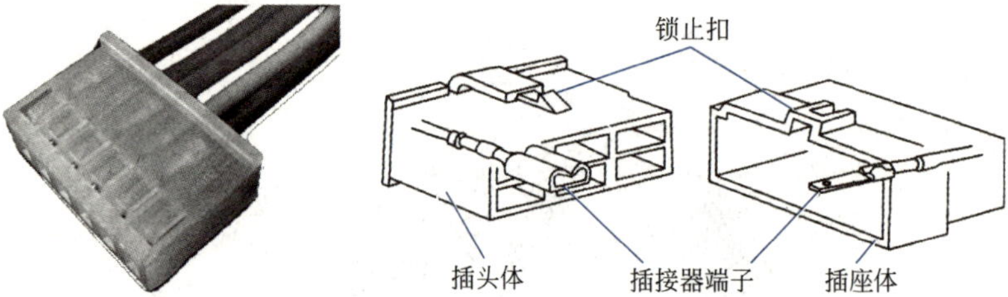

(a)插接器实物　(b)插接器内部结构

图10-3　插接器的结构

小提示

● 现代汽车线束中设有很多插接器。为了避免装配和安装中出现差错，插接器还制成不同型号规格、不同形状和颜色等加以区分。

插接器端子上设有倒刺片，装入护套内以防脱出。拔开插接器时，不能直接拉拔导线，应当先将插接器的锁止扣解除，再向两边用力拉动壳体将插头与插座拔开，如图10-4所示。有些插接器采用钢丝扣进行锁止，压下钢丝扣后才能将插接器的插头与插座拔开。

为了保证插接器能可靠连接，有的插接器上设有双重锁定机构，如图10-5所示。其作用是：锁定插接器插头与插座，防止插接器脱开。

双重锁定机构在插接器插头上设有主锁和两个凸台，在插座上设有锁柄能够转动的副锁。当主锁未锁定时，插头上的两个凸台就会阻止副锁锁定，如图10-5（a）所示；当主锁完全锁定时，副锁锁柄方能转动并锁定，如图10-5（b）所示；当主锁与副锁双重锁定后，插头与插座可靠连接，如图10-5（c）所示，从而防止插接器脱开。

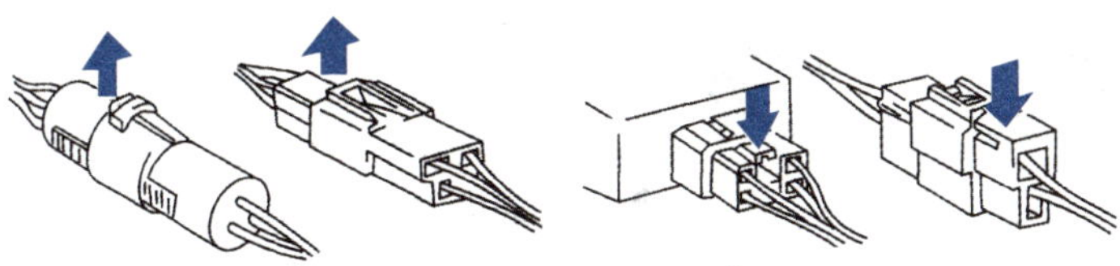

图10-4　拔开插接器的正确方法

当插接器出现端子接触不良或导线断路故障时，先将插接器插头与插座拔开，然后用小螺钉旋具或专用工具从壳体中取出导线与端子，进行修理或更换后再装复使用。

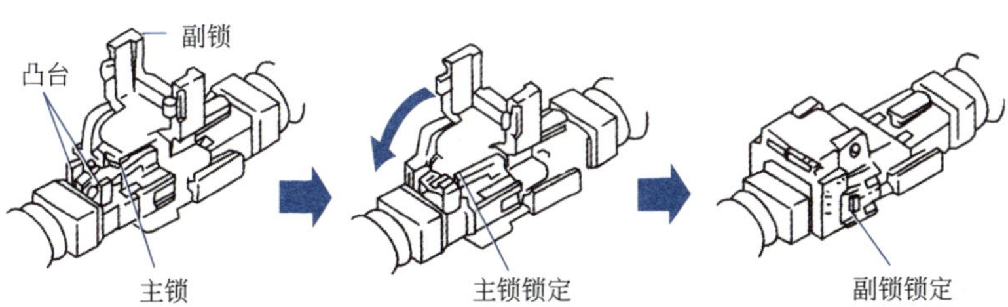

(a)主锁打开副锁被挡住　(b)主锁锁定，副锁可以合上　(c)双重锁定

图10-5　插接器双重锁定机构

四、汽车控制开关

1　汽车常用的控制开关

在汽车电路中，各用电设备或独立的电气系统中都设有单独的控

制开关。如灯光开关、变光开关、雨刮器开关、洗涤器开关、转向开关、紧急报警开关、空调开关、倒车开关、刹车开关、喇叭开关等。

2 点火开关（点火钥匙）

（1）点火开关工作原理

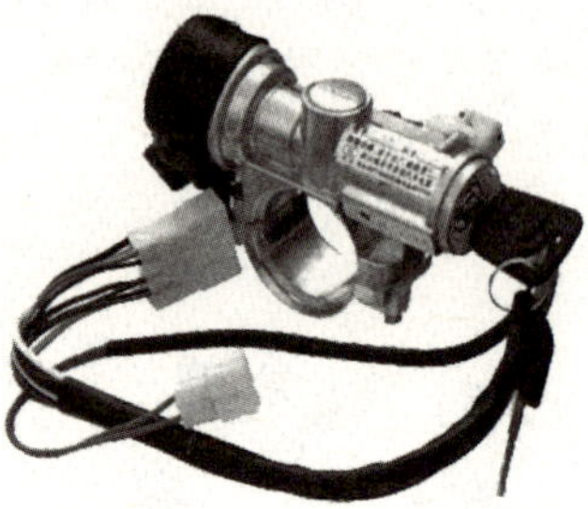

图 10-6 点火开关实物

在所有的开关中，点火开关最为复杂，它控制着充电系统、点火系统、启动系统以及绝大多数的辅助电气设备。点火开关是一个复合开关，一般需用钥匙对其进行操纵（如图10-6所示）。

图10-7所示为点火开关的原理。三片电刷组合在一起并同时转动，当点火钥匙拧到启动挡时，所有电刷转到“ST”位置，此时，电刷B将蓄电池的电压输送到点火线圈5，电刷C将蓄电池的电压输送到启动系统和点火控制器3，电刷A没有输出。

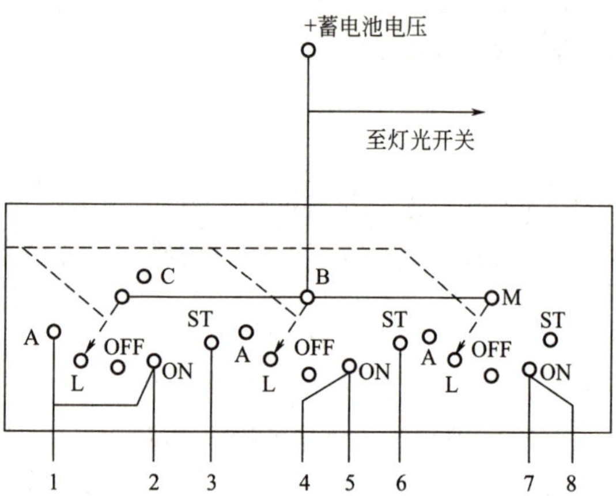

图 10-7 点火开关的结构原理

A—附件；L—锁住；OFF—断开；ON—运行；ST—启动；1—刮水器、洗涤器、电动门窗；2—仪表；3—启动系、点火控制器；4—点火控制器；5—点火线圈、安全带报警灯；6—点火线圈；7—空调系统、转向信号灯；8—交流发动机报警灯

当发动机启动后，电刷便转到“ON”位置，此时，电刷M、B、C的输出情况见图10-7。在电刷C的端子A和ON之间的跨接线，表示它所接的附件在点火开关的电刷处于“ON”和“A”位置，并且都可开动。

（2）点火开关的其他功能

① 如图10-8所示，很多车型点火开关的锁体有锁止转向盘的功能（图中点火开关的LOCK位置）。当点火开关转至LOCK挡并拔下钥匙时，转向盘被锁止。这些点火开关各挡的位置通常是按LOCK（转向盘锁止挡）、ACC（备用挡）、ON（点火挡）、START（启动挡）的顺序排列。

图10-8　有锁止转向盘功能的点火开关

② 有的车型还具有防止误启动的功能（如大众轿车）。点火开关只能从OFF挡开始拧到启动ST挡，当没有启动着发动机或发动机熄火时，若要重新启动发动机，必须将点火开关拧回到OFF挡，然后，再从OFF挡→ON挡→ST挡。

（3）具有防盗功能的点火开关

目前，大部分汽车点火开关的钥匙采用电子钥匙，具有防盗功能。图10-9所示为电子钥匙防盗系统。其原理是：点火钥匙上装有一个晶片。每把钥匙所用的晶片有一特定的阻值，其范围在380～12300Ω之间。点火钥匙除了像普通钥匙那样必须与锁体匹配之外，其晶片电阻值还要与起动机电路相匹配。

当点火钥匙插入锁体时，电阻晶片与电阻检测触头接触。当锁体转到ST挡时，钥匙晶片的电阻值输送到电子钥匙解码器。若钥匙晶片的电阻值与电子钥匙解码器中存储的电阻值一致，则起动机工作，同时，启动信号送给发动机ECU，发动机ECU控制燃油喷射系统及点火系统，完成发动机的启动过程。

若钥匙晶片的电阻值与电子钥匙解码器中存储的电阻值不一致，电子钥匙解码器便禁止起动机工作。尽管锁体已经转到了启动位置，发动机仍然不能启动。

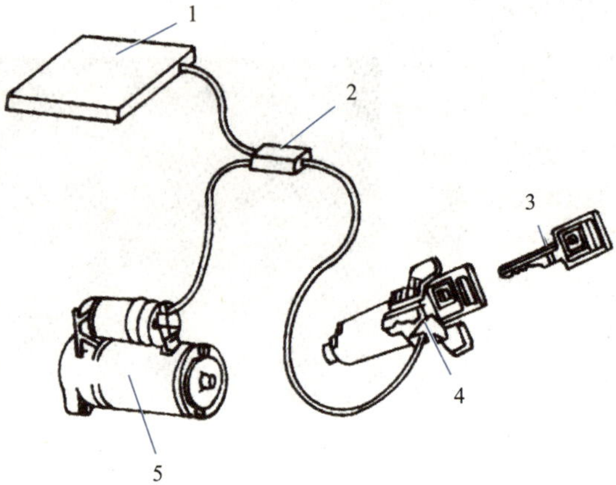

图10-9 电子钥匙防盗系统

1—发动机ECU；2—电子钥匙解码器；3—电阻晶片；4—电子检测触头；5—起动机

(4) 智能钥匙系统及无钥匙一键启动点火开关

智能钥匙系统也称“无钥匙进入系统”，不同厂家的称呼略有不同。智能钥匙系统大多包括无钥匙进入车内和无钥匙启动功能，部分车型只具有无钥匙进入功能，不能无钥匙启动。目前，宝马、本田、大众、丰田等很多车型采用智能钥匙及无钥匙一键启动点火开关。

智能钥匙系统采用先进的RFID（无线射频识别）技术，通过车主随身携带的智能卡里的芯片感应自动开关门锁。无钥匙进入系统具有出色的防盗功能，每个智能钥匙都有唯一的ID码与车辆ID码对应。即使简单复制了钥匙，没有ID码也不能启动车辆。

① 采用智能钥匙的车型（如大众迈腾、奔驰E级轿车），驾驶员只需将智能钥匙插入启动按钮下方的一个插槽中，按下启动按钮就可以启动发动机，如图10-10所示。

(a)启动按钮

(b)智能钥匙

图10-10 智能钥匙点火开关

小提示

● 当携带智能钥匙走到距驾驶员侧车门把手1m以内时，车体外部的信号发射器即可识别到智能钥匙内置的ID码，这时只需轻轻拉动门把手，四个车门便会全部解锁，解除防盗。

● 在关闭所有车门并离开车辆后，门锁会自动上锁进入防盗状态。有的车辆是轻按驾驶员侧门把手上的锁定键锁定四个车门。

● 当携带智能钥匙靠近后备厢中央位置0 ~ 7m以内时，置于尾部的信号发射器也可识别到钥匙内置的ID码，按下厢盖上的开启按键，后备厢即可解锁并开启。

② 智能无钥匙一键启动系统采用智能卡+旋钮式无钥匙启动方式，如图10-11所示。智能无钥匙一键启动系统除了具有智能钥匙系统的功能外，还有一项功能，即：当驾驶员进入车内后，车内检测系统会自动识别智能卡，这时只需按动启动按钮，发动机就会进入正常启动状态，全过程免钥匙用车。

(a)启动按钮

(b)智能卡

图10-11 智能无钥匙一键启动系统

3 组合开关

为了操作方便，保证行车安全，现在大多数汽车都将灯光开关（前照灯开关、变光开关）、转向灯开关、刮水器开关、洗涤器开关、紧急报警开关等组装在一个组合体内，称之为组合式开关，实物如图10-12所示。

图10-12 组合开关实物

组合开关是一个多功能开关，一般安装在转向盘下的转向柱上，便于驾驶员的操纵。组合开关的操纵手柄上一般均标有表示用途的图形符号。

五、电路保护装置

为防止电路中导线或电气设备过载，在每个用电设备的电路中都需要电路保护装置。当电路中的电流超过规定值时，保护装置可自动将电路切断，防止烧坏电路中导线和电气设备。常用的电路保护装置有熔断器、易熔线和断电器。

1 熔断器

（1）熔断器的种类与特点

熔断器是最普通的电路保护装置，按结构形式可分为熔管式、绝缘式、插片式、平板式、缠丝式（金属丝式）、陶瓷式等多种形式，常见熔断器的外形如图10-13所示。

(a)熔管式　　(b)插片式　　(c)陶瓷式

图10-13　常见的熔断器

熔断器也称熔丝、保险片等，主要用于线路短路保护，其材料多采用铝锡合金。熔断器一般用在负荷不大的电路中，当电路发生短路故障或在电路中电流过载一倍的情况下，可在数秒内迅速熔断，自动切断电路，实施电路的自动保护。

图10-14　熔断器盒

如图10-14所示，熔断器集中装在熔断器盒（又称中央配电盒、中央继电器盒、中央线路板等）内，熔断器盒通常位于仪表台里面或仪表台下面的围板上、发动机罩下等位置。

熔断器的规格及控制内容通常标在熔断器的盒盖上如图10-15所示，一些车型通常标注英文缩写字母。

图10-15 熔断器的盒盖上熔断器的规格及控制内容

(2) 熔断器的使用

熔断器与它保护的用电设备串联，电源电压加至熔断器盒内的汇流排，熔断器的一端与汇流排连接；另一端与要保护的用电设备连接。

小提示

● 当熔断器被熔断后，更换新的熔断器时，必须选用额定电流值正确的熔断器，否则对电路及用电设备是有害的。

● 如果换上新的熔断器后立刻又被熔断了，这说明电路出现了故障，此时需要请专业人员排除故障后再装上新熔断器。千万不可采用加大熔断器规格的方法来处理，否则极有可能导致线路起火。

(3) 典型轿车熔断器的布置

图10-16、图10-17为桑塔纳系列轿车熔断器盒正、反面的布置(仪表台左下侧),熔断器的规格及控制内容如表10-2所示,继电器的位置及名称如表10-3所示。

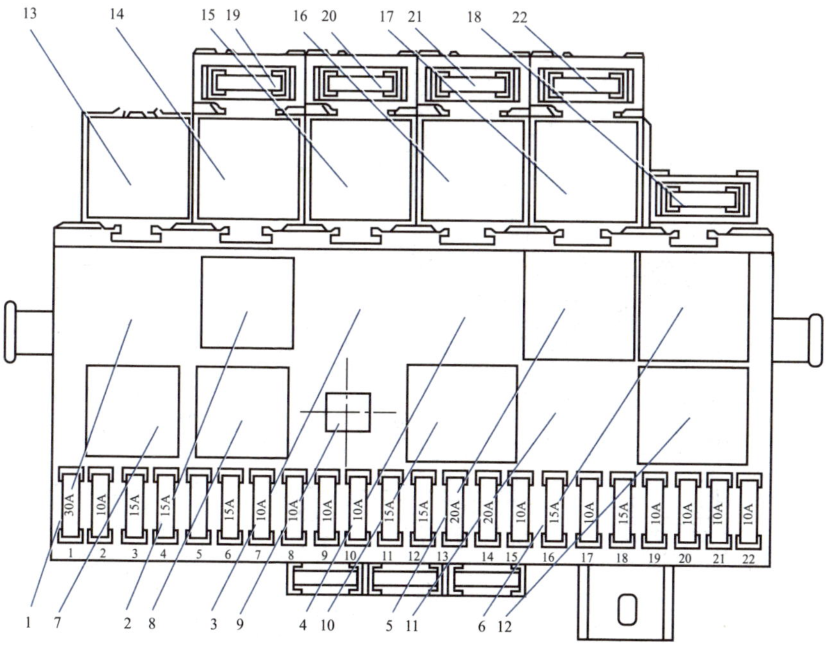

图10-16 桑塔纳系列轿车熔断器盒正面布置

1—空位;2—进气歧管预热继电器;3,4,11—空位;5—调组合继电器;6—双音喇叭继电器;7—雾灯继电器;8—X—接触继电器;9—拆卸熔丝专用工具;10—前风窗刮水及清洗继电器;12—转向继电器;13—冷却风扇继电器;14—电动摇窗机继电器;15—电动摇窗机继电器;16—内部照明继电器;17—冷却液位指示继电器;18—后雾灯熔丝(10A);19—热保护器;20—空调鼓风机熔丝(30A);21—自动天线熔丝(10A);22—电动后视镜熔丝(3A)

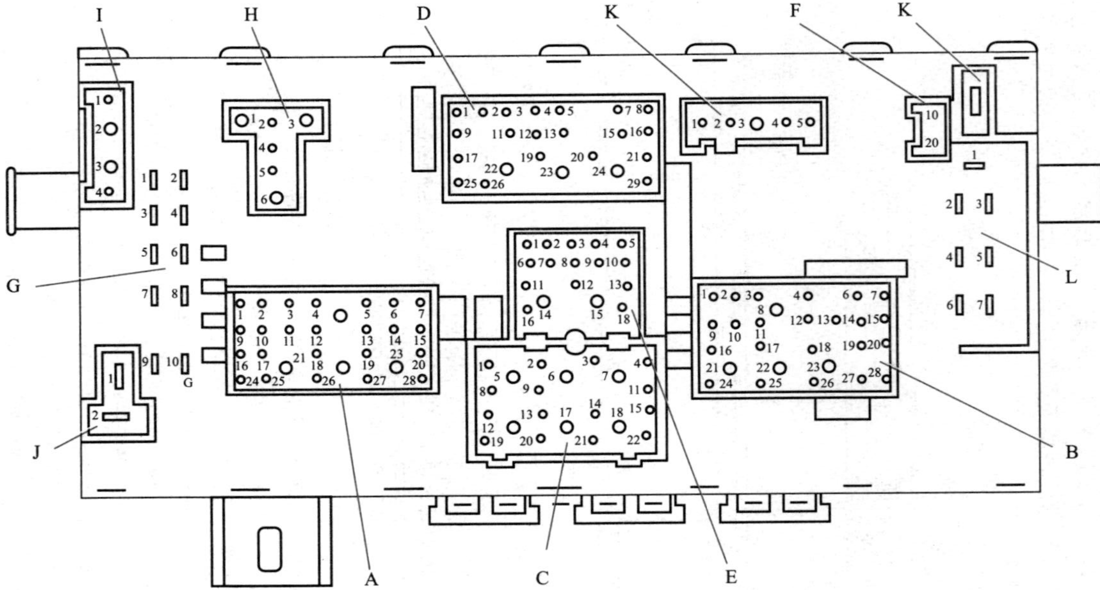

图10-17 桑塔纳系列轿车熔断器盒反面布置

A—用于仪表板线束，插件颜色为蓝色；B—用于连接仪表板线束，插件颜色为红色；C—用于连接发动机室左边线束，插件颜色为黄色；D—用于连接发动机室右边线束，插件颜色为白色；E—用于连接车辆后部线束，插件颜色为黑色；F,J,K—空位；G—用于连接单个插头（主要用于冷却液不足指示控制器）；H—用于连接空调装置的线束，插件颜色为棕色；I—用于连接双音喇叭等线束，插件颜色为灰色；K—用于单个插头（主要用于进气管预热器的加热电阻的电源）；L—用于单个插头（主要用于蓄电池火线与中央线路板“30”的连接，中央线路板“30”与点火开关“30”接线柱连接）

表 10-2 桑塔纳系列轿车熔断器的位置及控制内容

序号	熔断器名称	额定电流/A	序号	熔断器名称	额定电流/A
1	电动散热风扇、空调	30	12	电动玻璃升降机	15
2	制动灯	10	13	后风窗加热器	20
3	点烟器、时钟、顶灯	15	14	鼓风机	20
4	报警灯	15	15	倒车灯	10
5	备用		16	喇叭	15
6	雾灯	15	17	进气预热温控开关	10
7	左小灯	10	18	ABS 故障警告灯	15
8	右上灯	10	19	转向灯	10
9	右前照灯远光	10	20	牌照灯、杂物箱照明灯	10
10	左前照灯远光	10	21	左前照灯近光	10
11	风窗刮水器及洗涤器	15	22	右前照灯近光	10

表 10-3 桑塔纳系列轿车继电器的位置及名称

序号	产品序号	继电器名称	序号	产品序号	继电器名称
1		空位	10	19	前风窗刮水、洗涤继电器
2	1	进气管预热继电器	11		空位
3		空位	12	21	危险报警及转向继电器
4		空位	13		空位
5	13	空调继电器	14	43	冷却液不足报警灯继电器
6	53	高、低音电喇叭继电器	15		空位
7	15	雾灯继电器	16		空位
8	17	卸荷继电器	17		空位
9		空位	18		空位

2 易熔线

易熔线是一种大容量的熔断器，用于电源电路和大电流电路的过载保护。易熔线是一种截面积一定，能长时间通过较大电流的合金导线。由易熔材料制造，外表包裹特别的耐热绝缘层。易熔线盒外壳上一般标有额定值，当电流超过易熔线额定电流（或几倍）时，易熔线首先熔断，从而切断电路，以确保电路和用电设备不会损坏。

易熔线比常见导线柔软，长度一般为50 ～ 200mm，通常连接在蓄电池正极端或集中安装在中央接线盒内，如图10-18所示。

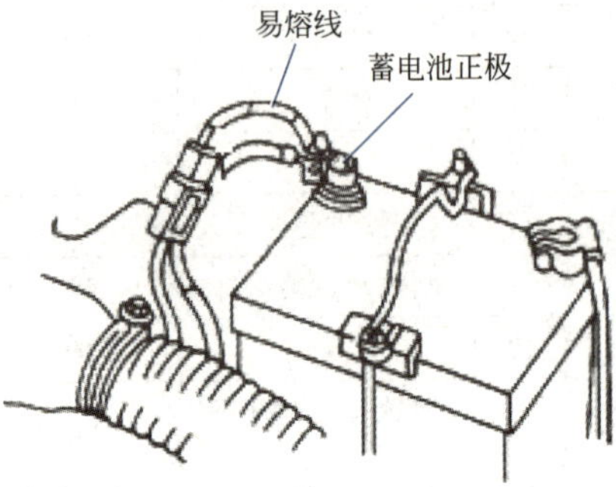

图10-18 易熔线连接在蓄电池正极端

小技巧

●识别易熔线是否熔断主要看包裹易熔线的绝缘皮是否起泡。如果起泡，说明已熔断。易熔线不得捆扎在线束内，也不得被车内其他部件包裹。

●不允许换用比规定容量大的易熔线。

●易熔线熔断，可能是主要电路发生短路故障，因此需要仔细检查相关电路，彻底排除隐患。

3 断电器（双金属片式）

断电器用于正常工作时容易过载的电路中，断电器是利用双金属片受热变形的原理制成的。断电器按其作用形式有两种类型：一类是当电路发生过载时，双金属片受热向上弯曲变形，使触点分离，自动切断电路，保护线路及用电设备。排除故障后，须用手按下按钮，使双多属片复位，如图10-19所示。

另一类是当电路发生过载时，双金属片受热变形弯曲，触点打开，电路自动切断，当双金属片冷却后，自动复位，触点闭合，电路自动接通，双金属片受热变形，触点再次打开，如此，断电器触点周期地打开和闭合，直到电路不过载为止，如图10-20所示。

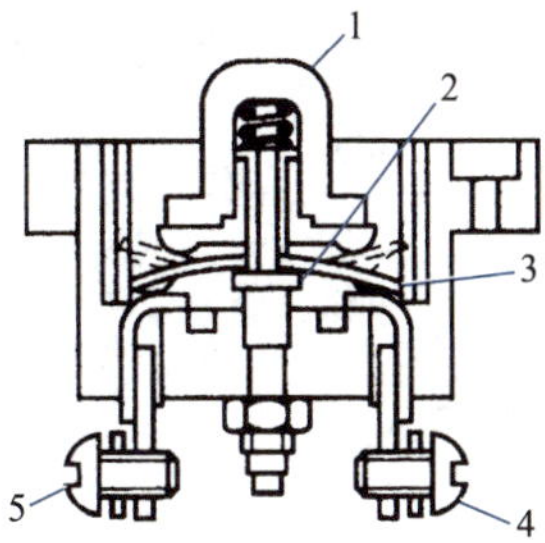

图10-19 非循环式断电器

1—复位按钮；2—双金属片；3—触点；4,5—接线柱

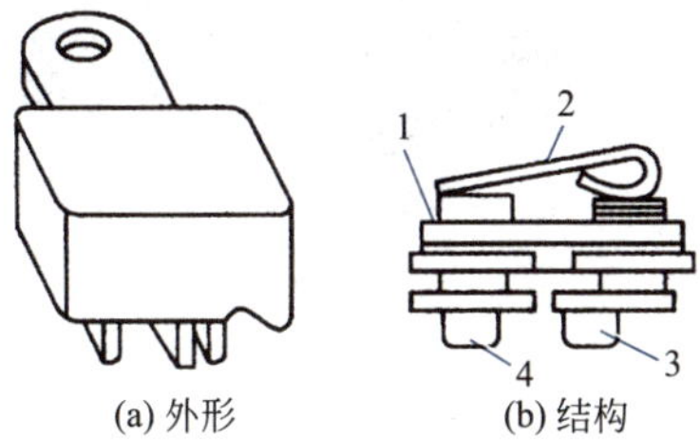

图10-20 循环式断电器

1—触点；2—双金属片；3,4—接线柱

六、继电器

1 继电器的作用

继电器可以实现自动接通或切断一对或多对触点，从而控制电路的通断，在电路中起着自动调节、安全保护、转换电路等作用。

在汽车电路中，应用大量的继电器来控制电路的导通与截止，它的主要作用是用小电流控制大电流，即用流经开关的小电流，通过继电器的触点控制用电设备的大电流，这样可保护开关触点不被烧蚀，提高开关的使用寿命。在汽车上常见继电器有：电源继电器、预热继电器、前照灯继电器、雾灯继电器、启动继电器、喇叭继电器、鼓风机继电器、空调继电器、电动窗继电器等。多数继电器放置在熔断器盒内，还有一部分继电器随系统的线束而定。

部分继电器实物如图10-21所示。

(a) 预热继电器　　(b) 启动继电器　　(c) 喇叭继电器

图 10-21　部分继电器实物

2 继电器的结构

继电器一般由电磁铁（包括线圈、铁芯）、触点（包括动触点、静触点）、外壳和接线端子（也称引脚）等组成。为了减小继电器线圈断电时产生的自感电动势，保护开关和电子元件，有些继电器线圈两端还并联一个电阻或续流二极管。继电器的内部结构如图 10-22 所示。

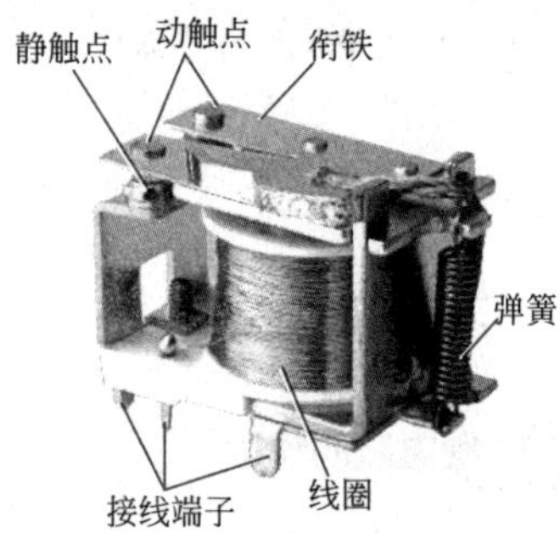

图 10-22　继电器的内部结构

3 继电器的工作原理

只要在继电器线圈两端加上一定的电压，线圈中就会流过一定的电流，从而产生电磁效应，衔铁就会在电磁力吸引的作用下克服返回弹簧的拉力吸向铁芯，从而带动衔铁的动触点与静触点（常开触点）吸合。当线圈断电后，电磁的吸力也随之消失，衔铁就会在弹簧的反作用力返回原来的位置，使动触点与静触点（常闭触点）断开。这样吸合、断开，从而达到了在电路中的导通、切断的目的。对于继电器的“常开、常闭”触点，可以这样来区分：继电器线圈未通电时处于断开状态的触点，称为“常开触点”，采用常开继电器；继电器线圈未通电时处于接通状态的触点称为“常闭触点”，采用常闭继电器。

（1）常开继电器的工作原理

如图10-23所示，常开继电器（在继电器的控制电路线圈1、3不通电时，开关2、4保持断开状态）一般都有两个电路，一个是控制电路（图中连接1、3端子的线圈的浅色部分），另一个是负载电路（图中连接2、4端子的导线的深色部分）。其中，控制电路的线圈控制负载电路中开关的开闭：当给控制电路中的线圈（1、3端子）接通电流后，线圈中就会产生一个磁场，该磁场会控制负载电路（2、4端子）中原来断开的开关使其闭合，从而使负载电路导通；当切断控制电路中的电流后，线圈中磁场消失，负载电路中的开关会因回位弹簧的作用而回复原位（断开状态）。这样，就可以实现以小电流（流过线圈1、3间的电流）控制大电流（开关2、4间的电流）。

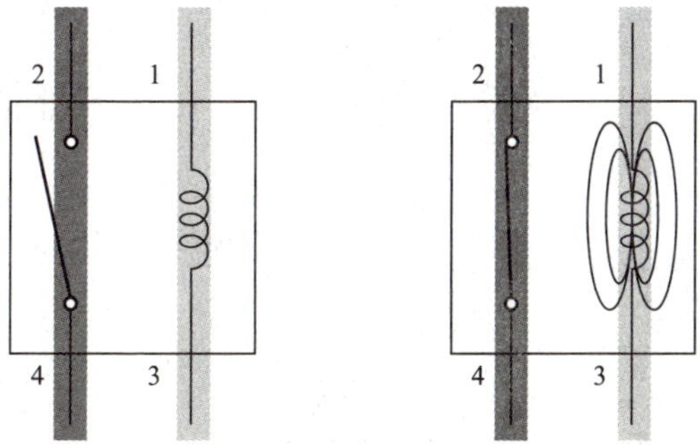

(a) 线圈不通电时（开关断开） (b) 线圈通电时（开关闭合）

图10-23 常开继电器的工作原理

（2）常闭继电器的工作原理

常闭继电器的工作原理如图10-24所示。常闭继电器和常开继电器的工作原理是一样的，所不同的是，该继电器负载电路中的开关（2、4端子）是常闭的。在接通控制电路中的线圈（1、3端子）后，开关会在磁力的作用下断开。断开控制电路的电流后，磁场消失，负载电路中的开关就又恢复到闭合状态。

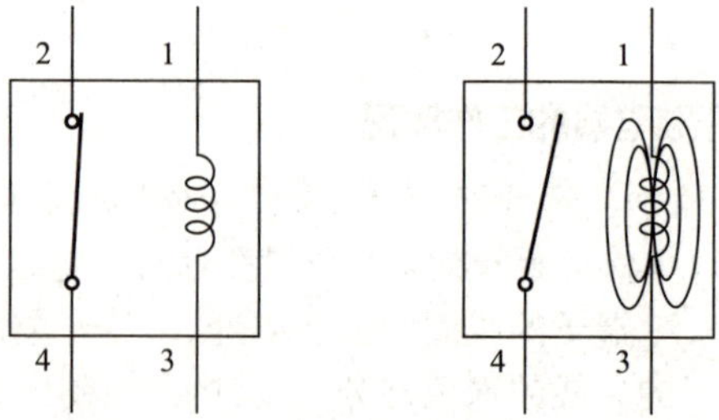

(a) 线圈不通电时（开关闭合） (b) 线圈通电时（开关断开）

图 10-24 常闭继电器工作原理

（3）继电器的控制类型

根据不同控制需要，继电器的端子是不同的，有3端子、4端子、5端子等多种，图10-25所示为常见继电器内部原理。

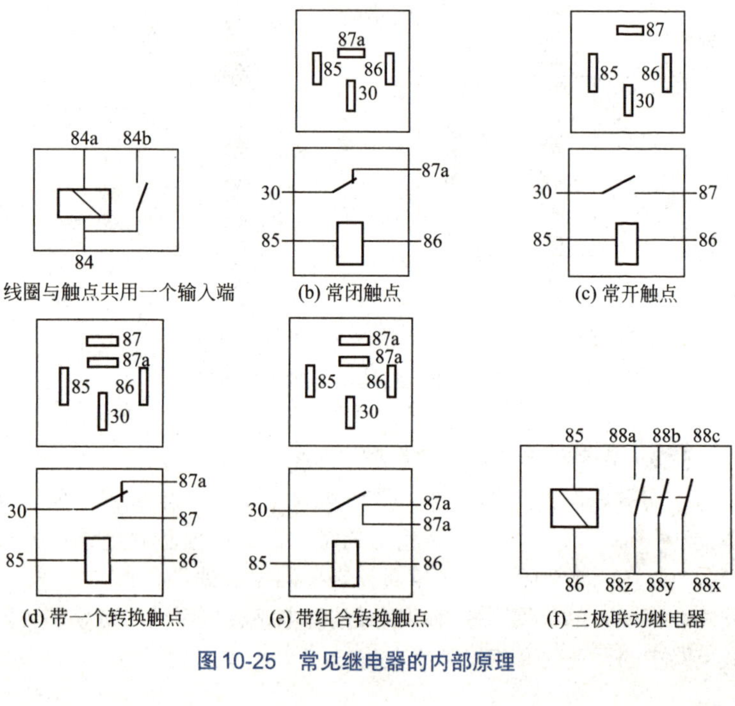

(a) 线圈与触点共用一个输入端 (b) 常闭触点 (c) 常开触点

(d) 带一个转换触点 (e) 带组合转换触点 (f) 三极联动继电器

图 10-25 常见继电器的内部原理

第二节　识读汽车电路图

一、汽车电路图

在维修汽车电器的过程中，离不开汽车电路图。汽车电路图，就是将充电系统（电源系统）、启动系统、点火系统、照明信号系统、仪表与电子显示装置、电子控制装置以及辅助电气装置等全车电气设备，用标准电气符号，按照它们各自的工作特性及相互的内在联系，通过开关、熔断器、继电器（或电子控制单元）及导线连接起来而形成的图形。

常见的汽车电路图有三种形式：汽车电气设备电路接线图、汽车电路原理图和汽车电气设备线束图。

现在各汽车公司使用的维修手册，除全车电路图外，还广泛使用系统电路图。系统电路图即仅涉及单个系统的电路图。全车电路图和系统电路图不仅符合车上线路的实际连接关系，而且电路清晰，简单明了，对分析各电气设备的工作原理有很大作用。

小提示

● 汽车电路图是汽车维修过程中一个非常重要的工具。电路图上是以电气符号来表示的。不同的车型其电路图是不同的，而且电路图还没有采用统一标准。

在维修车辆的过程中，要求先掌握该车型的维修资料，其次要能正确读懂电路图。

二、电路图的常用电气符号

虽然不同车型的电路图不相同，但汽车电路图所采用的符号大体相同。汽车电路图中使用的各种常用电气符号如表10-4所示。

表 10-4 汽车电路图中使用的各种电气符号及含义

名称	图形符号	名称	图形符号
蓄电池组	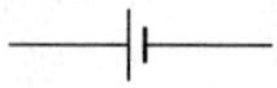	双丝灯	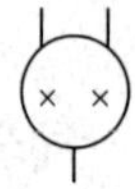
直流发电机	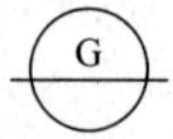	磁感应信号发生器	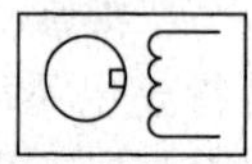
定子绕组为星形（Y）联结的交流发电机		霍尔信号发生器	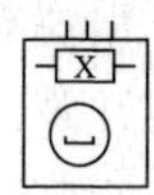
定子绕组为三角形（△）联结的交流发电机		点火电子组件	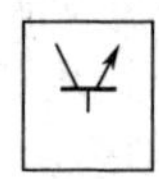
外接电压调节器与交流发电机	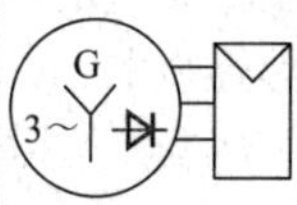	断电器	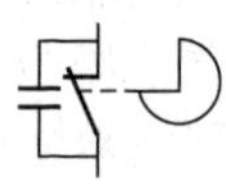
整体式交流发电机	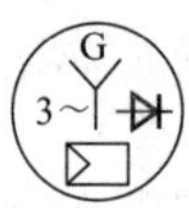	直流电动机	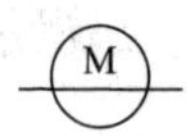
点火线圈		串励直流电动机	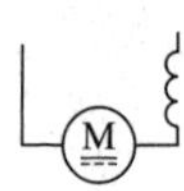
分电器	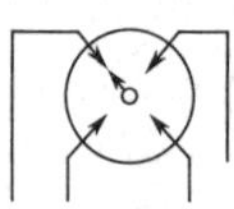	并励直流电动机	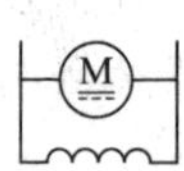
火花塞		永磁直流电动机	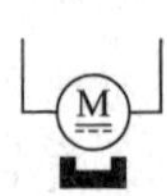

续表

名称	图形符号	名称	图形符号
集电环或换向器上的电刷		防盗报警系统	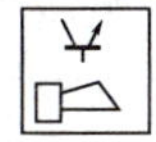
起动机（带电磁开关）	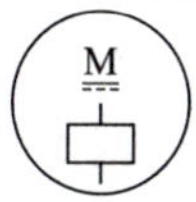	稳压器	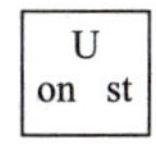
刮水电动机	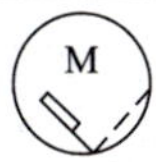	电热器加热元件	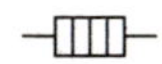
天线电动机		加热器（除霜器）	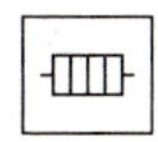
风扇电动机		天线	
燃油泵电动机 洗涤电动机	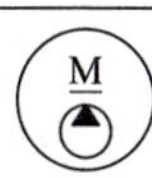	收音机	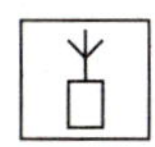
晶体管电动燃油泵	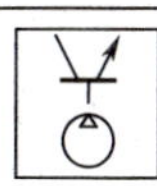	收放机	
加热定时器	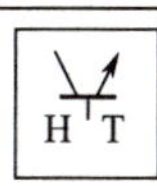	电压调节器	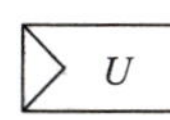
信号发生器	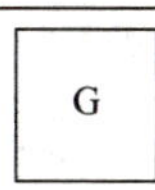	温度调节器	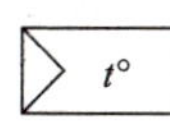
脉冲发生器	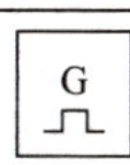	转速调节器	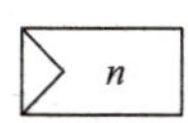
闪光器	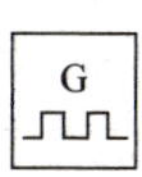	照明灯 信号灯 仪表灯 指示灯	
间歇刮水继电器	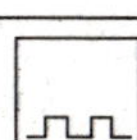	电容器	

续表

名称	图形符号	名称	图形符号
可变电容器		中间断开的双向转换触点	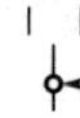
极性电容器		双动合触点	
组合灯	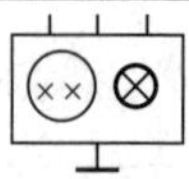	双动断触点	
荧光灯		手动操作开关的一般符号	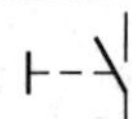
预热指示器	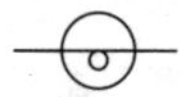	定位（非自动复位）开关	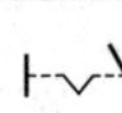
电喇叭	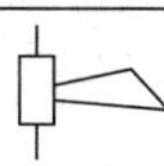	具有动合触点且自动复位的按钮	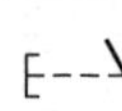
扬声器		定位（非自动复位）按钮	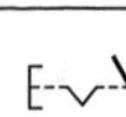
蜂鸣器		具有动合触点且自动复位的拉拨开关	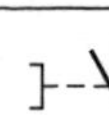
报警器		具有动合触点但无自动复位的旋转开关	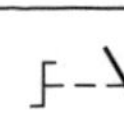
传声器		液位控制开关	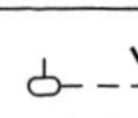
熔断器	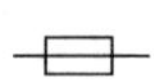	机油压力开关	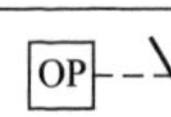
易熔线		一般机械操作	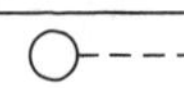
电路断电器		二极管	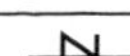
永久磁铁		钥匙操作	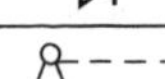
动合（常开）触点		热器件操作	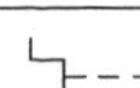
动断（常闭）触点		温度控制	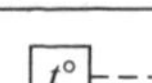
先断后合的转换触点	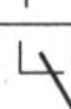	压力控制	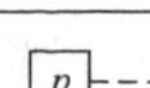

续表

名称	图形符号	名称	图形符号
制动压力控制	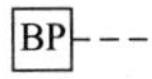	电磁铁	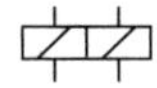
凸轮控制		不同方向绕组电磁铁	
热敏开关动合触点		触点常开的继电器	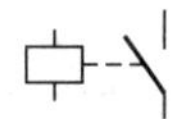
电磁离合器	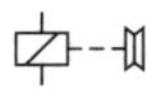	电磁阀的一般符号	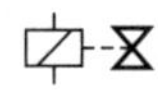
热敏自动开关的动断触点		常开电磁阀	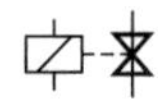
热断电器触点		常闭电磁阀	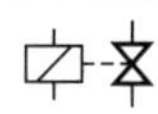
热敏开关动断触点		触点常闭的继电器	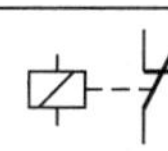
推拉多挡开关位置		热继电器	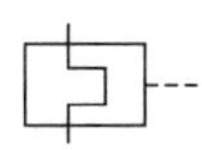
钥匙开关（全部定位）	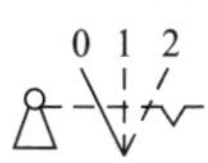	点烟器	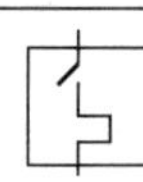
多挡开关、点火启动开关瞬时位置为2能自动返回到1（即2挡不能定位）	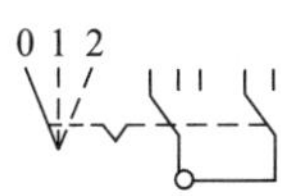	空气调节器	
旋转多挡开关位置	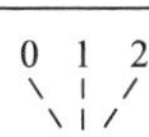	用电动机操纵的怠速调速装置	
节流阀开关	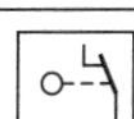	指示仪表（星号按规定的字母或符号代入）	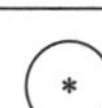
一个绕组电磁铁	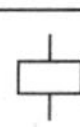	电流表	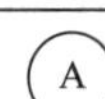
		电压表	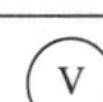
两个绕组		冷却液温度表	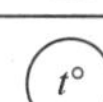

续表

名称	图形符号	名称	图形符号
燃油表		温度表传感器	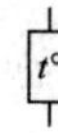
转速表		空气温度传感器	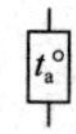
机油压力表		水温传感器	
速度表	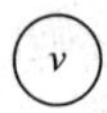	燃油表传感器	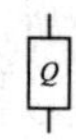
时钟		空气流量传感器	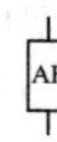
数字式电钟	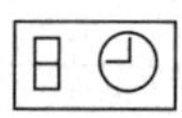	氧传感器	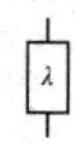
电阻	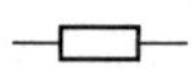	爆燃传感器	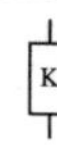
可变电阻	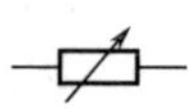	转速传感器	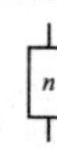
压敏电阻	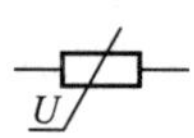	速度传感器	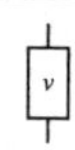
热敏电阻	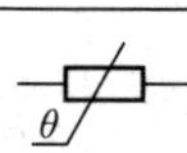	空气压力传感器	
滑线式电阻器	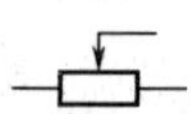	制动压力传感器	
传感器的一般符号（星号按规定的字母或符号代入）		导线分支连接	
机油压力表传感器	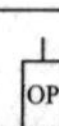	导线的交叉连接	

续表

名称	图形符号	名称	图形符号
导线的跨越		PNP型三极管	
插座的一级	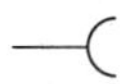	NPN型晶体管	
插头的一级		NPN型三极管集电极接管壳	
插头和插座		三极晶体闸流管	
多级插头和插座（示出的为三级）	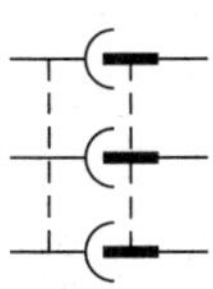	电感器、线圈、绕组、扼流圈	
		带磁芯的电感器	
稳压管		边界线	
发光二极管		屏蔽（护罩）	
光敏二极管		屏蔽导体	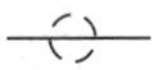
仪表照明调光电阻		搭铁	⊥

三、汽车电气设备电路接线图的特点

图10-26是电气设备电路系统接线图。接线图是按照电气设备在汽车上的大致安装位置来绘制的电路图。

电气设备电路系统接线图的优点是：这种图的电气部件的外形和安装位置与汽车实际比较接近，整车电气设备数量准确，线路的走向清楚，有始有终，便于循线跟踪，查找起来比较方便。

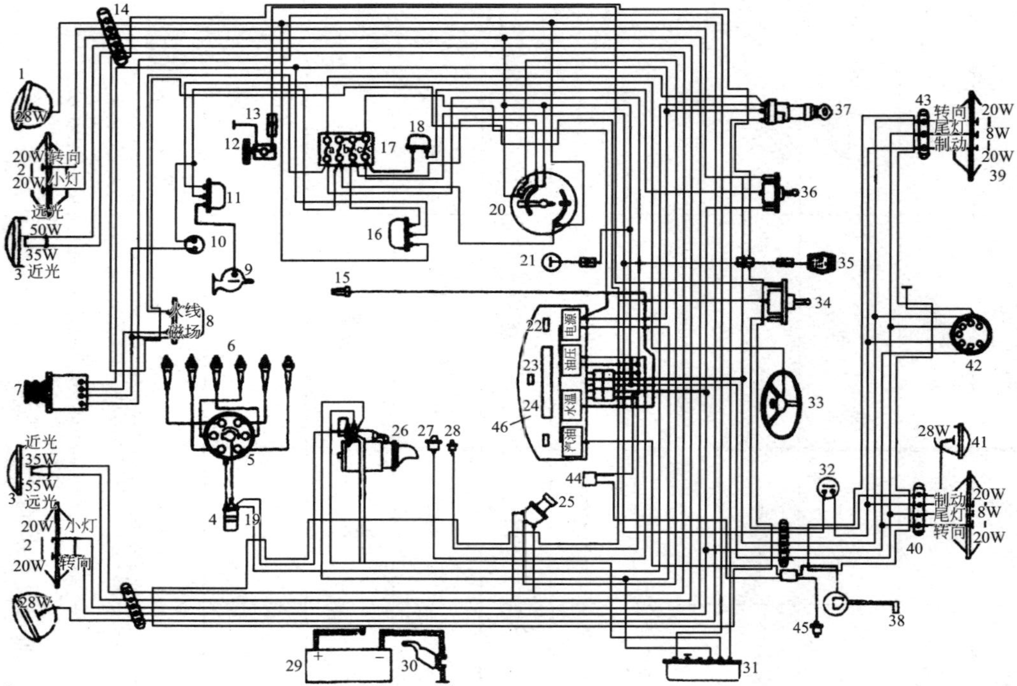

图 10-26　电气设备电路系统接线图

1—前侧灯；2—组合前灯；3—前照灯；4—点火线圈；5—分电器；6—火花塞；7—发电机；8—调节器；9—喇叭；10—工作灯插座；11—喇叭继电器；12—暖风电动机；13—接线管；14—五线接线板；15—水温表传感器；16—灯光继电器；17—熔断器盒；18—闪光器；19—附加电阻线；20—车灯开关；21—发动机罩下灯；22—左右转向指示灯；23—低油压警告灯；24—车速里程表；25—变光开关；26—起动机；27—油压表传感器；28—低油压报警开关；29—蓄电池；30—电源总开关；31—启动复合继电器；32—制动灯开关；33—喇叭按钮；34—后照灯和暖风电动机开关；35—驾驶室顶灯；36—转向灯开关；37—点火开关；38—燃油表传感器；39—组合后灯；40—四线接线板；41—后照灯；42—挂车插座；43—三线接线板；44—低气压蜂鸣器；

电气设备电路系统接线图的缺点是：图上电线纵横交错，印制板面小则不易分辨，板面过大印装又受限制；识图、画图费时费力，不易抓住电路重点、难点；不易表达电路内部结构与工作原理。因此，在电气系统复杂程度不高的情况下常采用接线图。

四、汽车电路原理图的特点

汽车电路原理图如图10-27所示。电路原理图重在表达各电气系统电路的工作原理，既可以是全车电路图，也可以是各系统电路原理图。尽管各汽车制造公司的表达方式不一，但一般都具有以下的特点。

① 通过电气符号表达各电器。

② 在大多数图中，电源线在图上方，搭铁线在图下方，电流方向自上而下。电路图中电器串、并联关系十分清楚，电路图易于识读。

③ 各电器不再按电器在车上的安装位置布局，在图中合理布局，使各系统处于相对独立的位置，从而易于对各用电设备进行单独的电路分析。

④ 各电器旁边通常标注有电器名称及代码（如控制器件、继电器、过载保护器件、用电器、铰接点及搭铁点等）。

⑤ 电路原理图中所有开关及用电器均处于不工作的状态，例如点火开关是断开的、发动机不工作、车灯关闭等。

⑥ 导线一般标注有颜色和规格代码，有的车型还标注有该导线所属电气系统的代码。

根据以上标注，易于对照定位图找到该电器或导线在车上的位置。

⑦ 原理图能用简明的图形符号按电路原理将每个电器与电子控制系统合理连接，再将每个系统按一定顺序排列（系统包括：电源系统、启动系统、点火系统、照明系统、仪表系统、电子控制系统等）。

五、汽车电气设备线束图的特点

线束图是根据汽车线束在汽车上的布置、分段以及各分支导线端口的具体连接情况而绘制的电路图，其重点反映已制成的线束外形，组成线束各导线的规格大小、长度和颜色，各分支导线端口所连接的电气设备的名称、连接端子和护套的具体型号，线束各主要部分的长度等。因此，线束图主要用于汽车线束的制作和较方便地连接电气设备。

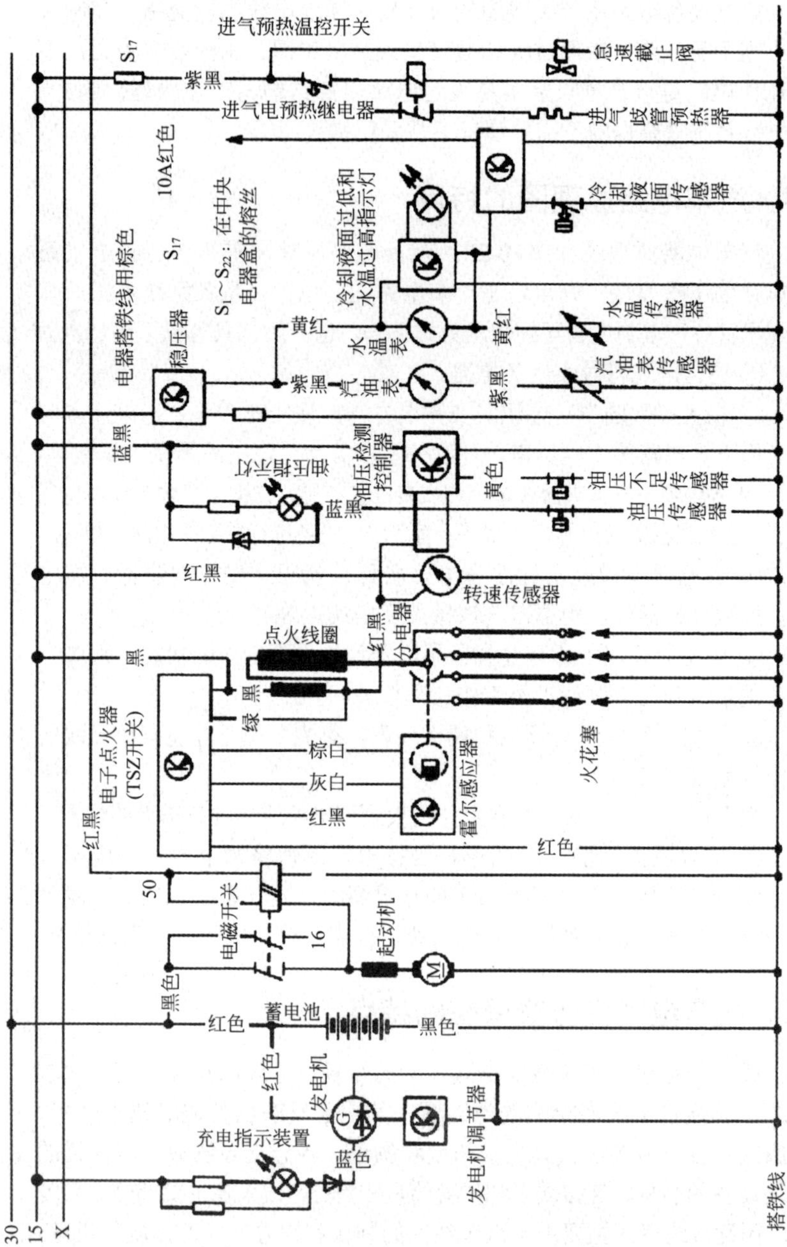

图10-27 汽车电路原理

在有的车型线束图上还表示了各段线束在汽车上的具体布置情况，即所谓的汽车线束布置图，以便于在汽车上安装。

汽车的线束图如图10-28所示。

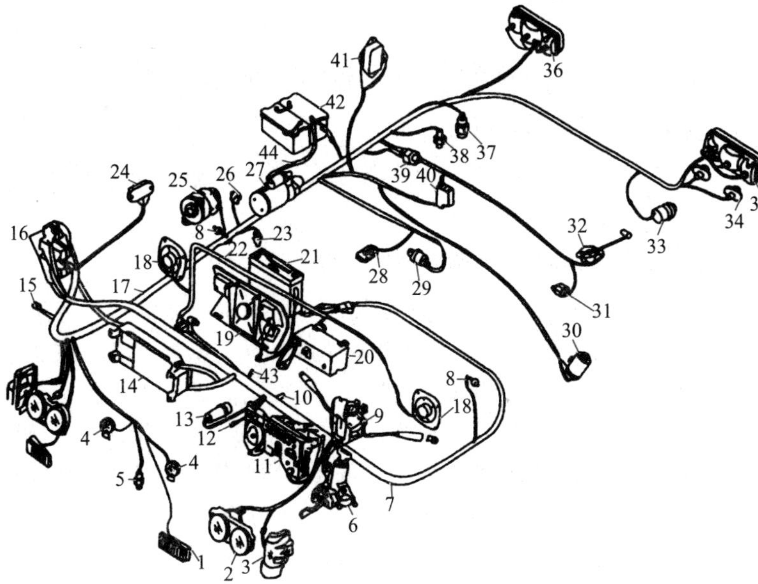

图10-28　汽车的线束图

1—左、右雾灯总成；2—左、右前照灯总成；3—左、右前小灯总成；4—喇叭总成；5—前制动灯开关；6—启动开关总成；7—车身电线束总成；8—车门报警开关总成；9—组合开关；10—空调器按钮；11—仪表盘总成；12—烟灰盒照明灯；13—点烟器总成；14—熔断器总成；15—洗涤器接线；16—插接器；17—底盘电线束总成；18—扬声器总成（放音机用）；19—驾驶室室内灯总成；20,21—收放机总成；22—室内灯电线束总成；23—水温表预热控制器传感器；24—交流发电机调节器总成；25—交流发电机总成；26—机油压力警报开关；27—起动机总成；28—空气加热器；29—机油压力表及警报指示灯传感器；30—启动继电器总成；31—气压警报开关；32—油量表传感器；33—倒车蜂鸣器总成；34—牌照灯总成；35—左组合后灯；36—右组合后灯；37—气制动报警开关；38—后制动灯开关；39—倒车灯开关；40—驾驶室翻转开关；41—启动预热继电器总成；42—蓄电池总成；43—暖风电动机接线；44—起动机接蓄电池电线总成

六、识别汽车电路图的技巧

1 识别汽车电路图的总体技巧

（1）牢记电气图形符号

汽车电路图是利用电气图形符号来表示其构成和工作原理的。因此，必须牢记电路图形符号的含义，才能看懂电路原理图。

（2）熟记电路标记符号

为了便于绘制和识读汽车电器电路图，有些电器装置或其接线柱等上面都赋予不同的标志代号。

（3）掌握各种开关在电路中的作用

对多层多挡接线柱的开关，要按层、按挡位、按接线柱逐级分析其各层各挡的功能。有的用电设备受两个以上单挡开关（或继电器）的控制，有的受两个以上多挡开关的控制，其工作状态比较复杂。当开关接线柱较多时，首先抓住从电源来的一两个接线柱，再逐个分析与其他各接线柱相连的用电设备处于何种挡位，从而找出控制关系。

对于组合开关，实际线路是在一起的，而在电路图中又按其功能画在各自的局部电路中，遇到这种情况必须仔细研究识读。

（4）浏览全图，分割各个单元系统

① 熟记各局部电路之间的内在联系和相互关系。要读懂汽车电路图，首先必须掌握组成电路的各个电气元件的基本功能和电器特性。在大概掌握全图的基本原理的基础上，再把一个个单元系统电路分割开来，这样就容易抓住每一部分的主要功能及特性。

② 在框划各个系统时，一定要遵守回路原则，注意既不能漏掉各个系统中的组件，也不能多框划其他系统的组件，一般规律是：各电气系统只有电源和总开关是公共的，其他任何一个系统都应是一个完整的独立的电器回路，即包括电源、开关（保险）、电器（或电子线路）、导线等。从电源的正极经导线、开关、熔断器至电器后搭铁，最后回到电源负极。

③ 从整车电路来讲，各局部电路除电源电路公用外，其他单元电路都是相对独立的，但它们之间也存在着内在联系（如信号共享）。因此，识图时，不但要熟悉各局部电路的组成、特点、工作过程和电流流经的路径，还要了解各局部电路之间的联系和相互影响。这是迅速找出故障部位、排除故障的必要条件。

（5）牢记回路原则

任何一个完整的电路都是由电源、熔断器、开关、控制装置、用电设备、导线等组成。电流流向必须从电源正极出发，经过熔断器、开关、控制装置、导线等到达用电设备，再经过导线（或搭铁）回到电源负极，才能构成回路。因此电路读图时，有三种思路。

① 沿着电路电流的流向，由电源正极出发，顺藤摸瓜查到用电设备，开关、控制装置等，回到电源负极。

② 逆着电路电流的方向，由电源负极（搭铁）开始，经过用电设备、开关、控制装置等回到电源正极。

③ 从用电设备开始，依次查找其控制开关、连线、控制单元，到达电源正极和搭铁（或电源负极）。

实际应用时，可视具体电路选择不同思路，但有一点值得注意，随着电子控制技术在汽车上的广泛应用，大多数电气设备电路同时具有主回路和控制回路，读图时要兼顾两回路。

2 典型轿车电路图的识读

下面以桑塔纳2000 GSi轿车为例，介绍大众车系电路图的识读技巧。

图10-29为汽车生产厂家提供的桑塔纳2000 GSi轿车发动机电控汽油喷射和点火系统电路图，该图是一幅与电路原理图比较接近的电路布线图。

（1）掌握具体电路图的特点

以桑塔纳轿车的电路图为例，该电路图与其他车型的电路图相比，有一定的特点。它不仅用于表达汽车电气系统中主要元器件的线路走向，而且还表达了电气线路的结构情况。其主要特点如下。

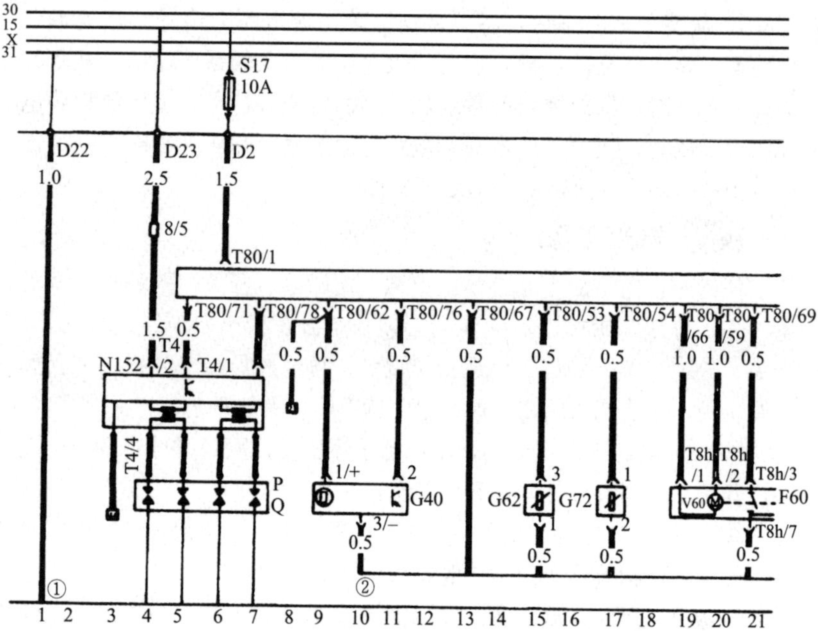
30
15
X
31
S17
10A
D22
D23
D2
1.0
2.5
1.5
8/5
T80/1
T80/71
T80/78
T80/62
T80/76
T80/67
T80/53
T80/54
T80/66
T80/59
T80/69
1.5
0.5
N152
T4/2
T4/1
T4/4
P
Q
1/+
2
G40
3/−
G62
G72
3
1
T8h/1
T8h/2
T8h/3
V60
F60
T8h/7
①
②
1 2 3 4 5 6 7 8 9 10 11 12 13 14 15 16 17 18 19 20 21
(a)

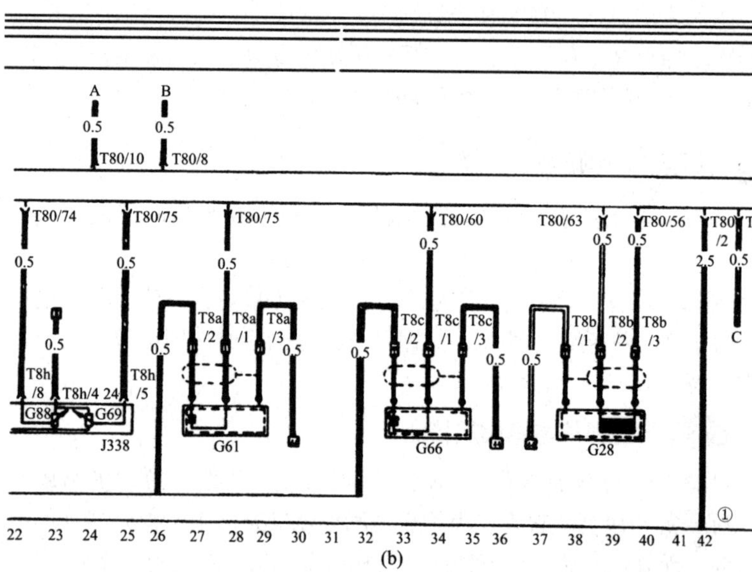
A
B
T80/10
T80/8
T80/74
T80/75
T80/75
T80/60
T80/63
T80/56
T80/2
T80/19
2.5
C
T8h/8
T8h/4 24
T8h/5
G88
G69
J338
T8a/2
T8a/1
T8a/3
G61
T8c/2
T8c/1
T8c/3
G66
T8b/1
T8b/2
T8b/3
G28
①
22 23 24 25 26 27 28 29 30 31 32 33 34 35 36 37 38 39 40 41 42
(b)

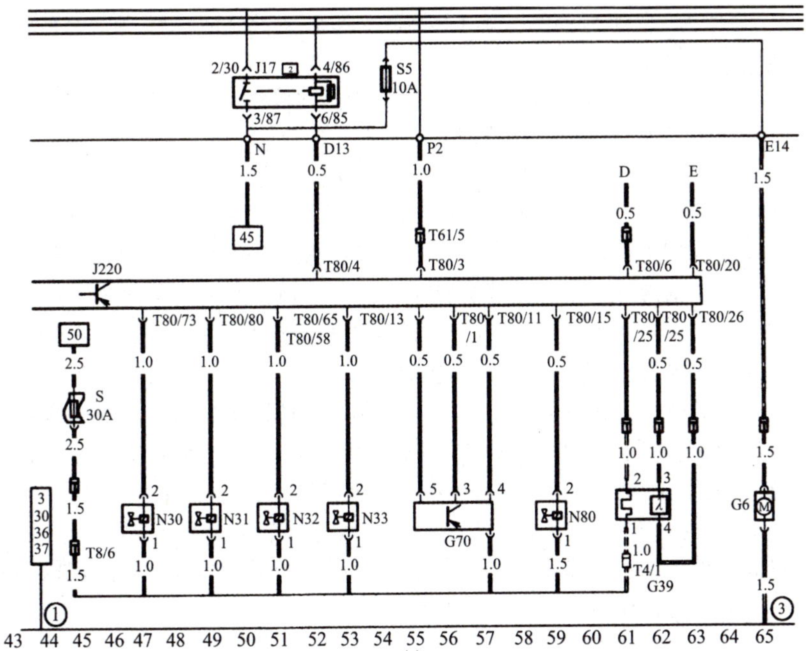

(c)

图 10-29 桑塔纳2000 GSi轿车发动机电控汽油喷射和点火系统电路图

A—空调A/C开关信号；B—空调压缩机信号；C—自诊断*E*线；D—发动机转速信号；E—车速信号；F60—怠速开关；G6—燃油泵；G28—转速传感器（灰色插头）；G39—氧传感器；G40—霍尔传感器；G61—1、2缸爆燃传感器（白色插头）；G62—冷却液温度传感器；G66—3、4缸爆燃传感器（蓝色插头）；G69—节气门电位计；G70—空气质量流量计；G72—进气温度传感器；G88—怠速节气门电位计；J17—燃油泵继电器；J220—Motronic控制单元；J338—节气门体；N30—第1缸喷油器；N31—第2缸喷油器；N32—第3缸喷油器；N33—第4缸喷油器；N80—活性炭罐电磁阀；N152—点火线圈；P—火花塞插头；Q—火花塞；S—附加熔丝（30A）；S5—燃油泵熔断器（10A）；S17—控制单元熔丝（10A）；V60—怠速控制器；①—发动机搭铁点（在发动机控制单元的旁边）；②—传感器到控制单元搭铁连接；③—中央接线盒左侧星形搭铁插座

① 按同一系统控制电路依次排列。整个电路都是从左向右纵向排列，同一系统的电路放在一起，在整个电路图中放在某一范围，构成一个局部完整控制系统（图10-29所示为发动机汽油喷射和点火系统的电路部分）。

② 电路图中最下端的顺序数字编号，使维修人员或用户可根据此号方便地寻找出各电气部件在电路图上的位置。

③ 中央接线盒内的成型铜片表示方法。电路图上方的4条横线，用来表示压装在中央接线盒塑料盘身内的成型铜片。其中3条是引入接线盒内的不同用途的火线，一条是搭铁线。线端标号为“30”的是常火线，直接与蓄电池正极相接；标号为“15”的是从点火开关15接柱引出的受点火开关控制的小容量用电器的火线；标号为“X”的是受卸荷继电器控制的大容量用电器的火线，只有当卸荷继电器触点闭合时（卸荷继电器受点火开关控制，利用卸荷继电器减少通过点火开关的电流，保护点火开关），才能将30#线的电流引入X#线；标号为“31”的为搭铁线，它与中央接线盒支架搭铁点相连接。

④ 整个电路转折交叉很少。有些线路比较复杂的电器，为了使它们有机地连贯起来而不破坏图面的纵向性，采用断线带号法加以解决。例如对应电路图最下端的电路编号“45”的上方，在上半段电路终止处画有一小方框50，内标数字“50”，表示该电路的下半段应在电路图最下端的电路编号为“50”的位置上寻找；同样，在“50”位置下半段电路起始端也有一方框45，内标“45”，说明其上半段电路应在电路图最下端的电路编号为“45”位置上寻找。通过这4个数字，就把画在不同位置的同一电路的上、下两段连接起来了。

⑤ 线路中的连接插头统一表示。线路中的连接插头统一用字母T作代号，紧接的数字表示该插头的孔数以及连接导线对应的孔的序号。例如T4/2表示该插头为4孔，连接导线对应的插孔序号为2；T80/71表示该插头（T80为电控单元上的连接插头）为80孔，连接导线对应的插孔序号为71。

⑥ 线路中的连接导线都标有铜芯截面积的直径（m），如数字1-5或1-0等表示此线径为1～5mm或1～0mm。

⑦ 整个电路突出以中央接线盒为中心。电路图上方第5条横线以上的部分，表明了中央接线盒中安装的器件与导线。例如，图10-29

中J17为燃油泵继电器，上侧小方框内的数字是2，表示该继电器插在中央接线盒正面板的第2号位置上。燃油泵继电器J17的周围标有2/30、4/86、3/87、6/85等4组数字，其中分母30、86、87、85是指该继电器上4个插脚的标号，分子2、4、3、6是指中央接线盒正面板第2号位置上相应的4个插孔。又如，S5为燃油泵熔断器，位于中央接线盒正面板下方熔断器安装部位的右起第5个位置，额定电流10A。电路图上方第5条横线上标有中央接线盒背面插接器的代号D、N、P、E等，代号后面的数字表明了该插接器连接的导线在插接器中的插孔位置，如E14表示插接器E上第14#插孔，N表示该插接器只有1个插孔；同理，D23、D7、D13分别表示插接器D的第23#、7#、13#插孔，而且凡是接点标有同一代号的所有导线都在车上的同一线束内，这也为实际工作中查找线路提供了方便。

⑧ 该电路图标明电器的搭铁方式和部位。电路图底部横线表示搭铁线，导线搭铁端标注有带圈的数字代号，如①、②、③等表示搭铁点的位置，图中各代号的搭铁部位见图10-29的图注。从中可以看出，在车上，不是所有电器都直接与金属车体相连接而搭铁的，有的通过搭铁插座，有的则通过其他电器或电子设备再搭铁连接。

⑨ ⊗L_{21}表示一般的指示灯。

⑩ 有的原版电路图为彩色图，故电路中导线没有标明颜色代号。不是彩色的电路图上用汉字或英文字母标明导线颜色。

弄清了桑塔纳轿车电路图的上述特点，再按照一般电路图的读图要领，读懂这一电路图就不难了。

（2）一般电路图的读图要领

① 对照图注和图形符号。熟悉有关元器件名称及其在图中的位置、数量和接线情况，例如，图10-29中，G6为燃油泵，J17为燃油泵继电器，S5为燃油泵熔断器（10A）等。燃油泵一端通过熔断器S5接至燃油泵继电器J17的输出端，另一端接至③ 一中央接线盒左侧星形搭铁插座。

② 根据“回路原则”分析电路。任何一个电路都应是一个完整的电气回路，其中包括电源、开关（或熔断器）、电器（或电子线路）、导线和连接器等，并从电源正极经导线、开关（或熔断器）至用电器

后搭铁，回到同一电源的负极。仍以燃油泵为例，电源从蓄电池正极（30#电源线）经闭合的燃油泵继电器触点、熔断器S5至燃油泵（电动机）G6，再经中央接线盒左侧的星形搭铁插座③ 搭铁，回到蓄电池负极。

③ 注意电路中开关或继电器的状态。大多数电器或电子设备都是通过开关（包括电子开关）或继电器的不同状态而形成回路或改变回路实现不同的功能的。例如上述燃油泵G6的回路必须在燃油泵继电器触点闭合时才能形成，而燃油泵继电器触点闭合的条件是继电器线圈得电导通。同理，从电路图可以看出，燃油泵继电器线圈必须在电控单元J220中起开关作用的三极管导通时才能通过电控单元中的搭铁点形成回路。对于采用多挡点火开关或组合开关的电路，还应注意蓄电池（或发电机）电流是通过什么途径到达这个开关的，中间是否经过其他开关或熔断器，火线接在开关的哪个接线柱上；多挡开关共有几个挡位，开关内部有几个同时或分别动作的触刀，在每一挡位各接通或关断哪些电器；组合开关由哪些开关或按钮组合而成，各通过哪些触点接通电路或改变回路等。

④ 要善于利用汽车电路特点，把整车电路化整为零。汽车电路的单线制、各电路负载相互并联以及两个电源也相互并联等特点，为把整车电路化整为零进行读图提供了方便。整车电路可以按前面所述的组成汽车电器线路的各个分电路逐一进行分析，对于各分电路同样可以采取各个击破的办法进行识读。例如电子控制系统电路，就可以分成发动机电子控制系统、自动变速器电子控制系统、制动防抱死电子控制系统等电路；发动机电子控制系统又可分为汽油喷射控制、点火控制、排放控制等不同电路。

参考文献

[1] 毛峰. 汽车电气设备与维修. 北京：机械工业出版社，2007.

[2] 凌永成等. 汽车电气设备. 第2版. 北京：北京大学出版社，2010.

[3] 高吕和. 汽车电气系统检修. 北京：化学工业出版社，2010.

[4] 段伟. 汽车电器构造与维修. 北京：中国水利水电出版社，2010.

[5] 边焕鹤. 汽车电器与电子设备. 北京：人民交通出版社，2006.

[6] 徐向阳. 汽车电器与电子控制技术. 北京：机械工业出版社，2002.

[7] [德]Wilfried Staudt. 汽车机电技术（一）学习领域1～4. 北京：机械工业出版社，2008.

[8] 明光星等. 汽车电器实训教程. 北京：中国人民大学出版社，2010.

[9] 杨智勇. 汽车车身电气维修问答. 北京：中国电力出版社，2006.

[10] 韩梅等. 机动车电器维修人员从业资格考试必读. 北京：金盾出版社，2008.

[11] 舒华等. 汽车电气设备构造与维修. 北京：金盾出版社，2006.

[12] 周建平. 汽车电气设备构造与维修. 北京：人民交通出版社，2007.

[13] 李春明. 汽车电器与电路. 北京：高等教育出版社，2003.

[14] 胡光辉. 汽车电气设备构造与维修. 北京：机械工业出版社，2008.

[15] 孙余凯等. 汽车电器识图技巧. 北京：人民邮电出版社，2003.